中国管理思想精粹

【第一辑】 "(基)础" 系列 吴照云

先秦管理思想中的人性假设

Assumptions about Human Nature of the Management Thinking in Pre-Qin Dynasty

（第二版）

周书俊 著

经济管理出版社

ECONOMY & MANAGEMENT PUBLISHING HOUSE

图书在版编目(CIP)数据

先秦管理思想中的人性假设/周书俊著．—2版．
—北京：经济管理出版社，2017.2
ISBN 978－7－5096－4991－6

Ⅰ.①先…　Ⅱ.①周…　Ⅲ.①管理学－思想史－
中国－先秦时代　Ⅳ.①C93-092

中国版本图书馆 CIP 数据核字(2017)第 043585 号

出版发行：**经 济 管 理 出 版 社**

北京市海淀区北蜂窝 8 号中雅大厦 11 层

电话：(010)51915602　　　　邮编：100038

印刷：玉田县昊达印刷有限公司　　　　经销：新华书店

组稿编辑：杜　菲　　　　　　　　责任编辑：杜　菲

责任印制：杨国强　　　　　　　　责任校对：李玉敏

720mm×1000mm/16　　　　18 印张　　　333 千字

2017 年 2 月第 1 版　　　　2017 年 2 月第 1 次印刷

定价：88.00 元

书号：ISBN 978－7－5096－4991－6

前　言

  要了解中国传统思想中的管理思想，必须解答中国传统思想中关于"人性假设"的问题，因为管理科学的"人性假设"是其奠立的基础和前提。本书从中国传统思想中的先秦思想入手，着重探讨中国管理思想中的人性假设问题，以求获得一定的理论突破，即实现管理科学由理性主义、心理怃主义向伦理主义的转向，实现经济人假设、社会人假设、自我实现人假设、复杂人假设、自由发展人假设向道德人假设的根本变革，从而奠立了未来管理科学中国转向的理论基础。本书分为八个部分，由导论、六章和结语构成。

  导论，近代管理科学面临的困惑。面对近代管理科学所出现的种种困惑，中国古代传统思想，特别是先秦思想奠定了中国人文精神的基础，确立了道德人的人性假设。道德人的人性假设是完全建立在一种内在于心的、符合人本质的一种全新的人性假设，它是向内、向上的寻求，努力提升人的人格，既主张自由，又提倡平等，从而避免了管理科学中的工具理性。

  第一章，人生与人性。生与性紧密相关，生是性的载体，是道生之，德蓄之。性是生的本质，又是生的本能。如何知性，全在于心，故性从心，尽心知性，尽性知命。所以说，生之谓之性，即性是生而即有的。情乃生与性的外在显露。无生与性便无情，情虽然根源于生与性，但情却与外在的东西发生直接接触，容易受到干扰和引诱，因此，情根据于心，这样才能使情合乎事理，也即率性之谓道。所以说，先秦人性假设是一种由"内"而生的理论体系。

  第二章，道德人的开启。对神秘力量的皈依是最初人类的共性，但到周（朝）人以后，注入了自觉的精神，启发了中国特有的人文精神。周人的"天、帝、天命"的概念使人显示出来，商（朝）人虽然看到了，并未有此自觉，而周人既看到了，又具备了这种自觉，由"天命靡常"而引出"以德配天"，从而突出了人（性）的中心地位和人的主体自觉。

  第三章，道德人的初步形成。中国人文精神注重的是人的现世生活，由外在的行为追溯到人的内心，归结于人的主体自觉。这里的价值观并非主观，而是客观的，不是私心，而是"直心"，是"从直从心"。最初的天人关系则表明"小民受命于人"，而王则由自己的祖先作中介，这实际上就使得中国人民与天的关系更为直接，经过周人的"道德人"的建立，从而形成了"民即为天"的思想。中国的人文精神体现出人民存在的价值。

第四章，道德人的确立。儒家道德人假设是从春秋时代以孔子的"仁"开始并由其奠定的，孔子继承了上古特别是周人的人文精神，使"仁"发扬光大。孔子用"仁"，孟子用"性善"来表达这个世界。儒家道德在于"内"，根源于"性"，来源于"命"，但"命"给予以后，"性"便获得了独立地位潜藏在人的主体之内，与命再无关系。在儒家看来，"道"是人人共由的道路，是性的显现；"德"是道的行为。所以说，儒家道德人的人性是从内向外、从下向上的自觉的功夫，而不再是一种异己的强制力量。

第五章，道德人的扩展。道家沿着道德法则性之天向上升，进而将"天"变成自然性的天，其道德人的假设远远高于儒家道德人的假设，并使人融入自然中，融入"道"中。道家的人性同于自然，主张一种柔弱虚静的人生态度，即"玄德"的人生态度，此德仍然是虚，是静，是无。道家主张"无为而治"。道家，特别是庄子主张"虚、静、止"，但对于"心"则要求保持应有的位置，而不能离开它的"灵台"。因此，道家主张"无为而治"，"无为而无不为"。

第六章，道德人的进一步发展及面临的挑战。法家直面现实，提倡法与术。法家力求从"万物"齐之中寻找一种"均齐"，与儒家和道家的平等思想是截然不同的。墨家强调兼爱，故非攻；强本，故节用；非乐，故薄葬。这些既不是来自道德的要求，也不是来自经验的教训，而是来自"天志"。"天志"由鬼下达，故"明鬼"。因人之行的标准不自贱者出，故从贵、尚同。兵家思想在人性假设方面深受儒家、道家、法家和墨家思想的影响，但同时又异于这些思想。认为人性既是一个道德之人，同时又是一个复杂的人；主张非攻，同时又强调取胜。

结语，道德人的人性假设与管理科学的创新。现代管理科学的人性假设，无论是经济人假设也好，还是社会人、自我实现人、复杂人、自由发展人假设也好，都不能很好地解决目前在管理科学中的人的本质分裂的实际情况，其根本原因就在于它是从人性以外去寻找人性的假设，而没有深入人性的内部去把握，即没有看到道德人的人性假设。只有将道德人作为管理科学的人性假设，管理科学才会真正走出困惑。

Abstract

To find the management thinking of traditional Chinese thoughts, we must answer the question of "Human Nature" in traditional Chinese thinking. Because of the "Human Nature" of management science is the basis and prereq-uisite of its foundation. This study starts from the Previous Qin thoughts of our traditional ideas and focuses on the question of "Human Nature"in Chinese management thoughts, so as to obtain a theoretical breakthrough. That is to realize the conversion of management sciences from rationalism, psychology and to ethics, and to get the fundamental change from the eccnomic assump-tions, the complex people, then to the moral people. This study is divided into eight parts, by an introduction, six chapters and a conclusion.

Introduction, the Perplexity of Modern Management Science. Facing the perplexity in modern management science, traditional Chinese thinking of old times, especially the Pre-Qin thinking laid the basis for Chirese humanistic spirit and established the moral assumptions of people's humanity. It can be said that the human moral person is entirely based on a hypothesis within the heart, a new hypothesis consistent with human nature. It is an inward, up-ward seeking, trying to enhance the personality and pursuing such a "kind-ness". On this basis, then it is out and down to practice, both claiming free and promoting equality, with the purpose of avoiding the instrumental ration-ality.

Chapter I , Life and Human Nature. Life and nature are closely related, life is the continuation of human life; the continuing process of life such as "Capacity", "Desire", "Instinct" are the "nature" of "life", so life is the carri-er of human nature. Where is the "Life" derivation, it generates from Tao. The accumulation of morality is life. Life is the nature of survives, and also is own instinct. How to understand life? It is all about "mind". Therefore, nature belongs to heart and knows human nature by mind. In life, people know the instinct and desire of nature, so people have their own nature. As for these, we conclude that life is nature. That is to say nature is of inborn. Emotion is the exposure of life and human nature. Feeling does not exist if without life and sex. Although emotion roots from life and nature, it directly contacts with external things. So emotion is easily interfered and induced. Therefore, the emotion depends on "heart", and made it reasonable. Human nature is Tao. So we can say the assumption of ancient human nature in pre-Qin is "inside".

Chapter Ⅱ, the Starting of Moral Person. The submission to mysterious power is the first common of early human. However, after the Zhou Dynasty, the injection of consciousness spirit, which inspired the unique humanistic spirit for China. Zhou's concept of "Heaven, God, and fate" showed up. It derives from the source of fearing consciousness, which inspired the consciousness of human spirit. People are no longer over-zealous "God". However, Shangs saw it but did not have such sense, in cons tray, Zhou not only saw it, but had this sense. They made "Morality match with God" by "Fate often extravagant", thus emphasizing the centrality and the subject consciousness of human. To the assumption of human nature is not reason, but humanism.

Chapter Ⅲ, the Formation of Moral Person. Chinese humanism focuses on people's present life. It traced people's internal world by their external behaviors, which can be attribute to consciousness of subjects. Guide people's behavior with "wisdom" and "moral", limit the human behavior within "moral", then can bring benefits to us. But in here, such values are objective instead of subjective, not selfish, but "straight mind". The original relationship between human and heaven shows that "poor people governed by others", whereas the king by his own ancestors as intermediaries. In fact, this makes the relationship between Chinese people and heaven more directly. With the establishing of Zhou's "moral man", and creating a thinking that "man is heaven", the Chinese human spirit lights out the value of people's existence.

Chapter Ⅳ, the Establishment of Confucian Moral Person. Confucian moral person assumption started from Confucius of the Spring and Autumn Period, in fact it was founded by Confucius, and he inherited the human spirit from the ancient Zhou Dynasty in particular, which made the "humanity" forwardly. Confucius expresses the world by "benevolence", but Mencius with "good heart". Confucian ethics derives from "inside", roots in "nature", comes from "life", but "life" to the future, "sex" to gain independence hidden within the human subject, no relationship with life. "Tao" is the road of all and the show of nature; "Moral" is the action of Tao. So, we say that moral human nature is from the inside to outside, the effort from the bottom up.

Chapter V, Expansion to the Assumption of Moral People. Confucianism in terms of moral consciousness, down from the moral law to implement the formation of a moral theory of human nature people; but Tacism continues to rise along the moral law, and then turns the human nature into a natural one. Taoist human nature equals the nature that advocates an attitude of weakness, softness, emptiness and silence towards life. That is the attitude towards life of "Xuande". Such moral is still and no. The role of person "knowledge" and the "desire" of eyes and ears showed the counter to "virtue". So, it requires people Therefore, the Taoists advocated "doing nothing will do", and "doing nothing but everything done".

Chapter VI, the Further Development of Moral Person and Its Facing Challenges. Legalism faces reality and promotes law and power. Legalism tries to seek a kind of "uniformity" from the "everything is the same". Their ideas of equality are very different from Confucian and Taoist. However, the Mohist only consider one side of material life, and less the spiritual requirements. Therefore, they emphasize universal love, so non-attack; strength the roots, so prudence; non-music, so funerals. They are neither from the moral require-ments, nor from the experienced lesson, but from the "Heaven". "Heaven" is-sued by the devil—the "out ghosts". As the people not from the cheap by the standard out, so your sense is still the same. Military strategists are deeply in-fluenced in terms of human nature assumption by Confucian, Taoism, Legal-ism and Mohism. But it is different from these ideas. They believe that the as-sumption of human nature is not only a moral person, but is a complex person; it advocated non-attack, but stressed win.

Conclusion, the human nature hypothesis of moral person and the innova-tion of management science. Assumptions of human nature for modern man-agement science, whether economic man assumptions or the hypothesis of the just actors, the complex person, the affiliated persons and innovative man, they all can not offer a good solution to the actual situation of human nature split in the current management science. The crucial reason is that they seek human nature assumption beyond human nature, but not grasp it deeply within human nature. Therefore, we cannot really get rid of the confusion of human nature hypothesis of management science until set the moral person as human assumptions.

目　录

Contents

导　论

　　管理理论中的人性假设虽然由西方最先提出，但是其思想渊源不得不追溯到古代。中国古代传统思想，特别是先秦思想奠定了中国人文精神的基础，因此，研究先秦时期我国的人性假设，对于当代管理科学的人性假设的演变及发展趋向有着重大的现实意义。可以说，由先秦开创的经过系统化的道德人的人性假设，是完全建立在一种内在于心的、符合人本质的一种全新的人性假设，它是向内、向上的寻求，同时又向外、向下进行实践，这种管理思想不是对管理科学的消解，相反它为现代管理思想提供了理论源头和未来发展方向。

一、国内外研究现状

　　管理，作为生产力的关系性要素，特别是作为提升现代经济发展的重要内容和环节，必然引起人们的关注。在国内，对中国管理思想的研究可以说很多，也很杂。说多，是由于中国是世界四大文明古国之一，在其漫长的历史发展过程中，积累了大量的管理思想，因而随着西方管理所呈现出的巨大生产力，在改革开放的今天，必然引起人们对中国管理思想的关注，但是由于各自的出发点不同，所采取的立场各异，因此对中国管理思想的切入点、内容的取舍以及方法的运用，就必然表现为多。至于杂，则是由于中国管理思想十分广阔，也非常庞杂，人们根据自己的境况各取所需，就使得目前对中国管理思想的研究良莠不分，既杂又乱，名为百家争鸣，实为鱼龙混杂。但是，就目前对中国管理思想的研究，从总体说越来越呈现出好的发展局面。这一方面是由于西方管理所遭遇到的困境，不得不寻找管理思想发展的出路；另一方面，随着经济社会的发展，特别是人与自然、人与社会及人与人之间关系的演变，使大多数人看到了西方管理所固有的种种弊端，那种把人当作管理对象谋取更多利润或把人作为使用的工具和手段的做法，越来越背离人的本质，不仅使被管理者陷入非人的境地，而且管理者也被当作完成某一特定目标的手段，从而找不到自己的家园，仿佛被世界抛弃。因此，人们开始了对中国管理思想的研究，这是历史的必然，也是经济社会发展的必然。物质利益极大满足已不能代替人的全部生活，管理思想如果不从控制、利用中走出来，必然成为完成某种目标的附庸。

正是在这种大的背景下，才催生了对中国管理思想的研究。如刘云柏早在1990年就写过《中国儒家管理思想》，对中国主流思想——儒家的管理思想进行了有益的探索，书中通过儒家管理思想的起源、发展过程、基本内容和特征进行了研究，同时还与西方管理思想进行了比较，从而更加突出了中国管理思想的特殊性。作者还对儒家管理思想在现代企业管理中的应用进行了思考。应当说，作者这部书的研究是比较严谨的，也是有一定特色的。其不足之处就是显得过于凌乱，缺乏系统性、整体性，给人的感受不深刻。究其原因就是作者仍然是将中国管理思想作为一种工具，而没有上升到一定的高度。吴照云主编的《中国管理思想史》，对先秦以来中国管理思想进行了系统的阐发，是目前继苏东水所倡导的"人本管理"、"人德管理"、"人为管理"之后的最为系统的中国管理思想史，只不过该书只完成了第一部分。成君忆在《管理三国志》这本书中，将管理思想分为"园丁管理学"和"渔猎管理学"两种性质不同的管理，其代表的是两种文化，即"园丁文化"和"渔猎文化"，并宣称刘备就是"园丁管理"的代表，而曹操则是"渔猎管理"的代表。这种划分虽然过于简单，但对于启发人们对管理学的文化底蕴具有一定的意义。当然成君忆在书中所简述的某些观点不免有些附会，其论证也欠科学，究其原因，正如作者所提出的那样，在论证某一种文化的合理性时，已经有一种文化在起作用。正是由于立场不同，因此对管理学的认识也必然不同。然而人则不同，恰恰在于他具有记忆的能力，背负着过去的压力。关羽对刘备的忠心与其说是刘备的"园丁管理"的结果，不如说是关羽所背负的过去的压力，一种文化传统的结果。对中国管理思想的解读，无论是儒家、道家、墨家的入世也好，还是佛家的出世也罢，或者是兼有儒释道的理学，在目前的研究中普遍存在着一个重要的问题，那就是缺乏对中国管理思想发展规律的研究，往往将研究停留在管理方法上，而不能更好地挖掘其深层次的原因，而这正是中国管理思想所要解决的关键问题。

当人们一谈到中国管理思想时，都会说中国管理思想博大精深，但是一旦再进一步追问时得到的大都只是零零碎碎的回答而已。这也是目前众多中国管理思想研究的主要现状。造成这一主要现状的原因是多方面的，其中与研究者的路径不无关系。一是研究者要么从所谓的现实出发，将中国管理思想归结为某种"术"，这种研究的路径，最终必然流于形式；二是简单地将中国管理思想与西方管理思想进行对比，一遇到实际问题，就会出现两张皮的情况，即脱离了中西方文化的背景空谈中西方的管理思想；三是以偏概全，将中国管理思想中的某一方面任意夸大和附会，缺乏科学性和严肃性；四是兼收并蓄，将历史上所有的管理思想罗列起来，认为这就是中国管理思想，而实际上所谓的全也只是相对的，并且也不能够很好地将中国管理思想发扬光大，充其量只不过是一种较为全面的中国管理思想概览而已。

在对人性假设方面的研究中，中国学者道德人的直面认识只是从"性善"还是"性恶"上入手，甚至用孟子与荀子直接相对比，而不知道孟子与荀子是在不同的层次上讨论"性"的，二者从根本上说并不是同一个"性"。还有人认为法家也是从"性恶"出发的，其研究从根本上说就没有找对路径，法家不是出于儒家，而是根源于道家，是从"齐万物"而来的，正因为"齐万物"，才会出现用法、术将万物归一，从而抹杀了万物的特性，凸显了管理层面的强制性、同一性，这也正是目前西方管理科学理论的困境之所在。总之，目前国内对于人性假设的研究，特别是对于道德人的人性假设的研究，只是停留在个别论述的层面上，还没有达到系统地加以挖掘和深入地研究的水平。

国外对中国管理思想的研究可以分为两个大的方面：一方面是东方国家对中国管理思想的研究；另一方面是西方国家对中国管理思想的研究。现代管理理论虽然运用了现代科学发展的最新成果，如系统论、信息论、控制论和运筹学等，相继出现了社会系统学派、管理过程学派、决策理论学派、系统管理学派、数量科学管理学派、权变理论学派、经验主义学派、经理角色学派、计算机管理学派等，虽然充分考虑了环境的影响，并把环境看作是一个系统的、变化着的复杂体系，但从根本上没有触及人的本质问题，依然停留在人以外的"对象性"上。像数量科学管理学派和计算机管理学派，在对人的管理方面不但没有克服过去管理科学中的机械性，反而更加工具化了。中国传统思想对现代管理科学的发展可以说具有重要的意义，是现代管理科学创新的重要思想来源。如上所述，道德人假设确立可能是管理科学创新的一个关键点。

二、研究意义

（一）西方管理思想的困惑

管理作为生产力的一种关系性要素，恰当的、合理的管理思想、管理模式、管理理念、管理方法必然会促进经济社会的发展，但是，任何一种管理思想、管理理念、管理模式、管理手段、管理方法，如果脱离了人的最本质的东西，无视人的创造性和主动性，无限制地去追求一个既定的、人之外的目标，而把人这个最本质的东西抛在了外面，沦为手段和工具，最终这种管理思想、管理理念、管理手段、管理模式和管理方法不仅不可持续，而且会带来种种危机。西方管理科学，因为它过分看重了科学与理性的功能和作用，用经验主义、实证主义和科学主义充斥管理科学中，这样就不可避免地产生管理学上的形而上学。

随着人们实践活动范围的扩大、认识能力的增强和认识程度的不断加深，特别是科学技术的飞速发展，西方的那种以控制、操纵为主的管理思想，使现代生活充满了紧张感，使许多人感到工作的巨大压力，虽然满足了物质的消费，但是却已经明显地感受到自我的丧失，使人性在世界当中已经不再拥有一种家园感。这些表明，西方管理思想已经越来越走向了一种末路。虽然现代在西方管理思想中借鉴了人类历史上优秀的管理思想，尤其是东方管理思想，如对管理对象赋予人格、人性化的管理思想，但就总体而言，西方的那种将被管理者当作对象、当作实现其管理目标的工具，向主体以外进行无限制索取的管理思想或管理模式仍然没有从根本上扭转过来。

总之，西方管理思想起源于古希腊的科学与理性，真正开端于泰勒制的管理模式，以控制为手段，以取得利润最大化为目的，以科学模式为方法，为资本主义制度的确立和资本主义的发展做出了重大的贡献。西方的管理思想可以说对造就西方文明，促进科学技术的发展，获取巨大财富起到重要的作用。同时西方所面临的各种危机，如能源枯竭、环境污染、消费主义、工具理性，以至于人的全部生活目的在于追求一种外在的对象化，将人看作是物质、金钱，把人的价值等同于他所拥有的财富多少、官职的高低，全然不顾人之为人的本质，所有这些与其管理思想有着密切的关系。所以说，现代西方管理思想面临着各种困惑。

（二）中国管理思想研究状况的反思

"一个民族和一个文化需要历史，这是为了生活和行动的目的。"我们如果不知道昨天的意义，就不知道现在在干什么。中国管理思想博大精深，有待于人们深入挖掘，然而目前国内对其研究可以说存在着诸多问题。一是在对中国管理思想的研究中所采取的立场存在着问题，如有的论者将中国管理思想看作是处世之道、发财之路、升官之术，甚至等同于"厚黑学"，抛弃了中国管理思想的真正精华，因此也无法将中国管理思想上升到对人类的管理思想做出贡献的高度。二是研究中国管理思想往往侧重中国古代管理思想，而在中国古代管理思想中又侧重先秦管理思想，这种研究忽视了中国管理思想的发展及其内在规律，既不全面，也不科学。三是有人提出了东方管理学，将东方管理与西方管理对立、比较有一定的意义，但是东方与西方只是一个相对的概念，早在古希腊时代东方文化与西方文化就已经交融，如毕达哥拉斯就曾到过东方，接受了不少东方思想，而东方管理思想本身也不是完全相同的。四是对中国管理思想的研究不系统、不充分、不全面。现代人在研究中国管理思想时，往往借助中国某个特定时期的特定文献，任意加以附会、演义，如道家的管理之道、法家的管理之道、儒家的管理之道、红楼梦管理学、三十六计管理学，充其量只是为了迎合市场的需要，很难上升到科学研究的层面。鉴于中国管理思想研究现状所存在的诸多问题，对中国管理思想进行深入研究不仅是必要的，而且也是十分迫切的。把中国管理思想的精华呈现在世人面前，也是一个从事管理研究工作者的历史责任。

另一种现象就是忽视对中国管理思想的研究，认为管理的最先进的思想来源于西方，尤其是来源于美国。这种思想必然导致脱离中国的传统文化底蕴，将西方管理思想形而上学地移植到中国的现象，不仅从理论上，而且从实践上严重脱离了中国本土文化，无法形成中国自己的管理思想，已无助于中国的管理实践。另外，在世界管理思想中，出现了一种怪现象，那就是中国学美国，美国学日本，日本学中国。出现这种现象并不是偶然的，这需要我们认真加以研究。为什么中国的管理思想不能很好地在我国形成并具有世界意义的管理思想，出现具有领先意义的管理企业呢？如我国的儒家管理思想，其家族式管理在日本能够形成较强的凝聚力，而在我国则往往不利于企业的进一步发展等，这也是需要我们加以探索的。当然，我们不能因为中国的管理思想具有重要的价值，就将西方的管理思想完全抛弃。我们说，从总体来说，西方管理思想仍然是目前最先进的，当然也是存有问题的。

（三）全面建设小康社会的现实

中共十七大报告指出，高举中国特色社会主义伟大旗帜，以邓小平理论和"三个代表"重要思想为指导，深入贯彻落实科学发展观，继续解放思想，坚持改革开放，推动科学发展，促进社会和谐，为夺取全面建设小康社会新胜利而奋斗。全面建设小康社会是一个宏伟的事业，其中提高自主创新能力，建设创新型国家，是国家发展战略的核心，是提高综合国力的关键。创新既包含理论创新、观念创新、科技创新、制度创新，也包含管理创新。而创新离不开中国实际，离不开中华民族深厚而博大的文化，管理创新离不开中国传统的管理思想。中共十七大报告指出，"中华文化是中华民族生生不息、团结奋进的不竭动力。要全面认识祖国传统文化，取其精华，去其糟粕，使之与当代社会相适应、与现代文明相协调，保持民族性，体现时代性"。这就要求我们科学地对待中国的传统文化，正确地对待中国的管理思想。既不能一概肯定，也不能全盘否定，更不能将所谓的"处世之术"、"生财之术"、"升官之术"当作精华加以推崇。弘扬中华文化，弘扬中国管理思想，就要对中国的管理思想进行深入挖掘，取其精华，去其糟粕，既肯定又否定，不夸大不缩小，为中国管理思想，乃至为世界管理思想贡献一份宝贵财富，为全面建设小康社会做出应有的贡献。因此，对中国管理思想的研究，无论是从中华文化的弘扬方面，还是从全面建设小康社会的实践方面，都具有重要的理论意义和实践意义。

三、研究内容

本书分为八个部分，由导论、六章和结语构成。

导论

近代管理科学面临着困惑。管理理论中的人性假设虽然不断发生着变化，但是人们在追求管理的最大效益的同时，依然感受到人自身本质的丧失，甚至使人异化为技术的附庸，使人失去了自我，失去了原本属于人的本性，从而造成人类心灵与生存环境的双重困境。中国古代传统思想，特别是先秦思想奠定了中国人文精神的基础，确立了道德人的人性假设。可以说，道德人的人性假设是完全建立在一种内在于心的、符合人本质的一种全新的人性假设，它是向内、向上的寻求，努力提升人的人格，追求一种"仁德"，在此基础上再向外、向下进行实践，既主张自由，又提倡平等，从而避免了工具理性。这种管理思想不是对管理科学的消解，相反它为现代管理思想提供了理论源头。

第一章 人生与人性

生与性紧密相关，生即是人生命的延续；而生命的延续过程所具有的"能力"、"欲望"、"本能"就是"生"之"性"，所以生又是性的载体。生从何来，道生之，德蓄之。性是生之本质，又是生的本能。如何知性全在于"心"，因此，性从心，尽心知性。在生命中，人知道性之本能，性之欲望，因此人自觉有其性。所以说，生之谓之性，即性是生而即有的。情乃生与性的外在显露。无生与性便无情，情虽然根源于生与性，但情却与外在的东西发生直接接触，容易受到干扰和引诱，因此只有做到情发必须根据于"心"，才能避免情脱离开性，这样才能使情合乎世理，也即率性之谓道。所以说，古代的人性假设是一种由"内"而生的理论体系。

第二章 道德人的开启

中国文化为人文精神的文化，人文精神的出现为人性假设得以成立的前提条件。我国人文精神虽然也讲理性，但理性的内涵不同于西方的向外发展、向下发展，而是在于向内发展、向上发展；中国的人文精神讲究的是内在的"功夫"，而不是触及外物对象的功夫；中国的人文精神虽然也是从神学而来，但却不是批判为主，而是以承继为要。对神秘力量的皈依是最初人类的共性，但到我国先秦周人以后，注入了人的自觉精神，启发了中国特有的人文关怀。周人的"天、帝、天命"的概念使人性显示出来，其来源在于"忧患"意识，而忧患意识启迪了人的精神自觉，使人不再过分迷恋"上帝"。这在商人虽然看到了，但并未有此自觉，而周人既看到了，又具备了这种自觉，并由"天命靡常"而引出"以德配天"，从而突出了人的中心地位和人的主体自觉，以与天相应。所以说，在人性假设上诉诸的不是理性，而是人性。

第三章　道德人的初步形成

价值客观促使了道德人的初步形成，中国人文精神注重人的现世生活，由外在的行为追溯至人的内心，归结于人的主体自觉。用"智"、"德"指导人们的行为，使行为在"德"行之内，给人带来好处。但这里价值观并非主观而是客观的，给人的好处的不是个人，不是私心，而是"直心"，是"从直从心"。最初的天人关系则表明"小民受命于人"，而王则由自己的祖先作中介，这实际上就使得中国人民与天的关系更为接近，经过周人的"道德人"的建立，从而形成了"民即为天"的思想。即通过民的生活来知天保命，人民的意向成为天命的代言人。这样宗教就不断向上提升而发展为一种"伦理道德"精神，中国的人文精神照出人民存在的价值，即民本思想。当然，这种"道德人"仍然根源于"天"，为天所命。客观价值的确立，突破了管理科学中"人类中心论"的羁绊。

第四章　道德人的确立

没有人的主体性活动，便无真正的道德可言。中国古代宗教伴随着主体性价值的彰显逐渐消融在人文精神中，从"天之丧我"到"民之丧我"，再到"我之丧我"，反映出了统治者自觉反省的不断演进。儒家道德人假设是从春秋时代孔子开始的，其基本进路也是由他奠定的。孔子继承了上古特别是周人传统的人文精神，使"礼"发扬光大，并形成了以"仁"为核心的伦理思想。儒家道德在于"内"，根源于"性"，来源于"命"，但"命"给予人以后，"性"便获得了独立地位潜藏在人的主体之内，与命再无关系。"道"是人人共由的道路，是性之显现；"德"是道之行为。所以说，道德人的人性是从内向外、从下向上的自觉功夫。道德人确立具有重大的意义：其一，打破了人的等级限制，使之转化为品德上的君子与小人；其二，打破了统治者特权，使所有人均接受良心的审判；其三，打破了种族偏见，对所有人都给予平等对待；其四，开辟了内在人格世界，以前的道德，或作为行为，或作为人的标准，都是人"心"之外的表现，即所谓的表象，都是在客观世界的相互关系中所比定出来的，严格地说都不是发自于内心的道德良心，多是为他人而言而行，在道德层次上也是肤浅的，并多半是强制而非自觉自愿的，因此不能算是有意识地开辟了一种内在的人格世界。道德人是人的内在世界，而不是客观世界，因为客观世界，是"量"的世界，是平面的世界；而人格内在的世界，却是质的世界，是层层向上的立体世界。孔子用"仁"、孟子用"性善"来表达这个世界。这样，就把外在的"礼"，之所行的"德"，还有人之"性"向外的诉求，皆返回到内心上来，返回到一个"仁心"、"善心"上来，无仁心、善心便无礼，便无德，也就丧失了人之本"性"。孔孟向内去追求的价值思想，是对知性、科学的一味地向外、向客观世界探求的反叛。中国传统思想所强调的向内、向上追求的思想，是作为一种动力和基础，其向外、向下的一种实践的人生活动，对当前的管理科学具有重大的启发意义和现实的实践意义。在儒家的管理层中，并不单纯地将管理定位于管理者，而是由被管理者从内心深处理解和自觉履行自己所承担的职责，以取得管理所要求的行为结果，从而使管理成为一种自觉行动，而不再是一种异己的强制力量。

第五章 道德人的扩展

儒家在道德自觉的内在心性的驱使下，由道德法则向下落实形成了道德人的人性假设；而道家则沿着道德法则继续向上升，进而将"性之天"变成自然性的天，其人性假设远远高于儒家道德人的假设，并使人融入自然中，融入到"道"中，从而使天人合一。道家的思想仍然是一种入世的思想，在变中找到一个不变的"常"，使其思想由对人的思考转而发展成为形而上学的宇宙论。人也是这种"常"发展而来，万物同样是由"常"发展而来，其动力就是"道"。它并不是儒家所说的"天道"，它比"天"还高远，"天、地"也是由道所生。它不可用感官感觉，所以道的特性是"无"，是无法"闻见"的。道的生化，并不出自意志，而是出于自然。自然就是不用人去刻意创造，只有人不去刻意创造，万物才会作无穷的变化。因此，道家的管理思想中有消解管理的可能。但是，道家并不是用"无"去消解，其主要目的是让人们体认到万物都是"道"生之，因此皆平等，而一旦用"知"就有违自然，有悖于"道"了。道家的人性同于自然，主张一种柔弱虚静的人生态度，即"玄德"的人生态度，此"德"仍然是虚，是静，是无。而人之"知"的作用与耳目之"欲"，表现为对"德"的悖反，因此要求人们有一种克服"知"与"欲"的功夫。主张用"损"来达到去掉"知"与"欲"的需求，从而无知，便无成见，便能虚心；无欲，便归其根，便归于静。以实现"体道"，得到"常"、"长"、"久"，最终达到"道"的回归。道家的自然人假设是直面当代管理科学所出现的困惑所给出的别种出路，认为管理只是将管理者的意志强加到被管理者身上，如果那样就是运用了"知"，就会形成以管理者为中心，以自我为中心，而这种情况恰恰是以不平等为前提的，必然会导致各种危险，即根本不能实现"常"、"长"、"久"。因此，道家主张"无为而治"，"无为而无不为"。

第六章 道德人的进一步发展及面临的挑战

法家直面现实，提倡法势术。法家力求从"万物"齐一中寻找一种"均齐"，并用一和政治强力来实现这一目标，实际上则是丧失了万物之"齐"，是一种只讲目的不讲仁爱和自由的"法西斯"。所以这种表面上齐万物，实际上则是以法和势齐万物，是一种表面上的、形式上的齐万物，与儒家和道家的平等思想是截然不同的。所以说，法家是一种不尊重个性自由的思潮，它不可能在我国人文精神极度发达的古代占统治地位，秦灭亡的事实证明了这一点。法家的思想与现代西方管理中的思想极为相似，均从人性恶的假设出发，人与人的关系互不信任，将人性定格在生理意义或心理意义需要之上，人与人是一种纯利益的关系，同这种利己的心相交往，当然是可怕的。如何限制这种利己之心，那就是法，就是严格的管理；如何严格地管理呢？那就是科学的量化，使人完全按照某种程序，就像工具那样精确，从而造成了管理理论与实践的种种危机。墨家代表的是广大平民的利益，所以他们的正义具有最广大的基础，其思想也最能体现平民的意愿。这便是薄葬、非乐、弃周礼而用夏政。但是，墨家只考虑物质生活的一面，而较少体认精神上的要求。因此强调兼爱，故非攻；强本，故节用；非乐，故薄葬。这些既不是来自道德要求，也不是来自经验的教训，而是来自"天志"。"天志"由鬼下达，故"明鬼"。因人之行的标准不自贱者出，故贵义、尚同。墨家虽然发自对天下人之爱，但是他从这种爱中还没有透出人性之"善"，没有把握到以人民为解决一切问题的中心，从而导致墨学衰绝。兵家思想在人性假设方面深受儒家、道家、法家和墨家思想的影响，但同时又异于这些思想。认为人既是一个道德人，同时又是一个复杂人；主张非攻，同时又强调取胜。在追求目的和结果的前提下，兵家不可能完全按照道德的人性假设去践行。法家、墨家、兵家等针对当时的社会现实，提出了各自的人性假设，从某种意义上说，丰富了先秦人性假设的内容，但同时也对道德人假设提出了挑战。

结语：道德人的人性假设与管理科学的创新

现代管理科学的人性假设，无论是经济人假设也好，还是行为人、复杂人、关系人、创新人假设也好，都不能很好地解决目前在管理科学中的人本质分裂的实际情况，其根本原因就在于它是从人性以外去寻找人性的假设，而没有深入到人性的内部去把握，即没有看到道德人的人性假设。尽管目前道德人的人性假设仍然还面临着各种挑战，但是，我们应当看到，人与动物的区分不在于人与动物的共性，即耳目口鼻身的外在欲望，而在于人与动物的特殊性，即人存有"仁爱"之心。因此，只有将道德人作为管理科学的人性假设，才会真正摆脱管理科学人性假设的困惑。管理不再成为一种工具式的管理，管理者与被管理者才会感受到管理的真正乐趣，而不再是一种痛苦的经历，或者是一种寻找精神安慰、发泄不满与仇恨、炫耀权力的方式。

四、预期目标

第一，中国传统思想对现代管理科学的发展具有重要的意义，是现代管理科学创新的重要思想来源。道德人人性假设的确立可以说是管理科学创新的一个关键和基础。

第二，通过对先秦人性假设道德人的研究，以探求在管理科学方面，乃至在整个近现代社会发展方面，人所面对的困惑与走出这种困惑的路径。现代管理科学的人性假设，无论是经济人假设也好，还是行为人、复杂人、关系人、创新人假设也好，都不能很好地解决目前在管理科学中的人本质分裂的实际情况，其根本原因就在于它是从人性以外去寻找人性的假设，而没有深入人性的内部，没有找出人与禽相区别的关键和根本内容，在于人所特有的"仁心"和"善心"。

第三，构建一种道德人人性假设下的管理理论，如何使人成为道德人，人们生存的本质是什么，是什么使人成为道德人，人的自我定位是什么，理论模式又是什么；并将中国传统的管理思想与当前的管理科学中所面临的主要问题结合起来，构建一种以道德人人性假设为前提和基础的管理理论。在管理科学中找出人存在的价值，努力形成一种以人治人的仁政管理。

第四，道德人的人性假设，并不排斥经济人、社会人、复杂人、管理人、文化人及创新人的人性假设，而且认为，诸如经济人等的人性假设都存在于人中，具有一定的合理性。但是这种合理性并不表明各自所存在的问题。道德人的人性假设正是针对目前管理科学中人性假设所存在的问题而提出的，目的是用道德人的人性假设去补充和完善以往人性假设方面所存在的不足，进一步丰富和发展管理科学的人性假设。

第五，道德人的人性假设正确地揭示出了人的本质，把人和人性放在了应有的地位上加以考察，从人性的内部去寻找人的本质，而不只是停留在外部，从物质对象上去考察。从而认为人的本质在于"几希"，与动物的差别很小，这种"仁心"、"善心"就是隐藏在人内部的种子，人们只要加以呵护，好好培养，就能使其扩而充之。

第一章　人生与人性

生与性紧密相关，生即是人的生命的延续；而生命的延续过程所具有的"能力"、"欲望"、"本能"就是生之性，所以说，生又是性的载体。生从何来，道生之，德蓄之。性是生之本质，又是生的本能。如何知性，全在于心，因此，性从心，以心知性。在生命中，人知道性之本能，性之欲望，因此人自觉有其性。所以说，生之谓之性，即性是生而即有的。情乃生与性的外在显露。无生与性便无情，情虽然根源于生与性，但情却与外在的东西发生直接接触，容易受到干扰和引诱，因此情发必须根据心，这样才能使情合乎事理，也即率性之谓道。所以说，古代的人性假设是一种由"内"而生的。

第一节　中国人文精神的发端

中国古代社会文明发端于"三皇五帝"的传说，后经过夏商周，直到秦汉，最终形成了大一统国家的中国模式。大一统国家的形成，一说是中国位于四方、九州的中央；① 一说是治水的客观需要。② 从社会历史的发展看，一个文明的产生绝不只是客观环境所决定的，它是由许多因素造成的。从渔猎文明向农业文明的过渡中，中国无疑是走在了世界的前列。由于农业、畜牧业革命的实现，特别是治水的成就，这样就为中国社会的发展提供更多的物质保障，

---

① "曰若稽古，帝尧曰放，钦明文思安安。允恭克让，光被四表，格于上下。克明俊德，以亲九族。九族既睦，平章百姓。百姓昭明，协和万邦，黎民於变时雍。"（《尚书·尧典》）"禹曰：'俞哉！光天之下，至于海隅苍生，万邦黎献，共惟帝臣，惟帝时举。"（《尚书·虞夏书》）

② "禹曰：'洪水滔天，浩浩怀山襄陵，下民昏垫。予乘四载，随山刊木，暨益奏庶鲜食。予决九川距四海，浚畎浍距川。'"（《尚书·虞夏书》）在《尚书·虞夏书》中的《禹贡》中分别对冀、兖、青、徐、扬、荆、豫、梁州的河流有区分的以"导"为主的加以治理，可见在上古时代，我们的祖先就是以治水闻名于世的。这种治水文明客观上要求有统一的领导和指挥，才能完成相当艰巨的治水工程。通过治水，出现了"九州攸同"的景象，由此"祗台德先，不距朕行"。（《尚书·虞夏书》）

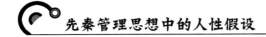

而作为文明兴起的关键因素——文化的产生就成为可能。①

一、中国模式与大一统国家

如果我们试图将世界智慧加以区分的话，那么"希腊智慧取求真知的哲学形态，中国智慧取伦理道德形态，希伯来和印度取崇高信仰的宗教形态，等等。"② 当然，这种区分并不是绝对的。如果将世界文明划分为几个不同的模式的话，以农耕文明为基础的"中国历史具有漫长的跨度，它表现为一个大一统国家的理想不断变为现实，中间又不时被一些分裂和混乱的局面所打断"。③ 这种大一统国家同时以伦理道德智慧作为积淀，构成了中国特有的人文精神。

在中国文明的开端，这种大一统国家的意义远远落后于它本身的文化。中国历史上真正的大一统国家起源于秦汉，"但在公元前 221 年政治统一之前，中国早已实现了文化的统一。"④虽然在夏商周有了统一的国家，但仍然是极其分散的，国家统一的疆土范围并且也比较小，在经济、政治、文化等诸多方面并没有实现当今国家意义上的真正统一。事实上，在春秋战国之际，主张大一统的孔子也有着政治分立的倾向。"孔夫子如同柏拉图和亚里士多德，视政治分立为正常现象。"⑤孔子祖先虽是殷商贵族的后代，但到了孔子便从贵族下降到士族家庭，孔子幼时的家境已经降到一般平民的境地，这就决定了孔子既有"恢复"等级的愿望，同时也具有"平等"的意识。⑥ 因此，孔子毕生都在实现着"普天之下，莫非王土"的政治理想，主张"法先王"，提倡"克己复礼"，特别是要复先王的"仁义礼智信"，以改变目前"礼坏乐崩"的局面。⑦ 所以说，孔子的重点不在于建立一个大一统的政治国家，而是要用传统的"礼"改变"天下无道"的现状，回归到"先王"的"仁政"之下，以实现

---

① 关于"文化"一词的含义有众多解释：一种是传统的解释，即"关乎人文，以化成天下"，重点强调了"文化"的教育功能。另一种是巴格比（P. Bagby）对文化的定义，即文化是"一个社会成员内在和外在行为的规则，但那些原本是明显遗传下来的规则不算文化"。巴格比还有附加解释，认为"由于文化是'在历史中业已成型或重复出现的成分'，所以'文化是历史可被认知的一面'。"克罗伯则增加了一条，即认为文化含有价值（见 [英] 阿诺德·汤恩比著：《历史研究》（修订插图本），刘北成、郭小凌译，上海人民出版社，2002 年，第 19 页）。可见文化的主要因素并不在于一般规则的保持，而在于文化本身所具有的"创造"性。

② 杨适：《古希腊哲学探本》，商务印书馆，2003 年，前言，第 13 页。

③④⑤ [英] 阿诺德·汤恩比著：《历史研究》（修订插图本），刘北成、郭小凌译，上海人民出版社，2002 年，第 37 页。

⑥ "人皆可以为尧舜。"（《孟子·离娄下》）

⑦ 孔子虽然通晓三代之礼，但夏礼久远，不可考证，殷礼虽存，又非当世之法，因此，从周礼。"子曰：'吾说夏礼，杞不足徵也；吾学殷礼，有宋存焉；吾学周礼，今用之，吾从周。'"（见（宋）朱熹撰：《四书章句集注》，中华书局，2007 年，第 36 页。）

"大同"世界。

将大一统国家看作是在先秦就已经存在的观点，是大一统思想的无限扩展的结果。在分散混乱的年代，人们普遍渴望有一个大一统国家的建立，因为它会给人们带来安宁与秩序。许多学者将秦汉的大一统国家不顾事实的向前推进，一直到周、商和夏，这只不过是"由于中国学者正确地观察到晚后的统一政权是对秦汉统一的刻意复原"罢了。① 事实上，真正大一统的国家当在秦汉才得以确立。

大一统国家的模式并不是历史唯一的模式，一个文明的开端重点不在于它的政权，而在于它的文化，一种创新的文化。相反，"一个统一国家对一个文明的经济是沉重的负担。它为了维持自身，要求培养一批收入甚丰的专业文职人员和常备军。"② 历史上，"这些统一国家的经济基础几乎无一例外的都是农业。"③ 然而，农业的发展总有一天不能够满足不断增长的用于维持大一统国家所需要的经济来源，于是这种大一统国家就会像"阴"、"阳"更替一样有规律地发生着"分"与"合"的变换。

因此，大一统国家的中国模式在先秦时代并不是主要的，我们在研究先秦人性假设方面重点不能放在所谓的中国模式上，否则将会扼杀了中国人文精神的实质。中国人文精神的实质，即人的"平等与自由"与"道德人伦"，离开了这一点，我们便无法正确把握中国文明的发端，也无法理解中华文明的内涵。

中国人文精神的真正发端，不是通过大一统国家中国模式的无限向上推延取得的，而是有着与其他民族共同的发端——神话，只不过在成长过程中发生了改变而已，从而形成了世界上独具特色的中国伦理文明。

二、神话与传说

古人对神话的崇拜，并不亚于目前我们对科学的崇拜。在某种程度上，神话也是科学。正如现代科学哲学家费耶阿本德所言："科学本身和迷信相类似，它只是一种信念。"④ 所以说，任何低估神话对人类文明的地位和作用的做法，

① ［英］阿诺德·汤恩比著：《历史研究》（修订插图本），刘北成、郭小凌译，上海人民出版社，2002年，第37页。
② ［英］阿诺德·汤恩比著：《历史研究》（修订插图本），刘北成、郭小凌译，上海人民出版社，2002年，第40页。
③ ［英］阿诺德·汤恩比著：《历史研究》（修订插图本），刘北成、郭小凌译，上海人民出版社，2002年，第41页。
④ 夏基松：《现代西方哲学教程新编》（上），高等教育出版社，1999年，第293页。

都是错误和可笑的。在追溯人类文明的起源时，我们绝不能对神话采取一种可有可无的态度，更不应将神话等同于巫术加以抛弃。我们必须从神话中找出人类文明的发端。

优良的环境不会对人类提出挑战，正是艰苦的环境才刺激人类展开创造活动。中华民族的祖先正是在一种特定的艰苦环境中成长壮大的，我们的祖先有着与水斗争、治理水患的漫长经历，这就给我们这个民族以集体的荣誉感，富于一种坚忍不拔的团结精神，因为单凭个人的力量是无法抗拒泛滥成灾的洪水的。

我们祖先同样具有丰富的想象力，其所幻想的社会是美好、和谐、自由、快乐的社会。他们歌颂为人类做出贡献的人们，憎恶一些危害人类的事情，憧憬着人类美好的未来。"盘古开天辟地"的神话故事生动地描绘了这一过程。表面上看，盘古与西方的上帝同样伟大，但是从根本上说是不一样的。盘古是个人的自我牺牲创造了天与地，而上帝是通过自我的受难创造了人。盘古从混沌中开出了天和地，是一件十分伟大的事业，给人类带来了幸福和快乐；而上帝在造人的初期就已经使人有了原罪，每个人注定终生都要在赎罪中度过。从盘古开天辟地的神话中，我们看到了产生"中心"的可能性，因为原来的世界是一个混沌的鸡蛋形的东西；而上帝一开始就将"天堂和地狱"分得清清楚楚。从盘古和西方的上帝的不同点，我们也可以隐隐约约地体会到，为什么中国传统文明是以道德为先，而西方则是以理性为主；中国传统道德主张"中和"，而西方理性则主张"精确"，如此等等。

在原始社会，由于生产力发展的低下和认识的幼稚，对许多自然现象都不能作出正确的解释，特别是由于对死者的怀念和祈求其再生，而产生了原始的灵魂不死的观念，进而将这种观念泛指到自然界的事物之中，于是出现了图腾崇拜。这种图腾崇拜表明了人的意志不再局限于人本身及人死后的崇拜之上，而将这种崇拜扩展到所有可能的事物之中，企图用事物来规范人的行为，标志着认识能力的进一步提高。其后，人们便把自然神和祖宗神加以分开、加以崇拜。这种原始宗教的产生，使得人们开始有了"天"、"神"、"鬼"的初步概念。"天"的概述逐渐从"神"、"鬼"的概念中分化出来，成为最高意志的代表，而"神"、"鬼"则处于中等层次的意义，而人则不仅受到"天"的支配，同时也会受到"神鬼"的制约。我国把"天"看作最高的权威和标准，认"天"可主宰一切。如在继承天下之事上，"天与贤则与贤，天与子则与子"，①

---

① （清）焦循撰：《孟子正义》，中华书局，2007 年，第 647 页。

"天子不能以天下与人。"① 意思就是一切依照"天"的意志办，应当与天意合之，天子亦不能违天命也。所以，我国儒家主张"替天行道"，道家主张"法天"，而墨家主张"天志"，都把"天"看成了统治一切的最高原则。当然，三家之"天"无论在内涵上，还是落实到行动上，都有重大的区别。

至于"鬼"、"神"概念，王桐龄认为"我国古代家族发达，故生鬼神祭祀，产生鬼神观念；孔子不语鬼神，敬而远之，不作具体解释；墨子则主鬼神并极力证明之，但不加理论说明，其意在借以改良社会。"② 鬼神之说，古已有之。鬼神是人死后的产物，人死后首先将人分为鬼和神，贤圣得道者，死后谓之神；一般人死后，谓之鬼。对于"鬼神"，从商代到秦发生了很大的变化。总的说来，传统的殷人相信鬼神的存在，并且大小事都要占卜。周人因袭了殷人的文化。但"周人尊礼尚施，事鬼敬神而远之"③，周人怀疑鬼神的存在，而又拿"天"来做最高统治的工具，于是便用"德"来补充，故"以德配天"，则天佑之；"以德行之"，则神鬼不罚。到了春秋，老子以"道"这个"自然神"取消了殷周以来人格神的至上权威。继老子之后的孔子对于殷周以来的传统鬼神思想也采取否认的态度，"不语怪，力，乱，神"，④ "未能事人，焉能事鬼？""未知生，焉知死？"⑤ 在孔子看来，怪异、勇力、悖乱之事，非理之正，固圣人不语。"谢氏曰：'圣人语常而不语怪，语德而不语力，语治而不语乱，语人而不语神。'"⑥ 若非诚足以事人，则必不能事神，故"未能事人，焉能事鬼？"非原始知所以生，则必不能反终而知所以死也，即"未知生，焉知死"是也。由此可以看出，儒家言天言命，但不语鬼神，目的是倡道德之修养。从某种意义上说，老子和孔子可并归于泛神论者。墨家却不同，既承认"天"的主宰地位，要求人们按照"天之义"来行动；同时也承认"鬼神"之存在。墨家言天言鬼，鬼神皆指古代先人，故墨家兼爱，兼爱生者亦兼爱死者，因死者也是人，故对鬼亦爱之信之。在天之下人之上谓鬼神，是借鬼神赏罚之力以欲使人不相贼而相爱，故主张"明鬼"。

伏羲氏取火、女娲造人、共工怒触不周天、女娲补天、精卫填海以及神农、黄帝、炎帝、少昊、颛顼、尧、舜、禹等神话故事的宗旨在于揭示出了人性中美好的一面，为人类设定了一种好的人生目标，这个目标不断地超越客观条件的限制。灾难来临了，不管它是恶劣的环境，还是恶神，都会出现伟大的

---

① （清）焦循撰：《孟子正义》，中华书局，2007年，第643页。
② 郑杰文：《20世纪墨学研究史》，清华大学出版社，2002年，第158页。
③ （清）孙希旦撰：《礼记集解》，沈啸寰、王星贤点校，中华书局，2007年，第1310页。
④⑥ （宋）朱熹撰：《四书章句集注》，中华书局，2007年，第98页。
⑤ （宋）朱熹撰：《四书章句集注》，中华书局，2007年，第125页。

神战胜他们。在这一过程中，我们的祖先获得了意识和愿望，进而形成了稳定的文化与文明。

三、文明的形成

文明源于环境吗？环境无疑是人类文明产生的重要客观因素，但是"地理实在是他们加以处理的实在……没有人类，这个世界就不是什么环境，不是我们的世界……没有人即没有环境"。① 马克思也说："关于环境和教育起改变作用的唯物主义学说忘记了：环境是由人来改变的，而教育者本人一定是受教育的。"② 如果我们将人类的文明归结于环境的作用，就无法解释希腊文明与埃及文明的差异，也不能说明"在欧亚大草原支撑着一个彻头彻尾的游牧文明的同时，北美具有同样牧场的地方却始终没能产生出一个当地的游牧文明"。③

文明源于精神，如果人类没有想象力，没有创造和持之以恒的精神，它就不能在环境逼迫的情况下产生文明。

环境与人类文明的产生通常处于一种挑战与应战的状况下，如果环境过于恶劣，以至于人类根本无法生存，人类的文明也就根本无法产生；但是，如果环境过于优良，人类的应战能力也会随之而下降，也不会有文明的产生。艰苦的环境对人类文明来说非但有害而且是有益的。河流的泛滥，产生了中华民族以治水为基本特征的华夏文明。

四、中国人文精神的主要特征

孔子是上古文明的当然继承者，他将古代的《尚书》加以整理，并在精神上实质承继了中国传统的思想。"儒家思想，是由对历史文化采取肯定态度所发展下来的；道家则是采取否定的态度所发展下来的。"④ 而在整个中国社会发展的历史过程中，儒家思想也并不是孔子所开创的思想，而是道家、法家、墨家等诸多思想的交会与融合。到汉代，"儒家学派无论在思想上，还是在政治上都远离了创始者的立场。"⑤ 因此，中国人文精神的主要特征，如果不进

---

① ［英］阿诺德·汤恩比著：《历史研究》（修订插图本），刘北成、郭小凌译，上海人民出版社，2002年，第71页。

② 《马克思恩格斯选集》第1卷，人民出版社，1995年，第55页。

③ ［英］阿诺德·汤恩比著：《历史研究》（修订插图本），刘北成、郭小凌译，上海人民出版社，2002年，第70页。

④ 徐复观：《中国人性论史》（先秦篇），台湾商务印书馆，1994年，序（三）。

⑤ ［英］阿诺德·汤恩比著：《历史研究》（修订插图本），刘北成、郭小凌译，上海人民出版社，2002年，第282页。

行时期划分的话，是无法准确表述的。基于我们研究的时间段落，即先秦中国传统思想这个特殊时间段，我们可以简略归纳如下。

一曰"中"。中也可称为"忠"。"不偏之谓中，不易之谓庸。中者，天下之正道，庸者，天下之定理。"① 《中庸》说："喜怒哀乐之未发，谓之中；发而皆中节，谓之和。中也者，天下之大本也；和也者，天下之达道也。"② 由"中"我们可以引申出"和"。《白虎通·五行篇》云："中，和也。中和居六德之首。"③ 可见"中和"，实则连在一起。只有"中"而不偏，才能"和"而不弃。实际上，"中"在我们古代人文精神中具有核心的作用，可以当作是中国传统文化的精髓之一。由"中"可知"天圆地方"，商高曰："方属地，圆属天，天圆地方，方数为典。"④ 天者，高明也；地者，博厚也。由天和地得乾坤，"博厚，所以载物也；高明，所以覆物也；悠久，所以成物也"。⑤ "中"使人平心静气，始终保持"心"、"性"的"中心"地位，不被外物所动摇、引诱。"中无主而不止，外无正而不行。"⑥ 由这种"中"就能实现一种"正"，⑦所谓"正人心"实际上就是"人心正"，顺从人的"正"心，就是"直"心，就是客观的"心"、自然本性之心，不加任何修饰与伪造之心。程子曰："形即生矣，外物触其形而动于中矣。其中动而七情出焉，曰喜、怒、哀、惧、爱、恶、欲……故学者约其情而使合于中，正其心，养其性而已。"⑧ 可见，"中"在"生"、"性"、"情"中居于"主"的地位。无"中"其形妄动也，其性不显也，其情益荡也。

"中"作为一种理念，其行为就是"庸"，而"庸"所要达到的目标就是"和"。人之和则无事，天之和则无忧。此种"和"是"和而不同，同而不和"。在锻造自己的人性方面，"中"所要求的就是"忠"与"恕"。"君子中庸，小人反中庸"。⑨朱子曰："中心为忠，如心为恕。""尽己之谓忠，推己之谓恕。"⑩对己要求"中"，对人要求"恕"；也就是说对己要负起责任，对别人要"宽恕"，"己所不欲，勿施于人"。这样，就能保持"大本"，行"大道"，所谓

① （宋）朱熹撰：《四书章句集注》，中华书局，2007 年，第 17 页。
②⑨ （宋）朱熹撰：《四书章句集注》，中华书局，2007 年，第 18 页。
③ （清）焦循撰：《孟子正义》，中华书局，2007 年，第 551 页。
④ （清）焦循撰：《孟子正义》，中华书局，2007 年，第 474 页。
⑤ （宋）朱熹撰：《四书章句集注》，中华书局，2007 年，第 34 页。
⑥ 曹础基：《庄子浅注》，中华书局，2007 年，第 172 页。
⑦ 《家语》曰："孔子观于周庙，有敧器焉。使子路取水试之，满则覆，中则正，虚则敧"。（清）李道平撰：《周易集解纂疏》，中华书局，2006 年，第 34 页。
⑧ （宋）朱熹撰：《四书章句集注》，中华书局，2007 年，第 84 页。
⑩ （宋）朱熹撰：《四书章句集注》，中华书局，2007 年，第 72 页。

"诚者自成也,而道自道也"。① 意思是说诚者所以自成,而道者所当自行也。诚以心言,本也;道以理言,用也。自成、道行,"心性"之善(也即"中")就能表现出来,"礼义廉耻"也会得以推广,朱子曰:"权而得中,是乃礼也"。②《礼记·仲尼燕居》云:"夫礼,所以制中也"。③ 意思是说,礼义之人,履其正者,乃可为中。如不"中",则是非礼之礼,非义之义。只有"中"者"正"者,才不行疑礼。"仁"与"礼"的根本要求也会变成现实,"修身、养性、齐家、平天下"的愿望才能实现。对于道家而言,"喜怒者,道之过也;好恶者,德之失也",④ 只有"中",才能守住"一",天人才能合一,万物才能相齐,无为才能无所不为,才符合"道"与"德"。"中"是圣人之为,而偏则各执一端,离道远善,"蔽于一曲,而闇于大理"。⑤ 古之圣王,无不执其两端,而用其中者。《礼记·中庸》云:"舜其大知矣乎!舜好问而好察迩言,隐恶而扬善,执其两端,用其中于民。"⑥ 意思就是,任何事物都有其两端,执其两端而用其中。执一无权(衡),则与人异;执两用中,则与人同。执一者,守乎己而不能舍己,故欲天下人皆从乎己,此乃私己也,私己便不能通天下。通天下之志者,惟善是从,故舍己从人,乐取于人为善。能舍己从人者,谓之圣人。⑦ 现实之中,人们往往将自己看作是至高无上,以己之是非,来判定他人之是非;以己之思想,来观他人之思想;以己之能,察他人之不足。此等人,岂能从人;不能从人,焉能知过;不能知过,执其一端,便不能于人为善也。所以说,圣贤之学,不过舍己从人而已。

圣人乃"大中而上下应之,此志帅气之学也",故孔子"可仕可止,可久可远",⑧ 即能集义,又能量时合宜,"出于其类,拔乎其萃,自生民以来,未有盛于孔子也。"⑨ 而在道家,不只言中,在"中"之上又进一步扩展,由"道家"的万物齐一,可引申出"平等"与"自由"的人文精神,只有承认万物的"平等",才能保证万物的"齐一";只有承认万物的差别,万物的齐一才能从根本上摆脱他物的控制,因此,自由才能张显。所以说,"中"实际上体现了中国伦理文明的基本内涵。

---

① (宋)朱熹撰:《四书章句集注》,中华书局,2007年,第34页。
② (宋)朱熹撰:《四书章句集注》,中华书局,2007年,第284页。
③ (清)焦循撰:《孟子正义》,中华书局,2007年,第551页。
④ 曹础基:《庄子浅注》,中华书局,2007年,第181页。
⑤ (清)焦循撰:《孟子正义》,中华书局,2007年,第211页。
⑥⑦ (清)焦循撰:《孟子正义》,中华书局,2007年,第241页。
⑧ (清)焦循撰:《孟子正义》,中华书局,2007年,第219页。
⑨ (清)焦循撰:《孟子正义》,中华书局,2007年,第218页。

二曰"化"。① "化"也可称为"易"。"中"本身就具有"做"、"行"、"为"的意思，至今我们仍然就某一件事的可行性还在说"中"或"不中"，也就是"做不做"、"行不行"、"为不为"。"化"本身具有变化、改变、运动、化育、形成、转化、创造等意义，乾坤转、四季变都是"化"。"化"之原因在于"道"，在于"无极"，在于阴阳之气的交接。道之化谓之为，人之化谓之伪，伪者，人为也。"可以赞天地之化育，则可以与天地参矣。"② "化"包括动与静、虚与实。动则静，静则动；虚则实，实则虚。为无为，无为而无不为。神奇与臭腐，伟大与卑微，生与死，物与我，皆化而通之，无始无终，古今一也，万物齐也。所以说，天地万物无不化而生，无不化而成，无不化而去。"化"根于道，出于"中"，"由中出者，不受于外，圣人不出；由外入者，无主于中，圣人不隐。"③ 所以"中"与"化"是密不可分的。

当然，只谈"中"和"化"是根本无法将中国人文精神的特征完全说清楚的，在这里，只是就某些核心的思想简略叙述一下。中国先秦的人文精神，由"中"开启，讲天道，也讲人性；讲自然，也讲人为。然后扩展开来，并且特别关注"中"这内在而又是客观的东西，讲"心"、"性"，讲"人"重"民"；讲"化"，讲"变"，更讲化"自"何来，其"因"何在，由此讲到"自由"；讲"道"重"德"，讲"仁"讲"义"，讲"阴阳"，讲"五行"，讲"天地"，讲"人事"；等等。这些重要的思想，皆是中华文明的重要组成。我们将在本书加以进一步的论述。

第二节　生、性、命

要了解或探索中国传统思想中的管理思想，必须解答中国传统思想中关于"人性"的问题，因为管理科学的"人性假设"是其科学奠立的基础和前提。中国传统思想中的"人性论是以命（道）、性（德）、心、情、才（材）等名词所代表的观念、思想为其内容的。人性论不仅是作为一种思想，而居于中国哲学思想史中的主干地位；并且也是中华民族精神形成的原理、动力。要通过历史文化以了解中华民族之所以为中华民族，这是一个起点，也

---

① 华，相传华胥氏为神话传说中女娲和伏羲的母亲，是中华文明的源头。
② （宋）朱熹撰：《四书章句集注》，中华书局，2007年，第32页。
③ 《庄子·天运第十四》。

是一个终点。"① 因此，我们在研究中国先秦管理思想中的人性假设，就必须弄清楚中国传统思想发展的基本脉络，正确把握中国传统思想的主线，回答与"人性"相关的主要问题。

一、生与性

中国传统思想关于人性不只是从人性上而言，而要比西方思想复杂得多，是从生、性、情等方面来言说人性，并由此将人性加以概括、抽象为道、德、仁、义、礼、智、信等。所以说，要精确地回答什么是人性，必须从"性"入手，而要正确理解什么是"性"，就必须解释清楚"生"，否则根本不得其要。

对于中国语言来说，通常用会意、假借、象形来表达，然而有些字却具有抽象之意，并非文字之本意。"生"便是一假借而来，"生字本意为'象草木生出土上'；故作动词用则为自无出有之出生；作名词用则为出生后之生命。"② 人出生之后，与生俱来的东西就称之为性，也即生之欲望、生之能力等，也就是我们今天所说的本能。然而，本能对于不同的人，对于不同发展阶段的人是不同的，如何说是人之性呢？"'性'字虽然早已见之于诗、书，但是，作为关于人性的理论问题明确提了出来，还是在春秋战国时期。春秋战国时期实际上是中国哲学史上探讨这一理论问题的发端期。"③ 我国古人往往将人之初的本能谓之性，于是就有了孟子的性善、荀子的性恶以及告子的性非善非恶之说。同时，"古人多从知觉感觉来说心；人的欲望、能力，多通过知觉感觉而始见，亦即须通过心而始见，所以性字便从心。"④ 由此，我们看到，性从生，实乃系标声，同时亦有标意的成分；人生即有的欲望、能力、本能皆为性之内容，是生之即有的，否则便不备于人的生命之中；在生命中，人的自觉非由后起，于是即称此生而即有的作用为性；所以，性字应为形声兼会意复合而成。此为性字本义。于是，生之谓之性，是本意；心之谓之性，是隐意。"就具体的生命而言，便谓之生；就此具体生命之先天禀赋而言，便谓之性。"⑤ 所以说，生、性紧密相关，无生便无性，无性其生便失去了生之意义。

由此，单纯从"生"的表意去理解"性"，便有了孔子最早明确提出的关于"人性"的问题，即他说，"性相近也，习相远也"⑥，也就是说，人性本来是相近的，没有大的差别，之所以人的本性差别越来越大，原因在于环境的影

① 徐复观：《中国人性论史》（先秦篇），台湾商务印书馆，1994年，序（二）。
②④ 徐复观：《中国人性论史》（先秦篇），台湾商务印书馆，1994年，第6页。
③ 傅云龙：《中国哲学史上的人性问题》，求实出版社，1982年，第1页。
⑤ 徐复观：《中国人性论史》（先秦篇），台湾商务印书馆，1994年，第8页。
⑥ （宋）朱熹撰：《四书章句集注》，中华书局，2007年，第175页。

响和习惯的不同。在这里，"性"实际上就是指人生下来所具有的本能，孔子的此观点隐含着矛盾的发展趋势：其一认为，"性"的这种本能无法改变，"惟上知下愚不移"，[①] 意思就是说人性相近之中，又有美恶一定，而非习之所能移者。所谓气质乃性也，其下愚者自暴自弃也。[②] 程子曰："自暴者拒之以不信，自弃者绝之以不为"，虽习亦不能移也。其二，孔子虽强调"性"之不变，同时又特别强调"习"的重要性，正是由于"习"才使得"性"发生了较大的差别，其矛盾也是显而易见的。

把"性"看作是人生下的本能的还有告子。告子曰："生之谓性。"[③] 把"性"看作是"生"之必然之物。《荀子·正名篇》亦云："生之所以然者，谓之性。"《春秋繁露·深察名号篇》云："如其生之自然之资，谓之性。"《白虎通·性情篇》云："性者，生也。"《论衡·初禀篇》云："性，生而然者也。"[④]这样，就会引申出"生"的所有当然之有，生的共性、生之本能便认作为"性"，就会认为人的一些生之本能，包括感知能力、认识能力，便认为是人之"性"。于是就有了告子的所谓"食色，性也"[⑤]之说，将"性"只看作人之"本能"，并且进一步发展为只看作外在的感性所具有的本能，故有告子的"仁内义外"之说，以及性无善无不善之议。告子只看到了"生"与"性"的联系，而没有发现"性"与"生"仍然存在着差异。"性"虽然根源于"生"，但"性"之区分不能从"生"上去认知，还必须在"生"的基础上对"性"作一认真的甄别，方才能够确认"性"的本质。

孟子高明告子的地方之一，就在于孟子不仅看到了"生"为生物所有的共性这一事实，而且对不同的"生"进行了深刻的分析，指出了不同的"生"其"性"是根本不同的。就人而言，人之"性"最为重要的不是"生"的自然属性，即所谓的"食色"、"耳目口鼻身"之欲，而是人的社会属性。

我们说，虽然承认人之"生"与"性"的分开，即作为"生"，人与动物的区分，但同样对"性"会得出截然不同的结论。孟子得出了"性善"论，而荀子则得出了"性恶"论。这又是为什么呢？二者的立足点又会有怎样的区别呢？我们还得回到"生"与"性"的根本关系上来。在孟子看来，人之"生"与人之"性"是统一的，虽然与动物之"生"之"性"有着本质区分，但人之"生"之"性"则是先天统一的，不可分离的，其"善心"是天生就具有的

① ② （宋）朱熹撰：《四书章句集注》，中华书局，2007 年，第 176 页。
③ （清）焦循撰：《孟子正义》，中华书局，2007 年，第 737 页。
④ 以上均见（清）焦循撰：《孟子正义》，中华书局，2007 年，第 737 页。
⑤ （清）焦循撰：《孟子正义》，中华书局，2007 年，第 743 页。

"本性","惟人之性,与善俱生"。① 而在荀子看来,"人之性恶,其善者伪也。今人之性,生而有好利焉,顺是,故争夺生而辞让亡焉;生而有疾恶焉,顺是,故残贼生而忠信亡焉;生而有耳目之欲,有好声色焉,顺是,故淫乱生而礼义文理亡焉。然则从人之性,顺人之情,必出于争夺,合于犯分乱理而归于暴。故必将有师法之化,礼义之道,然后出于辞让,合于文理,而归于治。用此观之,然则人之性恶明矣,其善者伪也。"② 荀子与孟子一样,都承认"生"与"性"的统一,只不过一个"性善",一个"性恶"。然而,荀子是从经验主义的层次来说明人生而好利焉、有疾恶焉、好声色焉,虽与事实并不相悖,然荀子之说却停留在感性知觉的"生"与"性"上;而孟子将"性"上升至抽象。在孟子看来,人之感性欲望类同于动物之感性欲望,而绝非人"性"的本质,人"性"的本质与"生"有联系,但只是从源上而言,一旦"生"之后,其"性"就俨然与"生"具有了本质的不同,即人的"性"乃为"善"。孟子认为善者才能为善,若无"善"(根),焉能为善,而荀子则认为其"善"乃"伪"也。故荀子曰:"凡性者,天之就也,不可学、不可事;礼义者,圣人之所生也,人之所学而能,所事而成者也。不可学,不可事。而在人者谓之性,可学而能、可事而成之在人者谓之伪。是性、伪之分也。今人之性,目可以见,耳可以听;夫可以见之明不离目,可以听之聪不离耳,目明而耳聪,不可学明矣。"③ 荀子从效验看孟子的"性善",殊不知孟子的"性善"是抽象的结果,而不可用感觉器官所能察觉到的,人们所能感知到的只是"性善"的表现,或曰"情"。所以说,荀子所批驳孟子的"性善"论,是在经验层面进行的,并没有对准靶子。也就是说,荀子误将"情"当作了"性",如荀子所言:"今人之性,饥而欲饱,寒而欲暖,劳而欲休,此人之情性也。"④ 故荀子所言"性"实乃"情"也,而非"性"也。荀子的"性恶"论还有一个弊端,那就是倘若"性恶",便不能"从人之性"、"顺人之情",又如何将"恶"化之,这与他的"性也者,吾所不能为也,然而可化也;情也者,非吾所有也,然而可为也"⑤ 是相矛盾的。既然"性"是"不可学,不可事"的"天之就";不能为,焉能化之。故荀子所说的"化性"实质上就是为"情"。当然,荀子区分"性"与"伪"具有一定的意义,他看到了客观环境对于人性发展的影响;但从根本上说,他没有能够认识到"性"若无"善"的一面,就如同洛克的"白

① (清)焦循撰:《孟子正义》,中华书局,2007年,第742页。
② (清)王先谦撰:《荀子集解》,沈啸寰、王星贤点校,中华书局,2008年,第434~435页。
③ (清)王先谦撰:《荀子集解》,沈啸寰、王星贤点校,中华书局,2008年,第435~436页。
④ (清)王先谦撰:《荀子集解》,沈啸寰、王星贤点校,中华书局,2008年,第436页。
⑤ (清)王先谦撰:《荀子集解》,沈啸寰、王星贤点校,中华书局,2008年,第143~144页。

板说"一样，若没有任何纹理，是不能产生任何认识的，同样，人之"性"若无半点"善"性，如何能够化之。

另外，荀子认为，只有"性恶"，圣王才有必要存在，假若"性善"，圣王便没有存在的必要了。荀子曰："故性善则去圣王，息礼义矣。性恶则与圣王，贵礼义矣。故檃栝之生，为枸木也；绳墨之起，为不直也；立君上，明礼义，为性恶也。"（《荀子·性恶篇》）这就把"性"之本善与使"性"善二者混淆了。"性本善"并非说"性"永远就"善"，这是两个不同的概念。"性"虽善，然而由于受到外界的引诱，可能发生改变而成为"恶"。绳墨之起是规范直的，但并不说"枸木"的本性是由于绳墨而存在。

总之，在承认"性"的统一性方面，孟子与荀子一样，都承认一种"性"，然而在追问"性"为何时，二者则截然相反，孟子主张"性善"，而荀子主张"性恶"。从深层次把握"性"，荀子则重效验、外在的感性经验；而孟子多重抽象、内在的本质属性。

二、天与人性

我们说，中华文明发端于宗教神话，对"人性"问题的论述才真正体现了我国文明的真谛。早在春秋战国时期，人们对"天"、"上帝"从崇拜到怀疑，并开始关注"人"的问题了。如"民之所欲，天必从之"[1]，"天视自我民视，天听自我民听"。[2] 意思就是说，人民的欲求，天必须给予满足；天之所听，从人所欲也。后来又明确指出"皇天无亲，惟德是辅"。[3] 也就是说，皇天无亲无疏，只辅助有德之人。后又有"敬德保民"的思想产生。这样，"天命"、"敬德"、"保民"三者便联系起来了。"'敬德'是'受命'的根据，'保民'是'天命'的体现，而'先王'则被当做了'以德配天'的典范。"[4] "明德"、"保民"，以"祈天永命"[5]，其中包含了"天命不易，天难谌"、"天不可信"[6]，"当以民监"[7] 的思想。

第一，从怀疑到限制"天"。到周朝时期，"人"可以用来限制"天"的绝对意志和愿望。正如傅云龙所言，"周公的目的虽然是要加强'天命'这种宗

① （清）洪亮吉撰：《春秋左传》，中华书局，2008年，第623页。
② （清）焦循撰：《孟子正义》，中华书局，2007年，第646页。
③ （清）洪亮吉撰：《春秋左传》，中华书局，2008年，第279页。又见《尚书周书·蔡仲之命》。
④ 傅云龙：《中国哲学史上的人性问题》，求实出版社，1982年，第2页。
⑤ （汉）孔安国传、（唐）孔颖达正义：《尚书正义》，上海古籍出版社，2007年，第573～587页。
⑥ （汉）孔安国传、（唐）孔颖达正义：《尚书正义》，上海古籍出版社，2007年，第645～646页。
⑦ （汉）孔安国传、（唐）孔颖达正义：《尚书正义》，上海古籍出版社，2007年，第559页。

教迷信思想的宣传，仍然坚持认为'天'具有绝对的意志，是能对'人'实行赏罚的最高权威，但是，在周公那里毕竟还是透露出'天'的赏罚不能不考虑到'人'的要求和愿望的意思。这种变化，显然意味着自觉或不自觉地开始以'人'的要求和愿望，来限制'天'的绝对意志和权威。"① "天"的神圣已不再是绝对的、无限的了，这样就大大降低了人们心目中的"天"的形象，客观上对统治人们的宗教思想起到了解放的作用，而且为思想的大交汇和百家争鸣创造了思想条件。

第二，从限制到对抗"天"。春秋时期，这种对"天"的限制得到了进一步的发展，开始演变为对抗"天"，将人的地位再一次提升，并且认为国之将兴，虽有神降，但赖其德也，若无其德，即使神降，国亦亡矣。"国之将兴，明神降之，监其德也。将亡，神又降之，观其恶也。故有得神以兴，亦有以亡。虞、夏、商、周皆有之。"② 也就是说，"神降"已经不再是唯一的保障了，反而"德"才是根本的原因。故"神，聪明正直而壹者也，依人而行"。③ "神所凭依，将在德矣"。④ 对于陨石等一些异常的自然界现象，也不再向神秘的"天"问之，而是向"人"所行去找寻。出现了陨石等现象，襄公应问己之所失，而不应问吉凶所从生。故（襄公退而告人）曰："君失问，是阴阳之事，非吉凶所生也，吉凶由人。"⑤ "他们都认为或者主张吉凶祸福是人自己的事情，而与'天'没有任何必然的联系。同时，他们还初步地认识到，只要人们努力从事农业生产和注意节约财富，就可以预防天灾，并以此来说明卜筮等迷信思想缺乏根据的。"⑥并且进一步提出了"天道"与"人道"，认为"天道"太远，已经无法干涉到"人道"，"天道远，人道迩，非所及也，何以知之？灶焉知天道？是亦多言矣，岂不或信？"这样，"天道"和"人道"二者各行其道。

第三，由重人到重民。在天人关系问题上与重"人"的思想相联系，在政治思想中则提出重"民"的思想。"夫民，神之主也。是以圣王先成民而后致力于神。"⑦ 又说，只有"民力之普存也……三时不害，而民和年丰也……于是乎民和而神降之福，故动则有成。"⑧ 反之，如果"民各有心，而鬼神乏主"，则"君虽独丰，其何福之有？"⑨ 这就是说，如果不保存民力，没有人

---

① ⑥　傅云龙：《中国哲学史上的人性问题》，求实出版社，1982年，第3页。
② ③　（清）洪亮吉撰：《春秋左传》，中华书局，2008年，第260页。
④　（清）洪亮吉撰：《春秋左传》，中华书局，2008年，第280页。
⑤　（清）洪亮吉撰：《春秋左传》，中华书局，2008年，第299～300页。
⑦　（清）洪亮吉撰：《春秋左传》，中华书局，2008年，第218页。
⑧　（清）洪亮吉撰：《春秋左传》，中华书局，2008年，第218～219页。
⑨　（清）洪亮吉撰：《春秋左传》，中华书局，2008年，第219页。

民的生产劳作，国家就不会得到鬼神的佑护；如果抛弃人民而只是崇拜鬼神，则君虽然富有，也不会长久，因而其福也就不复存在。"苟利于民，孤之利也……民既利矣，孤必与焉。"（左传文公十三年）① "夫君国者，将民之与处；民实瘠矣，君安得肥？且夫私欲弘侈，则德义鲜少；德义不行，则迩者骚离而远者距违。"② 史嚚曰："虢其亡乎！吾闻之，国将兴，听于民，将亡，听于神。"③ 而史嚚正是根据君主是否有德于民，民是否因此而"忘其君"，从而得出"社稷无常奉，君臣无常位，自古以然"④ 的结论。管仲亦曰："政之所兴，在顺民心；政之所废，在逆民心。"⑤ 而且还认为，劳动人民生产劳动是国家富强的根本条件，"凡有地牧民者，务在四时，守在仓廪。国多财，则远者来；地辟举，则民留处。仓廪实，则知礼节，衣食足，则知荣辱。"⑥

人性问题的提出，标志着中国人文精神的重要发端。人们已经从奴隶社会中关于人对"天"、"鬼神"的绝对服从地位提升出来，并且开始探讨有关"人性"的问题，可谓在"天"、"鬼神"的文化霸权中打开了一个缺口。关于"人性"问题的探讨也进一步表明了要求"平等"的愿望，人们已经不再把贵族的等级要求看作唯一合理的，而是认为在"人性"或其他方面人人是平等的，这样就从根本上打破了等级固定不变的状况，给自由、平等奠定了理论的根基，故在春秋战国时期出现了百家争鸣的景象。

休谟在其《人性论》中对人性的重要性给予了肯定，他说："显然，一切科学对于人性总是或多或少地有些关系，任何学科不论似乎与人性离得多远，它们总是会通过这样或那样的途径回到人性。"⑦ 休谟的人性论是在延续了西方传统的理性与科学的基础上提出的，主要限于人类的认识能力和认识官能的判断之上。休谟作为一个经验主义者，不可能对人性作出超越经验之上的结论，但是休谟无疑作为一个哲学家，对人性的认知与经验的关系以及人类理智的扩大作出了相当大的贡献。因此，我们必须辩证地对待休谟的人性论。如他正确地指出了"关于人的科学是其他科学的唯一牢固的基础"，当然，接着他又说"而我们对这个科学本身所能给予的唯一牢固的基础，又必须建立在经验

① （清）洪亮吉撰：《春秋左传》，中华书局，2008年，第378页。
② 左丘明撰：《国语》，鲍思陶点校，齐鲁书社，2007年，第266页。
③ （清）洪亮吉撰：《春秋左传》，中华书局，2008年，第260页。
④ （清）洪亮吉撰：《春秋左传》，中华书局，2008年，第803页。
⑤ 《诸子集成》第5卷，上海书店出版社，1996年；戴望著：《管子校正》，第2页。
⑥ 《诸子集成》第5卷，上海书店出版社，1996年；戴望著：《管子校正》，第1页。
⑦ ［英］休谟著：《人性论》，关文运译，商务印书馆，1980年，第6页。

和观察之上"。① 这就使得休谟的人性论具有经验论的局限性了。

古希腊哲学的理性发展到近代,便出现了唯理论与经验的区分,这种区分应当说是理性本身发展的结果。在对人性的研究上也从纯理性发展为经验性的研究,从而形成了诸如心理学研究等众多方面的研究,对人性本质的揭示可以说起到了重要的作用。如近代关于人的性格的研究所取得的成果就是一个例子。在心理学上,气质分为四种类型:多血质、胆汁质、粘液质、抑郁质。但是,尽管将实验科学用于人的精神取得了重要的成果,但是人性的本质能否真的运用科学技术就能完全揭示,仍然是一个未知的东西。人在科学技术面前所呈现出来的是否是真正的人性,人性的本质究竟是什么? 仍然需要我们去研究、探讨。正如休谟本人所说:"凡自命为发现人性终极的原始性质的任何假设,一下子就应该被认为狂妄和虚幻,予以摒弃。"②

所以说,我们在研究先秦人性假设过程中,一定要慎言而不能名曰已经找到终极的原始性质人性假设的答案了。但是通过研究,我们可以说已经接近或者找到先秦管理思想的人性假设了。由此可见,人性假设的研究其任务是多么巨大。休谟囿于经验,当然在人性这个最抽象的问题上陷入一种不可知论的境地,但是我们也不能因此不下一番工夫就得出人性的结论。这是引起学者必须注意的问题。我们不能把猜测和假设作为最初原则来蒙蔽世人,尽管我们谈的是人性假设,也必须使其奠立于坚固的基础之上。

三、人性与命

作为一个具体的人而言,生命的延续就是"生",而生命延续过程所具有的能力、欲望、本能,就是"生"之"性",由生之性便具有了"命",故人性与命紧密相连。"天命之谓性,率性之谓道,修道之谓教。"③ 命,犹令也;性,即理也。④ 由此可见,命的基本内涵即是人生的历程以及人生之性。生命的这种延续放在人生的历史中,即为生之长短,谓之寿命;其性之殆尽,不能"生",便谓之"死"。死乃是人生不可抗拒的,也谓之命。生,命也;死,命也。孔子曰:"死生有命",⑤ 此"命"多在人无法选择上言说,也就是说生死乃是人必定如此、不可避免的。人之性,即生之便具有的。然而人们将人生无法认识、无法解释的境遇,便称之为"命",此"命"往往带有宿命的性质。

① [英]休谟著:《人性论》,关文运译,商务印书馆,1980年,第8页。
② [英]休谟著:《人性论》,关文运译,商务印书馆,1980年,第9页。
③④ (宋)朱熹撰:《四书章句集注》,中华书局,2007年,第17页。
⑤ (宋)朱熹撰:《四书章句集注》,中华书局,2007年,第134页。

然而，孔子所言"命"又特别强调"命"的客观性，谓"命"非人力之所转移，因此我们又不能将孔子的"死生有命、富贵在天"当作宿命论。如孔子曰："爱之欲其生，恶之欲其死。既欲其生，又欲其死，是惑也。"① 也就是说，生死是客观的，并不以爱恶而转移，若是以爱恶其生死，则惑也。简言之，生死不能使之生死，"死生有命"。

儒家将命划分为三种，即受命、运命和遭命。何谓受命，孔子曰："如有王者，必世而后仁。"② 王者，谓圣人受命而兴也，③ 即奉命而行仁，作为士则"不辱君命"④；作为子则遵父母之命。此处所言"命"，均是一种客观的命，是"天命"、"天理"。何谓运命，人之生曰命，而命皆有时，也就是说人的生命有寿、有夭，有长有短，谓之运命，或称为命运。我国古代的命运起初不在于"天"，而在于人；不在于他，而在于己；国家的命运不在于君，而在于民；不在于上，而在于下。从而唤起人们自身的责任感和善良之心，行仁义之举。昭示人们勿以善小而不为，勿以恶小而为之。何谓遭命，遭命便是命运多舛，也即行善而得恶，此之谓遭命。孟子曰："莫非命也，顺受其正。"⑤ 也就是说，"行善得善，曰受命；行善得恶，曰遭命；行恶得恶，曰随命。惟顺受命，为受其正也。"⑥ 如此，命也分为三，即受命、遭命和随命，只有顺受其正，方可称得上"正命"。因此，儒家竭力要求人们要"知命"，要做到"知命"，就必须"知天"；而要做到"知天"，就必须"竭性"；而要做到"竭性"，就必须做到"尽性"；而要做到"尽性"，就必须做到"诚意"。这样，"心"、"性"、"天"、"命"就联结为一个整体，由客观下落到主观，由外在下落到内；又有内在向外扩展，由主观通向客观。所以说，儒家之内在心、性，并不单纯是一主观；而其天、命，也不仅仅是一客观。

仁者行事，处处彰显出一种为天下、为国家的责任，从而实现"乐天"、"畏天"。"乐天者保天下，畏天者保国家。《诗》云：'畏天之威，于时保之'。"⑦《国语》范蠡对勾践云："圣人随时以行，是谓守时。天时不作，弗为人客。"⑧ 此谓人事必与天地参，不量时则不保其国家，量时者所以畏天也。也就是说，天生万物无不尽，而万物无不量时而变；不知时，则不知天威。这里的天不是指神秘的天，而是指万物运行都有一定的规律，人既然有仁爱之

---

① （宋）朱熹撰：《四书章句集注》，中华书局，2007 年，第 136 页。
②③ （宋）朱熹撰：《四书章句集注》，中华书局，2007 年，第 144 页。
④ （宋）朱熹撰：《四书章句集注》，中华书局，2007 年，第 146 页。
⑤⑥ （清）焦循撰：《孟子正义》，中华书局，2007 年，第 879 页。
⑦ （清）焦循撰：《孟子正义》，中华书局，2007 年，第 112 页。
⑧ （清）焦循撰：《孟子正义》，中华书局，2007 年，第 113 页。

心，就不能随着自己的性子，冒犯天威，而要"乐天"、"畏天"。即乐天行道，量时畏天。人生皆有时，人性也是时之所发，时之所宜；不合时，命便不济；命不济，则事不达；事不达，则功不成也。因此，人生若无好的时运，或者人生有好的时运而不能很好地把握，便不能有好的结果。

无生便无性，生是性之始，性之基；性则是生之自然，生之必然。性有耳目之性，有心善之性。耳目之性谓之欲，是人的自然之性；心善之性谓之人性，是人的必然之性。在生的历程中，即人的命运中，处处显示出人性；而人性又会使得生命具有"从善、为善"的天道本性。所以说，生与性的关系不仅是相互依赖、相互作用，而且也是相互制约、相互渗透的辩证关系。人之生不同于禽之生，人之生不仅有耳目之性，而且更为重要的是有心之性。人之心性，则是天道必然之性，是天命之性。所以，"观性之得名，专以生于心为言，则本可生道，道不可生本明矣。"[1] 因此，可以说人之性本于心，然而不可以说心本于性。当然，这并不否认耳目之性不是人之性，而是说人的最根本的本性并不是耳目之性，而是心之性。孟子曰："口之于味也，目之于色也，耳之于声也，鼻之于臭也，四肢之于安佚也，性也。有命焉，君子不谓性也。仁之于父子也，义之于君臣也，礼之于宾主也，智之于贤者也，圣人之于天道也，命也。有性焉，君子不谓命也。"[2] 也就是说，口之甘美味，目之好美色，耳之乐音声，鼻之喜芬香，四体好安佚，皆人性之所欲也。然而得此乐者，有命禄，人不能尽其所有之愿。[3] 故曰："……性也。有命焉，君子不谓性也。"即作为君子，不能尽其性之欲而求之，必以仁义为先，故"君子不谓性也"。仁、义、礼、智，君子所为，圣人得以天道王于天下，皆命禄、遭遇乃得居而行之，命也。然凡人皆以命而行之，然君子之道，其性良知，修仁行义，修礼学知，不坐而听命。故曰："……命也。有性焉，君子不谓命也。"儒家认为，在性与命之间，凡心性以外之"性"，得与不得，取决于命；而己内之性，则完全由自己来把握，故不以命来确定。

第三节　性与情

在先秦思想中，性与情有着明显的区分。性乃是与生俱来，属于本体层

---

① （清）焦循撰：《孟子正义》，中华书局，2007年，第235页。
② （清）焦循撰：《孟子正义》，中华书局，2007年，第990～991页。
③ （清）焦循撰：《孟子正义》，中华书局，2007年，第990页。

面；而情虽有先天之资，然而主要在于后天所生。"性者，天之就也；情者，性之质也；欲者，情之应也。"① 然而，性与情又密切相关，无性便无情；无情其性也无法表现出来。所以说，性与情的关系既有区别，又有联系。性是情的基础，是情所寄居的地方；而情则是性的质，是性的彰显。

一、情与心

由生到性，由性至情。高诱注云："情，性也。"《荀子·正名篇》云："性之好恶喜怒哀乐谓之情。"② "正义曰：情发于外，性藏于内，故相表里。"③ 可见，性是情的基础，情乃生与性的外在显露。性与情的相连，谓之性情。《易文·言传》云："利贞者，性情也。"④ 即性情并称。"性与情，相为表里，性善胜情，情则从之。"⑤ 也就是说，情从性也，能顺其情，此善为真善；若作善者，非善者之善。在这里，情虽从性，情与性密不可分，且情顺性而不强其性，实际上仍然是性生情，情随性；性生情，情顺性，实乃性之必然。因此，无生与性便无情。另外，情虽然根源于生与性，但情却与外在的东西发生直接接触，容易受到干扰和引诱，故情之发生虽由外物所起，但却必须根据"心"，这样才能使情合乎世理，也即率性之谓道。所以说，古代的人性假设是一种由"内"而生的。作为一个人，一个"生"着的有生命的人，不仅有"性"，也有"情"。认为性必以情显之，语之美者为请，心之美者为情，人之美者为情，色之美者为靓。如《晋语》中有"好其色，必授之情"⑥，《左传》庄公十年"必以情"⑦ 的"情"字，虽有内在的成分，然实为性之显现，而不能代之以"生"。由此，我们可以看出，生、性与性情，其意相异已经十分明显。性情在其发展中，到后来已经完全成为一个属于外在的、可通过感觉感知的东西，虽然也显现出人性的内在东西，但却具有表面、外在感性的特征。

性与情历来是思想家争论的焦点之一，也是关于人性研究的一个十分重要的问题。回顾中国人性思想史关于性与情的研究成果，可以帮助我们理解人性的实质。

董仲舒将性与情清晰地区分开来，认为"性仁情贪"。"性"乃人的自然之

---

① （清）王先谦撰：《荀子集解》，中华书局，2008 年，第 428 页。
② （清）焦循撰：《孟子正义》，中华书局，2007 年，第 399 页。
③ （清）焦循撰：《孟子正义》，中华书局，2007 年，第 757 页。
④ （清）焦循撰：《孟子正义》，中华书局，2007 年，第 399 页。
⑤ （清）焦循撰：《孟子正义》，中华书局，2007 年，第 752 页。
⑥ 左丘明撰：《国语》，鲍思陶点校，齐鲁书社，2007 年，第 128 页。
⑦ （清）洪亮吉撰：《春秋左传》，中华书局，2008 年，第 241 页。

质，属于"阳"，为仁；而"情"则指人的情感欲望，属于"阴"，为贪。这样
一来，在人一身之上，便有了两种属性，一曰阴、贪，一曰阳、仁。董仲舒的
这一思想，就调和了孟子的"性善"论与荀子的"性恶"论。但是，董仲舒的
性与情并不是平衡的，在他看来，人之"性"源于天，他说："人受命于天，
有善善恶恶之性，可养而不可改，可豫而不可去，若形体之可肥而不可得革
也。"① 意思就是说，人性的善恶，可养而不可改，可预防而不可去。表明人
性的善恶，集中于人一身。但就"生"与"性"的关系，董仲舒也认为，生之
为性，然性并非皆善。他说："今世暗于性，言之者不同，胡不试反性之名。
性之名非生与？如其生之自然之资谓之性。性者质也。诘性之质于善之名，能
中之与？既不能中矣，而尚谓之质善，何哉？性之名不得离质。离质如毛，则
非性已，不可不察也。"② 在他看来，生的自然之质谓之性，并不是说性之质
为善。若将性之质谓之善，其名便不中。他进一步指出："察实以为名，无教
之时，性何遽若是。故性比于禾，善比于米。米出禾中，而禾未可全为米也。
善出性中，而性未全为善也……性有似目，目卧幽而瞑，待觉而后见。当其
未觉，可谓有见质，而不可谓见。今万民之性，有其质而未能觉，譬如瞑者待
觉，教之然后善。当其未觉，可谓有善质，而未可谓善，与目之瞑而觉，一概
之比也。"③ 也就是说，性与善的关系是禾与米、瞑与觉的关系，性有善质，
但性并不是善；善虽然起于性，但性未必全善。犹如瞑有觉质，但瞑并不是
觉，见而后觉，全在于教也。这样董仲舒就不再认为性必然为善，而是认为性
是产生善的基础、前提，善出于性，但性也会导致恶（情），这全取决于教。
这样，董仲舒就当然地将情与性联系起来，并认为情也是人的本质属性，"是
正名号者于天地，天地之所生，谓之性情。性情相与为一瞑。情亦性也。谓性
已善，奈其情何？故圣人莫谓性善，累其名也。身之有性情也，若天之有阴阳
也。言人之质而无其情，犹言天之阳而无其阴也。穷论者，无时受也。名性，
不以上，不以下，以其中名之。"④ 由此可见，董仲舒所谓之性全然不是孟子
之"性善"，也不是荀子之"性恶"，而是不善不恶、或善或恶，是"性"之
中。他进一步论证道："或曰：性有善端，心有善质，尚安非善？应之曰：非
也。茧有丝而茧非丝也，卵有雏而卵非雏也。比类率然，有何疑焉。天生民有
六经，言性者不当异。然其或曰性也善，或曰性未善，则所谓善者，各异意

① 苏舆撰：《春秋繁露》，中华书局，2007 年，第 34 页。
② 苏舆撰：《春秋繁露》，中华书局，2007 年，第 291～292 页。
③ 苏舆撰：《春秋繁露》，中华书局，2007 年，第 296～298 页。
④ 苏舆撰：《春秋繁露》，中华书局，2007 年，第 298～300 页。

也。性有善端，动之爱父母，善于禽兽，则谓之善。此孟子之善。循三纲五纪，通八端之理，忠信而博爱，敦厚而好礼，乃可谓善。此圣人之善也。是故孔子曰：'善人，吾不得而见之，得见有常者斯可矣。'由是观之，圣人之所谓善，未易当也，非善于禽兽则谓之善也。使动其端善于禽兽则可谓之善，善奚为弗见也？"① 在董仲舒看来，性与善是不同的两种界定，性有善端，但性并不是善本身，犹如"茧有丝，而茧非丝也"。董仲舒特别强调了善是由于"实践"即"动其端"才能显现出来的，较有新意。总之，在董仲舒看来，性与善，是质料与使质料为善的关系，性是天然之质，而善则是人为之实，单有一"性"，还不能为"善"，这就如同亚里士多德的四因说一般，"性"乃形成"善"的质料，而圣王之教、人们所行乃是"善"所形成的动力因，其形成的结果乃为"善"，也即亚氏所谓的"目的因"。

当然，董仲舒的调和孟子性善与荀子性恶之论说，谓"性情"不分，均为人的本质属性，还是具有重要意义的。对于性善性恶问题并没有刻意从"端"上去解释，而是承认性之质有善的一面，即善出于性，但需要借助外在的力量，方可为"善"，而不是对"性"的善恶，要么肯定要么否定，这样就比较容易让人接受，从理论上也弥补了荀子如何从"性恶"到达"性善"的不足。同时，又引入了与"性"同等重要的"情"的观念，认为"性仁情恶"，以"情"来说明"性恶"。尽管如此，董仲舒的"性情"之说未必正确，如天人、阴阳、仁贪之对应；而其比附思想也未必恰当，在论说之中尚存有矛盾，这些充分表明了其"性情"思想深受其天人感应世界观的影响。

总之，情演变到今天，已经表现为人情之情，即是按照当地的民俗之情、人事之情来言行、做事。相对于人性而言少了内在的东西，但由于"情"根源于"生"与"性"，所以说，情仍然由心内发而生。所谓感情、情感、性情、情趣，皆出自于"生"或出自于"性"，即出自于与生俱来的、本能的东西。如情不自尽、性情中人。但在儒家看来，无论何情，都出自于心，由心做主。因此，情必由心而发，人必须对"情"负起责任来。

当然，在某种特定的场合下，判断"情"是从心还是被外物所牵制，要根据当时的情况而定。我们说，"情"在特定的情况下，具有某种特定的"独立性"，如"情不自禁"、"情不由衷"，等等。这倒不是为某种不良的行为作辩护，而是在特定情境中，的确存在着一些所谓非理性的东西。作为管理学中的人性假设，以人性为基础，但也应充分考虑到"情"的存在及"情"对管理的影响。

---

① 苏舆撰：《春秋繁露》，中华书局，2007年，第303～304页。

二、情与境况

然而，事实上万物皆有"性"，万物皆有"情"，如何判断，又如何正确对待呢？如孟子曰："夫物之不齐，物之情也。"① 即是说，万物有其差别，有其区分，有其不同，乃是万物之情性也。这里，不再将"性情"合为一体，而是将"情性"连在一块。这就表现出了除了在人自身上之外，"情性"实际上存在于万物之中，万物皆有"情"，万物皆有"性"。这里的"情性"是从广义上而言的，是从万物的形成的本然上而言的，认为万物皆由阴阳之分，阴阳之化，各不相同。如果人为地抹杀了万物的差别，便是扼杀了万物的本性，违背了万物之情。所以说，我们不仅要从人性之"善"这个根本性出发，还要特别关注"善"之显也，即"情"，性善即是情善。"于情之可以为善，知其性之神明。"② 人们只有率其性，顺其情，才能把握事物的规律，才能达到实践的目的。"性之善，全在情可以为善"，③ 不为情欲所乱，不为情欲所诱，不为情欲所私，不为情欲所偏，不为情欲所蔽。从而达到性能运情，情乃顺性，情可为善。从管理上说，也必须顺乎被管理者的"性"，合乎其"情"，才能真正发挥出管理的作用。

为什么我们非得要使管理顺其情、从其性呢？因为，"性"与"情"实际上是"天道"所致，正所谓"天命之谓性，率性之谓道，修道之谓教"是也④。

人的性情可以说比万物的性情更为复杂，不仅受到自身内在的"人性"的作用；同时，还会受到外在环境的影响，从而使"情"发生改变。因此，管理者就不能只局限于某个方面进行管理，而应当更多考虑到环境的作用。这种环境的作用，从社会组成的层次上来说，它可能来自于社会、家庭、他人的影响。从社会结构来说，它可能来自于经济、政治、文化、宗教等方面的影响。从影响的性质看，有正面的影响、有反面的影响。从影响的程度看，有的影响较大，且持续时间较长；有的影响较小，时间也较短；等等。因此，管理科学不仅要研究人的"性情"，同时也要关注影响人的"性情"的环境。随着信息时代的到来，这种影响也会越来越大，越来越复杂，越来越多变。在信息化时代，人们每天获得大量的有用信息，提高了管理的目的性、科学性、实用性；但是，也增加了管理的不确定性，加大了管理的盲目性，增加了管理的难度。

---

① （清）焦循撰：《孟子正义》，中华书局，2007年，第399页。
② （清）焦循撰：《孟子正义》，中华书局，2007年，第755页。
③ （清）焦循撰：《孟子正义》，中华书局，2007年，第756页。
④ （宋）朱熹撰：《四书章句集注》，中华书局，2007年，第17页。

如 2008 年由于美国次贷危机所引发的世界性的金融危机，其蔓延速度之快，人们的从众心理之重，信心的普遍不足，不要说对于国家层面，就是对于企业来说，其管理难度也是不断增大的。所以说，我们在研究管理科学中的人性假设时，不应当完全摆脱环境对管理的影响和作用，而必须对其给予足够的重视。

三、情与"志"

志与情显然都从"心"，但志从心，则为从正也，即所谓"得志行正"，"不得志独行其道"是也。孟子曰："居天下之广居，立天下之正位，行天下之大道，得志与民由之，不得志独行其道，富贵不能淫，贫贱不能移，威武不能屈，此之谓大丈夫。"① 从中我们可以看出，志在于"行"，在于"守"也。"富贵不能淫，贫贱不能移，威武不能屈"，其"淫"、"移"、"屈"是指"乱其心"、"移其行"、"挫其志"。所以说，得志行正与民共之，不得志隐居独善其身，不为"富贵"、"贫贱"、"威武"各种情势所"乱"、所"移"、所"屈"，其志也坚矣。有其志，方能生于天地之间，位于天下之正，行于天下之大道。"正"是志之根本，得志在于行正。其志何来，全在于养。为何要养浩然正气呢？在于持志。"养气在于持志，故可知谓志。可知胁肩谄笑，未同而言，皆不正，故云邪。"② 由此可见，"志"仍然从"正"。故《易·同人·象传》云："唯君子能通天下之志。"③ 是同以志言，故未同为志未合也。所以说，志同才能道合，志不同，则道不合，不相为谋也。君子之志，非小人之志，因此，同志实乃兴起"正"，行其"大道"者。君子之志，行于大道，然行其道必合于礼。也就是说，行于某种合理的制度规范，因此制定合理的管理制度，仍然是较为重要的。何为合理，就是符合于客观规律的、适合于人的本质的管理制度与管理措施，而不是人为地、主观随意地制定。只有这样，君子方能行之。"君子之志，志于行道，不得其礼，亦不苟往。"④

一个企业必然有其良好的企业文化，然而又有多少企业从"立志"上考虑呢？立什么样的志？怎样立志？是关乎一个企业能否"行正道"的大问题。作为一个企业，为了某种利益，行其邪，小人得其志，企业焉有发展前途，迟早会破产倒闭。俗话说，要立大志，要有雄心壮志。

①　（清）焦循撰：《孟子正义》，中华书局，2007 年，第 419 页。
②　（清）焦循撰：《孟子正义》，中华书局，2007 年，第 445 页。
③　（清）焦循撰：《孟子正义》，中华书局，2007 年，第 444 页。
④　（清）焦循撰：《孟子正义》，中华书局，2007 年，第 725 页。

第二章　道德人的开启

　　中国文化为人文精神的文化，人文精神的出现为人性假设得以成立的前提条件。我国人文精神虽然也讲理性，但理性的内涵不同于西方的向外发展、向下发展，而是在于向内发展、向上发展；中国的人文精神讲究的是内在的"功夫"，而不是触及外物的科学的实验；中国的人文精神虽然也是从神学而来，但却不是以批判为主，而是以承继为要。对神秘力量的皈依是最初人类的共性，但到周人以后，注入了自觉的精神，启发了中国特有的人文特征。周人的"天、帝、天命"的概念使人显示出来，其来源在于"忧患"意识；而正是这种忧患意识，启迪了人的精神自觉，使人不再过分迷恋于"上帝"。商人虽然看到了，但未有此自觉，而周人既看到了，又具备了这种自觉，并由"天命靡常"而引出"以德配天"，从而突出了人的中心地位和人的主体自觉。

第一节　由"天、帝、天命"到"人"

　　传统的"天"，是大、高、广的天，是生生不息、变化无穷的天，是万事万物的始源。由"天"到"帝"，是天的人格化，又是天的具体化，也是天的"道德"践行。"天命"是天的"命"，也是天的"令"，是由天到人的根据。中国文化传统是一种入世的哲学，人们如何践行是人们关注的重点。在实践层面，最初由"神道设教"，由宿命的"天"不断下落，即由客观的"天"沿着一个由"天"到"帝"，再由"帝"到"人"的路径，从而使"天"落在了主观的"心性"之上，故而这种"心性"既根源于"天"，同时又不断地通过自觉，形成具有与"天"相同的道德"心性"，并在日常生活中使这种"心性"扩充开去。人之所行，即为天之所行，以天道而行，便谓之天命。一人曰大，一大曰天，也就是说，由天到天道，再由天道到天命，再由天道到人道，最终实现以德配天，从而形成了中国人性论的开端。

一、原始宗教

研究一个社会历史的发展，必须置身于这个社会发展的特殊视域中，因为"我们一直在研究的这些特定的社会，没有一个包括整个人类；没有一个能在空间上囊括这个星球上的所有人类生息繁衍的地区，也没有一个同整个人类社会（它是其中一个代表）处于共时同代。"① 因此，我们在考察我国古代人类人性的起源时，也必定要在中国特有的范围内去寻找。我们无法割断我们的历史，我们所有的文明起源于共同的地方，这个地方发生的一切便是人类社会发展的历史。也就是说，在同一个地方发生的事情，就是一个民族活动的场所，也是这个民族进步的天然尺度。然而，当我们观察历史的时候，我们必须将自己带回到历史事件中，但做到这一点何止是困难，简直是根本无法办到。尽管如此，我们说，要想更好地了解历史，仍然需要我们进入到历史中，对历史事件进行尽可能全面的了解，这样才能更好地展现历史的原貌，也才能有所收益。

历史事件是极其纷繁复杂的，如何在历史事件中找到有益的东西，是研究者最为关心的事情。假如我们关注每一个事件，那么这种研究的结果必然会一事无成。叙事式的研究固然重要，然而最好的方法应当根据我们事先确定的目标来进行。正如爱因斯坦说过，"除非一个人摈弃细枝末节，具有更广阔的视野，否则，在科学中就不会有任何伟大的发现。"② 所以说，研究中舍弃一些东西，不仅是可能的，也是完全必要的。

我们研究的主要课题是先秦管理思想中的人性假设问题，因此，在研究这一问题时，完全可以将时间往前推溯，上溯到属于我国文明的源头。这里必须清楚，我们研究的是中国的文明思想，而不是西方文明的起源问题。而中国文明的起源，又主要是先秦管理思想的起源，因此我们可以在所研究的对象上大大加以缩小。

天下所从，信奉鬼神；天下所行，决以卜筮。在上古时代，如何行事，并不像我们今天这样，可以凭借一种理性的思考，依照所学到的科学知识来制订计划，完成目标；而是实行所谓的"圣人举事，先定于义。又已定立，决以卜筮，示不专己，明与鬼神同意共指，欲令众下信用不疑。"③ 也就是说，众人

① ［英］阿诺德·汤恩比著：《历史研究》（修订插图本），刘北成、郭小凌译，上海人民出版社，2002年，第18页。

② ［英］阿诺德·汤恩比著：《历史研究》（修订插图本），刘北成、郭小凌译，上海人民出版社，2002年，第23页。

③ （东汉）王充著：《论衡》，上海人民出版社，1974年，第373页。

所信，皆鬼神卜筮之类，这便是所谓的"神道设教"。

"阴阳不测之谓神，一阴一阳之谓道。范围天地而不远，曲成万物而不遗。仁者见之以为仁，知者见之以为知，百姓日用而不知，君子之道鲜矣。斯乃显诸仁而藏诸用，神无方而易无体。"[①] 此虽言"易"，然我们从中也领会到"神道"的本意。神无形而有功，道藏于万物而不知。所以，在我们的先人看来，鬼神存于四海之内，天地之间，左右万事万物，出神入化，赏罚分明。如何才能具有预见性，使人们更好地行事，通晓"一阴一阳"之道，便成为非常重要的事情了。

上古时代所产生的对图腾的崇拜，表明在当时人们假借图腾来昭示与预知人们的言行。不同民族所崇拜的图腾不同，表明人们生活的环境不同，人们获得生活资料所进行的劳动方式存在着差异，所生存的自然环境多种多样。所崇拜的图腾可能是动物，也可能是花草或某种虚幻的、想象中的东西。在这里，它是什么并不重要，重要的是这种被人们当作神物加以崇拜的图腾，其象征意义能够给人们带来好运，能够战胜邪恶，等等。我国古代对龙的崇拜就是如此。"龙"被喻为天之"阳气"，形容君子之美德。《子夏传》曰：龙，所以象阳也。马融曰：物莫大于龙，故借龙以喻天之阳气也。[②] "沈驎士曰：称龙者，假象也。天地之气有升降，君子之道有行藏。龙之为物，能飞能潜，故借龙比君子之德也。"[③] 不仅如此，"龙"还能时"潜"，时"伏"；时"飞"，时"显"；或"跃在渊"，[④] 或"飞龙在天"；[⑤] 或"云行雨施，品物流形"，[⑥] 或"时乘六龙以御天"。[⑦] "龙"可谓变化无常，行于天地之间，是为阴阳所至矣。以此喻君子，则"君子体仁，足以长人。嘉会，足以合礼。利物，足以和义。贞固，足以干事。"[⑧] 也就是说，仁，乃四德之始、之本，故"仁"乃为善之长也；礼，乃交接会通之道，故以嘉合于礼也；义，利也，故言利物，乃阴阳相和，各得其宜，足以合于五常之义；干事，乃干举万事也，君子贞正，方可委任于事，故曰贞固是也。然其君子之行，全在于"阴阳"。"元为善长，故能体仁。仁主春生，东方木也。亨为嘉会，足以合礼。礼主夏养，南方火也。利为物宜，足以和义。义主秋成，西方金也。贞为事干，以配于智。智主冬藏，

① （清）李道平撰：《周易集解纂疏》，中华书局，2006 年，第 3 页。
②③ （清）李道平撰：《周易集解纂疏》，中华书局，2006 年，第 28 页。
④ （清）李道平撰：《周易集解纂疏》，中华书局，2006 年，第 32 页。
⑤ （清）李道平撰：《周易集解纂疏》，中华书局，2006 年，第 33 页。
⑥ （清）李道平撰：《周易集解纂疏》，中华书局，2006 年，第 36 页。
⑦ （清）李道平撰：《周易集解纂疏》，中华书局，2006 年，第 37 页。
⑧ （清）李道平撰：《周易集解纂疏》，中华书局，2006 年，第 42~43 页。

北方水也。"① 这样就把君德放在了"阴阳"之下，并加以神化。于是要求人们，特别是君王，要"圣明德备"，方称其为"大人"。

在我国上古时代，对"龙"的崇拜隐含着对"人"的某种要求，"龙"实际上具有一种隐喻的意义。但这时还没有从对鬼神的崇拜中摆脱出来，使人的地位得以确立。仍然是借天地、日月、四时、鬼神来谈论问题。如君子、大人的"与天地合其德"，"与日月合其明"，"与四时合其序"，"与鬼神合其吉凶"。② 当然，此番论述还不足以清楚明白，在《易》中，天地初开，一切皆为混沌，是为无极；无极而太极，以至万物化生的过程；太极生两仪，即由太极生阴阳，阴阳交合，清者上升为天，浊者下沉为地；两仪生四象，阴阳所生分为东、南、西、北四方，每方各有一神镇守，东方青龙，西方白虎，南方朱雀，北方玄武，是为四象；四象生八卦，即为乾（天）、坤（地）、艮（山）、震（雷）、巽（风）、坎（水）、兑（泽）、离（火）八卦；八卦生六十四卦，即八卦之间的相互组合生出六十四卦，如乾上乾下、乾上坤下、坤上乾下、坤上坤下，如此等等。由此可见，在我国上古时代所谓的原始宗教，实际上包含以下四层含义：其一，我国的原始宗教更多的是凭借对自然的崇拜，也就是说是自然神论者；其二，在宗教论证过程中，更多地运用了自然本身的变化规律；其三，虽然有"龙"的图腾崇拜，但是对"龙"的崇拜根据更多地依赖于"易"的解说；其四，对"龙"的崇拜往往是为了照顾并涉及"君子"的行为，这就为先秦人性精神的发展奠定了基础。

上古时代的所谓"神道设教"的原始宗教，并不是宣传当下人们所认为的迷信，而更多地在于传统的继承。由于当时社会生产力极其低下，人们改造自然的能力非常有限，况且认识世界的能力也具有相当大的局限性，其鬼神的思想、图腾崇拜是非常自然的事情。但是，正是这种原始的崇拜，使得我们的先人逐渐揭开了世界的面纱，迈入到文明的时代。

二、"天、帝、天命"的内涵及实质

"天"在我国古代具有重要的意义，而在《易经》中却一般不说"天"，而说"乾"。"乾。元亨利贞。""言天之体，以健为用，运行不息，应化无穷，故圣人则之。欲使人法天之用，不法天之体，故名'乾'，不名天也。"③ 也就是说，所谓天者，不在于天体本身，而在于天之运行的规律，法天之用，而不是

① （清）李道平撰：《周易集解纂疏》，中华书局，2006 年，第 43 页。
② （清）李道平撰：《周易集解纂疏》，中华书局，2006 年，第 64～65 页。
③ （清）李道平撰：《周易集解纂疏》，中华书局，2006 年，第 27 页。

法天之体也。"王蕃《浑天说》曰:'周天三百六十五度五百八十九分'。惟其运行不息,是以变化无穷,成四时而育万物,皆天之至健者为之也。则天之圣,至诚无息。不与天同其形,而与天同其用。故'法天之用',法其健也。'不法天之体',穹窿之形不可法也。法其用,故'名乾'。不法其体,故'不名天'。"① 何谓法也,"制而用之谓之法",② 荀爽曰:"谓观象于天,观形于地。制而用之,可以为法。"③ 又"见形谓之象,形乃谓之器。"④ 意思就是说,人们通过感知自然的运行规律,而后形成规制,即观象于天,观形于地,依据这些变化规律加以运用,就是法天,就是法其用也。法者,法度也;法度,依此而行不违反也。故古代人经常讲"法天,法地,法圣人",也就是依天而行,依地而行,依圣人之言而行。

天,大也,高也,广也,生生不息,变化无穷也。大者,高者,广者,天之体也;生生不息,变化无穷者,天之用也。《易》之天,乃用也,故不名天,而取乾。乾,元亨利贞。元,始也,即万物资源共享始也。亨,通也。利,和也。贞,正也。由此,使天之运行转变为德之彰也。但是,就我们当下所认之天,往往关注"天之体",认为天就是"天不可谓不高也,地不可谓不厚也",所说的天,其实这是对古代人对天看法的误解。在古代人的心目中,天显示着一种自然界万事万物运动变化的一种规律,是人们必须加以遵循的法度,也就是说,古代人的天是一种至高至尊的规律性神秘的东西。所以说,乾虽意味着阳,但乾与天并不完全相同。"乾为天地之首,分甲壬,入乾位。""天正之位,而乾元所始也"。⑤ 然而,天在乾中仍然处于主导地位。故云"册取始于乾,犹万物之生于天","乾德统继天道,与天合化",即《九家》注所云"惟天为大,惟乾则之"是也。⑥ 所以说,"天"更多地应理解为变化之天,万物化成之始原之天。

"象曰:'大哉乾元,万物资始,乃统天。云行雨施,品物流形。大明始终,六位时成,时乘六龙以御天。乾道变化,各正性命,保合大和,乃利贞。首出庶物,万国咸宁。'"⑦ 意思就是说在乾卦,乾者纯阳,众卦所生,天之象也。观乾之始,以知天德。惟天为大,惟乾则之,故曰"大哉",即所谓"一大为天"是也;元者,气之始也,一即乾元。万物皆受始于乾,犹万物之生禀于天。乾之为德,乃统继天道,与天合化也。乾以云雨流坤之形,万物化成,

---

① (清)李道平撰:《周易集解纂疏》,中华书局,2006年,第27页。

②③④ (清)李道平撰:《周易集解纂疏》,中华书局,2006年,第600页。

⑤ (清)李道平撰:《周易集解纂疏》,中华书局,2006年,第29页。

⑥ (清)李道平撰:《周易集解纂疏》,中华书局,2006年,第36页。

⑦ (清)李道平撰:《周易集解纂疏》,中华书局,2006年,第35~37页。

故曰"品物流形"也；即凡物禀气于天，受形于地。乾起坎（水）而终于离（火），坤起于离（火）而终于坎（水），离坎者，乾坤之家而阴阳之府，故曰"大明终始"也；《乾凿度》曰"离为日，坎为月。日月之道，阴阳之经，所以终始万物"。六爻随时而成乾；六爻即六位也，六位者，天地四时也。大明以昼夜为"终始"，六位以相揭为"时成"；言乾乘六气而陶冶变化，运四时而统御天地，故曰"时乘六龙以御天"也。乾元为道，故曰乾道；《上系》始以"阴阳之谓道"，终以"阴阳不测之谓神"，"神者，变化之极"，故曰乾道变化；刘瓛曰：阳气为万物之所始，故曰"首出庶物"。立君而天下皆宁，故曰"万国咸宁"也。

"《象》曰：'天行健，君子以自强不息。'"① 在这里，所谓"象"，《系辞》曰："象也者，象也"，又曰："象也者，象此者也。"故曰："象者，象也"。② 也就是说，象，指的就是征象、表征。"天行健，君子以自强不息"，也即是说，作为君子应像天一样，按"天"之理而行之，便为"自强不息"。由此，我们看到，古代以"天"而喻"君子"，君子能如天一样，依理而行。"《皋陶谟》曰：'兢兢业业，一日二日万几'，谓尧舜也。《无逸》曰：'自朝至于日中昃，不遑暇食'，谓文王也。《论语》曰：'吾尝终日不食，终夜不寝，以思'。谓仲尼也。又曰：'欲罢不能，既竭吾才，如有所立卓尔'，谓颜子也……君子法天之行，庄敬日强，故能'自强不息'。"③ 从中我们看到，从"天"而言"法天"，全在于"行天之道"。

我国古代所谓"帝"，内涵颇多。其一，帝与天同，谓"天帝"；其二，帝与神同，谓"神帝"；其三，谓"行天之德"之君子也，如"五帝"；其四，谓帝王之帝，如皇帝；等等。如《庄子·大宗师》云："夫道，有情有信，无为无形；可传而不可受，可得而不可见；自本自根，未有天地，自古以固存；神鬼神帝，生天生地；在太极之先而不为高，在六极之下而不为深，先天地生而不为久，长于上古而不为老。狶韦氏得之，以挈天地；伏羲氏得之，以袭气母；维斗得之，终古不忒；日月得之，终古不息；勘坏得之，以袭昆仑；冯夷得之，以游大川；肩吾得之，以处大山；黄帝得之，以登云天；颛顼得之，以处玄宫；禺强得之，立乎北极；西王母得之，坐乎少广，莫知其始，莫知其终；彭祖得之，上及有虞，下及五伯；傅说得之，以相武丁，奄有天下，乘东维，骑箕尾，而比于列星。"④ 很显然，庄子把"帝"看作是得"道"之神，

① ② （清）李道平撰：《周易集解纂疏》，中华书局，2006 年，第 38 页。
③ （清）李道平撰：《周易集解纂疏》，中华书局，2006 年，第 38～39 页。
④ （清）郭庆藩撰：《庄子集释》，中华书局，2006 年，第 246～247 页。

虽与天同，但又比天低一层次。堪坯（胚）得道而成为昆仑山神；冯夷成为河神；肩吾成为泰山神；黄帝成为得道而上天；颛顼居北方宫；禺强为北海神；西王母不复生死，故莫知始终也；彭祖得道所以长年也；傅说得之，与角亢等星比并列行，故比于列星。至于"五帝"之说，一说黄帝、颛顼、帝喾、尧、舜；一说炎帝、黄帝、颛顼、太皞、少皞。然而，在五帝之说中，我们可以看出，与当初的"天帝"、"神帝"相比，已经远离了"天"与"神"，而具有了代"天"、代"神"而行的意思。就算是"五帝"中也存在着差异，而这种差异被庄子称为"逮德下衰"。庄子在《缮性》篇曰："逮德下衰，及燧人、伏羲始为天下，是故顺而不一。德又下衰，及神农、黄帝始为天下，是故安而不顺。德又下衰，及唐、虞始为天下，兴治化之流，浇淳散朴，离道以善，险德以行，然后去性而从于心。心与心识知而不足以定天下，然后附之以文，益之以博。文灭质，博溺心，然后民始惑乱，无以反其性情而复其初。由是观之，世丧道矣，道丧世矣，世与道交相丧也。"[1] 从另一方面看，天道下衰，正表明人文精神的兴起。我国历代有"三皇、五帝、三王、五伯"的说法，北宋邵雍说，三皇以道治国，五帝以德治国，三王以功治国，五伯以力治国。"帝"何以具有德质，乃是治国之要也。

天命，"即天道之流行而赋于物者，乃事物所以当然之故也。"[2] 何谓"天道"，《庄子·在宥》篇云："贱而不可不任者，物也；卑而不可不因者，民也；匿而不可不为者，事也；粗而不可不陈者，法也；远而不可不居者，义也；亲而不可不广者，仁也；节而不可不积者，礼也；中而不可不高者，德也；一而不可不易者，道也；神而不可不为者，天也。故圣人观于天而不助，成于德而不累，出于道而不谋，会于仁而不恃，薄于义而不积，应于礼而不讳，接于事而不辞，齐于法而不乱，恃于民而不轻，因于物而不去。物者莫足为也，而不可不为。不明于天者，不纯于德；不通于道者，无自而可；不明于道者，悲夫！何谓道？有天道，有人道。无为而尊者，天道也；有为而累者，人道也。主者，天道也；臣者，人道也。天道之与人道也，相去远矣，不可不察也。"[3] 由此，我们看到，所谓天道，就是万事万物流变的规律，与人道相比，天道无为，人道有为；天道为主，人道为次；天道为上，人道为下。人道必合于天道，而天道自然，不为人道所左右。依天道而行便是天命，所谓天命不可违，意思就是天道使然，不能相违。《庄子·天道》篇曰："天道运而无所积，故万

---

① 曹础基：《庄子浅注》，中华书局，2007年，第185页。
② （宋）朱熹撰：《四书章句集注》，中华书局，2007年，第54页。
③ 曹础基：《庄子浅注》，中华书局，2007年，第127～128页。

物成；帝道运而无所积，故天下归；圣道运而无所积，故海内服。"① 再一次说明了"天道"乃万物始成的原因。

天命之于天道，是外在的表现；天道之于天命，是内在的根据。在《尚书》中，对"天道"的论述有如下几处：其一，《尚书·大禹谟》云："益赞于禹曰：惟德动天，无远弗届。满招损，谦受益，时乃天道。"② 其二，《尚书·仲虺之诰》曰："钦崇天道，永保天命。"③ 其三，《尚书·汤诰》曰："天道福善、祸淫，降灾于夏，以彰厥罪。肆台小子将天命明威，不敢赦。"④《尚书·说命中》曰："明王奉若天道。"⑤《尚书·毕命》曰："以荡陵德，实悖天道。"⑥ 如此可以看出，"天道"皆指自然规律，而"天命"则由"天道"来决定。"钦崇天道"，才能"永保天命"。"天道"极高、极远，但是落实下来，便是可知、可见、可信、可言的"天命"了。"天道"与"天命"又是相连的，有"天道"方有"天命"，有"天命"才有"人性"。孟子曰："仁之于父子也，义之于君臣也，礼之于宾主也，智之于贤者也，圣人之于天道也，命也，有性焉，君子不谓命也。"⑦ 意思就是说，所谓仁义礼知，皆来源于天道，而这些只有圣人方能得之，在人则谓之命也。顺天之命，谓天道；而命不顺，天道不行也。虽命不顺，而亦行天道也，故君子不谓命，意谓性善可学而尽矣。《春秋繁露·天道无二》云："天之常道，相反之物也，不得两起，故谓之一。"⑧ 由此，所谓"道"是指事物变化的规律，是"一"，即为恒常的规律。

总之，天之所行，称为天道；以天道而运行，谓之天命。易有天道，有地道，有人道，一阴一阳之谓道，一人曰大，一大曰天，"乐天知命，故不忧"。⑨ 我国古代由神话到天，由天到天道，再由天道到天命，由天命到以德配天。这样，就逐渐彰显出人文精神，也开启了中国人性论的发端。

三、"天命靡常"到"以德配天"

由天道到天命，并不是一个简单的线性发展过程，在天道与天命之间仍会出现反复，甚至相互混用的现象。如前所述，天道是天命的基础，天命是天道

---

① 曹础基：《庄子浅注》，中华书局，2007年，第150页。
② （汉）孔安国傅、（唐）孔颖达正义：《尚书正义》，上海古籍出版社，2007年，第139页。
③ （汉）孔安国傅、（唐）孔颖达正义：《尚书正义》，上海古籍出版社，2007年，第295页。
④ （汉）孔安国傅、（唐）孔颖达正义：《尚书正义》，上海古籍出版社，2007年，第297页。
⑤ （汉）孔安国傅、（唐）孔颖达正义：《尚书正义》，上海古籍出版社，2007年，第368页。
⑥ （汉）孔安国傅、（唐）孔颖达正义：《尚书正义》，上海古籍出版社，2007年，第775页。
⑦ （清）焦循撰：《孟子正义》，中华书局，2007年，第991页。
⑧ 苏舆撰：《春秋繁露》，中华书局，2007年，第345页。
⑨ （清）李道平撰：《周易集解纂疏》，中华书局，2006年，第556页。

的表现。但有时天命也就是天道的意思，而天与天道的区分也不甚明显。《孟子·离娄上》云："天下有道，小德役大德，小贤役大贤；天下无道，小役大，弱役强：斯二者，天也。顺天者存，逆天则亡。"① 也就是说，"天下有道"之"道"，完全是一种人们能否依"天"而行的"道"，而不是原来的"天道"了，原来的天道，不管人们如何行，其道一也，不可违也，而在此称之为"天"。"天"即"天道"，故"顺天则存，逆天则亡"。而所谓"有道"、"无道"，皆全在君子之德是否配"天"而定，"天下有道"，则小德小贤乐为大德大贤役使；"天下无道"，小国、弱国则被大国强国所役也。一个乐役，一个被役，其役一也，然"道"之不同也，君德相异。正所谓"天命靡常"，唯德是从。也就是说，天命无常，"无常者，善者就之，恶者去之"。② 这样，天命就从"天道"经过君子之德行而演变为"无常"之天命了，至高无上的"天"之神就被人格化了。庄子亦曰："莫神于天，莫富于地，莫大于帝王。故曰：帝王之德配天地。"③ 有德的帝王，就以天命而行之，即代天而行，替天行道。这样做的结果有两点：一是变原始宗教鬼神之说为人们容易接受的道德实践，使人们可以通过经验来认识社会历史，从某种程度上说恢复了人的地位。二是将天道落实下来，成为王道、人道，彰显了人性的自由与平等。当然，这个时期的人性思想依然具有某种神秘的色彩，但是这要比西方在对待人的态度上、在自由与平等方面不知先进了多少年。

天的人格化的直接结果，就是要求帝王要"以德配天"，"天命"可予，亦可去，关键要看帝王的德行。早在上古时代已经有了这一思想。《尚书》中认为上天只任命有德行之人，曰："天命有德"；④ 而对无德之人，即使为帝为王，天也会命有德之人去征伐，"非台小子敢行称乱，有夏多罪，天命殛之。"⑤ 所有这一切都是顺从上天之命，"兹率厥典，奉若天命"。⑥ 周灭商后，周武王自称天子，即受命于天取代商朝而统治天下，"予惟小子，不敢替上帝命。天休于宁王兴我小邦周，宁王惟卜用，克绥受兹命。今天其相民，矧亦惟卜用？呜呼！天明畏，弼我丕丕基。"⑦ 意思就是说，我小子怎敢不遵天命，天帝嘉惠文王，振兴我小小的周国，当年文王只使用龟卜而受命。现天帝帮助

---

① （清）焦循撰：《孟子正义》，中华书局，2007年，第495页。
② （清）焦循撰：《孟子正义》，中华书局，2007年，第496页。
③ 曹础基：《庄子浅注》，中华书局，2007年，第152页。
④ （汉）孔安国传、（唐）孔颖达正义：《尚书正义》，上海古籍出版社，2007年，第151页。
⑤ （汉）孔安国传、（唐）孔颖达正义：《尚书正义》，上海古籍出版社，2007年，第285页。
⑥ （汉）孔安国传、（唐）孔颖达正义：《尚书正义》，上海古籍出版社，2007年，第291页。
⑦ （汉）孔安国传、（唐）孔颖达正义：《尚书正义》，上海古籍出版社，2007年，第513页。

老百姓，何况也是使用龟卜呢？啊！天命可畏呀，辅助我们伟大的事业吧。这样就把天、天道、神帝与统治者的德行联系起来，从而有力地论证了君权神授。

但是，我国君权神授依赖的不单单只是一个"天"，在一开始就有一个"德"的问题，也就是说，要以德配天。《尚书·虞夏书·皋陶谟》详细地说明了这一问题，"曰若稽古皋陶。曰：'允迪厥德，谟明弼谐。'禹曰：'俞。如何？'皋陶曰：'都！慎厥身修，思永。惇叙九族，庶明励翼，迩可远，在兹。'禹拜昌言曰：'俞。'皋陶曰：'都！在知人，在安民。'禹曰：'吁！咸若时，惟帝其难之。知人则哲，能官人；安民则惠，黎民怀之。能哲而惠，何忧乎驩兜，何迁乎有苗？何畏乎巧言令色孔壬？'皋陶曰：'都！亦行有九德。亦言其人有德，乃言曰载采采。'禹曰：'何？'皋陶曰：'宽而栗，柔而立，愿而恭，乱而敬，扰而毅，直而温，简而廉，刚而塞，强而义。彰厥有常，吉哉！日宣三德，夙夜浚明，有家。日严祗敬六德，亮采，有邦。'"① 实际上，我国所讲的天命，在很大程度上已经指的是德行了，具有很强的人文精神。如上述所言，要求诚实履行先人的德行，即"允迪厥德"也；如何做到这一点呢？要谨慎其身，使近亲宽厚顺从，使贤者勉力从事，所谓"慎厥身，修思永。惇叙九族，庶明励翼"是也；又进一步指出了"九德"。这样"天命"不仅靡常（无常），而且与德性统一。"皇天无亲，惟德是辅，民心无常，惟惠之怀。为善不同，同归于治；为恶不同，同归于乱。"② 也就是说，皇天无亲无疏，只辅助有德之人；民心无常主，只怀仁爱之君。做善事虽然各不完全相同，但都会取得安治；相反，做恶事便走向动乱。《庄子·盗跖》篇亦云："夫帝王之德，以天地为宗，以道德为主，以无为为常……帝王之德配天地。"③ 由此，我们看到，道德在我国人性发展方面所起到的重要作用。

四、"忧患"意识与人的精神自觉

汤恩比认为，"人类的关键装备不是技术，而是他们的精神。如果人类没有想象力，没有创新和持之以恒的精神，最重要的是如果没有自控能力，没有这些为开发有利于人类的某些地理潜能所要求的精神，那么再好的技术本身也不能使人类完成这项工作。就人类而言，决定的要素——对胜败举足轻重的要素——绝不是种族和技能，而是人类对来自整个大自然的挑战和应

---

① （汉）孔安国傅、（唐）孔颖达正义：《尚书正义》，上海古籍出版社，2007年，第143~149页。
② （汉）孔安国傅、（唐）孔颖达正义：《尚书正义》，上海古籍出版社，2007年，第662页。
③ 曹础基：《庄子浅注》，中华书局，2007年，第152页。

战的精神。由于人类出现在宇宙之中，自然的总和才成了人类的环境。这个总和包括人性自身的天性，如同在智人和这个物种的各个代表，也就是在每个特定的个人身上所显示的那样。"① 很显然，在我国古代，我们祖先所处的特定环境造就了华夏特有的文明，我们的祖先在环境的挑战和应战中获得了一种精神，而这种精神长期以来影响着每个时代，这种精神同时也包括了人自身的所谓天性，并在个体中表现出来。中华文明的重要来源之一就是治水文明，水患是对我们先人最大的挑战。我们的祖先在治水中形成了特有的忧患意识，而这种忧患意识也锻造了我国人民所具有的勤劳、善良、坚韧等优良的品质。

从原始宗教到对环境的改变，从对天的依从，到对人的肯定，是一个漫长的历史过程。我们的祖先在艰苦的环境中不断地探索着，挑战与应战造就了中华文明。水患一直是华夏的顽疾，治水也成为了先人首先遇到的挑战和应战。《尚书·虞书·益稷》云："禹曰：'洪水滔天，浩浩怀山襄陵，下民昏垫。予乘四载，随山刊木。暨益，奏庶鲜食。予决九川，距四海；浚畎、浍、距川。暨稷，播奏庶艰食鲜食。懋迁有无化居，烝民乃粒，万邦作乂。'皋陶曰：'俞，师汝昌言。'"② 意思就是说，大水弥漫接天，浩浩荡荡包围了山顶，漫没了丘陵，老百姓淹没在汹汹的洪水之中。大禹运用四种运载工具，沿着山路砍削树木作为标杆，同伯益一块把新鲜的食物送给百姓。禹疏通了九州的河流，使它们注入大海，挖通了田间的大沟，使它们流入到大河。同后稷一起播种粮食，把百谷、鸟兽肉送给百姓，互通有无，调剂余缺。于是百姓安定，各地诸侯得到治理。可见当时的水患之祸之烈矣，这种挑战召唤着先人的应战，出现了时代的英雄"大禹"，这样，就使原来的"天道"，即行天之义，转换为"人道"，即依赖于德行高尚之人代天而行。传说中的大禹，8 年在外，三过家门而不入，苦心劳身，历尽艰辛，终于成功治理了洪水。《尚书·夏书·禹贡》云："禹敷土，随山刊木，奠高山大川。冀州既载。壶口治梁及岐。既修太原，至于岳阳。覃怀厎绩，至于衡漳。厥土惟白壤，厥赋惟上上错，厥田惟中中。恒、卫既从，大陆既作。岛夷皮服。夹右碣石，入于河。济、河惟兖州。九河既道，雷夏既泽，灉、沮会同。三邦厎贡厥名，包匦菁茅，厥篚玄、纁、玑组，九江纳锡大龟。浮于江、沱、潜、汉，逾于洛，至于南河。荆、河惟豫州：伊、洛、瀍、涧既入

---

① ［英］阿诺德·汤恩比著：《历史研究》（修订插图本），刘北成、郭小凌译，上海人民出版社，2002 年，第 71～72 页。

② （汉）孔安国傅、（唐）孔颖达正义：《尚书正义》，上海古籍出版社，2007 年，第 161～162 页。

于河，荥波既猪。导菏泽，被孟猪。厥土惟壤，下土坟垆。厥田惟中上，厥赋错上中。厥贡漆、枲、绨、纻，厥篚纤纩，锡贡磬错。浮于洛，达于河。华阳、黑水惟梁州：岷、嶓既艺，沱、潜既道。蔡、蒙旅平，和夷厎绩。厥土青黎，厥田惟下上，厥赋下中、三错。厥贡璆、铁、银、镂、砮、磬、熊、罴、狐、狸……九州攸同：四隩既宅，九山刊旅，九川涤源，九泽既陂，四海会同，六府孔修，庶土交正，厎慎财赋。咸则三壤，成赋中邦。锡土姓，祗台德先，不距朕行。五百里甸服。百里赋纳总，二百里纳铚，三百里纳秸服，四百里粟，五百里米。五百里侯服。百里采，二百里男邦，三百里诸侯。五百里绥服。三百里揆文教，二百里奋武卫。五百里要服。三百里夷，二百里蔡。五百里荒服。三百里蛮，二百里流。东渐于海，西被于流沙，朔、南暨声教。讫于四海，禹锡玄圭，告厥成功。"① 从中我们可以看到，大禹正是在治水这一时代的挑战应战中，奠定了华夏文明：一是依据山河的走向确立了九州的边界，奠立了中国的基本版图。二是在治水过程中采取了以疏导为主的方式，开山导水，使水患从根本上得以根治。三是利用标杆来测定水位的变化，开创了人类历史上一个宏大的工程，使"九山刊旅，九川涤源，九泽既陂，四海会同"，这在当时的科技水平条件下，若没有广大人民群众的积极参与是根本无法完成的。因此，治水文明的一个非常重要的方面，就是充分发挥了人民群众的聪明才智，与重视人民群众是分不开的。四是依据土壤的"肥瘦"而规定了各地的赋税及贡品，并且规定要慎重征取财物赋税，即"厎慎财赋"，表明了推行德治，以民为本的统治理念。

治水文明所阐发的一个重要思想，就是集体主义。尽管我们只是从文字记载中看到了大禹的丰功伟绩，但是却内含有群众的积极参与。当然，我们也不否认，在一个文明的创造过程中，像大禹这样的少数人起着十分重要的作用。不仅在社会遇到巨大的挑战时显示出了巨大的创造力，而且还能将所有的人团结在自己的周围，凝聚所有人的力量以迎战，并取得胜利。在这一创造性的应战中，人们不仅要行"天道"，更认识到"人道"，特别是个人的道德力量的作用，认识到"以德配天"的意义。从某种意义上说，忧患意识以及在与忧患进行的斗争中所迸发出的创新意识，使得人有了精神自觉。这种精神自觉对人性的自我认识有了进一步的发展，对"天"、"天命"、"鬼神"产生了怀疑，启迪着人性之帆的扬起。

---

①　（汉）孔安国傅、（唐）孔颖达正义：《尚书正义》，上海古籍出版社，2007 年，第 191～247 页。

第二节　崇尚"人道"的人文精神

从天到人，从天道到人道，中间都有一个"德"行问题，也就是说，"天道"之行依靠有德之人，"天道"方可落实到人间。然而人的确立也并不是一件容易的事情，早在远古时代，曾经在很长的时期内，"人"只是专指统治阶级，直到春秋末年，"人"才从统治阶级中推广开来，逐渐扩大到一般普通的民众，才真正具有"类"的意义，所以以人为主的人文精神的兴起，同样具有鲜明的时代特征。

一、人的主体地位最初的确立

在原始宗教产生以后，人们开始对自然的崇拜，产生了"神鬼"、"天"及"天命"的概念和意识，但当人们在接受大自然的挑战并给予应战的过程中，这种原始的宗教便与人联系起来，赋予了人性的特征。由于人们对自身缺乏科学的认识，加之原始宗教的影响，便产生了有德之人死为神、祖先之死为鬼的思想，表现出了"鬼神"的下降，并对人们的行为进行奖罚。《礼记·表记》记载："殷人尊神，率民以事神，先鬼而后礼。"① 从而人们把神看作是至高无上、统治一切的最高物，而把鬼当作自己的祖先加以尊敬和崇拜，当然先鬼而后礼了。实际上，无论是尊神还是事鬼，都与人挂上了钩，人的地位已经开始被提了出来。到了"天道"需要德行之人时，人与鬼神的联系进一步密切，最后出现了"天命不僭"、"惟德是辅"，到周出现了"王敬作所不可不敬德。'我不可不监于有夏，亦不可不监于有殷。我不敢知曰有夏服天命，惟有历年；我不敢知曰不其延。惟不敬厥德，乃早坠厥命。我不敢知曰有殷受天命，惟有历年；我不敢知曰不其延，惟不敬厥德，乃早坠厥命。'"② 意思就是说，从夏商我们鉴戒，乃不可不重视德行，若不重视德行，即使天命也不可永久地保持。这样，天命便不再是绝对的、唯一的保证，而从属于德性；天的地位动摇之时，便是人的地位上升之时。当然，这并不是说二者绝对对立，而是说在天人合一的思想框架内，人的地位不断上升。到了春秋末年，出现了"怨天"、"疑天"的思想，这一思想的出现，一方面表明阶级矛盾的不断激化，人们看不到

---

① （清）孙希旦撰：《礼记集解》，沈啸寰、王星贤点校，中华书局，2007 年，第 1310 页。
② （汉）孔安国传、（唐）孔颖达正义：《尚书正义》，上海古籍出版社，2007 年，第 585～586 页。

天道的推行，而看到却是残酷的人间争斗；另一方面，统治者看不到一个太平的世界，道德敦厚的天下，看到的却是道德下逮，礼制荒废，王室颓败，于是改变了对天的看法。《诗·小雅·节南山》曰："昊天不佣，降此鞠讻。昊天不惠，降此大戾。"① 意思就是说，昊天之拥、之惠，并不在于昊天，而在于尹氏为政如何。这样，天道就为人道所统摄。《诗·小雅·雨无正》曰："浩浩昊天，不骏其德。降丧饥馑，斩伐四国。旻天疾威，弗虑弗图。舍彼有罪，既伏其辜。若此无罪，沦胥以铺。周宗既灭，靡所止戾。正大夫离居，莫知我勚。三事大夫，莫肯夙夜。邦君诸侯，莫肯朝夕。庶曰式臧，覆出为恶。如何昊天？辟言不信。如彼行迈，则靡所臻。凡百君子，各敬尔身。胡不相畏？不畏于天！"② 也就是说，天既降灾，又多不平，是善恶不分、天心难测也。其所以然者，是上失其道所至也。上失道，又以左右无人匡正故耳。左右莫过于宗亲，然宗亲则灭迹而蹈矣。其次正大夫，今之正大夫则分封而难居矣。又三事大夫，然虽在朝而"莫肯夙夜"而勤于政也。是故，天灾其彼其甚，人心又若此其离，王庶几其一悟乎？乃更"覆出为恶"，则无救矣。天乎，天乎！夫何忠言不信，如此至极，譬彼行迈而无所止乎！然而百尔君子，虽各洁其身，不相畏祸，而独不畏天乎？③ 在此我们看到，天已经在人们的心目中不再是高高在上，而是"忠言不信"，"善恶不分"，于是人们"怨天"，认天心难测；然而，在怨天中更增添了忧人的情理，认为"天乎，天乎！"，在于王德不张，在于宗亲灭迹，在于正大夫难居，在于三事大夫疏于勤政也，难道他们这些人不畏天乎？由此可见，尽管人们怨天，但是仍然将天看作是左右万事万物的神物，也或者说还没有摆脱天的羁绊。

怀疑天而重视王德，重视人的思想，一个重要的结果就是导致了天人相分，而天人相分又演变为重民轻神的主张，其"道"也具有重民倾向。"所谓道，忠于民而信于神也。"④ "夫民，神之主也。是以圣王先成民，而后致力于神。"⑤ 这样，民与神的地位发生了根本上的变化，是以民为主，圣王则先民而后神，把民之所想、民之所为、民之所愿看作是王治之本。不仅如此，史嚚还认为，听于神，国将亡，听于民，国将兴，把民看作国之兴亡的根本。"秋，七月，有神降于莘。惠王问诸内史过曰：'是何故也？'对曰：'国之将兴，明神降之，监其德也。将亡，神又降之，观其恶也。故有得神以兴，亦有以亡。

①　（清）方玉润撰：《诗经原始》，中华书局，2007 年，第 387 页。
②　（清）方玉润撰：《诗经原始》，中华书局，2007 年，第 397～398 页。
③　（清）方玉润撰：《诗经原始》，中华书局，2007 年，第 399 页。
④⑤　（清）洪吉亮撰：《春秋左传诂》，中华书局，2008 年，第 228 页。

虞、夏、商、周皆有之。'王曰：'若之何？'对曰：'以其物享（享，祭也）焉。其至之日，亦其物也。'王从之。内史过往，闻虢请命，反曰：'虢必亡矣。虐而听于神。'神居莘六月。虢公使祝应、宗区、史嚣享焉。神赐之土田。史嚣曰：'虢其亡乎！吾闻之：国将兴，听于民；将亡，听于神。神，聪明正直而壹者也，依人而行。虢多凉（凉，薄也）德，其何土之能得？'"① 这样，天道就为人道所代替，人道实际上就是天道。昭公十八年夏，四国（宋、卫、陈、郑）皆告火，认为是天道使然，郑子产曰："天道远，人道迩，非所及也，何以知之？灶焉知天道？是亦多言矣，岂不或信？"② 遂不与，亦没有再发生火灾。

由此，我们可以断定，春秋末年，人们不仅怨天、疑天，重视德行，而且在天人关系上开始发生了转变，从过去对天、天道的极端崇拜、听天由命，发展为以民为主，天道远，人道迩的感叹，认为国家治乱不在天，而在民，民之所向就是天之所行，也是王之所为，人的主体地位开始确立起来。

二、人性之萌芽

从天到人的过程并不是一个简单的过程，在天人之间关于地位、奠立等方面反反复复，最后才确立下来的。春秋时期是奴隶社会发展的时期，在这个时期讲究的是等级，世卿世禄制占统治地位，这种制度具有浓烈的世袭性，统治阶级凭借自己的优越地位，除进一步加强自身的统治以外，就是大力宣传血统论和天命论，以此为维护和巩固其统治地位寻找理论支持。主张"奉若天命"，③ 天命不可违，所谓"畏天命"④，就是让人们对人世间的所有事物都加以接受，而不可进行更改。这种理论就从根本上剥夺了广大人民群众的任何权利，只有任命交天，甘愿承受非人的生活，更无法谈到人的自由、民主和平等。因此，从根本上说，天命论是扼杀人性的说教。然而，随着社会的发展，天命的观念也在发生着变化。如前所述，其实在天、天命、鬼神之说产生时，就已经将天与人联系起来了，天道需要人道来完成，这便是人性发扬的最根本之处。天道所行，必依赖于人道，有德性之人代天而行，方可有功。否则，天道之行则不能落实下来，而人道之行，包括了统治阶级之行，亦必须依天而行，这样在天道的高度，人人皆平等，皆自由，即皆可依天而行。于是贵族的特权地位在天的问题上就发生了动摇。依天而行若在人间无法行得通，人们就

---

① ②　（清）洪吉亮撰：《春秋左传诂》，中华书局，2008 年，第 261 页。
③　（汉）孔安国傅、（唐）孔颖达正义：《尚书正义》，上海古籍出版社，2007 年，第 291 页。
④　（宋）朱熹撰：《四书章句集注》，中华书局，2007 年，第 172 页。

会循着天道找到人道的向背，于是就有"问天"、"怨天"、"疑天"之说，实际上就是以"天"来"问王"、"怨王"、"疑王"当政的合理性。最终导致了打着"替天行道"的旗号，打破了旧有统治格局，成为我国改朝换代的强大理论武器。在这一过程中，人们并不是简单地将天当作惟一的原因，而是不断提升了广大人民群众地位的过程，也是人性不断解放的一个过程。

在对天的怀疑中，是与对人性的肯定分不开的。其实，人的真正自觉是在殷代以后，随着贵族地位的衰落而产生的一种人文精神。在周代，到处可以看到对天的不满，而对人性的彰显。人们对天道的看法已经在很大程度上转向了人道。到孔子时代，已经将人的地位正式确立下来，并提出了一整套的理论，其核心就是"仁"，而"仁"最根本的就是"爱人"。这与我国原始宗教本身的具有人性化倾向具有直接的关系。我国古代的原始宗教，不同于西方的基督教，其中的原因之一，就是我国的原始宗教从本质上说并没有演变为宗教。它在原初就将人看作是世界上的灵物，而天、天命、天道、鬼神都是为人间服务的，都是围绕人间的事物而呈现出奖善罚恶的，因此我国古代的原始宗教并不惧怕人，根本不惧怕人的自由、平等与民主。如庄子曰："凡物无成与毁，复通为一。"[①]"参万岁而成一纯。"[②] 庄子的这种"天放"的主张，也即是极端自由的思想。在庄子看来，人们的生活最好不要加以干涉，甚至认为连最好的干涉，也不如不干涉。在承认差异的前提下，庄子认为，真正的自由必须建立在平等之上；否则只是少数人的自由。他反对将自己的意志强加到别的事物或别人身上，以自己的思想强加于他人之上，这便否定了人性的平等。"认为人性不平等，即是加他人以一种束缚，压迫，不自由"。[③] 这要比西方所谓的"民主、自由、平等"思想早几千年。而在西方的基督教文明中，正如王恩来所言："西方宗教的创始者，是何等惧怕人的自我认识和作为。如亚当与夏娃因为偷吃禁果懂得了善恶，耶和华便说：'那人已经与我们相似，能知道善恶；现在恐怕他伸手又摘生命树的果子吃，就永远活着。'于是便将其打发出伊甸园去，耕种他所自出之土，又在伊甸园的东边安设基伯路和四面转动发火的剑，把守生命树的道路。"[④] 由此，我们看到，创世者的思想是多么的狭隘，甚至不让人们"知道道德"，这正同我国原始宗教背道而驰。我国的原始宗教不仅教人们依"天道"而行，而且代天而行者必然是德备之人。可见西方的基

---

① 曹础基：《庄子浅注》，中华书局，2007年，第20页。
② 曹础基：《庄子浅注》，中华书局，2007年，第30页。
③ 徐复观：《中国人性论史》，华东师范大学出版社，2005年，第245页。
④ 王恩来：《人性的寻找：孔子思想研究》，中华书局，2005年，第19页。

督教文明是以摧残人性为起点，而中华文明则以彰显人性为奠基。直到今天的西方资本主义所谓的民主、自由、平等，由于其根源上仍然无法摆脱基督教的影响，因此其所谓民主、自由、平等仍然是极其狭隘的和极端有限的。较之我国古代"天人合一"的思想逊色许多。

但是，我们也不要忘记，基督教文明并不能代表全部的西方文明的发端。我们说，古希腊文明同样是人类历史文明的典范，它的原始宗教也与我国的原始宗教具有相似之处，其发展的历程与我国历史的发展具有密切的关联性。汤恩比认为，人类世界具有九种不同的文明模式（符号），中国模式和埃及模式具有较大的类似程度，而与希腊模式也有类似的较多成分，如都是从分裂战争中走上了大一统，然而希腊所付出的代价远远高于中国。"希腊世界在文化上的统一与政治上的分裂形成鲜明的对照。"① 遗憾的是，汤恩比并没有指出其内在的根据，而只是就希腊由此陷入了长期痛苦的战争之中予以说明，认为古希腊虽然在后来的罗马帝国实现了统一，可是由于基督教统治的黑暗，古希腊文明便从此暗淡下来。我们不是来讨论古希腊文明的盛衰史，我们重点要关注的是导致这事实的根本原因究竟在哪里。笔者认为，从文明的发端看，古希腊文明丝毫不逊色于中华文明，其先哲如苏格拉底、柏拉图、亚里士多德等，也并不比我国古代的贤哲逊色，然而在其文明的发展过程中，这种对理性的崇拜（如苏格拉底认为，"知识就是美德"，"我知道我一无所知"；亚里士多德，"吾爱吾师，吾尤爱真理"），使得其文化过分统一。崇尚理性，由此导引出人性、平等、自由本是自然之事，这在古希腊事实上也正在经历着这一过程。然而，政治上的分裂将这种文明所有可能带来的导引被打得粉碎。原始宗教比较盛行的时期，理性的彰显可以说给人性带来一片光明，然而人们在这一时期始终沉浸在一种宗教的迷雾之中，人们还没有真正摆脱宗教的羁绊，先哲们的过高的理性变成了运用于战争的技术，整个古希腊从此进入了长达4个世纪的自相残杀之中，其人性也在战争的"理性"之中泯灭。而在我国，在原始宗教与人性的相连中，缺少的正是所谓"理性"的中间环节，我们直接从"天"、"天命"、"天道"下落到"人"、"人性"、"人道"，在这个下落的过程中，虽然出现了"德"，但是这个德并不需要"理性"加以保证，而是以"民"、"人性"加以体验。由此，先秦时期不仅没有出现文化统一的局面，而且相反却出现了"百家争鸣"、"百花齐放"的格局。儒、墨、道、法、兵、阴阳、农、名等，各家争鸣，都认为自己乃行"天道"之正统。文化的多元化，反而从不同的角度彰显

---

① ［英］阿诺德·汤恩比著：《历史研究》（修订插图本），刘北成、郭小凌译，上海人民出版社，2002年，第33页。

着人性的光辉。

三、以人为主

先秦人性的发挥，是从原始宗教逐渐过渡到人的，从尊天事神到重视人事，"以德配天"，在这一过程中，天与人的关系不断发生着微妙的变化，到了春秋末年，尤其是到了孔子时代，由尊天发展到怨天，最终确立了以人为主的人性论。以人为主中的"人"的范围和内容也发生了改变，由原来的贵族范围扩大到广大的人民群众，人的范围的扩大，其内容也发生了改变，即把生活在社会上的人都涵盖进来了，这样，由孔子所提出的"人"便大众化了。这一历史的进步表明先秦已经从原始宗教的崇拜当中走了出来，由关注鬼神，到重视人民，由"天道"下落到"人道"，由"法天"进到"保民"，处处彰显着人性的光芒。

儒家对天命虽然并不否认，但是已经明显地发生了改变。孔子对"天命"有着新的简述，他承认"知天命"、"畏天命"。孔子曰："五十而知天命。"①意思就是说，我到了五十岁的时候而知道天道的流行而赋予事物的一切，实乃事物本身所以当然之故也。此话如同黑格尔所谓"凡是现实的都是合乎理性的，凡是合乎理性的都是现实的"之翻版。②"程子曰：'知天命，穷理尽性也。'"③也就是说，知天命就是依照人性而了解和体验到天道之行。至于"畏天命"，孔子曰："君子有三畏：畏天命，畏大人，畏圣人之言。"④ 在此，我们看到，虽然"畏天命"放在首位，但是同"畏大人，畏圣人之言"具有平等的含义。畏者，严惮之意也；天命者，天所赋之正理也。知天命可畏，则其戒谨恐惧，自有不能违"天命"也。其言"天命"，"乃天命之所为，非人力之可及"。⑤ 即使人有所为，亦天道使然也。但孔子理论体系从"仁"出发，认为"仁"为本，本者，原始也，根本也，此"仁"本则指"天道"在人心上所附着的全德也。这样就将"天道"通过"仁"而转变为"人道"。中国的"天"、"地"、"人"，都是"道"生的结果，这不同于西方的基督教，基督教认为人乃上帝所生，上帝为万物之本，上帝是至德、至善，万能的。而在我国"天人"往往统一起来，如讲"天道"、"地道"、"人道"，如讲"人神共怒"等，人与天、人与神具有平行的意味。这表明，中国人性的解放程度高于西方基督教的

---

①③　（宋）朱熹撰：《四书章句集注》，中华书局，2007年，第54页。

②　《马克思恩格斯选集》第4卷，人民出版社，1995年，第215页。

④　（宋）朱熹撰：《四书章句集注》，中华书局，2007年，第172页。

⑤　（宋）朱熹撰：《四书章句集注》，中华书局，2007年，第226页。

文明传统，孔子所讲的"仁"就更加体现到了这一点。

儒家仁爱思想，已经把人放在了主要的位置上。"仁者人也，亲亲为大；义者宜也，尊贤为大；亲亲之杀，尊贤之等，礼所生也。"① 这样将仁与人结合起来，并且将仁与义、礼联系起来，认为仁者生义，义者生礼；而在体认方面，即用的方面，又可以礼显义，以义表仁。另外，儒家所谓的"仁"，关键是"心"、"德"相连，是内心之全德，是体，是本。"君子务本，本立而道生。孝弟也者，其为仁之本与！"② 仁者，爱之理，心之德也。③孝乃为仁之本，也即行仁之本，而不是仁之本也。仁之本，为心之全德也，守道之德也。孝弟是仁之一事，谓之行仁之本则可，谓是仁之本则不可。④ "盖仁是性也，孝弟是用也，性中只有个仁、义、礼、智四者而已，曷尝有孝弟来。然仁主于爱，爱莫大于爱亲，故曰孝弟者，其为仁之本与！"⑤ 也是说，在孔子看来，"仁"只是内心的全德，是人性。"仁"乃主人心也，"子曰：'人而不仁，如礼何？人而不仁，如乐何？'"⑥ 意思就是说，人若不仁，就丧失了人心，其如礼乐何哉？⑦没有了为人之心，礼乐又何以谈得上呢？即虽欲用之，而礼乐不为之用也。可见，失去了仁心，则失去了天下的正理，失去了"道"，人者无以为人，礼乐则无以为用。仁之正理，在人的全德，在于人心无私也。"子曰：'唯仁者能好人，能恶人。'"⑧ 若无私心，然后好恶当于理。此仁便为"仁"之心也，之本也，心之德也。孔子讲"仁"，然"仁"在乎己求，在于心之德，其欲无其至，其求无其过，人而仁也，全在己心，全在己性，而他人不知也，他人所谓"仁人"，乃为用也，非为体也。"性者，人所受之天理；天道者，天理自然之本体，其实一理也……至于性与天道，则夫子罕言之，而学者有不得闻者。"⑨ 故孔子对某某"仁"之问，则罕言之，如"孟武伯问：'子路仁乎？'子曰：'不知也。'又问。子曰：'由也，千乘之国，可使治其赋也，不知其仁也。'"⑩ 也就是说，在孔子看来，子路之才，可见者如此，而子路之仁则不能知也。为何，盖子路之仁从其心、从其性也，在己，焉能知也。至于其他人之仁，孔子一概回答道，"不知其仁也"。这里足见其"仁"是作为体，而不是作为用，是隐没在人心之内，而不是显现在人之外。在孔子看来，为人不以物喜，物我无间，忠于其国而不知其身者，仍然不知其是否皆出于天理而无人欲

---

① （宋）朱熹撰：《四书章句集注》，中华书局，2007年，第28页。

②③④⑤ （宋）朱熹撰：《四书章句集注》，中华书局，2007年，第48页。

⑥⑦ （宋）朱熹撰：《四书章句集注》，中华书局，2007年，第61页。

⑧ （宋）朱熹撰：《四书章句集注》，中华书局，2007年，第69页。

⑨ （宋）朱熹撰：《四书章句集注》，中华书局，2007年，第79页。

⑩ （宋）朱熹撰：《四书章句集注》，中华书局，2007年，第77页。

否，故其"仁"亦未知也，如陈文子也；若人不贪恋财货，只能说其清，而不知其"仁"矣，如崔子也。仁者，尽无私，依天理而行，仁者，己也，非外人所知矣。孔子恐人违其仁的真意，故常曰"不知其仁"、"仁者吾不知也"，盖凡仁，而真无私心也。若观其行，虽其行貌似为仁，然盖不知其心究为仁否，故曰不知也。在仁与非仁之间，孔子从"闻"与"达"两方面进行了回答，进一步指出了为"仁"在内、在心的问题。"子张问：'士何如斯可谓之达矣？'子曰：'何哉，尔所谓达者？'子张对曰：'在邦必闻，在家必闻。'子曰：'是闻也，非达也。夫达也者，质直而好义，察言而观色，虑以下人。在邦必达，在家必达。夫闻也者，色取仁而行违，居之不疑。在邦必闻，在家必闻。'"① 很显然，对于仁而言，孔子认为真正的仁者，是全德无私心的，是不求任何所谓名与利的，是行天道而无求者，有类似于道家的"无为"思想，是做人的最高境界，而这一境界是内在于心的，一旦显著于外，"在国必闻，在家必闻"，其仁便有了个人的企图，便有了私心，即是不仁了。子张务外，言名誉着闻也。闻与达相似而不同，乃诚伪之所以分，故学者不可不审也。仁者，皆自修于内，不求人知之事。然德修于己而人信之，则所行自无窒碍矣。善其颜色以取于仁，而行实背之，又自以为是而无所忌惮。此不务实而专务求名者，故虚誉虽隆而实德则病矣。程子曰："学者须是务实，不要近名。有意近名，大本已失。更学何事？为名而学，则是伪也。今之学者，大抵为名。为名与为利虽清浊不同，然其利心则一也。"尹氏曰："子张之学，病在乎不务实。故孔子告之，皆笃实之事，充乎内而发乎外者也。当时门人亲受圣人之教，而差失有如此者，况后世乎？"② 故孔子所谓"仁"，是从"体"上来把握的，仁之体是本，仁之用是末也；体是用之质，用是体之表。

四、"仁"与"为仁"

孔子思想的核心是"仁"，对"仁"的回答彰显着人性的光辉。孔子谓"仁"是从"人"的角度来认识的，又根源于"天道"、"天理"，也就是说，由"天"来保证"仁"的合理性，而"仁"又因为"天道"、"天理"存于人心之中，为仁由己，盖全德无私，是谓仁。概括起来，孔子谓仁有以下几层含义：一为仁者爱人。"樊迟问仁。子曰：'爱人。'问知。子曰：'知人。'"③ 其实，此处仁乃为仁之施也。意味举仁而使不仁者远矣，故孔子此处的爱人实为仁之施也。二为仁者克己，以所难为先，而不计较收获，是谓

① ② （宋）朱熹撰：《四书章句集注》，中华书局，2007年，第138页。
③ （宋）朱熹撰：《四书章句集注》，中华书局，2007年，第139页。

仁也。"樊迟问知。子曰:'务民之义,敬鬼神而远之,可谓知矣。'问仁。曰:'仁者先难而后获,可谓仁矣。'"① 也就是说,知者,宜也;用力于人道之所宜,而不惑于鬼神之不可知,知者之事也。先其事之所难,而后其效之所得,仁者之心也。在这里,鬼神不是当然的事了,反而是惑之根源,故而敬鬼神而远之,方为知矣。可见鬼神的地位降到了何种程度。此处之仁,仍然是为仁也,即为仁者应以难为先。三为仁者安天义理,不为外物所动,故仁者乐山也。"子曰:'知者乐水,仁者乐山;知者动,仁者静;知者乐,仁者寿。'"② 也就是说,知者达于事理而周流无滞,有似于水,故乐水;仁者安于义理而厚重不迁,有似于山,故乐山。③ 如前所述,仁者其心不动,不为外物所移,无私无怨,行天道,明事理,恒如山也。此处语仁乃明仁之本也。四为仁者克己,克己复礼为仁也。"颜渊问仁。子曰:'克己复礼为仁。一日克己复礼,天下归仁焉。为仁由己,而由人乎哉?'"④ 仁者,本心之全德。克己,乃克服身之私欲也。复礼,乃存乎天理之节文也。人者,仁也,盖心之全德,莫非天理,故为仁者必有以胜私欲而复于礼,则事皆天理,而本心之德复全于我矣。此处之仁仍为为仁矣。又言一日克己复礼,意谓日日克之,不以为难,则私欲净尽,方可天理流行,而仁不可胜用矣。如何克之,"颜渊曰:'请问其目。'子曰:'非礼勿视,非礼勿听,非礼勿言,非礼勿动。'颜渊曰:'回虽不敏,请事斯语矣。'"⑤ 所谓非礼者,己之私也。⑥ 也就是说,凡己之私事皆不为,制于外以养其中,事事如此,乃进于圣人。使其仁归于本心也,也即归于人之性也。显然,此之仁亦为用矣。五为此处之仁,仍为为仁矣。只不过此处之仁,在为仁处讲己,讲人也。"仲弓问仁。子曰:'出门如见大宾,使民如承大祭。己所不欲,勿施于人。在邦无怨,在家无怨。'仲弓曰:'雍虽不敏,请事斯语矣。'"⑦ 意思就是说,仁心在内,在己,出门则外矣。若己存仁心,无私无怨,则私意无所容而心德全矣⑧。己所不欲,当勿施于人,如此,内外无怨矣。六为仁者在心,在内而不在外,故仁者其言也讱。此处之仁,亦在仁之用矣。"司马牛问仁。子曰:'仁者其言也讱。'曰:'其言也讱,斯谓之仁已乎?'子曰:'为之难,言之得无讱乎?'"⑨仁者心存而不放,故其言若有所忍而不易发。司马牛多言而躁,孔子故告之何以为仁。⑩ 如此可见,其仁乃用也。七为

① (宋)朱熹撰:《四书章句集注》,中华书局,2007年,第89页。
②③ (宋)朱熹撰:《四书章句集注》,中华书局,2007年,第90页。
④ (宋)朱熹撰:《四书章句集注》,中华书局,2007年,第131页。
⑤⑥ (宋)朱熹撰:《四书章句集注》,中华书局,2007年,第132页。
⑦ (宋)朱熹撰:《四书章句集注》,中华书局,2007年,第132~133页。
⑧⑨⑩ (宋)朱熹撰:《四书章句集注》,中华书局,2007年,第133页。

仁者虽在心，然必表现在外。为用尚体之显也。"樊迟问仁。子曰：'居处恭，执事敬，与人忠。虽之夷狄，不可弃也。'"① 也就是说，凡事外则恭，中则敬。虽之夷狄不可弃，此乃仁之爱敬发乎于中也。意味无敬之心，恭而实伪也。"子张问仁于孔子。孔子曰：'能行五者于天下，为仁矣。'请问之。曰：'恭、宽、信、敏、惠。恭则不侮，宽则得众，信则人任焉，敏则有功，惠则足以使人。'"② 此处之"仁"皆"为仁"也。行是五者，则心存而理得矣。"仁"之性发于心，而行天下，乃天道在心而行之也。言无适而不然，犹所谓虽之夷狄不可弃者。

由是观之，孔子在论及"仁"时，是从人之性出发，将其归结为人心之爱，人的内在的全德，然无不以德之施而教之。仁之体与仁之用的关系，在孔子时非常明显，认为为仁由己，仁自在内心中，仁者，性也。所以，孔子曰仁，是从"天道"、"德"、"性"之处着眼，故对具体之人之仁不许也，当问之仁乎，孔子曰："不知也"。然者，仁之体在内，如何知其仁与不仁，在于为仁。仁虽在内，而为仁由己，然在外则当有体认，孔子教人以仁当在，而增益内心之仁性也。故为仁亦为重矣。为仁与仁互相促进，才不至于行之无道。"子曰：'好学近乎知，力行近乎仁，知耻近乎勇。'"③ 从某种意义上说，仁也，为仁也。然仁与为仁始终同也。到孟子时，将人之性在"仁"的基础上得到了发展，而把"仁"作为人性之一端也。往往不单独使用"仁"，而是以"仁义"、"仁政"、"仁民"、"仁心"、"施仁"、"仁人"、"仁用"、"仁礼"、"仁闻"、"贼仁"、"假仁"等连用，更多地表现了"为仁"。一方面是因为孟子在"天道"、"人性"、"德"找到了更为合适的本原，即"性善"；另一方面也适应当时的时代要求，即在"为仁"上达到一种"修身、齐家、治国、平天下"的正治目的。总之，孔子所提出的以"仁"为核心的理论体系，从根本上说使人性得到了彰显，以人为主成为时代的象征。从尊天、事天，到以德配天，再到疑天、怨天，最后确立了以人为主，孔子"仁"的思想起到了重要的作用。"仁者人也，亲亲为大；义者宜也，尊贤为大。"④ 真正体现了"天大，地大，人亦大"的演变过程。

---

① （宋）朱熹撰：《四书章句集注》，中华书局，2007年，第146页。
② （宋）朱熹撰：《四书章句集注》，中华书局，2007年，第177页。
③ （宋）朱熹撰：《四书章句集注》，中华书局，2007年，第29页。
④ （宋）朱熹撰：《四书章句集注》，中华书局，2007年，第28页。

第三节　"人性"的扩展

　　人的自主性的确立，标志着在先秦时代就已经看到了人的主体地位。然而，这种人性的确立仍然依靠着"天"和"天道"，是由"天"和"天道"加以保证的。尽管如此，先秦时期的人性，在其发展过程中努力地由"天"、"天道""向内"、"向上"发展着，展示出光明的前途。人性的由"天"、"天道""向内"、"向上"发展，主要表现出先秦思想家的发展轨迹，尤其是孔子在这一发展过程中，提出了以"仁"为核心的道德思想体系，并出现了儒家传统思想的集大成者——孟子"人性善"的思想体系，这种思想体系不仅承继着传统的思想，也成为我国几千年的封建统治思想的主体。

一、"向内"与"向外"

　　在原始宗教之初，人们便在天与人之间找寻一种中介，而这种中间物就是"德"，通过德将"天道"与"人道"相联结起来，将"鬼神"与"人事"贯通在一起。到孔子时期，这种"德"性与人性便紧密结合在一起了，提出了以"仁"为核心的思想体系，而"仁"则专指心之全德，无私之心，便有了"向内"发展的趋势，为孟子的"人性善"奠定了坚实的基础。

　　"向内"与"向外"发展，是说在人性的锤炼过程中，是着重"向心"即从人自身内心的道德加以磨砺，还是向外延伸以寻找人性自我的归宿，这是人性的两种截然不同的发展趋势，也预示着两种不同的结果。"向内"发展的主要趋势导致"人性善"，而"向外"发展的直接结果，便是指客观的经验客体，导致"人性恶"。作为人自身，既是思维的主体，也是感知的主体，而在人自身中，这两个方面，以谁为主，谁决定谁，应当如何确立二者的关系，便是哲学家、思想家一直争论的问题之一。有的学者认为，身体决定思维，认为这是唯物主义的思想，物质决定意识，当然身体决定思维了；还有的学者认为，是思维决定身体，因为人们的行动受到意识的支配。在身体中的思维与感知的关系，经过近半个世纪的唯理论和经验论的辩论，最终由康德确立了主体性原则，却仍然没有解决这一课题。我们说，对于人自身的思维和身体之间的关系，不能机械地套用唯物唯心，这样做就会使问题简单化，而忽略了人的本质属性；也不能简单地将思维与感知的关系类比于唯理论与经验论，而应当实事求是地分析在人自身中的思维与感知的关系。

先秦思想家在论证人性的问题时，给我们提供了极好的经验，我们对此应当加以认真地总结和吸收。在上古时代，我们的祖先就有着"向内"发展的趋势，特别强调人"内心"的德性，认为人之"心"乃天授也，一心一德，同心同德，国家才能正治。归纳起来，在"向内"发展中，上古时代，对内在的"心"的认知主要有以下几层含义：一是强调"心"的重要作用，认为"心"与"德"相通，以帝王之"德"代天而行，又下合乎民心，实现了"天"与"人"的贯通。《尚书·大禹谟》曰："好生之德，洽于民心，兹用不犯于有司。"① 意思就是说，帝王具有珍爱生命的美德，合乎民心，因此人民就不会出现冒犯官吏事件的发生。实际上，也就是帝有德，代天而行，便顺于民心。为何要顺于民心呢？"人心惟危，道心惟微，惟精惟一，允执厥中。"② 因为，最危险的是人心，危则难安，微者难明，故戒以精一，信执其中，而道心的精微，亦必合于人心，方能保持中道。由此观之，精微的道心之所以精微，全在于人心之危。"人心"的向背便是正治最重要的问题了，从此扬起了"向内"探求的航帆。二是既然人心重要，其正治便在于治心，如何治"心"，治心不能离经背道。治理人民，必须"奉若天命"；谁能担之，有德之人。《尚书·仲虺之诰》曰："王懋昭大德，建中于民，以义制事，以礼制心，垂裕后昆。"③也就是说，大王应显扬大德，对人民建立中道，用义裁决事务，用礼感化人心，把宽裕之道（天之道）行于后人。可以看出，治心以道为前提和基础，若离经叛道，何以治心矣；不能治心，焉能治国；民心离，则国不得治而必乱矣。作为帝王，并不是高高在上，而是以德明己，《诗》云："战战兢兢，如临深渊，如履薄冰。"④ 即告诫帝王居安思危，居存思亡，有所惧怕，而不能为所欲为，时刻应具有忧患意识，正所谓"战战兢兢，如临深渊，如履薄冰"。三是"天心"即"人心"。在先秦时期，人们对天命虽然保存着敬畏之心，但是天命已经发生了改变，并且已经受到了挑战。"天难谌，命靡常。"⑤ 意思就是说，上天难信，天命无常。只有经常修德，才可以保持君位，修德不常，则皇天不佑也。也就是说，天只让有德之人称王。"天心"即以"人心"相配，可见顺乎民心已经提到较高的地位了。"惟尹躬暨汤咸有一德，克享天心。"⑥意思就是说，只有伊尹自身和成汤都有纯一之德，能合天心。能合天心者，便

① （汉）孔安国传、（唐）孔颖达正义：《尚书正义》，上海古籍出版社，2007年，第130页。
② （汉）孔安国传、（唐）孔颖达正义：《尚书正义》，上海古籍出版社，2007年，第132页。
③ （汉）孔安国传、（唐）孔颖达正义：《尚书正义》，上海古籍出版社，2007年，第295页。
④ （清）方玉润撰：《诗经原始》，中华书局，2007年，第402页。
⑤ （汉）孔安国传、（唐）孔颖达正义：《尚书正义》，上海古籍出版社，2007年，第321页。
⑥ （汉）孔安国传、（唐）孔颖达正义：《尚书正义》，上海古籍出版社，2007年，第322页。

能拥有天下；合天心即合人心。正所谓"受天明命，以有九有之师，爰革夏正。非天私我有商，惟天佑于一德。非商求于下民，惟民归于一德。德惟一，动罔不吉；德二三，动罔不凶。惟吉凶不僭，在人；惟天降灾祥，在德。"① 这样，上天佑纯德，纯德一，行事便吉；德不纯一，行事便凶。行事虽在人，而吉凶在德矣。实际上，这里所讲的就是"天心"只有符合"人心"，民方能归之。四是"心"存一德，谓为一心一德，同心同德。"心"存一德，便要求"心"无二矣，"一哉！王心。"② 这是对王的要求，意思就是"纯一呀！君王的心。"要求君王不要有丝毫私心，故曰："汝猷黜乃心，无傲从康。"③ 君王之心纯一，便要求臣民之心亦无二矣。"汝万民乃不生生，暨予一人猷同心……汝分猷念以相从，各设中于乃心。"④ 意思就是要求万民顺从君王之心，在人心中和和善善，不能怀有二心。只有这样，君王与子民才能同心同德。"无总于货宝，生生自庸。式敷民德，永肩一心。"⑤ 在纯德一的君王看来，不要聚敛财宝，重要的是经营民生以自立功勋，要把恩惠施于民，永远与民同心，万众一心，德行才能广施也。"同力度德，同德度义。受有臣亿万，惟亿万心。予有臣三千，惟一心。"⑥ 也就是说，"德义"远比力量重要，而同心同德就更为重要。商纣之所以灭亡就在于其离心离德，万众有万心，而周武王之所以王，臣虽三千，乃为一心。这样就把"天"的德实实在在地落实到了人心之上。商"受有亿兆夷人，离心离德；予有乱臣十人，同心同德。虽有周亲，不如仁人。"⑦ 也就是说，帝王治国，不在人众，而在人心一也，在于仁人也。从君王来讲，要做到与民同心，就必须虚心接受民之谏言，与民交心。"朝夕纳诲，以辅台德。若金，用汝作砺。若济巨川，用汝作舟楫。若岁大旱，用汝作霖雨。启乃心，沃朕心。若药，弗瞑眩，厥疾弗瘳。若跣，弗视地，厥足用伤。惟暨乃僚，罔不同心，以匡乃辟。俾率先王，迪我高后，以康兆民。"⑧ 在古代帝王看来，早晚进谏乃帝王求之不得，如久旱逢雨，病疾遇良药，以民心来浇灌王之心。在这里已经昭示，"天"、"天道"、"天心"必为"德"、"人道"、"人心"所统摄，而不是最初的那样。因此，《尚书·蔡仲之命》曰："皇

---

① （汉）孔安国传、（唐）孔颖达正义：《尚书正义》，上海古籍出版社，2007年，第322页。
② （汉）孔安国传、（唐）孔颖达正义：《尚书正义》，上海古籍出版社，2007年，第324页。
③ （汉）孔安国传、（唐）孔颖达正义：《尚书正义》，上海古籍出版社，2007年，第340页。
④ （汉）孔安国传、（唐）孔颖达正义：《尚书正义》，上海古籍出版社，2007年，第354~356页。
⑤ （汉）孔安国传、（唐）孔颖达正义：《尚书正义》，上海古籍出版社，2007年，第363页。
⑥ （汉）孔安国传、（唐）孔颖达正义：《尚书正义》，上海古籍出版社，2007年，第405页。
⑦ （汉）孔安国传、（唐）孔颖达正义：《尚书正义》，上海古籍出版社，2007年，第411页。
⑧ （汉）孔安国传、（唐）孔颖达正义：《尚书正义》，上海古籍出版社，2007年，第366~367页。

天无亲，惟德是辅；民心无常，惟惠之怀。"① 意思就是说，皇天无亲无疏，只辅助有德的人；民心没有常主，只是怀念仁爱之主。而仁爱之心全在于内，这便是最早的仁爱、德性的"向内"发展。

孔子讲"心"，总以"仁"来统摄，虽谓心为"内"，乃以"德"辅之，故孔子言"心"并没有明显地将"心"上升到"性"上来。然"仁"者，心之全德也，讲"仁"也必讲"心"也；若无"心"，"仁"便没有了安放的位置。故孔子之"仁心"也必然在其内，只是没有孟子那么系统罢了。所以说，在人性"向内"发展中，我们也必须要谈到孔子的"向内"问题。

仁者，心之全德也。在孔子看来，人皆有仁之本心，此本心明于"天道"，存乎人心中，出治之本，礼义之本也。孔子"务内"，以善及人，说在心。仁者，爱之理，心之德也。心之德施，谓为仁也。心者，内也。如孝悌，则心和顺也；为学，专用心于内也，尽其心也；如节用，爱人之心也；忠信，中心为忠，发己之尽为忠，循物无违（诚）谓信，皆出自心也；如贫富，亦在心也；如为政，政之为言正也，所以正人之不正也，为政以德，则无为天下归之，德之为言得也，得何？得于心而不失也。可见，孔子无处不将"内心"、"己心"、"正心"、"德心"、"中心"当作做人的根本，作为发出、施行的来源。在孔子看来，君子者全在于"心德"，其敬者、礼者、忠者，无不在于内，在于心。"子曰：'诗三百，一言以蔽之，曰'思无邪'。'"② 可见，孔子言诗全在一个向内发展的问题，即是说"凡《诗》之言，善者可以感发人之善心，恶者可以惩创人之逸志，其用归于使人得其情性之正而已。"③ 为德者、为礼者、为政者、为民者必有德心、有仁心、有道心、有耻心。故子曰："道之以政，齐之以刑，民免而无耻；道之以德，齐之以礼，有耻且格。"④ 也就是说，作为道之而不从者，有刑以一之也。然德礼则所以出治之本，而德又是礼之本，全在于心。故为政之本，在于耻于恶，为恶之心为德礼之效，方可正治也。只有民耻于不善，方可兴起为善之心。故正治在于治内，治心，而不在于刑（法）。"盖心即体，欲即用，体即道，用即义。"⑤ 由是观之，孔子之仁，全在于己内，故而强调纯一之"心"、"不私己之心"。

对孔子而言，君子小人每每有所不同，然究其所以，则在公私之际，毫厘之差耳。故曰："君子周而不比，小人比而不周。"⑥ 意思就是说，君子周全而

---

① （汉）孔安国傅、（唐）孔颖达正义：《尚书正义》，上海古籍出版社，2007年，第662页。
②③ （宋）朱熹撰：《四书章句集注》，中华书局，2007年，第53页。
④ （宋）朱熹撰：《四书章句集注》，中华书局，2007年，第54页。
⑤ （宋）朱熹撰：《四书章句集注》，中华书局，2007年，第55页。
⑥ （宋）朱熹撰：《四书章句集注》，中华书局，2007年，第57页。

无偏私，小人偏私而不周全。又曰："君子和而不同，小人同而不和。"① 君子尚义，故有不同。小人尚利，安得而和？君子小人，其公私而已矣。又曰："君子易事而难说也：说之不以道，不说也；及其使人也，器之。小人难事而易说也：说之虽不以道，说也；及其使人也，求备焉。"② 这也表明，君子之心公而恕，恐说之而不以道，故不说也；小人之心私而刻，虽说之不以道，故说也。孔子明确人之有"仁心"，才能有"道心"，故而教人从"心"而始。孔子在与弟子谈话中，无论是涉及"仁"，还是君子小人，或为学，或为政，都是从"心"而教之，即让人怀有一颗"无私之心"，从"仁心"内而引发出来，便是正理，便合合天道，合乎人性，顺乎人情，谓为义也。"子曰：'君子怀德，小人怀土；君子怀刑，小人怀惠。'"③ 意思是，君子存有固有之善，小人溺其所处之安；君子畏刑法，小人谓贪利。④ 如此看来，所谓君子小人，全在于"内心"所不也。如在"心"与"礼"关系中，孔子特别强调"内在"的东西。"丧礼，与其哀不足而礼有余也，不若礼不足而哀有余也。祭礼，与其敬不足而礼有余也，不若礼不足而敬有余也。"⑤ "礼"在此与内在的"心"相比，为用，而心则为本也；丧礼内"心"之哀为重，祭礼内"心"之敬为上，若无哀敬之心，则其礼虽隆则伪也甚矣。礼之体为发于内心的哀敬也，若无内心的哀敬之体，其用礼有余则仍为末也。言夫子在礼必得其本者为贵矣。又"礼，与其奢也，宁俭；丧，与其易也，宁戚。"⑥ 也就是说，礼者，质也；质者，心之实也。礼失之于奢，丧失之于易，也皆不能反其本，而随其末故也。俭者物之质，戚者心之诚，故为礼之本也。⑦ 在此，"内心"的诚才是礼之本也。孔子在构建自己的以"仁"为核心的儒家思想体系的过程中，已经十分明显存有"向内"发展的倾向，并且将"内心"的全德，看作"仁"之本，以此作为"礼"、"为仁"之本。本者，犹根也。故孔子已经将"天道"转变为"人道"，由"本心"、"正心"、"德心"、"仁心"生发出一系列的思想。

事实上，孔子在讲到"道"时，明确地提出了"道"与"心"的关系。"子曰：'参乎！吾道一以贯之。'曾子曰：'唯。'子出。门人问曰：'何谓也？'曾子曰：'夫子之道，忠恕而已矣。'"⑧ 在孔子看来，所谓道，虽"天道"，亦必合于"人道"。即合"人道"，"忠恕而已"。又言，"盖至诚无息者，道之体

---

① （宋）朱熹撰：《四书章句集注》，中华书局，2007年，第147页。
② （宋）朱熹撰：《四书章句集注》，中华书局，2007年，第148页。
③④ （宋）朱熹撰：《四书章句集注》，中华书局，2007年，第71页。
⑤ （清）孙希旦撰：《礼记集解》，中华书局，2007年，第202页。
⑥⑦ （宋）朱熹撰：《四书章句集注》，中华书局，2007年，第62页。
⑧ （宋）朱熹撰：《四书章句集注》，中华书局，2007年，第72页。

也，万殊之所以一本也；万物各得其所者，道之用也，一本之所以万殊也。"① 故"一以贯之"。"道"之所存，仍然"在内"而不在外，故曰："中心为忠，如心为恕。"② 忠者天道，恕者人道；忠者无妄，恕者所以行乎忠也；忠者体，恕者用，大本达道也，③ 达道全在于"内心"矣。也就是说，无论是"道"之体，还是"道"之用，只有"用心"方可达到大本。圣人明于"天道"，以达心的全德，故求于己，向于"内"也。如"子谓公冶长，'可妻也。虽在缧绁之中，非其罪也'。以其子妻之。子谓南容，'邦有道，不废；邦无道，免于刑戮'。以其兄之子妻之。"④ 孔子谓人不从"外"而从"内"，公冶长虽遭于刑拘，然孔子认其有罪无罪全在我而已，岂以自外至者为荣辱哉？故以子妻之，即将自家的孩子为公冶长之妻。然公冶长之贤不如南容，故以兄之子妻之。何故也，无私也。或曰："公冶长之贤不及南容，故圣人以其子妻长，而以兄子妻容，盖厚于兄而薄于己也。"⑤ 可见圣人的"内心"之全德也。在孔子看来，内心的全德非自我体认自觉不可，故孔子感叹曰："已矣乎！吾未见能见其过而内自讼者也。"⑥ 意思就是说，口不言而心自咎者，恐怕始终不得见之而叹之也。人有过而能自知者鲜矣，知过而能内自讼者为尤鲜。能内自讼，则其悔悟深切而能改必矣。夫子自恐终不得见而叹之，表明求"内心"之全德难矣，其难就难在能内自讼也。⑦ 人人皆察他人的不足，而不可见己的不足；虽能见己的不足，亦多找些理由加以辩解，而内自讼者少之又少，故最难也，亦最可贵也。这再一次表明了孔子思想"向内"发展的重要。

孔子讲"心"，其理论走向是向内发展，使"天道"转变为"人道"，实现了"天人合一"。"子曰：'人能弘道，非道弘人。'"⑧ 也就是说，人外无道，道外无人。然人心有觉，而道体无为；故人能大其道，道不能大其人。⑨ "张子曰：'心能尽性，人能弘道也；性不知检其心，非道私人也。'"⑩ 由此，我国在先秦时代，儒家就确立了人的主体地位。这种主体地位虽然受到天命论的干扰，然而始终在我国历史发展的长河中占据着重要的地位。从总体上讲，这要比西方自康德以来所确立的人的主体性原则早了许久，就是比文艺复兴时期也早了许久。当然，这种主体地位的确立，是以向内发展为根本的，因此它所起的作用主要表现为我国内心道德的进步，并没有达到科学理性的高度，这便构成了特有的中国人文精神的本质。在孔子时期，这种"向内"发展的人性实

---

① ② （宋）朱熹撰：《四书章句集注》，中华书局，2007年，第72页。

③ （宋）朱熹撰：《四书章句集注》，中华书局，2007年，第72～73页。

④ ⑤ （宋）朱熹撰：《四书章句集注》，中华书局，2007年，第75页。

⑥ ⑦ （宋）朱熹撰：《四书章句集注》，中华书局，2007年，第83页。

⑧ ⑨ ⑩ （宋）朱熹撰：《四书章句集注》，中华书局，2007年，第167页。

质，便要求'道之全德'全在于己，而不求诸人，任何时候、任何方面都应先问一下自己，对自我"内心"有一个拷问，是否做到了从"道"、"天理"出发，是否存有私心，所为是否达到了"仁、义、礼、智、信"，是否按照"君子"标准严格要求自己，是否尽到了应有的责任，如此等等。这种由"内心之全德"向"外"的扩展、施行，表现出了中国人性论特有的发展模式。

然而，我们也必须看到，在"向内"发展的过程中，孔子的思想也有些许模糊的方面。如谈到"道心"与"人心"的关系时，对"性"的认识仍然存有停留在"生"的层面上，认为外在的感性经验也为人之"性"。如"君子务本，本立而道生。"① 本者，根也。"道心"、"人心"之所以不能纯一，全在于形也；然形者，生之之谓也，然性者亦生之谓也。性之主不在"形"，而在心矣，故"人心"当为"形"之主，"性"之本也。此说认"性"乃专指"内"也。然而当说"道心"与"人心"又是不可分离的时，便认形亦为"性"也，此性便在"外"而不在内了，较之孟子的"性内"、"义内"存有不足。朱子曰："心之虚灵知觉，一而已矣，而以为有人心、道心之异者，则以其或生于形气之私，或原于性命之正，而所以为知觉者不同，是以或危殆而不安，或微妙而难见耳。然人莫不有是形，故虽上智不能无人心，亦莫不有是性，故虽下愚不能无道心。二者杂于方寸之间，而不知所以治之，则危者愈危，微者愈微，而天理之公卒无以胜夫人欲之私矣。精则察夫二者之间而不杂也，一则守其本心之正而不离也。从事于斯，无少间断，必使道心常为一身之主，而人心每听命焉，则危者安、微者着，而动静云为自无过不及之差矣。"② 在此，程子认为人心危，而道心微，意思就是说人心私，私其形也；故须正人心，守其本心之正而不离也。形，人心也；性，道心也。二者杂于方寸之间。这样，就把"心"分为"形之心"与"性之心"，"心"与"性"本不同一。然而，这并不是孔子所主张的"性"的原意，更不是孟子"性善"的要旨。程子的"二心"之说，又当来自先儒之内，故不可不察也。

孟子是儒家的集大成者，他将儒家思想由以"仁"为核心发展为以"性善"为核心，全面而系统地阐述了"内在"的"性善论"。由于孟子思想不再是一种"向内"发展的趋向，而是对"内在"的"性善论"的全面论证，故将在下面专门加以讨论，以便更加准确地把握孟子的核心思想，以及对我国人性论的发展所作出的突出贡献。

---

① （宋）朱熹撰：《四书章句集注》，中华书局，2007年，第48页。
② （宋）朱熹撰：《四书章句集注》，中华书局，2007年，第14页。

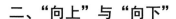

二、"向上"与"向下"

"向内"与"向外"的发展是一种矛盾过程，在由"天"、"天道"向"人"、"人道"即"仁"的发展过程中，先秦儒家思想是"向内"发展的；在由"人"、"人道"向外施行即"为仁"、"行义"的过程中，则是由内"向外"的扩展过程。因此，我们说所谓"向内"与"向外"是对立统一的过程。同样，"向上"与"向下"也是辩证的关系。当"天命"统治一切的时候，先秦传统思想便力争使"天命""向下"发展，以此转变为"人道"；然而当在"人道"之内所求的纯一道德时，又力争"向上"达于"天道"、"天理"，代天而行。"向上"与"向下"的关系也不是非此即彼的，故当明察之。

若将中西文明进行比较的话，我们说我国传统的文明总体上是"向内"、"向上"的，而西方的文明总体上则是"向外"、"向下"的。何以言之，在"天"与"人"的关系方面，我国传统思想强调"向内"、"向外"的发展，但是"向内"发展是主流，占有主导地位，故有孔子以"仁"为核心的思想体系，有孟子以"性善"为核心的思想体系，这种"内求"的功夫凸显我国特有的伦理（道德）文明以及人性的彰显，以至到后来的"理学"、"心学"，无不以此作为发展的进路。而西方则突出地表现了"向外"探求的路径，以至于导致了西方以探知事物之性为要，关注人的感觉经验，以"人性恶"为主要表征，从而在返回到"内心"时，则呈现出张扬理性的特点。在"为"的过程中，中国传统的思想是由"内向外"、"由下向上"的过程。何以言之，当人们具有"仁心"的道德时，就要"为仁"即由"内"而施于外，惠施于国家、人民，主张利人，而不考虑"私己"，彰显出"公心"、"爱心"，努力成为"志士仁人"、"正人君子"，使德行由内引发出来。而西方思想之所"为"，则全在于利己也，以满足人身体的欲望为要，将外物尽收于己，其理性的彰显无不是带着"利"而生发出来，其向"内"发展的轨迹乃为"欲"也。在"为"己做人方面，我国传统思想从内心不断"向上"提升，以达"天道"；而西方思想则不断"下求"，置财币物，以获取更多的满足。故中国传统思想注重于"内"，关注于"心"；而西方思想则注重于"外"，关注于"身"。中国传统思想"重义轻利"，西方文明"无利便不义"；一个"人性善"，一个"人性恶"；一个"道德自我"，一个"理性至上"；一个"高度抽象的人性论"，一个"经验感知的实证主义"；一个"向内无限纯一的道德"诉求，一个是"向外无限扩张的感性满足"；一个是"成为替天行道的仁人君子"，一个则是"征服宇宙的理性澄明"；一个"努力向上直达于道"，一个则"反复论证以明于事理"。所以说，中国传统文明与西方文明存有差异，这种差异导致了两种不同的文明发展道路。我们不能说哪种文明更优越，但是通过对中国传统思想的发展，我们不难看出两种不同文明给世界的进程所带来的影响也是迥然不同的。

在从"内心"锻造的过程中，以"向上"的提升为主。孔子曰："君子上达，小人下达。"① 所谓上达，即循天理，故日进乎高明；所谓下达，即殉人欲，故日究乎污下。② 由此可见，其一，谓"内心"提升至"天道"，方可"代天而行"；其二，所谓"向上"、"向下"，专指何为重。之前说"向下"乃由"天"、"天道"，"向下"落实至"人"、"人道"，"向下"于"民"也。今亦曰"向下"，乃说"内心"之锻造也，若"向下"，便污下于物欲也。故所指不同，其意有别。这种"向上"达于天理的功夫，是一个"人"与"天"互动的过程，愈是明于天道，便愈是向上提升；愈是内心不断提升，便愈是明于天道。但是，这将是一个艰难而长期的过程，故孔子曰："吾十有五而志于学，三十而立，四十而不惑，五十而知天命，六十而耳顺，七十而从心所欲，不逾矩。"③ 朱熹解释说，我十五岁便有心志于学习大学之道；三十岁自立；四十岁明于事物之所当然，皆无所疑；五十岁则知天道流行而赋于物者，即知事物所以当然之故，即知天命也；六十岁声入心通，无所违逆，知之之至，不思而得也，故为耳顺矣；七十岁随其心之所欲，而自不过于法度，安而行之，不勉而中也。"程子曰：'孔子生而知之也，言亦由学而至，所以勉进后人也。立，能自立于斯道也。不惑，则无所疑矣。知天命，穷理尽性也。耳顺，所闻皆通也。从心所欲，不逾矩，则不勉而中矣。'又曰：'孔子自言其进德之序如此者，圣人未必然，但为学者立法，使之盈科而后进，成章而后达耳。'胡氏（胡安国是也，南宋人，曾作《胡氏春秋传》）曰：'圣人之教亦多术，然其要使人不失其本心而已。欲得此心者，惟志乎圣人所示之学，循其序而进焉。至于一疵不存、万理明尽之后，则其日用之间，本心莹然，随所意欲，莫非至理。盖心即体，欲即用，体即道，用即义，声为律而身为度矣。'又曰：'圣人言此，一以示学者当优游涵泳，不可躐等而进；二以示学者当日就月将，不可半途而废也。'"④ 由此可见，"向上"提升实乃一无限的过程，然在这一提升过程中，其要在于使人不失其本心而已。故曰："守其本心之正而不离也"。⑤

在儒家看来，"向上"的提升，首先要确立一"本心"，而此一"本心"亦即是"正心"。"盖天地万物本吾一体，吾之心正，则天地之心亦正矣，吾之气

① ②　（宋）朱熹撰：《四书章句集注》，中华书局，2007 年，第 155 页。
③　（宋）朱熹撰：《四书章句集注》，中华书局，2007 年，第 54 页。
④　（宋）朱熹撰：《四书章句集注》，中华书局，2007 年，第 54～55 页。
⑤　（宋）朱熹撰：《四书章句集注》，中华书局，2007 年，第 14 页。

顺，则天地之气亦顺矣。"① 故所谓"正心"者，全在于一己。求于己当在己，求于人焉能以"己心"求之，不能以"己心"求得，故反求诸己是为正也。也就是说，只有当人自己把握住"正位"，其"心"方可正矣。"在上位不陵下，在下位不援上，正己而不求于人则无怨。上不怨天，下不尤人。故君子居易以俟命，小人行险以徼幸。"② 也就是说，只有保持"心"的正位，方可"在上位不陵下，在下位不援上"也。而正己不求于人，故无怨也。无怨者，"上不怨天，下不尤人"，故居易素位而无求于不当之得矣。很显然，儒家所追求的这种"正心"境界，强调的是向内"求诸己"，一切"怨"只归于"己"，在"己"当无所怨矣。在今天看来，似乎具有"宿命论"的色彩。"正心"与儒家的根本目标也是一致的，儒家所谓"修身"、"齐家"、"治国"、"平天下"，其根本出发点亦在于"正心"。"古之欲明明德于天下者，先治其国；欲治其国者，先齐其家；欲齐其家者，先修其身；欲修其身者，先正其心；欲正其心者，先诚其意；欲诚其意者，先致其知；致知在格物。物格而后知至，知至而后意诚，意诚而后心正，心正而后身修，身修而后家齐，家齐而后国治，国治而后天下平。"③ 我们不难看出，"正心"是其所有之本，而所谓"意诚"者，所谓"格物"者，所谓"修身"者，全都在于一个"正心"。正其心者，知天理也；知天理，则格物也。这里的"知至"虽与西学的理性有相通之处，但也具有重大的差别。儒家所谓的"格物致知"全在于向内求；而西学则努力向外发展。所达目的也不同，儒家强调，"物格而后知至，知至而后意诚，意诚而后心正，心正而后身修，身修而后家齐，家齐而后国治，国治而后天下平"；而西方主张在于获得理性真理的同时，极力满足于物质的需要。

　　其次是如何"正心"，除了前面所讲"求诸己"外，儒家还指出若获得"正心"，必须达到一种特殊的境界，即所谓达于"道"、及于"德"的境界。"所谓修身在正其心者，身有所忿懥，则不得其正；有所恐惧，则不得其正；有所好乐，则不得其正；有所忧患，则不得其正。心不在焉，视而不见，听而不闻，食而不知其味。此谓修身在正其心。"④ 在这里，实际上讲到了心正的要害，在于不被"情"所困，不为"情"所用，若以"忿懥"、"恐惧"、"好乐"、"忧患"所左右，其心自然不得正，或不能不失其正。故"心正"不应被"情"累。若被情所累，便为"私"也；有己私，何以为公？不能为公，焉得

---

① （宋）朱熹撰：《四书章句集注》，中华书局，2007年，第18页。
② （宋）朱熹撰：《四书章句集注》，中华书局，2007年，第24页。
③ （宋）朱熹撰：《四书章句集注》，中华书局，2007年，第3页。
④ （宋）朱熹撰：《四书章句集注》，中华书局，2007年，第8页。

正乎?

儒家的"正心"得出了为学、为政之道,为学之"正"在"己",为"政"则在"正"的结论。一是学之正,己也。"子曰:'学而时习之,不亦说乎?有朋自远方来,不亦乐乎?人不知而不愠,不亦君子乎?'"① 此语虽讲为学之道,然内中却含了如下之义,如尹氏(尹焞)曰:"学在己,知不知在人,何愠之有。"② 即学在己,不知而不愠(怒),惟成德者能之。故"人不知而不愠,不亦君子乎?"此说道出了学在己,在己,学之正也。"子曰:'不患人之己不知,患不知人也。'"③ 作为一个君子,"人不知而不愠",所以一个人不必忧虑别人不知道自己,但患己之无能知人也。尹氏曰:"君子求在我者,故不患人之不己知。不知人,则是非邪正或不能辨,故以为患也。"④ 此处也讲了一个在知的方面竭力"求己",也就是说,知己、知人全在自己,故不患人,而患己不知人也。又"子曰:'志于道,据于德,依于仁,游于艺。'"⑤ 也就是说,为学进应先于立志,心存于正而不他;不正,不可以学道。道不行,学亦不可。可见,学之道,必先存一"正心"。二是为"政"则在"正"。政者,正也;正者,公心也。"季康子问政于孔子。孔子曰:'政者,正也。子帅以正,孰敢不正。'"⑥ 意思就是说,为政之道,在于己正,未有己不正而能正人者。正者,克己之私利也,故孔子谓季康子应正其心,去其私。政之言正也,而正者则心处于"正位"矣。"子曰:'为政以德,譬如北辰,居其所而众星共之。'"也就是说,为政以德,全在于正也,所以正人之不正也。德者言得也,得于心而不失。而得于心者,在于己"心正"矣。己不正,焉能正人,不能正人,何以为政?故正本清源也,何为为政之本,正也;正者,心正也;故为政者,先正己也;正己者,先正己心也。"子曰:'其身正,不令而行;其身不正,虽令不从。'"⑦ 以上所谈的就是先秦儒家"正心"是为学、为政之本的思想。

儒家的"正心",是作为体,其用虽以"学"、"政"为要,但也运用落实开来,即由"本心"向外展衍出来,构成了儒家一整套的思想。在"仁"这个核心思想中,其实我们仔细领会也能体验到"仁"是根源于"心正",即心中无私之全德。如"子曰:'唯仁者能好人,能恶人。'"⑧ 仁者,盖无私心也。无私心,然后好恶当于理,得其公正是也。得其公正本质上全在于"心正",

①② (宋)朱熹撰:《四书章句集注》,中华书局,2007年,第47页。

③④ (宋)朱熹撰:《四书章句集注》,中华书局,2007年,第53页。

⑤ (宋)朱熹撰:《四书章句集注》,中华书局,2007年,第94页。

⑥ (宋)朱熹撰:《四书章句集注》,中华书局,2007年,第137页。

⑦ (宋)朱熹撰:《四书章句集注》,中华书局,2007年,第143页。

⑧ (宋)朱熹撰:《四书章句集注》,中华书局,2007年,第69页。

不为天下的私情所扰，故惟仁者无私心，所以能好恶也。① "正心"如何不被"情"所扰，即"正心"之体如何达到"情"、"礼"之用。"程子曰：'学以至乎圣人之道也。''学之道奈何？'曰：'天地储精，得五行之秀者为人。其本也真而静。其未发也五性具焉，曰仁、义、礼、智、信。形既生矣，外物触其形而动于中矣。其中动而七情出焉，曰喜、怒、哀、惧、爱、恶、欲。情既炽而益荡，其性凿矣。故学者约其情使合于中，正其心，养其性而已。然必先明诸心，知所往，然后力行以求至焉。若颜子之非礼勿视、听、言、动，不迁怒贰过者，则其好之笃而学之得其道也。然其未至于圣人者，守之也，非化之也。假之以年，则不日而化矣。'"② 由此可见，人之性在内，在心，谓体；而情在外，在形，谓用。守于本心、"正心"、"德心"、"仁心"，则"情"亦必合于"中"，合于"中"，即合于"礼"也；合于"礼"，即归于"仁"矣。至此，外物的"情"便会上升至人的"正心"。内心有"仁"，仁者，无私全德也，故以"正心"而"动"必亦正矣。可以说，儒家非常强调一个"正"字，只因为儒家"向内"求诸己，而"己"若不正，则"求"之愈甚，其害愈烈，故儒家凡动无不出于"正心"。由"正心"向外扩展，便在各方面都强调"正"。现举几例以明之。

当子贡问孔子于伯夷、叔齐之事之怨乎，孔子曰："求仁而得仁，又何怨。"③ 在孔子看来，君子居是邦，不非其大夫，何况君乎？④ 盖伯夷以父命为尊，叔齐以天伦为重。其所以离开国家，所以合乎天理之正，而即乎人心之安。既而各得其志焉，视弃其国犹敝蹝尔，何怨之有？只有存天理之正，其行才能心安理得，故无怨矣。此说在于教人"正心"犹"正理"。又"子不语怪、力、乱、神。"⑤ 言怪异、能力、悖乱之事，非理之正，固圣人所不语。鬼神，造化之迹，虽非不正，然非穷理之至，有未易明者，故亦不轻以语人也。⑥ 其言明在"说"上亦应以"正理"而语人。

子曰："名不正，则言不顺；言不顺，则事不成；事不成，则礼乐不兴；礼乐不兴，则刑罚不中；刑罚不中，则民无所措手足。"⑦ 在孔子看来，"名正"是"心正"的重要体现，是行动的前提和基础。任何一件事情"行与不行"、"中与不中"，当依"名正"为要，名不当其实，为虚名也；假借虚名则

---

① （宋）朱熹撰：《四书章句集注》，中华书局，2007年，第69页。
② （宋）朱熹撰：《四书章句集注》，中华书局，2007年，第84～85页。
③ （宋）朱熹撰：《四书章句集注》，中华书局，2007年，第96页。
④ （宋）朱熹撰：《四书章句集注》，中华书局，2007年，第97页。
⑤⑥ （宋）朱熹撰：《四书章句集注》，中华书局，2007年，第98页。
⑦ （宋）朱熹撰：《四书章句集注》，中华书局，2007年，第142页。

言不顺，即言语有违大道，不能顺理成章。言不顺，则无以考实而事不成矣。事不成则无序而不和，故礼乐不兴，礼乐不兴，则施其政事皆失之于道，故刑罚不中，① 即无法严明法纪，故民不知所借，为政必乱也。当然，我们必须看到，"正名"是"心正"的重要体现，"正心"才是"正名"的根据。

这里我们必须注意，"正身"虽然是为政之本，但是"正身"同"正名"一样，都是在"用"上说的，而"心正"才是它们的"体"，即它们皆源于"心正"。如"子曰：'苟正其身矣，于从政乎何有？不能正其身，如正人何？'"② 意思就是说，为政之要当先己正，己正从政便没有什么难事，如果己不正，那怎么能够去正人？言外之意，就是自己不正，就不要为政。"诗正"。歌以咏志，诗以言情，然情性有正有邪，故"子曰：'吾自卫反鲁，然后乐正，《雅颂》各得其所。'"③ 遂将诗乐归而正之。此所谓"诗正"。在儒家看来，"心正"付诸行动，无不根于"内心"，而所谓"正"者诸多，如"颜色正"。肉"割不正，不食，不得其酱，不食。"④ "席不正，不坐。"⑤ "升车，必正立执绥。"⑥ 等等。在"礼"的问题上无大小，凡以"礼"而行，皆从"心正"；君子心安其正，故于位之不正者，于行之不正者，于食之不正，虽小不处。故儒家有《小戴礼记》、《大戴礼记》、《礼仪》等，皆以"正人"也。

中国人性在"向上"发展的同时，亦将"内在"的正心"向下"付诸于现实的行动，来统摄、规范人们的言行，以此锻造一个内心澄明而又符合"天道"、"人道"的完美人格精神和现实生活中的"正人君子"，或曰"大丈夫"。至此，先秦人性的发展已经完成了从原始宗教的消解向"道德人"的演变，在这一发展轨迹中，主要是沿着"人性善"路径"向内"、"向上"发展着的，以达于"正心"、"仁心"、"道心"、"德心"；随后又由"内"的"正心""向外"、"向下"加以扩展，付诸行动，以达到"正心，修身，齐家，治国，平天下"的宏愿。

①　（宋）朱熹撰：《四书章句集注》，中华书局，2007 年，第 142 页。
②　（宋）朱熹撰：《四书章句集注》，中华书局，2007 年，第 144 页。
③　（宋）朱熹撰：《四书章句集注》，中华书局，2007 年，第 113 页。
④⑤　（宋）朱熹撰：《四书章句集注》，中华书局，2007 年，第 120 页。
⑥　（宋）朱熹撰：《四书章句集注》，中华书局，2007 年，第 122 页。

第三章　道德人的初步形成

中国人文精神注重人的现世生活，由外在的行为追溯于人的内心，归结于人的主体自觉。用"道"、"德"指导人们的行为，使行为在"德"行之内，给人带来好处。但这里价值观并非主观，而是客观的；不是私心，而是"直心"，是"从直从心"。最初的天人关系则表明"小民受命于人"，而王与民之间则由自己的祖先作中介，这实际上就使得中国人民与天的关系更为直接，经过周人的"道德人"的建立，从而形成了"民即为天"的思想。即通过民的生活和行为来"知天保命"，人民的意向成为天命的代言人。这样原始宗教就不断向上提升而发展为一种"伦理道德"精神。中国传统中所特有的人文精神照射出人民存在的价值。当然，这种"道德人"仍然根源于"天"，为天所命。

第一节　价值主观与价值客观

所谓价值，是指价值客体对价值主体的有用性和有效性。价值主体就是指通过价值客体而获得某种满足和欲求的人，而价值客体指的是能够满足价值主体某种需要的所有对象性存在。这种能够满足人们需要的对象性存在，既可以是物质性的东西，也可以是精神性的东西。价值主观与价值客观并不等同于价值主体与价值客体。价值主观是指在满足人们需要的过程中，价值主体对这种由于价值客体带来的满足而产生的一种反映，也可以说是对这种满足程度的主观认知。不同的价值主体对某一价值客体，其在价值主观上存在着较大的差异；就是同一价值主体在不同的条件下，对某一相同的价值客体，也会存在着差异。当然，同一价值主体对不同的价值客体，其价值主观的差异性是显而易见的。而价值客观，则是指任何价值客体对价值主体而言都具有某种客观实在性，即具有不以任何人的主观意志为转移的客观内容，都能满足人们的物质、精神、政治等方面的需要，这种满足的程度是客观存在的，并不以价值主观为转移。

我们说：先秦以"内在"的"天道"、"地道"、"人道"所构成的价值体系，具有价值客观的特征。即使是孔子的"仁"、"正心"的思想，孟子的"性善"的思想，甚至道家的"道德"思想，都具有鲜明的价值客观性特征。即它们都有一个最高的所谓客观标准，来衡量和评价人们的行为。这种价值客观并不以任何人的意志为转移，甚至帝王也不能左右。"惟不敬厥德，乃早坠厥命。"① 主张"奉若天命"，② "以德配天"。只不过这个价值客观，通过孔子、孟子等思想家将其转变为"内在"的东西，并安放在"正心"的位置上，似乎使我们很难把捉到它的客观性。事实上，先秦思想中的价值客观，尽管安放在"心"上，从根本上说不会改变它的主要特征。在孔子看来，"仁心"为心之全德，此"仁心"根源于"道心"，由"天"加以保证。而在孟子看来，"性善"则根源于人性，而人性的发生则根源于"道"，谓"道生之，德蓄之"，依然由"天"、"道"、"德"给予保证。其道家思想、荀子的思想等，都可追溯到一个客观的最高标准加以保证。这种价值客观，与西方文明的价值主观有一个最大的区分，就是它并不以满足某个人的需要为转移，而处处体现出一个价值的客观标准。西方文明倡导价值主观，即以满足个人的私利为标准，认为人人都是自私的，满足个人的需要，利己主义是社会进步的一个重要动力。而在先秦的思想中，一个突出的特征就是以"公"为主，如儒家的"泛爱众"，"平天下"；道家思想特别是老子的思想，也以"不伤人"为要，即"德上下交盛而俱归于民也"③；墨家思想的"兼爱交利"；等等。其主旨皆体现出一个"公"，而要求人们"内在"存一个"正心"、"仁心"、"德心"、"爱心"。

本章所论乃价值问题，价值实际上是一个"用"的层次，是人性的具体落实而体现的一种取向和一种效果。所以说，凡"用"皆可言价值。由于先秦思想价值客观的显著特征，故其"用"自当以"内在"向外扩展为主，体现在具体的言行中。如儒家思想中的"仁义礼智信"皆可被称为"用"。然而"用"以"体"为源，"用"必有"果"，故价值客观当与价值主观联结，以此来反观价值的确立。

由于先秦的价值观主要是以普世价值来体认，处处彰显出一种救世的意图，故而先讨论一下普世价值。然而价值又应是满足主体需要的问题，因此也要把价值主观讲清楚。但是，先秦的价值思想，一个显著的特征就是其价值客观，正是通过价值客观衍生出道德人的思想，因此又必须运用一定的笔墨，来

① （汉）孔安国传、（唐）孔颖达正义：《尚书正义》，上海古籍出版社，2007年，第586页。
② （汉）孔安国传、（唐）孔颖达正义：《尚书正义》，上海古籍出版社，2007年，第291页。
③ 王云五主编，陈鼓应注释：《老子今注今译》，台湾商务印书馆，1978年，第198页。

阐述价值客观。最后，将着重谈一下道德人的价值取向。

一、普世价值

儒家以"正心、修身、齐家、治国、平天下"为己任，并将此作为整个思想构建的最终目的。道家的思想，虽然讲"道"，讲"德"，讲"玄而又玄"，讲"无为而无不为"，看似无为，实则"有为"，其价值取向是"返璞归真"、"人性超越"、"达生与安命"。墨家以"兼爱交利"为本，主张"爱无差等"，以利定爱，兴利除害，绝其攻伐。法家则主张刑名政罚，以使天下之乱得治，兴霸道，富国民。兵家的价值取向，则是"利国保民"，"非利不动"。太史公司马谈曰："《易·大传》：'天下一致而百虑，同归而殊途。'夫阴阳、儒、墨、名、法、道德。此务为治者也，直所从言异路，有省有不省耳。"① "务为治"便是先秦各家各派共同的价值取向，也是中国思想史上的一个重要特征。先秦各家一般都将其价值取向当作普世价值，但是具有典型利己主义、经验主义的法家、兵家则往往并不将自己的学派当作根本，而确认其更高之来源。如法家确认来自于道家。值得注意的是道家所主张的"万物齐一"，是在承认差别的情况下，承认平等，这种平等乃是一种符合"道"的自由和平等；而法家虽然也承认"万物齐一"，"循名以责实"，但是这种"齐一"是运用一种强制手段即"法"来迫使万事万物"齐一"的，如徐复观所言，是一种法西斯。法家、兵家强调感性的经验事实，主张现实外在的东西，与西方的所谓理性文明有较多相似之处。然而，在我国传统文明历史中，法家、兵家只能作为一种"术"来对待，根本不可能上升至长期绝对统治的地位。虽然秦国运用法家获得了战国时期的统一，但是正是由于其法西斯的残酷无情，与我国传统的"道"、"德"相悖，秦统一后不久就灭亡了。因此，我国传统的文化思想中，当以儒家为主导，杂合道、法、名、墨、阴阳等各家，形成了所谓的普世价值，并为世代所遵从。

众所周知，价值最初是一个经济学概念，在商品经济中，商品的价值是指凝结在商品中的人类无差别的劳动，其价值的大小是以所消耗的劳动时间多少来计算的，并构成了商品的价值量，商品的价值表现为使用价值和交换价值。然而，我们现在所探讨的普世价值，远远突破了经济学意义，它包括客体对于主体的各个方面的有用性和有效性，如经济价值、政治价值、社会价值、文化价值、思想价值、道德价值、伦理价值，等等。也就是说，只要客体对于主体有用、有效，客体对于主体而言就是有价值的。因此，价值客体与价值主体是

---

①　崔大华：《庄子研究》，人民出版社，1992年，第105页。

相互依存、柜互作用的辩证关系。作为经济学意义上的价值，当价值客体一定的情况下，对于不同的价值主体可能具有不同的价值，想得到某种商品的交换价值，就不能拥有商品的使用价值；反之亦然。也就是说，某种客体对于固定的主体其价值在一定条件下具有排他性。在这种意义上，我们说某种客体对于主体而言就没有所谓的普世价值。然而，我们必须承认，由于价值内涵的扩展，如伦理价值、自然价值等，也就必然涉及共同的价值问题。

那么究竟是否有普世价值呢？人类有没有共同的价值或价值取向？有没有超越意识形态之上的人类共同的价值？笔者认为，人类在漫长的历史发展过程中，必然会有某种共同的价值，也就是说某种客体对所有主体而言具有某种共同的有用性和有效性。从自然界到人类社会，再到人类思维，这种普世价值均有存在的可能。就自然界而言，自然界对人类的存在和发展的有用性和有效性是显而易见的。人类社会无法离开自然界，每时每刻都在与自然界进行着物质交换、能量交换和信息交换，人本身就是自然界的产物，是自然界给世界上的人带来了阳光、空气、蓝天、绿水……没有自然界，就没有人类自身。

我们必须注意，普世价值并不一定是普适价值。衡量一个客体对主体是否有价值，并不等于客体对不同的主体具有同等的价值（所谓价值的历时性和历史发展趋势就更难具有普适性），这是根本不同的两个问题。我们说，一个客体可以对所有的主体有这样或那样的价值，但对于不同的主体而言，其价值可能根本不同，甚至相反。任何一个客体都可以对主体有用或有效，哪怕它是极其可怕、令人讨厌、使人愤慨的，对于某种特定的主体可能是有用或有效的，但是却不一定是普适的。讲普世价值，并不是把普世价值绝对化。我们不能因为世界上没有两片完全相同的树叶，即每片树叶的特殊性；就否认有树叶的存在，即树叶的普遍性。普世价值并不是客体对任何一个主体，在任何条件下、任何时候都具有同等的作用、同等的效果，即并不是对一切主体（"联合体"、"社会生活共同体"）永恒地、同等地有用有效。我们不能绝对地对待一切事物，当然也包括普世价值。如果这样绝对，那么任何一种共同的所谓理念、认知、价值、理想都不可能存在（甚至在同一个阶级内部），因为没有完全（绝对）相同的东西。如儒家男女授受不亲的价值规范，并谓之于"礼"。淳于髡曰："男女授受不亲，礼欤？"孟子曰："礼也。"曰："嫂溺则援之以手乎？"曰："嫂溺不援，是豺狼也。男女授受不亲，礼也；嫂溺援之以手者，权也。"[1] 这就是说，任何一种道德规范，都不是绝对的。在特殊的情况下依然可以权变。如果绝对地对待普世价值，不从现实出发，那么任何一种价值都永

---

① （宋）朱熹撰：《四书章句集注》，中华书局，2007 年，第 284 页。

远不会具有普遍性，从而陷入到诡辩论之中，是公孙龙的"白马非马论"的翻版。①

　　先秦各家在普世价值方面，又分出几个不同的层次。儒家最基本的价值是"天"、"天道"、"天命"，认为无论帝王和普通的百姓都应"以德配天"、"替天行道"，主张"天命不可违"、"钦若昊天"、"奉若天命"。此"天"、"天道"、"天命"便成为基本的普世价值。在此基础上，又可将"仁"、"义"、"礼"作为比天低一层次的价值，以此规范和指导人们的言行，存"仁心"，讲"道义"，尊"礼仪"。此处便是由内向外的发展，以无私全德之心，行"仁义礼智信"之实，从而实现其价值人生。就"礼"而言，亦可作为普世价值，又可分为许多"礼"的具体运用。道家最基本的价值是"德"和"道"。"'德'字所指称的，就是人与宇宙万物皆秉承自道而本有之自发能力。"② 也就是说，德所秉承的是道的全部能力，即"道"的所有之"用"，也即是我们当下所讲的价值。道是不可以言说的，虽然客观存在，但它无名无形。从性上而言，"道者，虚通之妙理，众生之正性也。"③ 所谓正性，乃真性，即是众生最初、最原始、最内在之性。也就是说，只有"道"才具有普世价值之性。"道"、"德"对一切事物具有最普世的价值，这种价值应用于具体的人类与万物，就要求走向一种"天人合一"的最高境界。墨家则将"行天之义"作为普世价值，其低一层次便是"兼爱"、"交利"，并由此指出了"兼爱"的标准，爱人不外己，爱不爱，以利不利为准则，故爱利不分，爱无差等。从以上几个主流思想中，我们看到价值的普世性是人们共同追求的目标。而这种普世价值具有不以人的意志为转移的客观实在性，无论是"天"、"天道"、"天命"，还是"道"、"德"，或"行天之义"、"兼爱交利"，都出于"公心"、"正心"、"德心"，而没有私心。这种普世价值的客观性，同时也进一步证明了价值本身的普世性，而不以任何人，如帝王的好恶而转移。相反，从这种价值的普世性导引出了"民本"思想以及"道德人"的思想。这也是在价值问题上，对我国古代先秦人性价值做出客观判断的重要依据。

二、价值主观与价值评价的客观标准

　　先秦传统思想中价值的核心问题，是以价值客观为主要内容的，但是在价

---

　　① 周书俊：《正确理解和把握普世价值及其本质》，《江西财经大学学报》2009 年第 3 期。
　　② 台大哲学系合编：《中国人性论》，东大图书公司，1991 年，第 8 页。
　　③ （唐）成玄英：《道德真经义疏》第六十二章注。又见蒙文通：《道书辑校十种》，巴蜀书社，2001 年，第 502 页。

值客体对价值主体的作用方面，也即客体价值对价值主体的有用性、有效性，价值主体的真实反映即价值主观方面，又有自己的特点。换句话说，价值主观是对价值客观的反映，价值客观对价值主体的有用性、有效性，是客观存在的，是不以人们的主观意志为转移的，但是，现实的情况是，同一价值客体作用于不同的价值主体时，价值主体往往在其主观反映中，会得出不同的价值判断，甚至截然相反的价值判断。这并不完全取决于价值客体本身，还取决于价值主体自身的认知及社会环境的影响。先秦儒家、道家、墨家，都确认有一个价值客体，并以此作为衡量价值判断的标准，这种标准虽然是客观的、惟一的，但是这个客观的标准又不绝对，这与西方的认知是有着原则区分的。西方的理性主义直接导致一种所谓的科学主义，科学主义的重要原则就是证实原则，它要求对任何一种价值、认知都应得出一种所谓科学的结论，要么"是"，要么"非"；一旦确定下来，便不会因为任何主体加以改变，就如同我们今天所说的"刚性"原则。而在我国传统文化思想中，即使预先承认了价值客观，其价值主观也会把握主次、轻重，具有一定的"弹性"，而不是单单凭借所谓的"客观"来确认。关于价值主观对价值客观的所谓"权宜"，儒家、道家、墨家均有所表述，体现出了先秦传统思想的某些共同特征。

儒家在对其以"仁"、"性善"为核心的思想体系的价值体认上，即在所谓"用"的方面，主要是通过"礼"等表现出来，其价值取向的评价也以此为标准，并区分出"君子小人"。从一般意义上说，可以把"礼"当作一般的原则，而在具体运用上又可以权变。在"礼"的运用上，儒家并不是一味地抱住"礼"的教条不变，而是有所"权变"，权变的依据虽然是"心正"之本心，发自内心之"敬"，如"曲礼曰：'毋不敬，俨若思，安定辞，安民哉！'"① 然其权变从根本上说，则充分表现出了价值的包容性、中庸性、模糊性和柔性，从而与西方理性的科学主义的刚性、精确性、工具性有着完全不同的标尺。儒家礼之原则，可谓价值客观，然而在不同的时期，其价值标准即主体的参验又可以变更。故曰："礼从宜，使从俗。"② 如朱子曰："宜，谓事之所宜，若男女授受不亲，而祭与丧则相授受之类。俗，谓彼国之俗，若魏李彪以吉服吊齐，齐裴昭明以凶服吊魏，盖得此意。"③我们说权变可分为两种：一种是条件发生了变化，应从宜；另一种是风俗如此。然此权变皆可归于外在客观存在，儒家强调内在的东西，故"礼"应以"敬"为主，发于"正心"为上，以"公"用之，则为君子。若男女授受不亲，礼也；祭丧之时则相授受，宜也。丧之事，

---

① （清）孙希旦撰：《礼记集解》，中华书局，2007年，第3页。
②③ （清）孙希旦撰：《礼记集解》，中华书局，2007年，第6页。

应服哀服，礼也；然魏吉服，齐凶服，俗也。儒家讲礼实际上就是规范人们的言行，以此来达到一种价值维度，明辨是非，懂得哪些事该做，哪些事情不应当做。"夫礼者，所以定亲疏，决嫌疑，别同异，明是非也。"① 同时，礼也是"正心"之践行，故曰："道德仁义，非礼不成；教训正俗，非礼不备；分争辨讼，非礼不决；君臣上下，父子兄弟，非礼不定；宦、学事师，非礼不亲；班朝、治军，莅官、行法，非礼威严不行；祷祠、祭祀，供给鬼神，非礼不诚不庄。是以君子恭、敬、撙、节、退、让以明礼。"② 从而把礼当作了一种至上的价值规范，甚至连"仁"、"义"、"智"、"信"，也必须依礼而行，礼者，事为之物，物为之名，即使"道德仁义，非礼不成"。仁义礼智信，虽根源于"正心"，人之性也，然若无礼之节文加以规范，心虽正则事不成也。即是说虽性仁义，若不与物接，故不成。只有通过"礼"这种价值才能实现。在这里，礼不仅可以作为价值客观来判定所作所为的标准，同时礼本身又可当作实现仁义道德的一个重要条件。当礼作为价值标准时，礼这种标准可以权变；但当礼作为实现仁义道德的条件时，礼是必须加以遵守的，而不可权变。"故道非礼则无以为率由之准，德非礼则无以为持守之实，仁非礼则无以酌施恩厚薄之等，义非礼则无以得因事裁制之宜。是四者非礼则不能成也。"③ 由此可见，礼在质上是不可权变的，而在量上则可以权变。简言之，我们不能从礼的外在形式上去判定"礼"，而应根据礼的根本思想来判定是否符合"礼"。"林放问礼之本。子曰：'大哉问！礼，与其奢也，宁俭；丧，与其易也，宁戚。'"④ 在儒家看来，礼之繁文缛节，并不是礼之本，林放问礼之本，故孔子曰："大哉问！"，意思就是说林放能独志于礼之本，可谓学问之大也。

如前所述，礼之本在于"内"之"正心"、"全德"、"敬诚"等。若无发自内心之礼，便失其礼之本；无礼之本，何谈礼之实。无实之礼便是以文灭质，谓之虚行。儒家言礼，虽讲权变，但是权变只是在特定条件下的权宜之计，而并非不以礼行事。"孟子曰：'易其田畴。'在丧礼，则节文习熟，而无哀痛惨怛之实者也。戚则一于哀，而文不足耳。礼贵得中，奢易则过于文，俭戚则不及而质，二者皆未合礼。然凡物之理，必先有质而后有文，则质乃礼之本也。范氏曰：'夫祭与其敬不足而礼有余也，不若礼不足而敬有余也，丧与其哀不足而礼有余也，不若礼不足而哀有余也。礼失之奢，丧失之易，皆不能反本，

---

① （清）孙希旦撰：《礼记集解》，中华书局，2007 年，第 6 页。
② （清）孙希旦撰：《礼记集解》，中华书局，2007 年，第 8～9 页。
③ （清）孙希旦撰：《礼记集解》，中华书局，2007 年，第 8 页。
④ （宋）朱熹撰：《四书章句集注》，中华书局，2007 年，第 62 页。

而随其末故也。礼奢而备，不若俭而不备之愈也；丧易而文，不若戚而不文之愈也。俭者物之质，戚者心之诚，故为礼之本。"① 所以说，先秦儒家价值标准的权变，并不是说可以随主观愿望任意改变，仍然具有客观的实在性，有其内在的根源性。

道家的价值取向乃是以"道"这个最高的规范来确定的，"道"便成为衡量价值的惟一标准。道家虽然也主张价值客观，并且把"道"作为万物最高的价值，当然也包括人在内。但是，只有符合"道"的行为，才能达到"道"的内在要求。"道"这个价值客观并不以任何人的主观意志为转移，保持"道"性，就必须使人远离各种丧"道"的引诱，而主张返璞归真，无为而无不为。在道家看来，生之为性，其性只在生。生者，生也。只谈一个生，而不谈心，不谈欲，更不谈情。故道家认为"为腹不为目"，"五色令人目盲；五音令人耳聋；五味令人口爽；驰骋畋猎，令人心发狂；难得之货，令人行妨。是以圣人为腹不为目，故去彼取此。"② 显然，道家将"耳目口鼻身"的欲望归之于离经叛道的根源，故去彼取此。

似乎道家在"道"这个价值客观方面没有弹性，而是刚性十足。事实上，道家的"道"是一个最高的价值客观，它无形无质，无名无状，玄而又玄。"道"本身的这种属性，实际上也正是它的模糊性、弹性之所在。如庄子的"齐物论"，便认为万物无是无非、无大无小、无尊无卑、无高无下、无寿无夭。既然如此，万物齐一，何谈彼此，"道"与非"道"也便模糊起来了。如《庄子·齐物论》曰："物无非彼，物无非是。自彼则不见，自知则知之。故曰：彼出于是，是亦因彼。彼是方生之说也。虽然，方生方死，方死方生；方可方不可，方不可方可；因是因非，因非因是。是以圣人不由而照之于天，亦因是也。是亦彼也，彼亦是也。彼亦一是非，此亦一是非，果且有彼是乎哉？果且无彼是乎哉？彼是莫得其偶，谓之道枢。枢始得其环中，以应无穷。是亦一无穷，非亦一无穷也。故曰：莫若以明。"③ 也就是说，道家学派即把"道"当作最高的同一性，同时又主张"万物齐一"，无彼此之分，即是说既强调了价值客观，又同时强调了价值主观。事实上，在无是无非中，很难把握孰是孰非。所以说，庄子的价值客观用"道"作为最高标准，便在其"齐一"的无是无非中，即在"价值主观中"被湮没掉了。

若说得更为彻底一些，或说道家根本就不承认价值主观的存在，因为任何

① （宋）朱熹撰：《四书章句集注》，中华书局，2007年，第62页。
② 陈鼓应：《老子注译及评介》，中华书局，2008年，第106页。
③ 曹础基：《庄子浅注》，中华书局，2007年，第18～19页。

价值主观都具有局限性，而这种局限性正好表明了没有价值主观的存在，最高的存在、最高的价值都是客观的，不以任何人的主观意志为转移的。故道家主张无为，不要去发挥人的主观能动性，一切"动心性"、"巧辩论"、"仁义道德"、"礼乐法制"等，都是不足取的，它的反面反而会使人远离了朴素的人性。所以说，道家从价值客观出发，而这个价值客观就是完全抛弃了任何主观的东西，返璞归真。因此，《老子·三章》曰："不尚贤，使民不争；不贵难得之货，使民不盗；不见可欲，使心不乱。是以圣人之治，虚其心，实其腹，弱其志，强其骨。常使民无知无欲。使夫知者不敢为也。为无为，则无不治。"①《老子·十九章》曰："绝圣弃智，民利百倍；绝仁弃义，民复孝慈；绝巧弃利，盗贼无有。此三者，以为文不足。故令有所属：见素抱朴，少私寡欲，绝学无忧。"② 在道家看来，"争"、"盗"、"乱"的根源在于"尚贤"、"贵难得之货"、"可欲"，故"绝圣弃智"、"绝仁弃义"、"绝巧弃利"。这样，道家就将"价值客观"凌驾于一切之上，从而使"价值"改变了其原来的实质，即能够满足价值主体的某种需要的属性。道家认为，价值本质上只是"道"的一种表现形式，而最高的价值标准不是它的"有用性、有效性"，而是"无用"，"无用"就是最大的有用。故曰："至人无己，神人无功，圣人无名。"③ 只有无为，才能无不为，才能成为一个自由的人。由此可见，道家并不是没有一个价值取向，而是为了一个最远大的价值取向，而不计一些"短视"的有所待的价值取向。凡一切有碍于"自由"的价值取向，对道家而言均可称为可待，即所谓"己"、"功"、"名"、"利"，如此等等。所以，道家主张"无己"、"无功"、"无名"，即不要以己的观点去观看、去评价事物的功用，也不应以己的观点去评价事物的名望。事物各有其用而用，有其功而功；或者说，其无用而用，其无功而功。

"惠子谓庄子曰：'吾有大树，人谓之樗。其大本臃肿而不中绳墨，其小枝卷曲而不中规矩。立之涂，匠者不顾。今子之言，大而无用，众所同去也。'庄子曰：'子独不见狸狌乎？卑身而伏，以候敖者；东西跳梁，不避高下；中于机辟，死于罔罟。今夫斄牛，其大若垂天之云。此能为大矣，而不能执鼠。今子有大树，患其无用，何不树之于无何有之乡，广莫之野，彷徨乎无为其侧，逍遥乎寝卧其下。不夭斤斧，物无害者，无所可用，安所困苦哉！'"④ 意

---

① 陈鼓应：《老子注译及评介》，中华书局，2008年，第71页。
② 陈鼓应：《老子注译及评介》，中华书局，2008年，第136页。
③ 曹础基：《庄子浅注》，中华书局，2007年，第6页。
④ 曹础基：《庄子浅注》，中华书局，2007年，第10～11页。

思就是说，物各有所能，各有所用。大有大的用处，小有小的用处；顺物自然，各有所用，就是无用之用；所谓无用，乃一己私见，何足为凭乎？"匠石之齐，至于曲辕，见栎社树。其大蔽数千牛，絜之百围，其高临山十仞而后有枝，其可以为舟者旁十数。观者如市，匠伯不顾，遂行不辍。弟子厌观之，走及匠石，曰：'自吾执斧斤以随夫子，夫尝见材如此其美也。先生不肯视，行不辍，何邪？'曰：'已矣，勿言之矣！散木也。以为舟则沉，以为棺椁则速腐，以为器则速毁，以为门户则液樠，以为柱则蠹，是不材之木也。无所可用，故能若是之寿。'匠石归，栎社见梦曰：'女将恶乎比予哉？若将比予于文木邪？夫楂梨橘柚果蓏之属，实熟则剥，剥则辱。大枝折，小枝泄。此以其能苦其生者也。故不终其天年而中道夭，自掊击于世俗者也。物莫不若是。且予求无所可用久矣！几死，乃今得之，为予大用。使予也而有用，且得有此大也邪？且也若与予也皆物也，奈何哉其相物也？而几死之散人，又恶知散木！'匠石觉而诊其梦。弟子曰：'趣取无用，则为社何邪？'曰：'密！若无言！彼亦直寄焉！以为不知己者诟厉也。不为社者，且几有翦乎！且也彼其所保与众异，而以义喻之，不亦远乎！'"① 意指我们不能以己之用而判定其有用无用，所谓无所可用，乃价值主体的主观判断而已，即所谓"以为舟则沉，以为棺椁则速腐，以为器则速毁，以为门户则液樠，以为柱则蠹"，故谓之不材之木，即散木也。然而，物各有其用，正如人也，故栎社见梦曰："而几死之散人，又恶知散木！"在此，我们看到，道家的价值主观，完全从属于价值客观即"道"，所追求的是一种人性超越的价值实现。

墨家在价值客观方面，与儒家一样，仍然强调于"天"，故言"天志"，"天子未得次己而为政，有天正之。"② 在这个最高的客观价值下，又侧重于外在的"利"，故而以效验为主，其价值客观往往会落入到主观中，因为利必有己之主观在里面，即对谁来说为利。然而，墨家讲爱、讲利，从不以己爱、己利为主，而是主张爱利天下，以"大取"为要。所以说，从根本上说，墨家之爱、之利仍然具有客观性。《庄子·天下篇》针对墨家云："不侈于后世，不靡于万物，不晖于数度，以绳墨自矫而备世之急，古之道术有在于是者。墨翟禽滑厘闻其风而说之，为之大过，已之大循。作为《非乐》，命之曰《节用》；生不歌，死无服。墨子泛爱兼利而非斗，其道不怒；又好学而博，不异，不与先王同，毁古之礼乐。"③ 俞樾自认"墨子惟兼爱是以尚同，惟尚同是以非攻，

---

①　曹础基：《庄子浅注》，中华书局，2007年，第53～54页。
②　（清）孙诒让：《墨子间诂》，中华书局，1986年，第190页。
③　（清）郭庆藩撰：《庄子集释》，中华书局，2006年，第1072页。

惟非攻是以讲求备御之法。"① 方授楚也认为，墨子思想，一言以蔽之，则平等是已。伍非百则言，墨子之学，其本是为天下兴利除害。杜国庠则从孔子的中心思想是一个"仁"字，确认墨子的中心思想则是一个"义"字。这个看法同于清朝末叶夏曾佑所说："孔子尊仁，墨子贵义。"严灵峰则认为，墨子思想可分为本末，其本的理论系统是天志、明鬼、兼爱、非攻、尚贤、尚同；末的理论系统是非命、非乐、节用、节葬。蔡尚思对墨家的中心思想问题，先举十四种不同说法，然后提出自己的兼爱、非命中心思想说，认为墨子打破亲疏、强弱、贵贱、贫富、智愚等一切由先天的血统、命运决定的观念，并引原文为证。② 梁启超则认为，"墨子是个小基督，从别方面说，墨子又是个大马克思"。③《鲁问篇》墨子之语魏越云：'国家昏乱，则语之尚贤尚同；国家贫，则语之节用节葬；国家务夺侵凌，则语之兼爱非攻。'"④ 墨家以"天"统其整个学说，以"义"作为标尺，以尚同、尚贤为最高道德价值，以敬鬼神、兼相爱、交相利、非攻、节用、节葬、非命为行动准则，构成了其理论体系，其价值的客观性显而易见。

墨家的价值客观总括起来就是从外处着眼，这种从外处着眼的价值客观，由于缺乏内在自我的体认，往往会将价值这个本来由客体对主体的有用性、有效性，演变为客体的价值对主体的一种强迫力量，从而使得本来很好的价值客观变成了一种价值的强制，于原来的价值客观的初衷相互抵牾。"天志"虽高、虽明，但在人性之外，况墨家并无将其内化为人性的诉求，加之墨家所务求实效的求实精神以及客观价值的要求，导致了墨家"外求"的基本特性。这种"外求"从根本上说，"天之义"便是"心性之义"，只要人们的言行符合"天志"，便是符合"心性"。墨家强调"天"，强调客观价值，而不注重内心的自我修养，使"天"与"心"隔离，造成了"天"与"心"之间的矛盾。正如道家所言，墨家俭约之道，躬身亲行，为之太过，悖乎人情。荀子则谓墨家僈差等，泯灭了人的个性差异，以"天之义"统一人心，以尚同统一政令，这样就将价值变成了一种强制力量，而让人人服从，导致墨家从爱利天下人出发而桎梏天下人的一种结果。

三、道德人的价值取向

道德人的价值取向，是指价值客观由外在的"天"而内化为"内心的道

---

① （清）孙诒让：《墨子间诂》，中华书局，1986 年，《俞序》。

② 蔡尚思：《十家墨论》，上海人民出版社，2004 年，"《十家墨论》要点"。

③ 蔡尚思：《十家墨论》，上海人民出版社，2004 年，第 15 页。

④ （清）孙诒让：《墨子间诂》，中华书局，1986 年，"自序"。

德"，从而形成一种发自内心而满足于自我的价值。道德人的价值取向，就其价值主观而言，价值客体满足于自我的某种需求，然而这种自我的需求并不在于外在的价值客体，而主要的是一种内在的体认。简言之，道德人的价值取向并不在乎于外在的物质的东西，却十分关注内心的满足。这种内心的满足，在儒家称为"仁义礼智信"，在道家称为"道"与"德"，在墨家称为"行天之义"（注墨家言利他）。道德人的价值取向，尤以儒家最为明显，故在此只述儒家道德人的价值取向。

儒家是我国传统文化的继承者，是我国人文精神的集大成者，在儒家思想中到处盛开着道德的花朵。儒家从外在的现世出发，昭示着人的内心的良知，并通过这种良知良能的开启，以达到一种仁政的目的，最终实现平天下、复周礼的目标。对儒家来说，现世的礼坏乐崩一个重要的原因就是道德的沦落，而道德的沦落又在于不能明德，亦不能行道；不能明德，不能行道，便不能亲民，民德不笃，其礼何存焉。于是，儒家极力彰显一种人文精神，其中不乏有许多就是在我们今天也是十分有益的东西。

君子之德与民之德。儒家极力推崇君子之德，同时也在呼唤民之德，如果单凭君子之德仍不足以达到儒家平天下、复周礼的目标。故在儒家之典籍中，君子作为人们行事做人的榜样，无处不在，并给予其显著的地位；同时，对于教化万民，使民有其德，也不泛见。这在其价值取向上就体现出一种平等的趋势，即所谓的"尧舜与人同耳"①。这样，君子与一般的民众，就在道德这个问题上具有了同一性。这在 2000 多年前，可以说是一个非常了不起的事情，体现了在价值取向上的一致性、共同性和平等性。这既有价值客观的成分在里面，也有价值主观的东西在里面，也就是说，人人都有成为道德人的权利，都可以变为所推崇的君子，甚至圣人，正所谓"人皆可以为尧舜"②。那么，这种人人皆可以成为尧舜的道德人的价值取向，其奠基又在哪里呢？

如前所述，儒家的道德人的价值取向其根源在于"内"，在于其"正心"、"道心"、"德心"、"仁心"、"敬心"、"善心"。周室侧危，儒家为何不用权谋，而正人心？究其原因在于儒家以正统自居，认权谋之术，实乃有悖大道，违周礼，不忠不孝，不仁不义，故倡道德，尊天命，替天行道，行君子之义，做顶天立地的大丈夫。"周衰之末，战国纵横，用兵争强，以相侵夺。当世取士，务先权谋，以为上贤，先王大道，陵迟堕废。"③ 所以说，儒家怀古，用仁义

---

① （清）焦循撰：《孟子正义》，中华书局，2007 年，第 605 页。
② （清）焦循撰：《孟子正义》，中华书局，2007 年，第 810 页。
③ （清）焦循撰：《孟子正义》，中华书局，2007 年，第 9 页。

而不用诈谲；讲性善，而正人心；兴周礼，而序天下。故"春秋之义，贵信而贱诈；诈人而胜之，虽有功，君子弗为也。是以仲尼之门，五尺之童子，言羞称五伯，为其诈以成功，苟为而已也，故不足称于大君子之门。"① 当世天下，战乱不断，苏秦为纵，张仪为横，横则秦帝，纵则楚王，所在国重，所去国轻，虽帝虽王，儒门羞之。在儒家看来，之所以造成礼坏乐崩，全在于异端惑众。何谓异端？"若杨朱、墨翟放荡之言，以干时惑众者非一。"② 儒家看到，杨朱贵己，拔一毛以利天下而不为；墨子兼爱，无亲无疏。儒家执中，故曰杨朱、墨翟各守一端，谓之异端，不能相通。又杨墨放者为之，则欲绝去礼学，兼弃仁义。放者，荡也。荡者，无所据也，无所适守也。即是"好知不好学，其蔽也荡"③，言杨墨之言，虚妄无据，故云放荡。故儒家以正人心，同天下，替天行道为己任，每言必称尧舜，克己复礼，拨乱反正，以拯救世人。这既是一种责任，也是一种义务。作为儒家的孔孟，深知世道荒废，"正途壅底，仁义荒怠，佞伪驰骋，红紫乱朱。"④正是在这种情况下，孔孟思济斯民，仲尼周流忧世，孟轲闵悼尧、舜、汤、文、周、孔。意全在于拯救万民于水火，垂宪言以诒后人。

儒家的忧患意识导致了其具有强烈的责任感，这种责任感又迫使儒家从君子下落到一般民众，故儒家虽讲等级，也讲爱民，并且从人的主观方面加以挖掘，形成了以孔子的"仁心"与孟子的"性善"为核心思想体系，这种价值取向的外在化，形成了特有的"民本"思想。而这种民本思想的根源就在于统治者的"道德人"的价值取向。孟子曰："民为贵，社稷次之，君为轻。是故得乎丘民而为天子，得乎天子为诸侯，得乎诸侯为大夫。"⑤ 这就是说，丘民是最为重要的，而为政于仁与丘民之道德又是最为根本的。丘民的道德来自于统治者的教化，而最根本还在于"性善"的天性。这样，儒家就将天子通过施仁政与丘民有机地联系起来了，形成了一种实践上的价值取向。儒家的这种价值取向，相对于经验意义上的"利"更为重要，是以"仁义礼智信"道德的、内在的一种价值取向，而不是一种欲利生乱的价值取向。

孟子作为儒家的集大成者，从价值主体到价值客体两个方面，系统地阐述了以道德人为根本的价值取向。"孟子见梁惠王，王曰：'叟不远千里而来，亦将有以利吾国乎？'孟子对曰：'王何必曰利，亦有仁义而已矣。"⑥ 在孟子看

① （清）焦循撰：《孟子正义》，中华书局，2007年，第78页。
②④ （清）焦循撰：《孟子正义》，中华书局，2007年，第10页。
③ （宋）朱熹撰：《四书章句集注》，中华书局，2007年，第178页。
⑤ （清）焦循撰：《孟子正义》，中华书局，2007年，第973～974页。
⑥ （清）焦循撰：《孟子正义》，中华书局，2007年，第35～36页。

来，仁义与利相比较而存在，但仁义更为根本，故曰何必言利，为何不言仁义矣？接着孟子曰："王曰'何以利吾国'，大夫曰'何以利吾家'，士庶人曰'何以利吾身'，上下交征利，而国危矣！"① 若只谈利，便各自为己利而上下交争，各欲利其身，必至于篡弑，则国危矣。人人为利，其势必争，上下争利，则国必危，故为政之要在于行仁义，而不在上下交征利。《孟子》开篇就指出了"治国之道明，当以仁义为名，然后上下和亲，君臣集穆。天经地义，不易之道。"② 我们必须清楚一点，孟子的仁义，不只是图国家长治久安，同时也讲以民为本，这样就将仁义天经地义地落实到以民为本上来了。君王所施仁政与否，应以民生为鉴，以达到民殷国富。所以说，就价值主体而言，君王应以民为本，以民生为要，施仁政，这样才是国家安定最为重要的事情。孟子为此给为政者开出了几剂良方：一是与民同乐，而不能独乐；二是施仁政，最大限度地满足生民之需要，反对穷兵黩武；三是任贤使能，责己为是。这样，孟子就把价值取向从抽象的仁义，落实到生民的日常生活中，处处体现出了"民本"的思想。

第一，与民同乐。忧患意识是我国传统文化的一个重要标志，孟子曰："生于忧患，而死于安乐也。"③ 那么人是否也有乐呢？孟子给予了肯定的问答，"与民同乐，故能乐也。"④ "孟子见梁惠王，王立于沼上，顾鸿雁麋鹿，曰：'贤者亦乐此乎？'孟子对曰：'贤者而后乐此，不贤者，虽有此不乐也。诗云：'经始灵台，经之营之，庶民攻之，不日成之。经始勿亟，庶民子来。王在灵囿，麀鹿攸伏，麀鹿濯濯，白鸟鹤鹤。王在灵沼，于牣鱼跃。'文王以民力为台为沼，而民欢乐之，谓其台曰灵台，谓其沼曰灵沼，乐其有麋鹿鱼鳖。古之人与民偕乐，故能乐也。'"⑤ 也就是说，文王时，修尧舜之道，国泰民安，得此苑囿，观其鸿雁麋鹿，心为娱乐，此谓贤者而后乐也。若不贤之人，亡国破家，虽有此苑囿，终当被人夺，故不得以为乐也。⑥ 孟子谓乐，"贤者而后乐此，不贤者，虽有此不乐也。"又，在孟子看来，乐者，与民同乐也。若独乐，一人之乐，王独乐，民皆悲，则"予与汝偕亡？"何乐之有？"民欲与之皆亡，虽有台池鸟兽，岂独乐哉？"⑦ 意思就是说，贤王能与民同乐，

① （清）焦循撰：《孟子正义》，中华书局，2007年，第37页。
② （清）焦循撰：《孟子正义》，中华书局，2007年，第43页。
③ （清）焦循撰：《孟子正义》，中华书局，2007年，第872页。
④ （清）焦循撰：《孟子正义》，中华书局，2007年，第49页。
⑤ （清）焦循撰：《孟子正义》，中华书局，2007年，第44～49页。
⑥ （清）焦循撰：《孟子正义》，中华书局，2007年，第45页。
⑦ （清）焦循撰：《孟子正义》，中华书局，2007年，第50页。

虽兴台池鸟兽，民则乐也，在于与民同乐；若王独乐，众怨神怒，民欲与之皆亡，何乐之有？由此可见，孟子的价值取向，在主体上强调了价值的大众性。王可乐，亦能乐，但必须与民同乐，否则，便无乐可言。这就从价值取向上说明了，王需成为一"德"王、贤王的必要性。在孟子看来，不仅君王能乐，君王同样可以好勇、好货、好色，问题不在于好勇、好乐、好货、好色，关键在于好乐，与民同乐；好勇，能除暴安民；好货，与百姓同之；好色，与百姓同欲，则民无怨旷。孟子从人性出发，并没有将勇、乐、货、色看作是洪水猛兽，而是循循善诱，认为只要其勇、其乐、其货、其色与百姓同之，利于百姓，则好勇、好乐、好货、好色又有何妨？譬如，"王曰：'寡人有疾，寡人好色。'对曰：'昔者太王好色，爱厥妃，《诗》云：'古公亶甫，来朝走马，率西水浒，至于岐下。爰及姜女，聿来胥宇。'当是时也，内无怨女，外无旷夫。王如好色，与百姓同之，于王何有？'"① 也就是说，古之大王亶甫亦好色，与姜女一块到相土居住，然一国男女无有怨旷；王若效仿太王，与百姓同欲，皆使无过时之思，则于王之政，何有不可乎？当然是可以的。朱熹谓："盖钟鼓、苑囿、游观之乐，与夫好勇、好货、好色之心，皆天理之所有，而人情之所不能无者。然天理人欲，同行异情。循理而公于天下者，圣贤之所以尽其性也；纵欲而私于一己者，众人之所以灭其天也。二者之间，不能以发，而其是非得失之归，相去远矣。故孟子因时君之问，而剖析于几微之际，皆所以遏人欲而存天理。其法似疏而实密，其事似易而实难。学者以身体之，则有以识其非曲学阿世之言，而知所以克己复礼之端矣。"② 朱子之说，性出如一，然出于公心，若行善政，诚难能可贵。

第二，施仁政。孟子谓价值，在于欲利于民；然欲利于民，当施仁政。君王施仁政，在于使民，在于养生送死之用备足，在于导之以礼义。若君王凡事躬亲，小惠于民，貌似施仁，实为率兽以食民也。在孟子看来，作为君王，顺应天道，不违农时，得乎民心，民心向之，王道之始也。孟子虽不言利，但在价值实体上，仍不忘满足民之所用，故孟子讲义与利，全在于宜也。对于君王而言，小利者害民也，而施仁义，则利民也，故仁义为大，而小利谓私也。如"梁惠王曰：'寡人之于国也，尽心焉耳矣。河内凶，则移其民于河东，移其粟于河内。河东凶亦然。察邻国之政，无如寡人之用心者。邻国之民不加少，寡人之民不加多，何也？'孟子对曰：'王好战，请以战喻。填然鼓之，兵刃既接，弃甲曳兵而走。或百步而后止，或五十步而后止。以五十步笑百步，则何

① （清）焦循撰：《孟子正义》，中华书局，2007年，第139页。
② （宋）朱熹撰：《四书章句集注》，中华书局，2007年，第219页。

如?'曰:'不可,直不百步耳,是亦走也。'曰:'王如知此,则无望民之多于邻国也。'"① 意思就是说,在凶岁时,虽然君王移民以就食,移粟以给其老稚之不能移者。但是,此之谓用心者,犹如战时负者急走,何以五十步而笑百步?王知不足以相笑,其政犹此也。孟子以战喻之,即是说君王虽有移民转谷的善政,其好战残民,与邻国同,而犹望民众,何异于以五十步笑百步者乎,故无望民之多于邻国也。在孟子看来,若不恤民力,虽施以小惠,其所谓尽心者,不足取也。何谓施仁政?孟子曰:"不违农时,谷不可胜食也;数罟不入洿池,鱼鳖不可胜食也;斧斤以时入山林,材木不可胜用也。谷与鱼鳖不可胜食,材木不可胜用,是使民养生丧死无憾也。养生丧死无憾,王道之始也。"② 很显然,孟子此处将价值客观即天道下落,落实到民生,由君王之道心、德心、仁心、正心,落实到民心。由此可见,就价值取向而言,在不同的主体中是截然不同的:在君王则存道心,德心,施仁政;在民则行自然之利,存民心,倡民德,然民心民德仍以民生为要。简而言之,王道以得民心为本,而民心之要在于民生矣。王行其小惠,于民不利;王行仁政,得乎民心,故言王道之始也。故曰:"五亩之宅,树之以桑,五十者可以衣帛矣;鸡豚狗彘之畜,无失其时,七十者可以食肉矣;百亩之田,勿夺其时,数口之家可以无饥矣;谨庠序之教,申之以孝悌之义,颁白者不负戴于道路矣。七十者衣帛食肉,黎民不饥不寒,然而不王者,未之有也。"③ 也就是说,五亩之宅,植桑以供蚕事,五十可以帛取暖。养鸡豚狗彘之畜,七十可以食肉。百亩之田,不违农时,一家之人可以无饥矣。谨修教化,善事父母为孝,善事父母兄长,老人不负重于道路矣。民衣食无忧,然不王者,未之有也。故孟子言政,在于亲民矣。所以,孟子尤其对王即管理者提出较高的要求,因为君王若不责己,施仁政,而以小惠于民,害莫大焉,为王者必慎之谨之。"狗彘食人食而不知检,途有饿莩而不知发;人死,则曰:'非我也,岁也。'是何异于刺人而杀之,曰:'非我也,兵也。'王无罪岁,斯天下之民至焉。"④ 对孟子而言,君王责任重大,应时刻责己,而不应责岁,则天下之民皆可致矣。若人君养其狗彘,使食人食,而不知以法度敛也;道路两旁有饿死者,不知分发仓廪以赈救之。或不修发敛之制,丰岁任其浪费,凶岁不得已移民转粟,自以为尽心,实为责岁而不责己也。故以民不加多,将其归罪于岁凶,犹如执刀杀人,而曰"非我也,

---

① (清)焦循撰:《孟子正义》,中华书局,2007年,第51~53页。
② (清)焦循撰:《孟子正义》,中华书局,2007年,第54~55页。
③ (清)焦循撰:《孟子正义》,中华书局,2007年,第55~59页。
④ (清)焦循撰:《孟子正义》,中华书局,2007年,第59~61页。

兵也"，乃不知操刃者之杀人也。在孟子看来，管理不善，国家混乱，责任在于君王是也。程子曰："孟子之论王道，不过如此，可谓实矣。"① 而在当下，一些管理者，取得了成就便将这些成绩说成是自己管理的功劳；一旦出现问题，便将责任归于其他，丝毫没有责己的意识，较之孟子之言，岂不羞愧乎！

孟子谓为政于民，若无道德之心，无异于率兽以食人。这样，孟子就将道德人的奠立看作是管理的前提与基础。"梁惠王曰：'寡人愿安承教。'孟子对曰：'杀人以梃与刃，有以异乎？'曰：'无以异也。''以刃与政，有以异乎？'曰：'无以异也。'曰：'庖有肥肉，厩有肥马，民有饥色，野有饿莩，此率兽而食人也。兽相食，且人恶之。为民父母，行政不免于率兽而食人。恶在其为民父母也？仲尼曰：'始作俑者，其无后乎！'为其象人而用之也。如之何其使斯民饥而死也？"② 也就是说，厚敛于民以养禽兽，有其"肥肉"、"肥马"，而使民饥以死，则无异于驱兽以食人矣。兽相食，人且恶之，为民之父母，却率兽以食人，其恶尤甚矣。俑，从葬木偶人也。故孔子恶其不仁，言其必无后也。孟子言此作俑者，但用象人以葬，孔子犹恶之，况实使民饥而死乎？孟子教王爱民也。以政杀人，疾之甚也。可见孟子的民本思想之深切。管理者，应以服务于民为务，心怀仁心为要，施仁政，爱民如子，而不应任意驱使于民，厚敛于民，私己之利，残暴行事，毫无仁爱之心，此之谓暴政也，犹率兽以食人矣，民心相违，何谈为政？因此，儒家的价值取向，当以道德人为其奠基，心存道心、德心、仁心，利于民便利于天下，利于天下便利于君王矣。

第三，责己为是。作为君王能否可做到为政于民呢？孟子给予了肯定的回答。就人人皆可成为道德之人，儒家给予了肯定的答复，谓："人皆可为尧舜"。在孟子看来，君王施仁政，全在于君王自己之为与不为，非在外也。孟子曰："挟太山以超北海，语人曰'我不能'，是诚不能也。为长者折枝，语人曰'我不能'，是不为也，非不能也。故王之不王，非挟太山以超北海之类也；王之不王，是折枝之类也。"③ 也就是说，爱民施仁，王易如折枝，关键在己，为与不为。接着孟子又进一步讲到为王之道，心存仁义，敬爱有加，推恩施众，而不私己。"老吾老，以及人之老；幼吾幼，以及人之幼：天下可运于掌。"④ 孟子讲仁爱，不专爱己，敬吾之老，亦敬人之老；爱吾之幼，亦爱人之幼。则天下之正治可运于掌上，言极易也。也就是说我们今天所言，当官最

---

① （宋）朱熹撰：《四书章句集注》，中华书局，2007 年，第 205 页。
② （清）焦循撰：《孟子正义》，中华书局，2007 年，第 62～63 页。
③ （清）焦循撰：《孟子正义》，中华书局，2007 年，第 85 页。
④ （清）焦循撰：《孟子正义》，中华书局，2007 年，第 86 页。

为容易，将心比心，爱己爱人，推己及人，此管理者极易也。故而孟子讲仁，仁者爱人，亲亲为仁，然不专为亲亲，而是至仁无亲，推恩于众，施仁于民。"故推恩足以保四海，不推恩无以保妻子。古之人所以大过人者，无他焉，善推其所为而已矣。"[1] 言恩爱非私非己，应加以推之，及于人方为爱，此爱谓泛爱也。但凡过人之君，善推其心所好恶，以安四海也。故推恩足以保四海，有爱不及人，有财不予分，谓之不推恩也，不推恩，专己之爱，国破家亡，所以不能保妻子也。在孟子看来，作为君王，应时刻有责己之心，恩爱及人，为之不仅可能，而且为之极易也。至于仁政、推恩，其最根本之要所在，当在于心，为何在于心，将在下面论述。

第二节　周初"道德人"的价值实现

先秦时期，诸子百家一般都将价值的全部根源归结于"天"，并且把是否符合天意，作为判断全部价值的标准。这样做一方面，"天"体现了价值的客观性；另一方面，用"天"来加以保证这种价值的统一性和普遍性，减少了不必要的怀疑和论证。然而，"天"终究是一个高高在上，无从把握的东西。于是，如何将天的意志通过某种渠道来加以参验，从而使价值标准得以准确地衡量，就成为各家各派需要解决的主要问题了。儒家采取了一种在"天"与"人"之间架起桥梁的办法，来克服"天"的高远与虚无缥缈；墨家则将用"天志"来规范人们的行为，用"尚同"统一人们的意志，在实际运行中则依靠"天"、"鬼神"，并从人们的经验事实中感知"天"的存在，是一种"天人感应"论；道家则将"天"看作与"人"同等的东西，从而实现其"天人合一"的最高主张。我们说，就价值而言，"天"的出现进一步彰显着中国特有的人文精神，概括地说，就是用一个"客观"的"天"，普遍的价值来规范人们的言行，以此实现价值目标，使价值客观深入人心，以此来证明在"心性"之中也存在着客观的东西，而并不是将"心性"看作主观自生的。这样，就克服了"心性"内在的主观随意性。本节着重论述儒家的"天"、"人"之间的价值问题。

一、"天"的价值

儒家言天，谓之天道。天道者，天运不殆，变化有时，万物应命，莫有违

---

① （清）焦循撰：《孟子正义》，中华书局，2007年，第87页。

也。天道者，按现在来讲就是事物运动变化发展的规律，人们只能尊重这些规律，按规律办事，否则，就会受到客观规律的惩罚。然在儒家看来，规律也是不平衡的，有天道、地道、人道。天道主宰着地道和人道。言天，天为乾，为阳，为刚，为上，为动；言道，"道，犹路也"①，行也。"道者，日用事物当行之理，皆性之德而具于心，无物不有，无时不然，所以不可须臾离也。若其可离，则为外物而非道矣。是以君子之心常存敬畏，虽不见闻，亦不敢忽，所以存天理之本然，而不使离于须臾之顷也。"②这就明确表明，所谓道虽然须臾不可离，且日用而不知，然其当存于心，即"性之德而具于心"。儒家言道，故必言性，言德，言心。这样，儒家就将"天"与"人"通过"德"、"性"联系起来。《中庸》开篇便讲："天命之谓性，率性之谓道，修道之谓教。"③意思就是说，天以阴阳五行化生万物，气以成形，而理亦赋焉，犹命令不可违也。于是人物相生，因各得天所赋之理，生之便具五常之德，即所谓性也。人物各循其性之自然，则其日用事物之间，莫不各有当行之路，是则所谓道也，即率性之谓道。性道虽同，而气禀或异，故不能无过不及之差，圣人因人物之所当行者而品节之，以为法于天下，则谓之教，若礼、乐、刑、政之属是也。盖人之所以为人，道之所以为道，圣人之所以为教，原其所自，无一不本于天而备于我。从中我们不难看出，儒家所言价值全在于"天"，由"天"化出万物之性，依照其本"性"自然，便为"道"，"道"虽不同，然"大道"同之，故要人们"修"之，如何"修道"，在于"教"。至此，儒家就将"天"定格在价值的最初起源与最高标准上。

天命或性是道之体，价值之本；而达道者，则循天命或性之谓，亦可称之为如何实现价值或价值标准，为价值之用。凡价值皆能满足人们的某种欲望或需要。儒家认为，天命或性便是这种价值的本源，也是标准。如何衡量和参验，或者说如何实现价值以满足人们的某种需要，就必须遵循"道"，须臾不能"背道而驰"，要尊道、守道、达道。在君就要推行仁政，实现王道；在臣就要尽心协力，尊王亲民，奉行臣道；在民则勤于劳作，不误农时，尊长爱幼，和睦共处，是为民道。王道、臣道、民道，皆为天道也。儒家虽然言"天道"，一则可限制王权。儒家认为，在王权之上有一个"天"，王不过是代天而行，名为天子，其有道无道，全看其所做所为，若违背天之意，而失民心，则天也不能保其全，故王权通过天得到了限制。二则在某种程度上猜测到自然规律的客观性。儒家从天道自然出发，猜测到人们的活动必须尊重自然规律。如讲"不违农时，谷不可胜食也；数罟不入洿池，鱼鳖不可胜食也；斧斤以时入

---

①②③　（宋）朱熹撰：《四书章句集注》，中华书局，2007年，第17页。

山林，材木不可胜用也。谷与鱼鳖不可胜食，材木不可胜用，是使民养生丧死无憾也。养生丧死无憾，王道之始也。"① 此皆谓天道使然而不可违也。三则"天"通过"道"，由"体"变为"用"；通过"道"，将"性"与"心"相联结。

"天"作为价值的起源与最高的价值标准，而具体事物的变化、运动和发展，必须同"天"相一致，以"天"作为准绳加以参验。众所周知，价值本身则是客观性与主观性的统一，是主体与客体的统一，往往同一价值在不同的主体之间会导致不同的价值倾向，就算同一价值对不同的主体也是具有很大区别的，甚至会截然相反。如何才能将同一价值起源的东西，又能够将价值标准统一起来，回归到这一价值起源上，并且使得不同的价值主体在价值上获得一种统一性，这的确是一个非常重要的问题。儒家针对这一问题提出了自己的解决方案。儒家通过"天"这种客观价值的确立，首先把价值的标准及规范规定下来，然后将人之"性"看作是该价值的在人这一"类"的体现，通过"人性善"使这种价值人性化，并运用到整个社会阶层，使价值系统化。在君有王道，在臣有臣道，在民有民道。各有各的"道"，道之所行，皆天道使然。此"道"圣人知而民不知，圣人先觉而觉民，百姓不知但却日用而须臾不离，即说明"天道"无时不有、无处不在，又表明需要圣人教化。这样就很自然地通过"道"将"性"与"心"联结起来，以此构成了一个以伦理道德为主要特征的价值理论体系。

二、天人关系与人的价值

"天"这个概念，从原始宗教到其人格化，所走过的道路不是沿着虚无缥缈的方向发展，而是不断地进入到现世中，进入到社会的实践中。这样，"天"、"帝"就与人建立起牢不可破的关系，而这种关系称为"天人相分"与"天人合一"。由于我国原始宗教对现实的关注，使得我们在天与人之间有着一层特有的关系，即在天人之间添入了祖先（神鬼）这一特有的层次，从而没有上升至如西方所具有的较为典型的宗教形态。对祖先神的崇拜，便失去了"天"作为"上帝"的最高形象，人们往往把"天"、"帝"等同于祖先神，于是，统治者在自己与"天"、"帝"之间缺失了一个宗教（阶层）的中间环节，统治者的言行就代表着"天"、"帝"，而"天"、"帝"的各种反映自然也就表征着统治者的得与失、善与恶、治与乱。因此，中国宗教的发展实现着一种人格化的愿望，或者更直接地说具有鲜明的主观价值特征。这种价值取向说明了

---

① （清）焦循撰：《孟子正义》，中华书局，2007年，第54页。

在天人关系中，"天人合一"的思想始终占据着主导地位，这也是我国人文精神的重要表现。

　　对"天"、"帝"及祖宗神的敬畏，便成为人们日常生活中的重要活动，因为这种尊敬具有重要的价值作用，人们期望上天和神灵的护佑，并能够带来万事万物的昌盛与繁荣，和顺与谐调。很显然，"礼"的产生具有普遍的价值特征。然而，在儒家看来，人们对"天"、"帝"以及祖宗神的崇拜，应当根源于价值客观，是人性本然，而不是使然的。这就把主观价值转换为客观、价值。对于儒家而言，如果没有直心、善心、诚心诚意地对待"天"、"帝"以及祖宗神，其礼便只是形式而缺少了真实的东西，即内心的心悦诚服，当为非礼也。在"礼"的具体运用上，儒家强调礼的曲折变化，故《礼记》开篇为《曲礼》；但是儒家更强调的凡礼皆从心，故《礼记》第一句话就是"毋不敬"，点明了礼者，必从敬，敬者，从乎心也。故"谓人治其身心，莫切乎敬，自不睹不闻以至于应事接物，无一时一事可以不主乎此也。"① 又曰："祷祠、祭祀，供给鬼神，非礼不诚不庄。"② 显然，此处将礼看作对鬼神之所欲求，欲求必依礼，依礼必敬，敬必从内心。换句话说，就是满足某种需要时，必须从内心之诚出发，祈求上天鬼神降福于天下之人。这样，在价值方面就将高远、虚无缥缈的"天"、"帝"以及鬼神，转变为人们内心之敬、之诚。故孔子主张"克己复礼"，"道德仁义，非礼不成；教训正俗，非礼不备；分争辩讼，非礼不决；君臣上下，父子兄弟，非礼不定；宦、学事师，非礼不亲；班朝、治军，莅位、行法，非礼威严不行；祷祠、祭祀，供给鬼神，非礼不诚不庄。"③ 孔孟也对礼进行了概括，认为礼仁不分，仁是礼的根据，礼是仁的表现；仁在内，在心，在己；礼虽在外，其本质仍在敬，在诚。

　　就价值的取向而言，儒家竭力将"天"、"帝"、鬼神这个价值客观，安放在人的正心之上，并把人心的善性说成是由于这个价值客观本性使然，从而完成了一个在内心中"性善"的价值客观的证明，要求人们的一切活动都应依据一个内在的"善心"、"仁义之心"、"诚心"、"直心"来确定。

　　关于道德的价值面向问题，康德也是力求使人们摆脱主观的臆想，从而远离由笛卡儿所确立的"我思故我在"的主观性干扰。然而康德并没有彻底脱离内在的思维，没有将其道德真正客观化。在他看来，人们通过感官只能认识自在之物的表象，但是感官永远而且丝毫不能使我们认识自在之物本身。"那么

---

① （清）孙希旦撰：《礼记集解》，中华书局，2007年，第4页。
② （清）孙希旦撰：《礼记集解》，中华书局，2007年，第9页。
③ （清）孙希旦撰：《礼记集解》，中华书局，2007年，第8～9页。

一切物体连同它们所处的空间都必然地被视为仅仅是我们之内的表象，它们仅仅存在于我们的思维之内，不存在于其他任何地方。"① 这样，虽然康德的努力是力求价值的客观化，并且也达到了一定的效果，但是，康德的表象是作为感性的对象存在的，这种"对象性存在"是存在于思维之内的，"仅仅是表象的样式"。②

康德为了克服经验论和唯理论各自的不足，试图引入"自在之物"充当感性表象的来源，并辅之以理智，这样在他的价值面向中，就会使得价值不完全由主观内在的东西所确定，而力求获得一种客观性，从而既可以摆脱经验论所缺乏的"理智"抽象，又可以弥补唯理论在来源方面的欠缺。因此，康德在价值评价方面，既强调直观性，又把理性的思维看作重要的保证，如先天条件。但是，这样做的最终结果却是，在其理论本质上发生了断裂，即导致了哲学的不可知论和本体论上的二元性。也就是说，在价值由主观向客观的转变过程中，由于缺少儒家思想中的"心性"的证明，只是在外感与思维之间取舍，仍然没有摆脱经验论与唯理论各自的局限性。我们说，由感官现象所确立的直观性不仅具有可错性，而且这种感官现象所呈现给人们的所谓"客观"现象本身，其价值判断本来无所谓正确与错误之分、有价值与无价值之别，如果离开了人本身，离开了主体，其价值便成为了无对象的东西，何谈价值性？又怎么说价值的客观性呢？"因为根据现象来下一个客观判断的是理智。"③ 另外，如果只承认理智的正确性，而把责任推向了感性经验，其价值也是不确定的。人们总以为只有对自己有用、有效的价值才是最高的价值，因为只有理智才是必然性的认识，其正确与否并不在事物本身，而在于价值主体的区分。总之，康德并没有处理好价值客观如何落实到价值主体内心之上，并在客观上通过内心加以把握的重大问题。而这一问题，却由儒家早在 2000 多年前已经很好地加以解决了。

儒家对待价值的态度与其人性假设一样，都是立足于人的"内心"，向内求，由内而发，其内在的"善"源于一个客观的"天"、"道"、"德"，而在内形成仁义礼智信。并在价值规范方面树立起了榜样，给予君子小人之区分，明善恶，阴阳，吉凶，福祸，如此等等。儒家这种由内生发的价值，主张推己及人，从而形成了以"仁"为内在根源，以"礼"为道德规范的价值标准。在衡量其价值大小，当与不当的具体执行过程中，儒家特别强调了价值的客观性，

① 康德：《未来形而上学导论》，庞景仁译，商务印书馆，1982 年，第 50 页。
② 康德：《未来形而上学导论》，庞景仁译，商务印书馆，1982 年，第 57 页。
③ 康德：《未来形而上学导论》，庞景仁译，商务印书馆，1982 年，第 53 页。

主张权变，因时而变，因势而化，反对僵化和形而上学，所依据的仍然是客观的价值标准，是内在于心的"仁"与"善"，做到既合情，又合理。"物有轻重长短，以权度度之；心之轻重长短，即以心度之。物之轻重长短，不度犹可；心之轻重长短，不度则不知推恩以保四海，故为甚也。"① 作为价值标准，除了价值标准具有客观性外，还必须有一个最基本的价值取向，即如孟子所言，以心度之，当首先确认爱禽兽与爱人之爱的区分，万不可爱禽兽胜于爱人，否则就是率兽以食人也。目前，在价值取向方面，人们往往将某一特定的东西作为最高的标准，而单单缺少的却是"人"作为类的价值取向，以至于导致将人工具化，或把人当作一种实现某种价值目标的手段，这就从根本上抹杀了价值标准的客观性，颠覆了先秦儒家所确立的"人性善"的道德人的假设。

三、"知天保命"及其价值

作为主体，其价值需求虽然可以千变万化，但是，作为先秦的价值取向，可以说具有某种特定的规范。如儒家制定了一系列的"礼"，对社会各层次的人均给予了确定，即何谓尊礼守道，何谓礼坏乐崩。这种礼制的规定，也就是价值的标准。对于儒家来说，处于不同地位的人，其价值取向也定然不同。如王与民，君子与小人，皆有不同的价值标准来衡量，这种价值标准不仅具有客观性，同时也是促使人们不断"向上"、"向内"发展的一般路径。从而使"天"、"帝"落实下来，以帮助人们去践行。孟子曰："以大事小者，乐天者也。以小事大者，畏天者也。乐天者保天下，畏天者保其国。诗云：'畏天之威，于时保之。'"② 意思就是说，作为王者，仁者，在"乐"这个问题上的价值取向应当取"乐天"，即以大事小。乐天者，圣人乐天行道，仁者以天为量，故以天之并生并育为乐也；直言之，就是"天"之所行，王均乐之。何谓乐天保天下，由于乐天，如天无不盖也，故保天下。天为大，以天而行，故曰以大事小。作为智者，量时畏天，故保其国，言以小事大也。也就是说，智者不使一国陷入危难，故以天之盈亏益谦为畏也，虽不至大德，但由于畏天，天之所变，尚能依天时而动，故能保其国。言知时而为，量时而动，此为智也。智者，以小事大也，小，谓智；大，谓天也。总之，在儒家看来，其价值取向针对不同的情况而有所不同，意在让人们从"善"、行"天道"、扬"天德"，故曰："畏天为畏天之威，则乐天为乐天之德也。"③

---

① （清）焦循撰：《孟子正义》，中华书局，2007年，第88页。
② （清）焦循撰：《孟子正义》，中华书局，2007年，第112页。
③ （清）焦循撰：《孟子正义》，中华书局，2007年，第113页。

在儒家的价值体系中，虽然以"仁"、"义"为核心，但其头上始终高悬着一个客观的价值——"天"，所以说儒家主张"乐天"、"知天"、"顺天"，故乐天无忧，知天保命，顺天而动。知天实际上就是知"道"，也就是说知人们如何去言去行，如何在事物中取舍。儒家认为，仁者，首先为爱人，然后存有"善心"。对于当政者，即所谓的管理者，应以民为本，王者乐不乐，应以民乐为乐，与民同乐；取与不取，仍以民悦与不悦为标准。故好乐、好勇、好货、好色，皆与民同，民无怨矣。如孟子曰："昔者太王好色，爱厥妃，《诗》云：'古公亶甫，来朝走马，率西水浒，至于岐下，爰及姜女，聿来胥宇。'当是时也，内无怨女，外无旷夫，王如好色，与百姓同之，于王何有?"① 意思就是说，王与百姓同之，与太王妃俱来俱往，何怨之有，言外之意就是好色乃人之常情，守道为是，尊礼为是，何有不可也。故儒家每言价值时，总是出乎于情，合乎于理，情理之间，天道使然。道家虚玄，万物齐一，远离人情，故排斥仁义；墨家高远，兼爱无己，自蹈清苦，交利天下，悖乎情理，不为人们所遵守。惟有儒家，亲亲为仁，内求责己，外恕以人，合情合理。

儒家讲天信命，故墨家谓儒家言天，但又言命，是为相悖矣。在墨家看来，既然天是惟一的客观价值标准，何又多出一个命来，"天"与"命"便会导致二元论。墨家具有较强的革新意识，不为命运所左右，故要人们"行天之义"，而主张"非命"。与儒家"命定论"相反，墨家不相信命运的安排，要求人们应当有所创造、有所突破、有所革新，并把"命定论"即所谓"执有命"看作是贫穷落后、国家混乱的一个重要原因。墨子曰："执有命者之言曰：'命富则富，命贫则贫，命众则众，命寡则寡，命治则治，命乱则乱，命寿则寿，命夭则夭。命虽强劲何益哉?'"② 墨家认为，这种宿命论正是荒废正治的罪魁祸首。故而对"执有命者之言，不可不非，此天下之大害也。"③ 也就是说，儒家的"命定论"其最大的害处是说上不治国则国乱，下不从事则财不足。"今用执有命者之言，则上不听治，下不从事。上不听治，则刑政乱；下不从事，则财用不足。"④ 墨家从实际出发，从立仪三表之法（即有本之者，有原之者，有用之者）考之，论证了治乱实则来源于现实的自身正治，而不是命运。那么，儒家的"命定论"真的如墨家所言是宿命论吗？儒家言天言命，而对鬼神敬而远之。"樊迟问知。子曰：'务民之义，敬鬼神而远之，可谓知矣。'"⑤

---

① （清）焦循撰：《孟子正义》，中华书局，2007 年，第 139 页。
② （清）孙诒让著：《墨子间诂》，中华书局，1986 年，第 239～240 页。
③④ （清）孙诒让著：《墨子间诂》，中华书局，1986 年，第 247 页。
⑤ （宋）朱熹撰：《四书章句集注》，中华书局，2007 年，第 89 页。

从中我们看出，儒家重现实，而谓鬼神非人力所能及，故敬之远之，而不惑于鬼神，是为知也。程子曰："人多信鬼神，惑也。而不信者又不能敬，能敬能远，可谓知矣。"① 可见儒家对待鬼神是既敬又远。又"子不语怪，力，乱，神。"② 孔子认为，鬼神实乃造化之迹，若穷其理，有未易明者，故言人而不语鬼神，是为智也。又"季路问事鬼神。子曰：'未能事人，焉能事鬼？'敢问死。曰：'未知生，焉知死？'"③ 孔子虽然不语鬼神，因为不易知也，然而事鬼神，孔子确是非常重视的，如《曲礼》讲了许多事鬼神之礼。在孔子看来，只有先知事人之道，方能知事鬼神；只有知生之道，则知死之道，告诫人们应当先行仁义，事人之事，而后可事鬼神。然而，墨家最重效验，为何墨家言天言鬼神呢？这当从墨家兼爱说起，墨家兼爱，即所谓爱人如己，爱人不外己也，既然兼爱，鬼神亦皆（过世之人）人也，故墨家兼爱之；又墨家言鬼神，其实还有一个功能，即利用鬼神明赏罚也。儒家言天言命，是否就意味着儒家思想保守呢？我们必须辩证地分析儒家所谓的"命定论"。

儒家的"天命"即所谓的"命定论"有两层基本含义：其一，"天命"中的"天"与"命"具有同一性，具有同等的地位和效果，皆为价值取向的最高标准。"天"就是"天命"，"命"也是"天命"。如"天命之谓性，率性之谓道，修道之谓教。"④ "天命"连用，就是指最高的价值来源于"天"。"子曰：'吾十有五而志于学，三十而立，四十而不惑，五十而知天命，六十而耳顺，七十而从心所欲，不踰矩。'"⑤ 此处"天命"，即天道之流行而赋于物者，乃事物所以当然之故也。知天命，穷理尽性也。"命，谓天命。"⑥ 又"富贵在天，生死由命"，子曰："回也其庶乎，屡空。赐不受命，而货殖焉，亿则屡中。"⑦ 此处之"命"，谓天命。孔子认为，子贡货殖，不如颜子安贫乐道，然其才识之明，亦能料事而多中也。言外之意是说，虽然子贡不如颜回，然"屡空"与"屡中"则出于"天道"，贫富在天，而子贡以货殖为心，则是不能安受天命矣。也就是说，天让其富，其无不富，何必苦苦求富。在此，儒家所言"天命"具有僵化、宿命的倾向。又如孟子曰："行或使之，止或尼之，行止非

---

① （宋）朱熹撰：《四书章句集注》，中华书局，2007年，第 90 页。
② （宋）朱熹撰：《四书章句集注》，中华书局，2007年，第 98 页。
③ （宋）朱熹撰：《四书章句集注》，中华书局，2007年，第 125 页。
④ （宋）朱熹撰：《四书章句集注》，中华书局，2007年，第 17 页。
⑤ （宋）朱熹撰：《四书章句集注》，中华书局，2007年，第 54 页。
⑥ （宋）朱熹撰：《四书章句集注》，中华书局，2007年，第 87 页。
⑦ （宋）朱熹撰：《四书章句集注》，中华书局，2007年，第 127 页。

人所能也。吾之不遇鲁侯，天也。臧氏之子焉能使予不遇哉？"① 意思就是说，人之行，必有人使之者；其止，必有人尼之者。尼，止也。然其所以行所以止，则固有天命，而非此人所能使，亦非此人所能尼也。然则我之不遇鲁侯，岂臧仓（人名）之所能为哉？时运之盛衰，乃天命之所为，非人力之可及也。此处足以看出其宿命的特点。然而，仔细分析下去，儒家所强调的不只是它的宿命，而是认为"天命"作为客观的价值标准，具有不以人的意志为转移的客观性。如"孔子曰：'君子有三畏：畏天命，畏大人，畏圣人之言。小人不知天命而不畏也，狎大人，侮圣人之言。'"② 此处天命者，天所赋之正理也。知其可畏，则其戒谨恐惧，自有不能已者。大人圣言，皆天命所当畏。知畏天命，则不得不畏之矣。小人不知天命，故不识义理，而无所忌惮如此。③ 很显然，"天命"是"天道"的正理，人们不仅能知，而且只有知"天命"，才能畏天命，畏天命，才会有所忌惮。

其二，儒家确认的"天命"，并不是绝对的"宿命论"，而是有着明显的价值主体性。如孟子曰："左右皆曰可杀，勿听；诸大夫皆曰可杀，勿听；国人皆曰可杀，然后察之；见可杀焉，然后杀之。故曰，国人杀之也。"④ 在孟子看来，天命无时不有，至于用刑，亦以此道。盖所谓天命天讨，皆非人君之所得私也。也就是说，当杀不当杀，天命也。然而，天命也不绝乎人情。"齐人伐燕，胜之。宣王问曰：'或谓寡人勿取，或谓寡人取之。以万乘之国伐万乘之国，五旬而举之，人力不至于此，不取必有天殃，取之何如？'孟子对曰：'取之而燕民悦，则取之。古之人有行之者，武王是也。取之而燕民不悦，则勿取。古之人有行之者，文王是也。'"⑤ 也即是说，取与不取，皆天命也。天命当取，武王是也；天命不当取，文王是也。商纣之世，文王三分天下有其二，以服事殷。此言商纣天命未绝，则是君臣。是武王之时，天命绝纣，则为独夫。然命之绝否，何以知之？人情而已。不仅如此，天命有时最终不在"天"，也不在"命"，而在我，在其"内"，在其"仁"。"《诗》云：'商之孙子，其丽不亿，上帝既命，侯于周服。侯服于周，天命靡常，殷士肤敏，裸将于京。'孔子曰：'仁不可为众也。夫国君好仁，天下无敌。'今也欲无敌于天下而不以仁，是犹执热而不以濯也。《诗》云：'谁能执热，逝不以濯？'"⑥ 也就是说，殷虽亿万子孙，然天命无常，令其服周，不得违也。是欲无敌于天下

---

① （清）焦循撰：《孟子正义》，中华书局，2007 年，第 170 页。
②③ （宋）朱熹撰：《四书章句集注》，中华书局，2007 年，第 172 页。
④ （清）焦循撰：《孟子正义》，中华书局，2007 年，第 144 页。
⑤ （清）焦循撰：《孟子正义》，中华书局，2007 年，第 150～151 页。
⑥ （清）焦循撰：《孟子正义》，中华书局，2007 年，第 496～497 页。

也而不行仁者，如执热而自濯其手也。意思就是说，不能自强，不施仁政，假借"天命"，则"天命"不保也。修德行仁，则天命在我。这就十分明显地将"天命"这个价值客观转变为人自己这个主观性上，提出了为仁由己的仁学思想。也就从根本上改变了"天命论"的宿命性质。因此，墨家的"非命"与儒家的"天命"及"民本思想"有着相通之处，只不过儒家将"天命"看得较重罢了。儒家主张"天命靡常"，事在人为，顺天之行，天则保之；逆天而动，天则废之。这与墨家的"非命"，行"天之义"大同小异，皆具有一定的创新思想。

四、"人"的内在价值的彰显

儒家价值由"天"的客观性下落到人们日常的生活中，下落到"民"中。因此，儒家特别强调"人"及"民"的价值，并以此来表征着"天"。人的价值的凸显，是我国人文精神的特点之一，也是道德人人性假设的基础。

"天"的价值具有客观性，如何与人相连，道与人如何统一起来，是儒家急需解决的问题。儒家为了保证"天"的最高价值及价值标准，在"天"与"人"之间融进了"道"，这是前面已经论述了的。在儒家看来，道与人虽属两个不同层次的问题，"道"与"天"紧密相关，天之运行谓之道；但是，同时"道"与"人"也是相近相连的，人们日用而不知谓之"道"，因为"人"之本性也是"天"所为之，故曰："天命之谓性，率性之谓道"。子曰："道不远人。人之为道而远人，不可以为道。《诗》云：'伐柯伐柯，其则不远。'执柯以伐柯，睨而视之，犹以为远。故君子以人治人，改而止。"① 道者，率性而已，固众人之所能知能行者也，故常不远于人。若为道而远人，不可以为道也。为道者，厌其卑近以为不足为，而反务为高远难行之事，则非所以为道矣。② 意思就是说，为道不远，为道不难，人人皆可为道矣。如执柯伐柯，当是观之，柯已在自身，故曰道不远人。君子之治人，即以其人之道，还治其人之身，非欲其远人以为道也。③ 这与儒家凡事求诸己是一个道理。所以说，对儒家来说，道与人是一而二，二而一的关系，从而将"天"通过"道"与人联系起来。因此，儒家总是将锤炼自己作为开端，主张中庸与忠恕之道。"忠恕违道不远，施诸己而不愿，亦勿施于人。"④ 也就是说，尽己之心为忠，推己及人为恕，做到了这一切，就离道不远了，言其不远于人者是也。⑤ "人道"本乎"天道"，以己之心度人之心，未尝不同，故道之不远人。可见，道已经不是什么神秘不可捉摸的东西了，而是人人皆可为道。"道不远人者，夫妇所能。"⑥ 这就比道

---

①②③④⑤　（宋）朱熹撰：《四书章句集注》，中华书局，2007年，第23页。

⑥　（宋）朱熹撰：《四书章句集注》，中华书局，2007年，第24页。

家的虚无缥缈的所谓"道"的主张更切近现实，更具有普遍意义。

儒家所言道，即所谓天道，是道自道，而不是道家所言，道可道，非常道。也就是说，儒家强调虽然道出自于"天"，然而人人皆可知其"道"，知"道"而自道，强调了自我的内心修养，以达道修德。儒家从平天下的宏愿出发，认为"道"最为重要的就是为政之道。"子曰：'文武之政，布在方策。其人存，则其政举；其人亡，则其政息。人道敏政，地道敏树。夫政也者，蒲庐也。故为政在人，取人以身，修身以道，修道以仁。仁者人也，亲亲为大；义者宜也，尊贤为大；亲亲之杀，尊贤之等，礼所生也。在下位不获乎上，民不可得而治矣！故君子不可以不修身；思修身，不可以不事亲；思事亲，不可以不知人；思知人，不可以不知天。'天下之达道五，所以行之者三：曰君臣也，父子也，夫妇也，昆弟也，朋友之交也：五者天下之达道也。知、仁、勇三者，天下之达德也，所以行之者一也。"① 意思就是说，有人存在的地方就会有君有臣，就必有人道、地道。以人立政，人存政举，如同种树，其成速也。所以说，"天命"虽不可违，然为政在人，修身以道，修道以仁，有君有臣，如地生万物，而人得以生也，而政无不举也。仁者人也，亲亲为最大；义者宜也，尊贤为大。慈爱从心，尊贤有宜，宜者分别事理，由此生礼也。故在下位安于"道"而不获乎上，所以君子贵在修身；若修身，必内心仁而事亲；若思亲，不可以不知人；若知人，不可以不知天。此言从自身出发，人情世故皆备于我，故由我及人也。此乃人道之大也，故而知道必知人，而知人必知天也。或者说，人间之五达道，皆天理也，故当知天。在此，儒家将"道"与"德"统一起来。故"天下之达道五，所以行之者三"。儒家所谓的"天理"、"五达道"，实际上就是道德人伦，君臣父子夫妇兄弟朋友之交，行此之交，曰"知、仁、勇"，"知、仁、勇"三者，达德也。② "孟子所谓'父子有亲、君臣有义、夫妇有别、长幼有序、朋友有信'是也。知，所以知此也；仁，所以体此也；勇，所以强此也；谓之达德者，天下古今所同得之理也。一则诚而已矣。达道虽人所共由，然无是三德，则无以行之；达德虽人所同得，然一有不诚，则人欲间之，而德非其德矣。"③ 从中我们不难看出，儒家言"道"言"德"，实际上就是言"天"言"人"，或更深入地说，就是言"心"言"诚"，言"内"言"仁"。由"心性"这个"天命"生发出"仁义"，生发出"知、仁、勇"，生发出"诚"，生发出"德"，由"德"加之诚而通向"道"，实现着人的最高价值，

---

① （宋）朱熹撰：《四书章句集注》，中华书局，2007年，第28页。
② （宋）朱熹撰：《四书章句集注》，中华书局，2007年，第28～29页。
③ （宋）朱熹撰：《四书章句集注》，中华书局，2007年，第29页。

即"天人合一"的最高目标。

有"道"有"德"有"诚"，是否行道就容易了呢？答案是否定的，因为儒家总是从现世的人情世故出发，言必有名，说必有故，行必有果，出必有情。"盖人性虽无不善，而气禀有不同者，故闻道有蚤莫，行道有难易，然能自强不息，则其至一也。"① 也就是说，人之性虽同，而情并不同，故闻道有先后，行道有难易，但是修道在己，行道也在己，若自强不息，则其至一也。不过儒家把"诚"看得比较重要，并且认为"诚"既具有客观的价值属性，又具有主观的价值属性。孟子曰："是故诚者，天之道也；思诚者，人之道也。至诚而不动者，未之有也；不诚，未有能动者也。"② 意思就是说，人之诚善之性者，天也，故曰天道。思其行诚以奉天者，人道也。至诚则动金石，不诚则鸟兽不可亲狎，故曰未有能动者也。在此，诚善之性也好，行诚也好，皆在人，皆备于我也。诚者，天之道也；诚之者，人之道也。诚者，实也；实者，实有也。人之实有此性之善，故曰诚者；能实有此性之善，故曰诚之者。诚之者，自明诚者也。③意思就是，能使诚显明，即能够自诚明，或者说具有诚明的能力。"能由教入，实有此能也，故曰自诚明谓之教。"④ 所以说，儒家之诚，与明相关，谓之明诚，诚既明矣，又思其诚，此诚乃实也，乃天道也，而思诚乃人道也，天道人道，其诚一也。是故"诚则明，明生于天道之诚；明则诚，诚又生于人道之思诚。人能思诚，由其明也。人能明，由其诚也。惟天下至诚，为能尽其性；能尽其性，则能尽人之性；能尽人之性，则能尽物之性；能尽物之性，则可以赞天地而化育；可以赞天地而化育，则可以与天地共参矣。此自诚明谓之性也。"⑤ 通过"诚"，彰显出人的内在价值，也可以看出先秦人性论的基本特征，那就是始终将天与人紧密结合起来，在内在化的基础上加以完善，使万变不离其宗——即不离于自身之心性也。

第三节　价值实现与"道德人"的初始形态

价值实现是价值客体满足价值主体的重要路径和重要方式。任何价值客

① （宋）朱熹撰：《四书章句集注》，中华书局，2007 年，第 29 页。
②③ （清）焦循撰：《孟子正义》，中华书局，2007 年，第 509 页。
④ （清）焦循撰：《孟子正义》，中华书局，2007 年，第 510 页。
⑤ （清）焦循撰：《孟子正义》，中华书局，2007 年，第 511 页。

体，最终都是通过价值实现来体现自身价值的。我们说，尽管同一价值客体可能对不同的价值主体而言具有不同的价值，但是价值客体只有通过价值实现才能完成其价值构成，即满足于价值主体的需求。传统的儒家思想中的"天""帝"，是一种高高在上的价值客观，也是导致一切价值的源泉和衡量一切价值的最高标准，在其发展过程中，又落实下来，其价值的客观性落实到一个特殊的地方，那就是主观的"内心"上，即"心性"上，通过"道""德"将这种价值客观或"仁"或"义"诸如此类再进一步系统化，构建为一个庞大的伦理思想体系，以实现所规范的各种价值。这种最初的价值实现，本质上就是道德人所表现出来的初始状态。

一、价值的实现与"德行"

价值的实现，对儒家来说就是"德行"，在墨家看来则是"行天之义"。儒家的"德行"，如前所述也就是行"天道"，其实也是替天行道，只不过落实下来便是人们的"德行"，这种"德行"虽然在于人们的主体所行，然所行之事则是客观的价值即"天道"。要实现这种"德行"，首先当"明德"。明德，就是明确价值的取向。价值的客观性经儒家的"道"安于内心之上，或者说是确立起一个好的价值标准。价值标准的确立首先应当是一个内在的具有"心性"客观性的东西，这个客观的东西就是"天"、"道"存在于"内心"中的"德"，但这是需要明确的。其次就是"行德"，即将"德"通过各种途径表现出来，作用于外在的事物之中，从而实现某种价值，以满足人们的某种需要。所以说，明德是行德的前提和重要条件，而行德则是明德的目的和价值的真正实现。

《大学》开篇就讲："大学之道，在明明德，在亲民，在止于至善。"[1]《大学》，依程子所言，大学者，乃大人之学也。此句话的意思就是，大人之学，首当明德，"明德者，人之所得乎天，而虚灵不昧，以具众理而应万事者也。但为气禀所拘，人欲所蔽，则有时昏；然其本体之明，则有未尝息者。故学者当因所发而遂明之，以复其初也。"[2]也就是说，人之初皆有善性，其善性乃天命使然，故人之所得乎天；其德已备，即所谓本体之明；然而，由于情欲所蔽，其德便不明，即所谓有时昏；有时昏，故当明之，即在明明德；德明，则在新民；新者，革其旧也，言既自明其明德，又推及于人，使天下所有人皆去其旧染之污也，则使达到事理当然之极也，即达到"天道"的价值矣。换句话说，明德实际上就是明其内心已固有之德，明"天道"所至人性之善，发扬

---

①② （宋）朱熹撰：《四书章句集注》，中华书局，2007 年，第 3 页。

之，光大之。

　　"《康诰》曰：'克明德。'《大甲》曰：'顾误天之明命。'《帝典》曰：'克明峻德。'皆自明也。"① 意思是说，在古《尚书》中，《周书》、《商书》、《虞书》都强调了明德的重要性，同时也都认为，"德"是天之所以与我，而我之所以为德者也。"克明德"，谓能明德也。"顾误天之明命"，谓"德"实乃天所与人也。"克明峻德"，峻，书作俊，谓"德"无时不明矣。三者皆言自明己德之意。"德"在己，而明德只不过是通过某种途径加以"明"之，即揭示出来，推广开去。孟子曰："贤者以其昭昭，使人昭昭；今以其昏昏，使人昭昭。"② 意思就是说，贤者治国，法度昭昭（昭昭，明也），明于道德，是躬化之道可也（躬，亲自，亲身）。今之治国，法度昏昏（昏昏，暗也），乱溃之政也。身不能治国，而欲使他人昭明，实不可得也。③ 也就是说，明德在于自明，不能自明，不能亲躬，何谈使人明矣。尹氏（尹焞）曰："大学之道，在自昭明德，而施于天下国家，其有不顺者寡矣。"④ 很显然，所谓"明德"是自昭其明也。明德既明，大道即行，民风淳淳，国享太平，以达到儒家的最高价值取向。

　　在我国传统的人文思想中，"德"既是"天道"的化身，又存在于人们的"心中"；"德"既是客观的价值，又深入到主观的"内心"中。"明德"本质上就是明"天道"，尊"天命"；同时，"德"又存乎于人的"内心"中，故明德自明。"是故君子先慎乎德。有德此有人，有人此有土，有土此有财，有财此有用。德者本也，财者末也，外本内末，争民施夺。是故财聚则民散，财散则民聚。"⑤ 意思就是说，作为君子，必须先慎乎德，即不可不慎而言德，也就是所谓明德。有人，谓得众。有土，谓得国。即谓有德便得人，有人便得众，有众便得国，有国则不患无财用矣。⑥ 若相反，人君内没有德性，一心想着资财，即以德为外，以财为内，则是争斗其民，而施之以劫夺之教也。盖财者人之所同欲，不能絜矩而欲专之，则民亦起而争夺矣。故作为君子，应明德为怀，德为本，财为末，则财聚；否则，则财散矣。可见，慎明德的重要性。欲财，人之所共欲也；然必须明其德，方可欲财。这是传统思想与当下获取利润最大化的不同之处。当下之人只欲其财，而不明其德，故只讲利益，不讲信誉；或只讲效益，不讲道德，认为利益利润就是最大的道德，这与传统思想有着重大的差别。

---

① （宋）朱熹撰：《四书章句集注》，中华书局，2007年，第4页。
② ③ （清）焦循撰：《孟子正义》，中华书局，2007年，第981页。
④ （宋）朱熹撰：《四书章句集注》，中华书局，2007年，第368页。
⑤ ⑥ （宋）朱熹撰：《四书章句集注》，中华书局，2007年，第11页。

明德固然重要，然而只有行德，才能使价值从取向层面得以落实，达到某种结果，满足人们不同的需要。这里，我们必须注意，价值的需要有两个层面：一是精神方面的需要，即满足自我精神上的欲求；二是物质方面的需要，即满足自我物质上的欲求。若依此来看价值的话，其实在"明德"这一环节中，已经具有满足于自我"精神"方面的需求了。当然，在满足需求的价值取向方面，还会有多种多样的需要，我们必须小心甄别并加以审视。如儒家"明德"的一个重要的价值目的，就在于修身、齐家、治国、平天下。"古之欲明明德于天下者，先治其国；欲治其国者，先齐其家；欲齐其家者，先修其身；欲修其身者，先正其心；欲正其心者，先诚其意；欲诚其意者，先致其知；致知在格物。物格而后知至，知至而后意诚，意诚而后心正，心正而后身修，身修而后家齐，家齐而后国治，国治而后天下平。自天子以至于庶人，壹是皆以修身为本。"① 意思就是说，欲使天下之人皆有以明其明德也，即所谓"欲明明德于天下者"，必先治其国；而"欲治其国者"，必"先齐其家"；依此类推，"欲修其身者"，必"先正其心"，心者，身之所主也；"欲正其心者"，必"先诚其意"，诚，实也；"欲诚其意"，必"先致其知"，意者，心之所发也。也就是说，"明德"最后落实到"正心"上，这是从"天道"下落到"内心"这一层面，故可以满足精神上的欲求；然后由"正心"如诚其意，而向外生发，依物循理，欲其一于善而无自欺也，这是又一层面，即由"心"、"德"向外及于事物。知，犹识也。推极吾之知识，欲其所知无不尽也。穷至事物之理，欲其极处无不到也，即"明德"以达"天道"也，于人也好，于物也好，皆遵循"天命"而实现其价值客观，以满足主体的需要（即有精神层面，又有其他层面的需求）。"天道"与"明德"、价值客体与价值主体、价值客观与价值主观、精神之需求与物质之需求。"物格而后知至"，物格者，物理之极处无不到也；知至者，吾心之所知无不尽也。知既尽，则意可得而实矣，意既实，则心可得而正矣。故无论平天下、治国、齐家、修身、正心，皆明明德后行德之事也；然"自天子以至于庶人，壹是皆以修身为本"，即所有一切皆修身为本也，即以"正心、意诚、格物知至"作为修身的重要措施。

"行德"必以"明德"为基础，若"德"不明，其"行"便不通。"克明俊德，以亲九族。九族既睦，平章百姓。百姓昭明，协和万邦，黎民于变时雍。"② 意思就是说，帝尧能发扬大德，使亲族亲密和睦。家族和睦以后，恩泽惠及天下；天下政事清明，又协调万邦诸侯；于是天下众民顺天而行，依时

---

① （宋）朱熹撰：《四书章句集注》，中华书局，2007年，第3～4页。
② （汉）孔安国传、（唐）孔颖达正义：《尚书正义》，上海古籍出版社，2007年，第36～37页。

而变，随遇而化。很显然，"明德"是百姓昭明的前提，也是治国平天下的重要基础。其实，"明德"实际上在于其自身先明其德，如尧舜。"树德务滋，除恶务本。肆予小子，诞以尔众士殄歼乃雠。"① 就是说，建立美德务求滋长，去掉邪恶务求除根，所以我小子率领你们去歼灭你们的仇人。"呜呼！惟我文考，若日月之照临，光于四方，显于西土。惟我有周，诞受多方。予克受，非予武，惟朕文考无罪。受克予，非朕文考有罪，惟予小子无良。"② 意思是说，文王德大，充塞四方，像日月照临一样，显现于周国国土。惟我有周土，因（德）而受到各方百姓集聚。若战胜商纣，不是因为我的勇武，而是因我没有大的罪过。如果战败，不是我的先王有罪，而是我小子没有德行。这里就十分明确地说明了，文考文王的明德，当自身必有"德"。《中庸》曰："知、仁、勇三者，天下之达德也，所以行之者一也。"③ 知，所以知此也；仁，所以体此也；勇，所以强此也；谓之达德者，天下古今所同得之理也。一则诚而已矣。④ 此处之"此"实际上就是"道"，道者，天也。知，即知"道"也；仁，所谓道之于"心"也；所谓勇，以强"道"，即行"道"也。这与《尚书》谓之"三德"是同一意思。"三德：一曰正直，二曰刚克，三曰柔克。平康正直，强弗友刚克，燮友柔克，沈潜刚克，高明柔克。"⑤ 正直，就是中正平和，中庸忠恕，仁爱于心，能正人以直；刚克，能近乎刚，刚能立事，就是勇；柔克，能和顺阴柔，和柔能治。何谓"知、仁、勇"，孔子用了一个形象的比喻，以此说明"知、仁、勇"。"子曰：'好学近乎知，力行近乎仁，知耻近乎勇。'"⑥ 此言意在讲所谓"知、仁、勇"三者，必求于入德，若无德仁，其知也贼，其勇也匹夫之小勇也。"故好学无知，然足以破愚；力行非仁，然足以忘私；知耻非勇，然足以起懦。"⑦ 所以言德，必近乎"直心"、"仁心"，其勇、刚次之也。

　　"行德"贵在"德"，而"德"则在于"仁爱之心"。《尚书·旅獒》曰："呜呼！明王慎德，四夷咸宾。无有远迩，毕献方物，惟服、食、器用。王乃昭德之致于异姓之邦，无替厥服。分宝玉于伯叔之国，时庸展亲。人不易物，惟德其物。"⑧ 意思是说，明王以德怀远，所以四方的民族都来归顺。国无有远近，都贡献出各方的物产，但只是供一些衣食器用的东西。王于是昭德于各邦，使他们不要荒废职事，不要变更所服；然后分赐宝玉给同姓之国，用此展

① （汉）孔安国传、（唐）孔颖达正义：《尚书正义》，上海古籍出版社，2007年，第416页。
② （汉）孔安国传、（唐）孔颖达正义：《尚书正义》，上海古籍出版社，2007年，第417页。
③④⑥⑦ （宋）朱熹撰：《四书章句集注》，中华书局，2007年，第29页。
⑤ （汉）孔安国传、（唐）孔颖达正义：《尚书正义》，上海古籍出版社，2007年，第465页。
⑧ （汉）孔安国传、（唐）孔颖达正义：《尚书正义》，上海古籍出版社，2007年，第486~488页。

示出仁爱之情。人们对待其物并没有什么改变的，惟存王的仁德。也就是说，行德全在于己内有德，即有仁爱之心。至于物，人们并不太看重，而更为看重的是仁德。管理中往往注重物质上的奖励，而忽视了仁德的惠及。而被管理者，也往往只看重物质的利益，而忽视了仁德的滋长。这些都是管理上的误区，久而久之，都不利于事业的发展与人性的提升。

古之行德，一般也是管理者之事，即为政者首当之事，但是，行德与德之行，仍然是两个不同层次的问题。行德，当以明德为先；然德之行，并不以行德人的主观愿望为转移，行德者必须是"有德"之人，方可行也。行德者有无德行，又全看其行德如何。也就是说，判断行德与否的标准，在于"天"，在于"道"，落实下来，在于其"仁心"，在于其"民心"。《尚书·蔡仲之命》曰："皇天无亲，惟德是辅；民心无常，惟惠之怀。为善不同，同归于治；为恶不同，同归于乱。尔其戒哉！"[1] 其大意是说，皇天无亲无疏，无远无近，只辅助有德行的人（君王）；老百姓的心中没有常主，只是怀念有德行的仁爱之主（君王）。做善事、行德行虽然各有不同，但最终都会达到安治和谐；做恶事虽然也各不相同，但最终都会走向动乱。千万要警戒啊！也就是说，行德者必须有"德"，同时行德者又必须合乎民心，顺乎民意，所谓"以民为本"。无德行者，其必无仁爱之心，必违民心，逆天而行，其后果不可不亡矣。如"桀德惟乃弗作往任是惟暴德，罔后。"[2] 夏桀无德，不为先王之法，只用暴虐之人，终于亡国，此证也。

如何做才算是有德之人呢？在价值层面上，这实质涉及一个价值主体的问题。若要实现其价值理想，价值主体应如何去不断完善自我。除前面论及的作为价值主体，首先应在内心处安放一个价值客观即"天道"，具有"仁心"、"善心"之外，还必须做到追求"大德"。德有大小，爱有厚薄，利有多少。因此，力求大德，是行德之远近，施爱于厚薄，惠利于多少的重要标尺。如何做到具备"大德"呢？《尚书·君陈》曰："尔无忿疾于顽，无求备于一夫。必有忍，其乃有济；有容，德乃大。"[3] 意思就是说，你不要去忿恨一些愚顽无知之人，也不要责备任何一个人；作为人君（管理者）一定要学会忍耐，事才能相济成功；有大的器量，其德才算是大。正所谓"有容乃大"，有容德才大。当然，行德光有大的器量是不够的，还必须具有儒家所言的所有德行，概括起来就是"仁、义、礼、智、信"，等等。"王曰：'呜呼，父师！今予祗命公以

---

① （汉）孔安国傅、（唐）孔颖达正义：《尚书正义》，上海古籍出版社，2007 年，第 662 页。
② （汉）孔安国傅、（唐）孔颖达正义：《尚书正义》，上海古籍出版社，2007 年，第 685 页。
③ （汉）孔安国傅、（唐）孔颖达正义：《尚书正义》，上海古籍出版社，2007 年，第 716 页。

周公之事，往哉！旌别淑慝，表厥宅里，彰善瘅恶，树之风声。弗率训典，殊厥井疆，俾克畏慕。申画郊圻，慎固封守，以康四海。政贵有恒，辞尚体要，不惟好异。商俗靡靡，利口惟贤，余风未殄，公其念哉！我闻曰：'世禄之家，鲜克由礼。以荡陵德，实悖天道。敝化奢丽，万世同流。'兹殷庶士席宠惟旧，怙侈灭义，服美于人。骄淫矜侉，将由恶终。虽收放心，闲之惟艰。资富能训，惟以永年。惟德惟义，时乃大训。不由古训，于何其训？'"① 意思就是说，为政当识别善恶，扬善疾恶，形成良好的社会风尚。严格法纪，对违德行之人，要给予惩戒。同时，要重新规划郊界，加强边防事物，以安定百姓生活。为政贵以有常，不能朝令夕改，言辞要得当，不能信口开河。同时，不要做不宜之事，不宜好异。对待商后代侈靡之风，巧言之士，应加以辨别。对于无礼之人，要加以提防。防止此等小人，败坏德行，有悖天道。特别是对一些侈华之风，无稽之谈，应倍加注意，不能让其滋长泛滥。这是天下的大训、古训。从中我们看到，在价值实现过程中，对价值主体的要求是以"道"和"德"的标准加以要求的，因此，"道德人"的奠立早在我国2000多年前就已经形成了，并且沿着自身特有的发展轨迹前进。

这种道德人的确立，始终与我国特有的人文精神分不开，那就是"以人为本"的"民本"思想有着紧密的联系。因此，作为个人主体的价值实现，始终与别人的价值实现，与人民群众的共同利益是分不开的。

二、惠及小民

我国古代的民本思想，源于一种"道德人"的人性假设。认为"天道""天命"在于"心性"之"德"，在于"仁"，在于"善"，在于"礼"，而"德之行"实际上就是"性"之本的向外扩展，就是"民心"，故"惠及小民"的思想成为为政之要，当务之急，也成为历朝历代治乱的根本。故德政暴政重要的分界就在于能否顺乎"民心"，正所谓"得道者多助，失道者寡助。寡助之至，亲戚畔之；多助之至，天下顺之。"② 我国古代的民本思想，并不如今天所谓的满足于对小民的小恩小惠之类，而是当政者处处以民为本，视民如父母，以德行于民，使符合于"天命"，行于"天道"，用财而不费，不违农时，随天而动，而作为管理者则不得彰显，之所谓民日用而不知，如老子无为而治一般。而不像我们当下的管理者处处彰显自己，似乎离开了所谓的父母官（为民父母，而不是视民如父母），就得塌下半个天，到处可以看到领导者的身影，

---

① （汉）孔安国傅、（唐）孔颖达正义：《尚书正义》，上海古籍出版社，2007年，第753～755页。
② （宋）朱熹撰：《四书章句集注》，中华书局，2007年，第29页。

其实这是德治的最大失败之一。

如前所述，传统思想中的"惠及小民"，虽然仍然带有对民众轻视的因素，这与当时的等级社会是分不开的。但是，作为统治者则清楚地看到了，民众在正治中的地位和作用，要管理好国家，必须以德治国，而管理者也必须自己具有较高的道德素质，为政之要在于关爱民生、顺乎民情、得乎民心。《尚书·大禹谟》"曰：'后克艰厥后，臣克艰厥臣，政乃乂，黎民敏德。'"① 意思就是说，君主能够知道做君主的道理，臣下能够知道做臣下的道理，政事就能治理，众民就能敏于德行了，也即是说能知为君之难，为臣之不易，其德便明矣。又说，"益曰：'都！帝德广运，乃圣乃神，乃武乃文。皇天眷命，奄有四海，为天下君。'"② 意思是说，只有德行高远广大之人，才能为天下君。在禅让制的时代，也是把君位让给有德行之人，而不是所谓的亲、近、贵等人。所谓有德行之人，如前所述，在于行天道，为天所命，尊礼节，顺民心。如，"万章曰：'尧以天下与舜，有诸？'孟子曰：'否。天子不能以天下与人。''然则舜有天下也，孰与之？'曰：'天与之。''天与之者，谆谆然命之乎？'曰：'否。天不言，以行与事示之而已矣。'曰：'以行与事示之者，如之何？'曰：'天子能荐人于天，不能使天与之天下；诸侯能荐人于天子，不能使天子与之诸侯；大夫能荐人于诸侯，不能使诸侯与之大夫。昔者尧荐舜于天而天受之，暴之于民而民受之，故曰天不言，以行与事示之而已矣。'曰：'敢问荐之于天而天受之，暴之于民而民受之，如何？'曰：'使之主祭而百神享之，是天受之。使之主事而事治，百姓安之，是民受之也。天与之，人与之，故曰天子不能以天下与人。舜相尧二十有八载，非人之所能为也，天也。尧崩，三年之丧毕，舜避尧之子于南河之南，天下诸侯朝觐者不之尧之子而之舜，讼狱者不之尧之子而之舜，讴歌者不讴歌尧之子而讴歌舜，故曰天也。夫然后之中国，践天子位焉。而居尧之宫，逼尧之子，是篡也，非天与也。《泰誓》曰：'天视自我民视，天听自我民听'，此之谓也。'万章问曰：'人有言，至于禹而德衰，不传于贤而传于子。有诸？'孟子曰：'否，不然也。'天与贤则与贤，天与子则与子。昔者舜荐禹于天，十有七年。舜崩，三年之丧毕，禹避舜之子于阳城，天下之民从之，若尧崩之后不从尧之子而从舜也。禹荐益于天，七年。禹崩，三年之丧毕，益避禹之子于箕山之阴，朝觐讼狱者不之益而之启，曰：'吾君之子也。'讴歌者不讴歌益而讴歌启，曰：'吾君之子也。'丹朱之不肖，舜之子亦不肖。舜之相尧、禹之相舜也，历年多，施泽于民久。启贤，能敬承

① （汉）孔安国傅、（唐）孔颖达正义：《尚书正义》，上海古籍出版社，2007年，第123页。
② （汉）孔安国傅、（唐）孔颖达正义：《尚书正义》，上海古籍出版社，2007年，第124页。

继禹之道。益之相禹也，历年少，施泽于民未久。舜禹益相去久远，其子之贤不肖，皆天也，非人之所能为也。莫之为而为者，天也；莫之致而至者，命也。"① 之所以将此大段文章节录下来，是因为孟子与万章的对话充分表明了天、君、民之间的关系。在孟子看来，天下者，天下人之天下，非一人之私也。故天子并不是天，以天与人，并不是天子说了算，天子只不过是起到一个"推荐"的作用，究竟天下与否，还得看天。然而天并不如万章所言"谆谆然命之"，而是以行与事示之也，即所谓行即德行也。孟子认为，可荐人于上，而不能令上必用之也。也就是说，天子可荐人于天，诸侯可荐人于天子，大夫可荐人于诸侯；但是，天子却不令天与人，诸侯也不能令天子与人，大夫也不能令诸侯与人。推荐天而天受之，则表明天与之也，如尧荐舜于天而天受之也，显之于民而民受之，故曰天不言，以行与事示之而已矣。表明了德行于民，以行与事来获得天之与。孟子转而又进一步说明，天之所以与之，追其根源在于天也。故曰："舜相尧二十有八载，非人之所能为也，天也。"尧荐舜，然天是否与之，在天也。故孟子曰："尧崩，三年之丧毕，舜避尧之子于南河之南，天下诸侯朝觐者不之尧之子而之舜，讼狱者不之尧之子而之舜，讴歌者不讴歌尧之子而讴歌舜，故曰天也。"此处之"天"，谓舜已有"天道"而"德行"于民也，故此天特指民心之向背也。也就是说，顺乎民意，乃天也。所以说，就禹传于启之事，孟子曰，天与贤则与贤，天与子则与子，天也。其内在的实质就是"天道"，就是所与之人具有的德行，就是"民心"。所以说，禹荐益而天下之民则朝之于启，为何？因启施泽于民也。正所谓得乎丘民而得天下是也。这种价值取向是我国特有的人文精神，人们一直将天下看作天下人之天下，故中国一些志士仁人，生下来便具有了一种特有的责任意识，谓之"天下兴亡，匹夫有责"。这种价值取向也昭示着任何时代的管理者，必须具有一种对民众的关注、关心和关爱的特有价值导向。

因此，历来的从政者都十分关注民众的向背，并以此来衡量德行与否。也就是说，"天道"的变化，全系于民众的向背；德行的推广，全在于是否得民心。"禹曰：'于！帝念哉！德惟善政，政在养民。'"② "禹曰：'朕德罔克，民不依。皋陶迈种德，德乃降，黎民怀之。'"③ 意思就是说，禹自己说，我的德行不能胜任，人民不会依归。皋陶勤勉善行，德惠于民，民众才怀念他。言德行于民，民心归也。"皋陶曰：'帝德罔愆，临下以简，御众以宽，罚弗及嗣，

---

① （清）焦循撰：《孟子正义》，中华书局，2007 年，第 643～649 页。
② （汉）孔安国傅、（唐）孔颖达正义：《尚书正义》，上海古籍出版社，2007 年，第 126 页。
③ （汉）孔安国傅、（唐）孔颖达正义：《尚书正义》，上海古籍出版社，2007 年，第 129 页。

赏延于世。眚过无大，刑故无小；罪疑惟轻，功疑惟重。与其杀不辜，宁失不经。好生之德，洽于民心，兹用不犯于有司。'"①此句表明，禹行仁于天下，其德行没有失误。用简以约民，用宽以御众；刑罚不及于子孙，奖赏扩大到后代；刑明而出故，大小而适中；罪（刑）疑则从轻，功（赏）疑则从重；与其杀无辜，宁肯自己陷于罪名。帝有仁爱生命的美德，合于民心，故民众皆和谐相处而无争讼。孟子曰："桀纣之失天下也，失其民也。失其民者，失其心也。得天下有道，得其民，斯得天下矣。得其民有道，得其心，斯得民矣。得其心有道，所欲与之聚之，所恶勿施，尔也。"②意思就是说，失其民心者，则天下畔之，欲得民心，聚其所欲而与之共之，谓不以己私而行，言帝王尽心为民也；勿施其疠恶，使民近，民心可得矣。民心可得，则天下可得也。从中我们看到，"洽于民心"、"德惠于民"、"得其民心"，对于管理者来说是多么重要。然而，这种价值取向的实质，就是道德人在其中的奠立。也就是说，这种道德人本质上是一种价值客观在人性上的一种体现，是"天道"放在"内心"上的表现。道德人所奠立的民本思想，实际上是"天"的客观使然。如《尚书·大禹谟》所言："益赞于禹曰：'惟德动天，无远弗届。满招损，谦受益，时乃天道。'"③大意是，施德可以感动上天，远处的民众没有不归附的。骄傲自满容易遭到损害；谦虚谨慎才能有所受益，这才是真正的天道。可见，天道实际上就是人道。

三、不妄行

价值的实现在于道德人的确立，而道德人之所以有德行，全在于其"内心"具有"天道"，具有"仁心"、"善心"；同时，还在于其行德行，而不妄行。何谓"妄行"，"仲尼曰：'君子中庸，小人反中庸。君子之中庸也，君子而时中；小人之中庸也，小人而无忌惮也。'"④此句话的意思就是说，君子之行，能中庸也，能依天道而行，依德行而行。不偏不倚之谓中，不易之谓庸。中者，天下正道，庸者，天下定理。中庸者，不偏不倚、无过不及，而平常之理，乃天命所当然，精微极致也。惟君子为能体之，小人反是。也即君子有其德，其行也中庸，其情未发之前先有一个"仁心""道心"在心中，谓之大本，也就是我们前面所述的价值客观，或者说是人之本性，此乃情之正也，无所偏

① （汉）孔安国传、（唐）孔颖达正义：《尚书正义》，上海古籍出版社，2007年，第130页。
② （清）焦循撰：《孟子正义》，中华书局，2007年，第503页。
③ （汉）孔安国传、（唐）孔颖达正义：《尚书正义》，上海古籍出版社，2007年，第139页。
④ （宋）朱熹撰：《四书章句集注》，中华书局，2007年，第29页。

倚，守其不失，天命之性，天道所为也，也可谓"中"。然其"德行"向外扩展时，君子能依此德，知其行在我，故能戒谨不睹、恐惧不闻，而无时不中，即无时不以"德"而行也，故君子中庸，不妄行。而小人反之，心中无"道"，故无"德行"，以其有小人之心，而又无所忌惮也，则必肆欲妄行矣。因此，我国传统的思想中，在"德行"即价值实现过程中，特别强调了自我，又在自我内心安放了一个客观的价值即"天道"，所有这一切都是因为人本身有一个"性"，然而所谓性，又是从"天"而来，天命之谓性，故谓天下之理皆有此出。由此我们不难看出，在天与人的关系中，当涉及具体的行动时，就必然涉及人；但当追根求源时，又将"天"搬了出来。这既与我国特有的价值客观的奠立有关，同时也与当时人们的认识水平有关。不过，儒家传统文化中在价值实现的论述中所强调的"不妄行"，对于我们今天还是很有启发的。它告诉我们，在任何"行"与"不行"之间，其实就是一念而已，若常备于"正心"，使情欲在其"德心"之下而"行"，时刻保持恐惧之心、警戒之心、谨慎之心，即"正心"、"道心"、"德心"，而其"行"便谓君子之行，就是"德行"，而不是妄行。子曰："不曰'如之何如之何'者，吾末如之何也已矣。"① 意思就是说，凡行必当审问之，即曰如之何如之何者，也即为熟思而审处之辞也。若不曰如之何如之何者，即不管不问，其行必妄矣。不如是而妄行，虽圣人亦无如之何矣，即不内心审视，妄行无德，虽圣人也是没有办法的。然而，在我们现实生活中，有些人妄行而获罪，却悔称当初没有深思熟虑，谓之上当受骗；有的甚至就是故意妄行无惮，明知故犯，其离德行更远矣。

如何做到不妄行，儒家特别强调"思"。所谓"思"，不是指邪思，而是指思正，即"思无邪"。儒家之"思"也不只是如"道家"之"玄思"，或"名家"之"辩思"，而是"思其正"全在于"修身、齐家、治国、平天下"。因此，在儒家"德行"之前、之中、之后，必当"思"之。然儒家入世，故"思"常急于当下。子曰："人无远虑，必有近忧。"② 言当忧其几希之间，或曰当思之当前之事耳。

儒家之"思"，实际上强调了在行动中人的主体地位，尽管这种主体地位是由某种客体（天道）所规定的，但是心仍然是行为之"主"，这就将一切行为归结为主体，而不是将一切责任归于客观。如当下有人犯了罪行，不是从自身中找原因，而是向外找，将犯罪的原因归结为社会风气，归结为不懂法律或其他，以逃避责任，获得同情，或免于重责，等等。但是，在儒家看来，行动

---

① （宋）朱熹撰：《四书章句集注》，中华书局，2007年，第165页。
② （宋）朱熹撰：《四书章句集注》，中华书局，2007年，第164页。

是受主体支配的，"德行"或"暴行"在己，而不在"天"。子曰："君子求诸己，小人求诸人。"① 意思就是说，君子之行，无不反求诸己，小人反是。故在价值实现过程中，君子总是从自身深处求索，谨慎行事，如临深渊，如履薄冰；而小人求诸人，凡事成与不成，则求诸人，故违道（即人之本性之天道）干誉，无所不至，一旦价值无法实现，便怨声载道，而不作深刻的自我反省。

故儒家言德行，在于"思"，在于求诸己。"圣人既竭目力焉，继之以规矩准绳，以为方员平直，不可胜用也；既竭耳力焉，继之以六律，正五音，不可胜用也；既竭心思焉，继之以不忍人之政，而仁覆天下矣。"② 意思就是说，尽己目力，继之以规矩准绳，以定方圆平直，可得面审之，故用之可不穷也。尽己耳力，继之以六律正五音，其用之可不穷也。尽心行恩，当殚精竭虑，继以不忍心加恶于人之政，则天下皆被之泽，德行于民也。这里的"思"在于己"思"，"思"其德行，"思"其加民以泽也。一旦行有不德，便反求诸己，以责己之过，然后为善施德矣。"行有不得于人，一求诸身，责己之道也。"③ 强调其行不得，在于思己也，责己而不怨人。在儒家看来，作为道德人的人性，但凡有过，皆在于己，但凡之行，皆出于本（即正心）。"有孺子歌曰：'沧浪之水清兮，可以濯我缨！沧浪之水浊兮，可以濯我足。'孔子曰：'小子听之，清斯濯缨，浊斯濯足矣。自取之也。'夫人必自侮，然后人侮之；家必自毁，而后人毁之；国必自伐，而后人伐之。太甲曰：'天作孽，犹可违；自作孽，不可活。'此之谓也。"④ 此处清楚地表明，取清取浊，皆自取也，喻人善恶尊贱乃如此也。人本皆善，犹水皆清；然受其浊染，当自取为浊也。人本可活，然自作孽，谓不可活也。人本自尊，然自侮其尊，何尊之有；家本自兴，然自毁其家，何兴之有。故尊而贱，贱而尊，皆自取也，故曰"战战栗栗，日慎一日"。"孟子曰：'禹稷颜回同道，禹思天下有溺者，由己溺之也。稷思天下有饥者，由己饥之也，是以如是其急也。禹稷颜子易地则皆然。'"⑤ 也就是说，圣贤之道，在于思民的饥苦，急民之难，德行与不行，其忧民同道也。言禹稷用而颜回不用，其道一也。此处皆言"思"为民，而独无私焉。一思为民，责己任而为天下，是我国古代贤人之天职也。故伊尹以尧舜之道，能行德也。故伊尹能"思天下之民匹夫匹妇有不被尧舜之泽者，若己推而内之沟中。其自任

---

① （宋）朱熹撰：《四书章句集注》，中华书局，2007年，第164页。
② （清）焦循撰：《孟子正义》，中华书局，2007年，第485页。
③ （清）焦循撰：《孟子正义》，中华书局，2007年，第493页。
④ （清）焦循撰：《孟子正义》，中华书局，2007年，第498～500页。
⑤ （清）焦循撰：《孟子正义》，中华书局，2007年，第597页。

以天下之重如此，故就汤而说之以伐夏救民。"① 意思就是兑，伊尹以尧舜之道而乐，思念不以仁义之道化民者，如己推排内之沟壑中。自任其重任，发救万民之难也，于是就汤伐夏也。故仁人志士，当救万民于水火，非为一己之私而为之，此为德行之施矣。

四、传统"道德人"的初始形态

通过价值客观的奠立、价值主体的德行以及价值实现的"不妄行"，我国传统的人文精神中的"道德人"的形态已初步形成。它本质上乃是由"天""天道"落到"心性"上，并通过"正心"、"善心"、"仁心"将其化为"德"，以此蓄之，然后以"德"行于事，从而确立了价值主体的作用，认为凡事求诸己，向内求而不是向外求诸人。这样，就从价值客观转变为价值主观，从而要求不断提升主体的道德修养，即所谓的"修身"、"正心"，完成了道德人假设的初始形态。

中国传统思想中的道德人的确立，其"内在"之德包括的内容是非常多的，几乎涵盖了所有的方面。如《尚书·虞书·皋陶谟》"曰若稽古皋陶。曰：'允迪厥德，谟明弼谐。'"② 诚实地履行古人之德，就会决策英明，天下正治。究竟哪些德行呢？"皋陶曰：'都！亦行有九德。亦言其人有德，乃言曰载采采。'禹曰：'何？'皋陶曰：'宽而栗，柔而立，愿而恭，乱而敬，扰而毅，直而温，简而廉，刚而塞，强而义。彰厥有常，吉哉！日宣三德，夙夜浚明，有家。日严祗敬六德，亮采，有邦。翕受敷施，九德咸事，俊乂在官。百僚师师，百工惟时。抚于五辰，庶绩其凝。无教逸欲有邦，兢兢业业，一日二日万几。无旷庶官，天工人其代之。天叙有典，勅我五典五惇哉！天秩有礼，自我五礼有庸哉！同寅协恭和衷哉！天命有德，五服五章哉！天讨有罪，五刑五用哉！政事懋哉懋哉！天聪明，自我民聪明。天明畏，自我民明威。达于上下，敬哉！有土！"③ 此处言道德人有九德，"九"者，古时为多也。而此处却明言"九德"，亦表明其"德"当在不少。所谓"载采采"，意思就是说，如果有德，便可委以任事。此所言九德，即宽宏而又果敢、柔顺而又卓立、谨厚而又严恭、多才而又敬慎、和气而又刚毅、正直而又温和、简约而又廉洁、刚正而又笃信、坚强而又合宜。此九德讲明了道德人应具备的"德行"，当存乎内心之中，以此"正心"而常思之，一日慎乎一日，其德乃大，施于事，则德日扩

① （清）焦循撰：《孟子正义》，中华书局，2007 年，第 654～655 页。
② （汉）孔安国傅、（唐）孔颖达正义：《尚书正义》，上海古籍出版社，2007 年，第 143 页。
③ （汉）孔安国傅、（唐）孔颖达正义：《尚书正义》，上海古籍出版社，2007 年，第 146～153 页。

也。但凡其九德，若天天表现出三德，庄严地重视六德，使具有九德之人都担任要职，其正治当成矣。然而，九德虽然在人（正心）仍依天而行，其德方彰，故曰"天工"、"天叙"、"天序"，即所谓"天命有德，五服五章哉！"等等，将"天"当作德行的最后根据，表明了在价值取向使"德行"不能随任何个人的主观意志为转移，始终有一个"天"在评价、衡量着其"行"是否合乎"德"的标准。如前所述，天不言，而如何知之。以民知之，以行知之，以事知之。故曰"天聪明，自我民聪明。天明畏，自我民明威。"也就是说，上天的视听依从民众的视听，上天的赏罚依从民众的赏罚。故天意与民意是相通过的。这样，传统的道德人就在德行上确保了其依天而行、顺民而动。

在我国道德人奠立的过程中，是从正反两方面来表征"怀德"与"德行"的重要性。民不怀德，其责不在于民而在于君。如《尚书·夏书·五子之歌》言，"太康尸位以逸豫，灭厥德，黎民咸贰。"[1] 意思是说，太康处尊位而不勤于政事，专好安乐，丧失君德，众民怀有二心也。《尚书·商书·仲虺之诰》言，"德日新，万邦惟怀；志自满，九族乃离。王懋昭大德，建中于民，以义制事，以礼制心，垂裕后昆。"[2] 也就是说，德行日日革新，天下万国就会怀念；志气自满自大，连最新九族也会离散。故要显扬大德，以中道施民，用义治事，以礼制心，把天道承继下来，以示后人。以上均表明，道德人应当张德行善，正心谨治。无德性民天共怒，反面证明德行的重要。"王曰：'嗟！尔万方有众，明听予一人诰：惟皇上帝，降衷于下民，若有恒性，克绥厥猷惟后。夏王灭德作威，以敷虐于尔万方百姓。尔万方百姓罹其凶害，弗忍荼毒，并告无辜于上下神祇。天道福善、祸淫，降灾于夏，以彰厥罪。肆台小子将天命明威，不敢赦。敢用玄牡，敢昭告于上天神后，请罪有夏。聿求元圣，与之戮力，以与尔有众请命。上天孚佑下民，罪人黜伏。天命弗僭，贲若草木，兆民允殖。俾予一人，辑宁尔邦家。兹朕未知获戾于上下，栗栗危惧，若将陨于深渊。凡我造邦，无从匪彝，无即慆淫，各守尔典，以承天休。尔有善，朕弗敢蔽；罪当朕躬，弗敢自赦，惟简在上帝之心。其尔万方有罪，在予一人。予一人有罪，无以尔万方。呜呼！尚克时忱，乃亦有终。"[3] 在这里，汤所言其德性其源于"天道"，又扎根于"内心"，故曰德行施于民，则顺民以常性，便得乎天下，乃为君之道。然夏桀灭德作威，残贼百姓，降灾于民，故灭夏乃替天行道，与众请命也。若果有过失，其罪在我一人；我一人有罪，不会连及各方

① （汉）孔安国传、（唐）孔颖达正义：《尚书正义》，上海古籍出版社，2007年，第262页。
② （汉）孔安国传、（唐）孔颖达正义：《尚书正义》，上海古籍出版社，2007年，第294～295页。
③ （汉）孔安国传、（唐）孔颖达正义：《尚书正义》，上海古籍出版社，2007年，第296～299页。

诸侯。由此可见道德人的初始形态有两个支点：一个是"天道"；另一个是"民心"，二者在"德行"中统一起来。故曰"同心同德"、"一心一德"。《尚书·商书·咸有一德》曰："呜呼！天难谌，命靡常。常厥德，保厥位。厥德匪常，九有以亡。夏王弗克庸德，慢神虐民。皇天弗保，监于万方，启迪有命，眷求一德，俾作神主。惟尹躬暨汤咸有一德，克享天心。受天明命，以有九有之师，爰革夏正。非天私我有商，惟天佑于一德。非商求于下民，惟民归于一德。德惟一，动罔不吉；德二三，动罔不凶。惟吉凶不僭，在人；惟天降灾祥，在德。"① 意思就是说，拥有纯一的德行，并经常修德，才可保持君位，上能合天心，下能顺民意，所有这一切皆在于纯一正心，皆在一德。《尚书·周书·泰誓上》说得则更为明确，"予有臣三千，惟一心。"② 我武王有臣子3000人，都是一条心，而商纣有臣亿万，是亿万条心。其德不同，心不一也。也即是说，无论在君，还是在臣，或者说在民，在"德行"或者说"内心"的"善"、"仁义"方面，大家都是平等的。儒家虽然讲究等级贵贱、明于礼仪，但在此却倡导人们的平等。平等的理念是道德人形态的又一特点。

　　总之，通过分析先秦时期我国传统文化的价值客观与价值主观、价值客体与价值主体的演变过程，可认定我国的传统思想实际上是价值客观的奠立，而这种奠基力图摆脱主观因素的影响，因此具有十分重要的理论意义。然而，在价值客观的奠立过程中，由于使"天道"恰于主体"心性"之"德"，即所谓"仁心"、"道心"、"正心"，故其价值客观又深入到价值主体中，故而在"德行"与"行德"之间有了主体的自主性。先秦思想家并没有将主体的"德行"简单地归结为"客观"，而是将"德行"与"行德"统一起来，认为凡事应求诸己，而不是求诸人。正是在这个基础上，确立了中国传统文化特有的道德人的形态。

① （汉）孔安国傅、（唐）孔颖达正义：《尚书正义》，上海古籍出版社，2007年，第321～322页。
② （汉）孔安国傅、（唐）孔颖达正义：《尚书正义》，上海古籍出版社，2007年，第405页。

第四章 道德人的确立

　　没有人的主体性活动，便无真正的道德可言。中国古代宗教在人的主体性价值彰显中逐渐消融，并形成了我国特有的传统人文精神。从"天之丧我"到"民之丧我"，再到"我之丧我"，反映出了统治者自觉反省的不断演进。儒家道德人假设发端于上古，到春秋时代形成了以孔子的"仁"为核心的系统理论的阐发，奠定了儒家作为传统道德文明的基础。孔子继承了上古特别是周人的人文精神，使"仁"发扬光大。儒家道德在于"内"，根源于"性"，来源于"命"，但"命"给予人这个主体后，"性"便获得了独立地位潜藏在人的主体内，与命再无关系。在这里，"道"则是人人共由的道路，是性的显现；"德"则是道的行为。所以说，道德人的人性是从外向内，从下向上的自觉的功夫。其道德人确立的意义在于：其一，打破了人的阶级限制，而转化为品德上的君子与小人，"人人皆可为尧舜"；其二，打破了统治者特权，使其应受到同样良心的审判；其三，打破了种族偏见，对所有人都给予平等对待；其四，开辟了内在人格世界，以前的道德，或作为行为，或作为人的标准，都是表现在外面的知识、行为，都是在客观世界的相互关系中所比定出来的，因此不能算是意识地开辟了一种内在的人格世界。道德人是人的内在世界，而不是客观世界，因为客观世界是"量"的世界，是平面的世界；而人格内在的世界却是质的世界，是层层向上的立体世界。孔子用"仁"、孟子用"性善"来表达这个世界。这样，就把外在的"礼仪"之所行的"德"，还有人之"性"向外的诉求，返回到内心上来，返回到一个"仁心"、"善心"上来，无仁心、善心便无礼，便无德，也就丧失了人之"性"。孔孟向内去追求的价值思想，是对知性、科学地一味地向外、向客观世界探求的思想的反叛。

　　中国传统思想所强调的向内、向上追求的思想，是作为一种动力和基础，并向外、向下的一种实践的人生活动，对当前的管理科学具有重大的启发意义和现实意义。所以说在儒家的管理层中，并不单纯地将管理定位于管理者，而是由被管理者从内心深处理解和自觉履行自己所承担的职责或管理所要求的行为，从而使管理成为一种自觉行动，而不再是一种异己的强制力量。

第一节　人的主体性活动

人的主体性活动构成了人的一般属性，人的主体性则体现了人的本质属性。从某种意义上说，人的主体性就是人性；而人的主体性活动也就是在人性的支配下的行为。一般而言，人作为主体，是指人特有的认识世界和改造世界的能力。它包括认识能力、实践能力，也就是说通常所说的人特有的主观能动性。或者说，人所具有的这种主观能动性，也就是人的特性，即主体所特有的本质。可是，在先秦时代，人性的划分较之现在更为深刻，也更为细致，更为准确。这种深刻、细致和准确表现在对主体的认识，并不只是所谓的主观能动性，而是在主体所特有的主观能动性的内部，又区分为内在"心性"如何，这种内在的"心性"又是怎样外化为所谓的"能动性"的。换言之，就是对"能动性"又进一步地加以深化了。因此，在讲我国传统人性论时，必须先讲明一般的主体与主体性，然后再深入地探讨先秦的人性论，这样才能使我们更加深入地了解我国传统人性论构建的理论意义与实践意义。

一、主体与主体性

应当说，人们从对客体的认识转化为对主体自我的认识，是一种进步，也是认识论发展的必然。事实上，西方整个认识论发展的实际，正是一个从外向内的发展过程。这与我国传统的认识论发展是不谋而合的。然而，在时间上则相差较大，在内容上也有本质区别。我国早在先秦时期，已经完成了这一过程，而西方完成的过程较晚，从笛卡儿的"我思故我在"，直到康德的"纯粹理性批判"，最后到黑格尔的"绝对精神"，才最终完成。这倒不是说西方的"人性论"在古代不存在，而是说这一从外到内的演变过程，也就是说由外到内的"心性"的演变，我国远远早于西方。在内容上，西方向内发展只限于主体而已，而缺少了在主体的内在"心性"，这便是质上的区别。如前所述，早在先秦时期，由"天"、"天道"所谓外在的东西，已经下落到了人的"内心"中，并成为左右人的"客观"标准，成为重要的"人性"构成。而在西方，这一过程，直到德国古典哲学才正式确立起主体性原则，只是到达了主体罢了，而再也没有深入下去，其主体所认识的仍然是向外的索求，而不是向内的完善，其所完成了由外到内的转变是一种不彻底的转变。

笛卡儿的主体性是一种个体的主体性，或者说是一种孤立的主体性，是一种没有根的主体性。我们说，任何主体如果离开了他自身的历史性、离开了土地、离开了周围的一切，这种主体性的一切，如自由、平等、理性、信仰等，便成了一种漂浮的、无根的理念。笛卡儿的主体性正是这种主体的理念。因此，作为试图寻找到一种客观依据的康德及黑格尔，都要从被笛卡儿所谓的主体性中走出来，用一种客观的东西来奠基这种主体性。说得更清楚一点，笛卡儿的主体性实际上就是主观的理性，而这种主观的东西若缺少客观的奠立，根本不可能达到真理。笛卡儿所谓的"普遍同意说"的真理观就说明了这一点。所以说，人们将笛卡儿的主体性，当作一种"理性专制主义的无根状态"。①波墨在其《反笛卡儿主义：反抗中的德国哲学》中就指出"笛卡儿科学的无预设性……毁灭了希腊科学的源初含义……同时又以希腊 theoria（观照）之含义的损耗为标志"。②也就是说，任何理性如果离开其产生的根基，而切断下来的科学都必定消亡。笛卡儿可谓是近代理性主义的鼻祖，然而由于其既没有沿着希腊的方向向前发展，又不在理性的诞生处找寻，而只是一味地以科学自居，从而使得笛卡儿的主体性在一种计算——工具性理性中将其根源遮蔽和藏匿起来了，于是主体也就变成了绝对的主观存在了。

二、主体意识的遮蔽

在西方古代和中世纪，人们并不满意神话、宗教对客观存在的解释，力图从本体论的角度来解释世界的存在、运动和变化，因此，所关注的是世界的统一性和本体论问题，也就是为主体寻找到了一个"根"即"本体论"。但是由于人们受到当时认识能力和实践活动的种种限制，这种对世界的认识虽然是全面的，但同时也是粗糙的。这个时期人们把"水"、"土"、"金"、"木"、"气"、"无限者"、"原子"、"活火"等一些客观物质当作世界的本原，用"水是万物始基"、"四根说"、"种子说"、"精气说"等来解释世界，形成了朴素的唯物主义学派；或者把"数"、"存在"、"美德"、"理念"等当作世界的本原，形成了一系列的唯心主义学派。但是，无论是唯物主义，还是唯心主义，所关心的都是世界的本原问题，理性、认识、辩证法都是建立在本体论基础之上的，都是服从于本体论的。当然，人们在从对自然的崇拜，对神的敬畏，到对物的追索，对多神论的重新审视后，也产生了"人是万物的尺度，是存在者存在的尺度，也是不存在者不存在的尺度"的思想，强调了人的主体性。但是，这种主体性仍然是附属于本体论原则的，所提到的"天"及"存在"仍具有无限强大

---

　　① ②　　［美］巴姆巴赫著：《海德格尔的根：尼采、国家社会主义和希腊人》，张志和译，上海书店，2007年，第52页。

的地位，是自然的化身。

中世纪哲学不是在纯粹的理性范围内和哲学自身基础上进行的，而是在宗教范围内和神学的基础上进行的。中世纪哲学所探讨的主题仍然是远离主体自身的客体，只不过这种客体脱离了客观物质世界包括人自身，而走到了自己的一个极端——上帝以及与上帝这个核心有关的共相与个别、信仰与理性。这个时期，哲学家通过理性形式，通过抽象的、烦琐的思辨方法，为基督教神学服务，其所关注的仍然是世界的本原问题。在本原问题上，同样不是从认识论的角度提出的，或者说不是从主体自身处着眼，而是从本体论角度提出的，"宗教哲学的第一个'领域'属于本体论传统的范畴。"① 从价值意义上看，由于在现实中人们对善、人生的意义可以作出多种多样的解释，而世界也不是尽善尽美的，善恶的标准又各不相同，甚至是直接对立的。这样，最终不得不提出一个超自然的力量（当与主体对立的客体，并且这种客体具有客观的作用）作为衡量"善"的标准，作为人们最后的归宿。这样，借助批判原始宗教观念诞生的古代哲学，到了中世纪，又走向了自己的反面，重新用"上帝"来解释自己还无法解释清楚的问题，走到了本体论发展的极端，充分表现出了主体性原则在这一时期的"泯灭"。

我们说，中世纪哲学缺乏主体性原则，但从来就没有完全否认过人的理性。关于人的认识能力，爱留根纳就说过，"权威产生于真正的理性，而不是理性产生于权威。"② 中世纪对上帝的存在所进行的证明，也充分表现了理性的"发扬"。但是，由于中世纪经院哲学同古代哲学一样，从思想本质上说都是对人的主体性、人的非理性、人自身的认识视而不见、漠不关心，其主要关注的仍然是本体论，理性只不过是为本体论服务的，因此，哲学成为神学的婢女，理性服从于权威，人学服务于神学就不足为怪了。所以说，在整个古代和中世纪哲学中，本体论被放在了至高无上的地位，价值评价不是以人为中心，而是以本体为转移，客体（人之外的存在——自然界、上帝）被放在了一个较高的位置上。这一过程表明了主体及主体性的被漠视。这种非主体性的现象正好反观出我国先秦时期对人性的重视，特别是对道德人的重视。因为，在先秦时期，特别是儒家思想是将"天"、"天道"下落到人的"正心"之内，并且要求人们的行为必须以"天"、"天道"为标尺，也就是必须以"正心"为准绳，从而对主体有着切实的关怀。"天"、"天道"就是"正心"，就是民心，以人为本，关注民众就成为管理者首要的责任和义务，而无须去向外求一个本体，主

① 保罗·利科著：《哲学主要趋向》，李幼蒸译，商务印书馆，1988 年，第 533 页。
② 蒋永福等：《西方哲学》，中央党校出版社，1991 年，第 143 页。

体本身就是"本体"，就是"根"，就是一切行为的标准。这种"以人为本"的民本思想与西方的"本论论"有着重大的区分，这也是我国传统道德人与西方寻求"本体论"根本不同的地方。

三、主体性原则的确立

事实上，哲学的发展不可能只停留在本体论的原则上，它的发展必然会从主体以外的客体反观主体自身。随着资本主义逐渐形成，自然科学的发展，社会财富的增加，向人们提出一个新的问题：科学的结论是如何获得的？为什么具有如此巨大的威力？科学真理的依据是什么？于是，人们开始关注主体自身，研究知识的获得，把认识论当作了哲学的主题。这一时期哲学的中心任务就是高举理性的大旗，批判宗教神学和经院哲学，用人权反对神权，用个性自由反对封建专制，用平等反对封建等级，围绕认识论，着重探讨了认识的对象、产生、形成、发展及认识能力和检验真理的标准上，以主体为标准，对本体论进行了种种怀疑，实际上是对本体进行了更为深刻的反思。从文艺复兴开始，通过反对"上帝"的唯理论和经验论以及反对客观物质存在的德国古典哲学（不包括费尔巴哈），最终确立了主体性原则。培根作为唯物主义和现代实验科学的始祖，针对经院哲学的"知识就是罪恶"提出了"知识就是力量"的著名口号，向经院哲学发出了攻击。他主张向自然学习，知识来源于经验，提出了以"归纳法"为主要方法的一系列认识论原则。而笛卡儿从"怀疑"入手，对一切均加以怀疑，一切都要经受理性的评判，包括上帝；崇尚理性，贬低经验和"归纳"，极力推广演绎的方法，以清楚明白为标准，提出了著名的"我思故我在"和"思维和存在同一"的思想，确立了自我作为主体本体的存在。我思想，我认识，所以我存在，所以我认识的客体才存在，成为近代唯理论的鼻祖。我们说，洛克、休谟、贝克莱也好，斯宾诺莎、莱布尼茨也好，他们关注的主题均是认识论问题，而对本体论问题显得漠不关心，有时模棱两可。经验论者有唯心主义，而唯物主义又表现出了唯理论倾向，并出现了笛卡儿的二元论。这个时期，人们过分强调认识论，过分看重自我，过分关注主体。"具有认识论和方法论的性质，而不是具有本体论或先验论的性质。"①

主体和客体的关系问题，是德国古典哲学发展过程中的最基本的问题，康德强调主体的决定作用，同时看到了笛卡儿的弊端，肯定了客体的存在，但是否定思维可以达到存在，割裂了主体和客体的关系，最终陷入了二元论和不可知论；费希特则排除独立客体，只承认自我，非我是由自我产生的，提出了主

---

① 保罗·利科著：《哲学主要趋向》，李幼蒸译，商务印书馆，1988年，第67页。

客体的统一论；谢林反对从自我出发，主张主体和客体的绝对同一；黑格尔批判绝对同一，在客观唯心主义的基础上论证了主体和客体的辩证统一；费尔巴哈则强调了主客体的人本学的唯物主义的统一。德国古典哲学家认为，在认识过程和实践过程中，主体不是消极被动地适应客体，相反，主体是独立自主的自我决定的能动力量，是认识和一切活动的中心或根源。主体性原则的真正确立，是从康德开始的。康德首次提出和论证了主体性原则，他从现象界和物自体的区分出发，断言现象世界与本体世界不同，它是从认识主体所处理的感性材料中形成的。认识主体具有先天直观形式和先天的知性范畴，使对象获得普遍必然性，从而被认识而成为科学知识。同时，主体在超越感性范围时就成为具有自由意志的实践主体，达到最高的自由。人是自然的立法者，自由本身则成为价值存在的根据。康德开创了对象世界要围绕着"理性"的太阳旋转的先河，完成了"哥白尼式的革命"。费希特认为自我是认识的主体，更是行动的主体，因为行动才是生存的目的。主体和客观由于自我的行动而产生对立，又由于行动而在自我中得到统一。谢林哲学的贡献则在于把主体能动性和矛盾转化结合起来，看作是促进发展的客观力量。主体性原则在黑格尔哲学中得到了较高的发展，他克服了康德主体性原则的不彻底性，提出了"实体就是主体"的著名命题，作为他的哲学的最高原则。"绝对精神"是作为主体的客体，也是作为主体的实体，它是一切存在、发展的实质的动力。绝对精神由于自身的辩证发展外化为自然，又通过进一步发展克服外化，在人类的精神生活中回到了自身，并最终认识到了人的本质就是自由。从根本上说，主体性原则是要从哲学上证明人的最高本质在于理性和自由，并依此去变革自然界和其他客体。

作为理性的发展，西方对主体的认识从一个极端走向了另一个极端。他们认为，主体性也就是理性，以理性的精确计算来判定主体性的发展程度，其实也正是对主体性的一种亵渎。由笛卡儿开启的主体性，到康德、黑格尔的主体性原则的确立，无一不把理性看作主体性。这虽然说较之古代与中世纪的"本体论"是一种进步，但是主体性的真正本质并不是"理性"，而是主体自身的本质，仍然是主体的"人性"问题，即所谓的"道德人"，"正心"的问题。马克思将主体性看作"社会关系的总和"，认为人的这种"关系"就是主体的"根"，而这种关系的全部基础仍然奠立于"经济"之上。而在我国先秦时期，始终将主体性奠立于主体内在的"正心"之上，其"根"来自于"天"、"天道"，来自于主体的"正心"，而不是单纯的"理性"，主张"天人合一"，而不是"理性至上"。虽然看起来，先秦主体性之"根"似乎是无根的，但是经过论证，这种由外向内的演变较之理性自我的论证更为有力。

117

四、主体原则的张扬及价值取向

从以上分析，我们可以看到主体性原则是主体和客体相互作用，人与自然界相互影响辩证发展的过程。我们说，社会存在是物质的，因为它的形成、存在和发展是不依赖于社会意识的，"环境的改变和人的活动的一致，只能被看作是并合理地理解为变革的实践。"[①] 环境对人的改变只能是在人们创造或改造环境的程度上，并以此为前提的条件下进行的，在这个基础上形成的历史，必然是人的活生生的、客观的和被客观化的活动的统一性。历史必然性本身就体现了主体与客体的统一。也就是说，任何一个社会发展都是在既定的社会历史条件下进行的，因而它是客观的；而作为社会历史中的每一个特定的主体、阶级、社会集团和党派的活动，其本身既具有客观性，又具有主观性。正因为如此，客观条件在社会生产中所起的决定作用只能达到这样一种程度，即它们在人类活动中显示出来，并卷入和自我实现人类活动之中。反过来，当这种人类活动达到客观化的程度时，它又反过来创造客观条件，而且它本身在社会发展中起一种决定作用。这种主观与客观之间的辩证法不仅发生在生产领域中，而且还发生在其他一切活动领域中，在一个比较广阔的哲学层面上，它可以被描写成人类活动的外在化过程与人类活动的客观条件的内在化过程的统一。也就是说，一方面，人创造了自己的历史；另一方面，他又为自己的历史所创造。他既是构成社会的现实，而又为社会现实所构成。因此，造成现实困境的原因是多方面的，它是主体性原则客观化过程和主体与客体之间相互作用、相互影响长期积淀的结果，而不只是单纯的人类中心主义，更不是主体性原则，但是，由理性而衍生出来的人类中心主义，的确难逃此咎。其实，在主体与客体的关系中，"根"与"非根"是明确的，同时又是模糊的，这恰恰应对了先秦存在于"内心"中的客体价值"天"、"天道"，与主体所表现出来的"人性"之间的模糊关系。那种把目前人类困境（环境污染、生态危机、资源枯竭等）说成完全是由于人类中心主义造成的，并主张纯自然主义的观点是站不住脚的。相反，只有强调主体性原则，才能从根本上摆脱人类困境。当然，主体性原则可以导致两种倾向，形成两种极端。一种是把主体性原则任意扩大为人类中心主义，并归结为一种人的主体可以脱离客体，把客体（包括自然界和相对于主体的他人）当作操纵和宰割的对象，这样就会导致主体性原则向"恶"的方向发展。它没有把人类当作一个具体的、历史的、能动的认识世界和改造世界的主体，并在认识世界和改造世界的过程中，使主体和客体达到"双重"的

---

① 《马克思恩格斯选集》第 1 卷，人民出版社，1995 年，第 59 页。

增进，人与自然的共存共生。当然，即使如此，当这种变革在客体对主体决定意义时所带来的种种灾难后，也不得不重回到主客体相融与和睦相处的状态中。因为主体是无法与客体分开，而客体也不可能总是被动的。另一种是看不到主体与客体的相互作用、相互影响，看不到人类主体性原则的能动性。一旦用这种观点去认识世界和改革世界，往往使主体的价值和存在意义脱离了他自身的主体性，而完全以主体的外化来衡量和说明。往往会出现这样一种情形，人类主体性发挥得越强，人类越感到主体性的减少，甚至找不到自身的"存在"。这说明，不是人类中心主义的确立，相反，是人类中心主义的消解和消失。这种以人类为中心的价值表面上好像增加了自由，而实际上是被物化成了单向度的人。

关于价值问题，我们在第三章已经有了论述，这里只是就主体与客体之间的价值问题，当在主体性原则的条件下，应当如何对待进行论述。价值问题的实质是价值主体对客观价值的主观评价，价值评价的主观性根源于对客体价值的认识程度和利益需要。价值的这种特性，决定了价值主体在处理主客体关系上，总是以主体（自我）的认识或实践程度为尺度，当然，这个主体（自我）的存在又总是处在一定的客观环境之中的，因此，价值除具有鲜明的主观性外，也具有鲜明的客观性。第一，人作为主体有着区别于其他任何事物的本质特性，这也是价值主体在某种情况下具有共同价值的根源所在。第二，也就是说在不同的社会历史发展过程中，价值的评价常常是不相同的，甚至是相反的。这是因为价值主体作为存在物，其内在价值的体现往往需要外在客体的支持，而这种外在客体的支持对主体来说是千差万别、多种多样的，其集中表现为物质利益。第三，价值主体的评价还会受到社会、历史等诸多方面的影响，从而使价值取向丰富多彩。第四，价值总是某一情况中的一种行动，或一种行动的结果，因此，把握情境和理解价值是同时发生的。同时，有价值的东西包含着对行动的内在要求，即希望应当怎样等要求，正因为如此，价值往往具有责任的性质。总之，价值主体性表现出价值评价的一致性与差异性，也就是说，价值客体对不同的价值主体来说，既具有一般的价值，又具有特殊的价值，是一般价值与特殊价值的统一体；价值主体与价值客体相互作用，相互影响，并且随着价值客体的变化，价值主体也要发生变化。如果认识只停留在人的主体原则下，那么人类中心主义就是必然的，因为只有人具有主观能动性，能够积极地、主动地促使客体为主体自身服务，以主体性原则作为价值判断标准，往往导致价值的单向化，从而忽视了客体存在的意义。然而客体对主体的作用，也正是由于客体的被动性往往需要长期的自组织规律才能对主体施加影响，这种影响往往具有长期性、复杂性、系统性等特点。人是自然界长期发展

119

的产物，自然界的存在是人类生存和发展的基础，自然界作为人们认识和实践活动的对象，是对客体的形式存在着的。但从另一种意义上说，人又是自然的"对象"，人是"客体"，受到自然的作用，在自然环境中不断地改变着自我，从长期的影响和整个自然生态系统看，人的主体性无论多强大，仍然是作为"客体"受到自然的作用，而迫使人本身对自然的适应。所以，人类作为既是主体又是客体二重化的本质，就必须在实践活动中，不仅要接受理性的指导，而且要接受自然法则的立法，应当充分尊重客体，尊重自然规律和社会发展规律，达到人与自然的共生共荣，走可持续发展的道路。只有这样，人类才会不仅能够走出困境，而且还会迎接美好明天的到来。

主体性问题并不是如笛卡儿所认为的孤立的单个个体的存在，它必须是也必定是有"根"的，是与历史分不开的。主体性是人所特有的，但是主体性并不是人的惟一属性。"内在"于"心"的东西也是主体性的属性，但是它的存在却是"客观的"。因此，作为管理科学的人性假设，在考虑问题时不只是考虑主体的理性，还必须考虑主体的"根"即主体的"客观性"，也即主体的人格特征。中国传统的儒家文化锻造了中国人所特有的主体性，形成了根植于"道德人"的人性特征的主体。因此，在管理中并不等同于西方的所谓用计算精确的工具"理性"就能左右的主体，它需要的是一种符合中国传统人文精神的一种管理，需要更多的人文关怀，需要的是一种"道""德"的召唤和激励。

我们目前已经自觉到对笛卡儿式的技术理性的批判，对民族本源的复兴，但是我们还没有回溯到"根"的程度，也就是说，我们并没有达到道德人为什么确立的那种深信不疑的程度。我们看到了古代先秦时期的人文精神的辉煌，但是我们并没有走进这种辉煌，更没有从实践上摆脱技术理性的鬼魅。所以，丢掉传统的危机依然存在，好在人们已经有了某种自觉。本章以下论证的恰恰是不仅唤醒人们对传统道德人的重新估量，而且从实践上即从管理实践上给予实质性的引导。

第二节　儒家道德人的确立

儒家作为传统文化的正统，其在道德人的确立中起着决定性的作用。从某种意义上说，儒家的道德人基本上涵盖了中国传统的人文精神的实质。当然，道家也讲"道"与"德"，但是道家所讲的"道"与"德"较之儒家虽更为高远，但其消极的特点使得这种高远变得不切实际，因此，道家学说虽然其对先秦道德人的形成有着重要的补充作用，但始终不能起着决定性的作用。所以，我们以儒家作为先秦道德人确立的典型，并加以系统的研究。至于其他学派，当在后面加以分别论述。

一、道德人的人格世界

儒家道德人的人格世界，可以说是一个完善人格的锻造过程。儒家从来不把人当作一成不变，而是看作是一个不断为"善"的过程，是一个不断"求"的过程。而这个"求"不是求人，而是专求己的过程。儒家"求己"以"行道"，可见"道"已在己内。

儒家主张求诸己，原因在于一切在"己"，言出于"己"，行出于"己"。故求当求诸己，而不是求诸人。而道德人的人性也在己内，而不在外，己内之"善心"，并不是由外铄而成，而在己之"内"。故求当求诸己，而不是求诸人。儒家虽然讲求诸己，然而诸己也有其根，其根在于"天"、"天道"。也就是说，儒家并没有局限于本体论，而是承认了诸己之"根"，便把目光集中放在了诸己之上，即直接涉及了人的主体及主体性问题。主张本体与主体的统一，"盖天地万物本吾一体，吾之心正，则天地之心亦正矣，吾之气顺，则天地之气亦顺矣。故其效验至于如此。此学问之极功、圣人之能事，初非有待于外，而修道之教亦在其中矣。是其一体一用虽有动静之殊，然必其体立而后用有以行，则其实亦非有两事也。"[①] 这样就把原来的"根"，通过人及人性也是"天命"的表现而转变为符合于主体的东西，或者说"根"就演变成了两层含义：其一是"根"源于"天"、"天道"，是客观的，并不依个人的主观意志为转移，以期保证其客观有效性，无论是天子、诸侯等所有人必须听命于"天"，行于"道"；其二是"根"于"心"，己心正，则天地之心亦正，便符合于"天"、"天道"。己心正本来就是"天命之谓性"，也就是说"心正"本身就是"天之性"、"天之道"，落实下来，己之道德性便成为了主体言行的"根"了。这种由客观到主观的转换深藏着一个伟大的思想，就是我国传统思想中的道德人的人性的确立。它不是向外去求索，不是用主观的目光，不是用自私的心胸观察世界、观察社会、观察他人，而是向内求，要求自己的道德不断完善，不断升华。这种向内求的主体性特征，从根本上形成了一种自我人格的不断完善，一种强烈的责任意识，一种宽大的胸怀，一种天人合一的崇高境界，一种和谐共处的社会氛围，一种爱人利他的精神面貌。而西方的主体性特征，是向外求，是一种自私的利己的境界，它总是以满足人们的肉体需要为己任，把一切外在

---

① （宋）朱熹撰：《四书章句集注》，中华书局，2007 年，第 18 页。

的对象看作是达到自己目的的工具，所导致的必然是一种与外部世界的交恶状态。目前的消费主义、享乐主义、工具主义、科学主义就是它们的代表。

儒家为了实现"平天下"的宏愿，要求人们修身正心，而修身正心皆是自得之事，故求诸己而已。在这里，自得之事并非就是自私之事，孟子曰："君子深造之以道，欲其自得之也。自得之则居之安，居之安则资之深，资之深则取之左右逢其原，故君子欲其自得之也。"① 意思是说，君子问学之法，欲深致极竟之以知道意，欲使己得其原本，如性自有之也。也就是说，内心之性是己原本有之，而今深致而知其之道，皆学问之至、深造自得之，即自得其性也。意在求诸己而后自得，自得当务深解至得其根，其根所指人之"性"，而"性"即"道"也。"'一阴一阳谓之道'，道者，反复变通者也。博学而不深造，则不能精；深造而不以道，则不能变；精且变，乃能自得；自得，乃能不疾而速，不行而至，为至神也。非博学，无以为深造之本；非深造，无以为以道之路；非以道，无以为自得之要；非自得，无以为致用之权。"② 在孟子看来，自得是学问之道最终所达到的目标，自得什么呢？自得其"正"，自得其"根"，自得其"本"，也就是说自得其"大道"。自得便可己所自有，自有便得其根也，左右取之皆逢其源，也就是皆知其原本。儒家所谓的"自得"知其根，与今天的海德格尔所要追求的"根"不谋而合。自得之即性中自有之，性中自有，故居之安。居之安，则取于古圣王之道，即取乎吾之性，而吾之性非袭于口耳之间，非强揍于形似之迹，故资之深也。同时，自得之"得"，还有"德"性之"德"的含义。"德之为言得也，得于心而不失也。"③ 由此观之，所谓求诸己，其实质上就是确立"道德人"的人性本身。

先秦儒家思想强调道德人的确立，因此主体性不是向外去索求，而是向内求诸己；因此其理性的全部所用也不是向外动心思，而是向内务求"正心"。西方的理性文明，固然也是主体性的发挥，但是其发挥主要的是向外动心思，找出事物发生发展的原因，并根据此种原因来发现所谓的客观规律，并以此来为人类服务。科学的进步可以说是文艺复兴后理性的最伟大贡献，也是主体性原则发挥的最显著的表现方式。人们正是从科学技术的进步中看到了人的理性的伟大之处，因此科学主义、唯理主义、技术主义到处盛行，成为主宰社会发展的决定力量。但是，随着理性的扩张和科学技术的随意使用，人也越来越变成了被主宰者，人成为了科学技术的工具，人已经失去其主体性。究其原因，

---

① （清）焦循撰：《孟子正义》，中华书局，2007 年，第 558～559 页。
② （清）焦循撰：《孟子正义》，中华书局，2007 年，第 559 页。
③ （宋）朱熹撰：《四书章句集注》，中华书局，2007 年，第 53 页。

就在于当人们弘扬理性的同时，而没有看到正如儒家学说所认为的"本"，亦如海德格尔所说的"根"的问题。人到底是什么，它的本质又是什么，人为什么而活着，其活着又为了什么。诸如此类的问题看上去其回答并不困难，而事实上人们千百年以来始终没有正确地加以认识并给予最为合理的解决。先秦儒家思想对这些问题的回答无疑是较为合理的，有些是具有重大的启迪意义的。先秦儒家思想十分注重主体性中人的"根"与"本"，所以说在强调理性之时而不离本，不会发生大的偏差。这要比西方讲理性而忽视了人性，讲科学与技术而忽视了人的主体之根本更为全面，也更为合理。"《春秋》何贵乎元而言之？元者，始也，言本正也。"①"孔子曰：'君子务本，本立而道生。'天本不立者未必倚，始不盛者终必衰。""《易》曰：'建其本而万物理，失之毫厘，差以千里。'是以君子贵建本而重立始。"②也就是说，先秦儒家务本求根，讲究元始，求乎内心之正，关乎人性道德，在此基础上谈智，讲理性。如只讲智而不讲道德人性，其智必贼。所以说，在儒家看来，王道必正，"王不正则上变天，贼气并见。"③至于民，也必须有其"正心"。君正则视民如伤，若保赤子；民正则意诚。故"与民则是曰君尊，与君则曰民贵，各致辞其道，交成其治。若与君言尊，与民言贵，则其义荒矣"。④因此说，先秦儒家首先把人当作一个具有道德性的人来对待，然后再把人当作一个理性的主体。也就是说，在发挥人的主观能动性的时候，始终不忘记人之为人的"根"与"本"。所以说，孔子确立了以"仁"作为自己理论的核心，孟子以"性善"确立了自己的理论核心，其道德人的人格特征昭然若揭。

二、道德人确立的路径

儒家道德人确立的路径主要是通过"礼"的形式完成的，"礼"既是道德人的规范，又是道德人的体现。正如马克斯·韦伯所言："以伦理为取向的家长制，无论是在中国还是在其他各地，所寻求的总是实际的公道，而不是形式法律。"⑤也就是说，在先秦时期，人们之所以安身立命的是其"正心"，而不是严格冷酷的法律条文。"韦伯对中国法律的研究是为了说明中国何以没有产生近代意义上的资本主义，因此他从中西法律比较的角度看出了中国法律的道德属性，这是一个深刻的认识。之所以如此，就在于中国古代的法律始终没有

---

①②　苏舆撰，钟哲点校：《春秋繁露义证》，中华书局，2007年，第100页。

③　苏舆撰，钟哲点校：《春秋繁露义证》，中华书局，2007年，第101页。

④　苏舆撰，钟哲点校：《春秋繁露义证》，中华书局，2007年，第101~102页。

⑤　[德]马克斯·韦伯著：《儒教与道教》，洪天富译，江苏人民出版社，1993年，第122页。

摆脱礼的约束。这也说明礼与法在深层上的相通。"① 儒、法的同一性,表明了长期在我国居于统治地位的"阳儒阴法"的政治主张,正是看中了儒家的道德性与法律的严酷性的统一。然而,在先秦儒家的思想中,其法的主张与礼的主张相比较,礼当在突出的地位,对道德人的确立始终具有重要的作用。

道德人是礼之本。儒家言礼,其本质上是出于主体内在的"正心"、"德心"、"道心",无"道"、"德"、"正心",礼便不能立。子曰:"道之以政,齐之以刑,民免而无耻;道之以德,齐之以礼,有耻且格。"② 在儒家看来,刑与礼虽各能齐一,然而只有礼才能导致人们从善,而刑法虽能齐一,盖不敢为恶,非本心不为恶也,故言"免而无耻"。礼则不同,用礼而民耻于不善,则皆至于善,故言"有耻且格"。因此,儒家认为,"德礼则所以出治之本,而德又是礼之本也。"③在此,刑者,辅政之法,然而却只能在礼之下,即所谓德治与法治之间,应以德治为先,辅以法制。而不能以法制为本,辅之以德治矣。法家专讲法治,用法来齐一,将人看作是为非作歹之徒,故而实行"法西斯"式的统治,以其治国,国必亡矣。德为礼之本,然德又以道为本,故而道德人实际上为礼之本,皆根源于人们的"正心"。"君子所性,仁义礼智根于心。其生色也,睟然见于面,盎于背,施于四体,四体不言而喻。"④ 也就是说,仁义礼智生于心,色见于面,视其背盎盎然盛。流于四体,则知其体有匡国之纲。口不言,人们便已晓谕万而知之也。⑤由此可见,性之四德根本于心,其积之盛,则发而着见于外者,不待言而无不顺也。所以说,礼应从"心",源于"正心",故言"经礼三百,曲礼三千,亦可以一言以蔽之,曰'毋不敬'。"⑥敬者,必从心。若敬止于表面,便为虚敬,其心不敬,君子不为也。孟子曰:"君子所以异于人者,以其存心也。君子以仁存心,以礼存心。以仁礼存心。仁者爱人,有礼者敬人;爱人者人恒爱之,敬人者人恒敬之。"⑦ 此处也言,君子之仁敬在于心,爱敬施于人,人必反之己也。⑧若人不爱敬己,则反求己是否有爱敬不周不到之处,还是没有忘记内求诸己,从自身处找原因。

儒家所说的礼,事实上也是以"心"加以阐明的。孟子曰:"恻隐之心,仁之端也;羞恶之心,义之端也;辞让之心,礼之端也;是非之心,智之端也。"⑨ 端,为首也,言人皆有仁义礼智之首。儒家讲礼,与心相应,与仁义智相互发明,谓仁义礼智,在物为曲,在心为端。⑩戴震《孟子字义疏证》云:

---

① 刘丰著:《先秦礼学思想与社会的整合》,中国人民大学出版社,2003年,第184页。

②③⑥ (宋)朱熹撰:《四书章句集注》,中华书局,2007年,第54页。

④⑤ (清)焦循撰:《孟子正义》,中华书局,2007年,第906页。

⑦⑧ (清)焦循撰:《孟子正义》,中华书局,2007年,第595页。

⑨⑩ (清)焦循撰:《孟子正义》,中华书局,2007年,第234页。

"仁者，生生之德也，民之质矣。日用饮食，无非人道。所以生生者，一人遂其生，推之而与天下共遂其生，仁也。言可仁可以赅义，使亲爱长养，不协于正大之情，则义有未尽，亦即仁有未至。言仁可以赅礼，使无亲疏上下之辨，则礼失而仁亦未为得。且言义可以赅礼，言礼可以赅义，先王之以礼教，无非正大之情，君子之精义也。"① 可见，礼与仁义并生于心，相互证验。对于"礼"而言，有时用"辞让之心"来言说，有时则用"恭敬之心"来言说，如孟子曰："恭敬之心，礼也。"② 恭敬与辞让，皆从"心"，皆发自己"内"。若无己之"正心"，便无礼可言。心有"性善"，有"天道"，故有是非，有是非则有恻隐、羞恶、恭敬矣。由此看出，礼出于"心"。

儒家强调道德人的确立，故十分崇尚"礼"，并把"礼"的确立看作是儒家思想的核心思想之一，并列于仁义之后，而称之为仁义礼。"就人伦日用，究其精微之极致，曰仁，曰义，曰礼。"③ 仁义礼皆出于心，但是仁义礼又有所侧重。仁生于爱，义生于宜，礼则生于序也。《易》曰："立人之道曰仁义。"④ 而《中庸》曰："仁者，人也。亲亲为大。义者，宜也，尊贤为大。亲亲之杀，尊贤之等，礼所生也。"⑤ 也就是说，无礼则仁义不立，仁义不立，则人道殆矣。所以说，亲亲长长，尊贤之等，郊社之礼，宗庙之礼，无礼则仁义不立。故儒家主张"非礼勿动"。子曰："非礼勿视，非礼勿听，非礼勿言，非礼勿动。"⑥ 非礼者，己之私也。勿者，禁止之辞。是人心之所以为主，而胜私复礼之机也。⑦ 也就是说，礼之用，出于主体之"正心"，因此没有私欲也。若有私己之意，何谈正心，无正心，何言敬，不敬，焉有礼哉。这与儒家道德人的确立紧密相连，内无善心，无正心、无直心、无公心，便无以为礼。故礼出于己之正心，质朴为要，过于文质，反而丧礼之本，即对道德人的本性有所损害。所以说，孔子言礼，必出于正心、直心，而不是过于粉饰礼仪，大搞形式主义。如孔子曰："先进于礼乐，野人也；后进于礼乐，君子也。如用之，则吾从先进。"⑧ 意思就是说，先辈之人，文质得宜，其礼质朴，谓之为野人；后辈之人，文过其质，其礼造作，自以为君子。如用之，则孔子从先进。由此可见，礼之用在于"礼"之"正心"。

对于儒家而言，可以说礼之用涵盖了人生的全部，制定了礼仪三百，威仪三千，以此规范人们的言行，包括冠、婚、丧、祭、燕、享、朝、聘等礼仪。

---

①④⑤　（清）焦循撰：《孟子正义》，中华书局，2007 年，第 234 页。

②　（清）焦循撰：《孟子正义》，中华书局，2007 年，第 756 页。

③　（清）焦循撰：《孟子正义》，中华书局，2007 年，第 235 页。

⑥⑦⑧　（宋）朱熹撰：《四书章句集注》，中华书局，2007 年，第 132 页。

如对孝的解释，子曰："生，事之以礼；死，葬之以礼，祭之以礼。"① 在孔子看来，以礼事之，谓之孝。也就是说，对待双亲，该做的事就去做，不该做的事就不要去做。做得过了头，也是不孝。如目前有些有钱的人，为了表示尽孝，便在祭祀祖先时，用上了"二奶"，此等无礼之举，虽然花了钱，却玷污了祖先的名声，是为大不孝。

儒家言礼，强调"礼"之实，主张无礼不立。如万章问孟子招贤之礼时，孟子曰："为其贤也，则吾未闻欲见贤而召之也"。② 在孟子看来，安有召贤之礼而可往见。"以大夫之招招虞人，虞人死不敢往。以士之招招庶人，庶人岂敢往哉？况乎以不贤人之招招贤人乎？欲见贤人而不以其道，犹欲其入而闭之门也。夫义，路也；礼，门也。惟君子能由是路，出入是门也。"③ 对儒家来说，以贵者之招招贱人，贱人尚感不敢往，况以不贤人之招贤人乎？不贤之招，不以礼也。不以礼，故不往矣。欲人之人而闭其门，可得而入乎？④ 想见人而又闭其门，如何见之。也就是说，不以礼，则不得见也。可见儒家非常重视"礼"之实。子曰："能以礼让为国乎？何有？不能以礼让为国，如礼何？"⑤ 让者，礼之实也。何有，言不难也。言有礼之实以为国，则何难之有，不然，则其礼文虽具，亦且无如之何矣，而况于为国乎？⑥ 此处仍然讲"礼"之实，在于辞让。有"礼"之实，为国不难；无"礼"之实，虽有"礼"的形式，什么事情也办不好，更不要说治理国家了。当然，儒家言礼，也并不是拘于礼，搞形式主义，而是有所权变，如前面讲孔子从"先进"。在一些具体问题上，只要把握住"礼"之"根"，"礼之本"，从"正心"而敬，而不拘于"礼"的形式，便是"义"，即所谓"宜"，就是有"礼"。如，淳于髡曰："男女授受不亲，礼与？"孟子曰："礼也。"曰："嫂溺则援之以手乎？"曰："嫂溺不援，是豺狼也。男女授受不亲，礼也。嫂溺援之以手者，权也。"⑦ 男女授受不亲，是为礼；然嫂溺则援之以手，是为权。也就是说，不拘于礼而害其本心之正，即嫂溺则援之以手，乃人之"善心"所为，"天道""人性"使然。"任人有问屋庐子曰：'礼与食孰重？'曰：'礼重。''色与礼孰重？'曰：'礼重。'曰：'以礼食则饥而死，不以礼食则得食，必以礼乎？亲迎则不得妻，不亲迎则得妻，必亲迎乎？'屋庐子不能对，明日之邹，以告孟子。孟子曰：'于！答是也何有。不揣其本而齐其末，方寸之木可使高于岑楼。金重于羽者，

---

① （宋）朱熹撰：《四书章句集注》，中华书局，2007年，第55页。
② （清）焦循撰：《孟子正义》，中华书局，2007年，第721页。
③④ （清）焦循撰：《孟子正义》，中华书局，2007年，第723页。
⑤⑥ （宋）朱熹撰：《四书章句集注》，中华书局，2007年，第72页。
⑦ （清）焦循撰：《孟子正义》，中华书局，2007年，第521页。

岂谓一钩金与一舆羽之谓哉？取食之重者，与礼之轻者而比之，奚翅食重！取色之重者，与礼之轻者而比之，奚翅色重！往应之曰："绀兄之臂而夺之食则得食，不绀则不得食，则将绀之乎？踰东家墙而搂其处子则得妻，不搂则不得妻，则将搂之乎？"[1] 在食色与礼之间，儒家认为礼重，然而为"礼"则不得食，不得妻时，"礼"还重否？孟子弟子屋庐子不能回答。于是告之孟子，在孟子看来，本来礼重于食色，这是在一般情况下，但是在特殊情况下，食色也可能重于礼，这便是礼与食色之通变，而不能拘于一也。对于孟子来说，其难何有？只要揣本齐末，知其大小轻重就可以回答了。如果我们了解了岑楼之高是由方寸之木堆积而成，方寸之木至卑（食色），而岑楼至高（礼），故言礼重于食色。若只看到方寸之木，而不取其下平，反以为最高处乃只有一方寸之木，而岑楼反卑。也就是说，凡物当揣量其本，以齐等其末，方知其大小轻重，乃可言也。不节其数，累积方寸之木，可使高以岑楼。可谓寸木高于岑楼邪？金重于羽，谓多少同而金重耳。一钩金岂重于一车羽？言不能也。在这里是说，礼也有轻于食色之时。礼食亲迎，礼之轻者也。饥而死以灭其性，不得妻而废人伦，食色之重者也。凡事应加以权重，如不搂则不得妻，不绀则不得食，较之饥而死，亲迎则不得妻而言，礼为尤重也。[2] 所以说，儒家言礼，权其轻重，得其中也，得其中，则不失"正心"，之所以不失正心，皆在于道德人的确立。

第三节　孔子的"仁"之理论体系与"人性"论的突破

孔子以承继先人为己任，从周礼，形成了以"仁"为核心的思想体系，成为儒家思想的始源。"仁"虽然不是孔子最先提出的，但是孔子赋予"仁"以新的思想，对人性、人道、人格与主体性等一系列的重大问题进行了系统的论述，使"仁"真正实现了道德人在理论上和实践上的重大突破，使主体自觉达到了一个新的高度。

一、仁之心性与仁之爱人

"仁"最早产生于商代，其内涵较为模糊。《尚书·周书·金滕》中记载：

---

[1] （清）焦循撰：《孟子正义》，中华书局，2007年，第805～809页。
[2] （清）焦循撰：《孟子正义》，中华书局，2007年，第807～810页。

"予仁若考能，多材多艺，能事鬼神。"① 此处之"仁"，谓柔顺巧能，而无道德意义。《尚书·周书·泰誓中》曰："虽有周亲，不如仁人。"② 此言纣至亲虽多，不如周家多仁人。此处之"仁"已经具有了道德的意义，但仍不完备，仁人是于仁之仁，还是为仁之仁，仍不清楚。《尚书·商书·仲虺之诰》曰："德懋懋官，功懋懋赏。用人惟己，改过不吝。克宽克仁，彰信兆民。"③ 意思是说，德盛之人可用官职劝勉他，功高的人可用奖赏激励他，任用人才像自己说的那样，改正过失毫不吝惜，能宽以待人，能爱他人，昭信于万民。此处"仁"可释为爱人，与仁之本意接近。《尚书·商书·太甲下》曰："伊尹申诰于王曰：'呜呼！惟天无亲，克敬惟亲。民罔常怀，怀于有仁。鬼神无常享，享于克诚。天位艰哉！德惟治，否德乱。与治同道，罔不兴；与乱同事，罔不亡。终始慎厥与，惟明明后。"④ 此处之"仁"，也有"仁爱"之意。《诗经》有两处，一处见《叔于田》，谓"岂无居人，不如叔也，洵美且仁。"⑤ 从此诗看，是讽刺庄公纵其弟田猎无度，交接狎伍小人之事，故有"不如叔"之感叹，此处之"仁"有美好之意，但于道德的含义又有距离。一处见《卢令》，谓"卢令令，其人美且仁。"⑥ 此句意是讥国君好田猎毕弋而不修民事，百姓苦之。田猎是齐国风俗，词虽叹美而实讽刺。此处"仁"当作好，与道德含义相近，但仍不相同。

到春秋末年，仁才得以广泛使用。不过只有到孔子时代，"仁"才由孔子加以系统阐发，形成了"仁"的丰富含义。孔子对"仁"的阐发，有一个奠立问题，这一奠立就是所谓"根"的问题。我们如果不清楚地了解孔子"仁"学的这种奠立，就无法从根本上把握孔子的"仁"学思想。在孔子看来，"仁"发源于主体，是主体本体的表现，而这个本体又是由外落实到主体中的，这个本体是客观的，即是"天"、"天道"落实到人的内心上，由此主体的人在内心中便存在着一个"客观的东西"，即所谓的"正心"。而这个"正心"就是"仁"的起源。这样，孔子就从过去的对原始宗教的崇拜转到了对主体人性的重视，对人本身的爱戴，由崇尚天道开始关注人道。所以说，孔子所建构的"仁"学理论实际上是关于人性道德的理论体系。

孔子对"仁"有多种解释，仅在《论语》中就有109处。在孔子所讲的所

① （汉）孔安国传、（唐）孔颖达正义：《尚书正义》，上海古籍出版社，2007年，第495页。
② （汉）孔安国传、（唐）孔颖达正义：《尚书正义》，上海古籍出版社，2007年，第411页。
③ （汉）孔安国传、（唐）孔颖达正义：《尚书正义》，上海古籍出版社，2007年，第292页。
④ （汉）孔安国传、（唐）孔颖达正义：《尚书正义》，上海古籍出版社，2007年，第317~318页。
⑤ （清）方玉润撰：《诗经原始》，中华书局，2007年，第205页。
⑥ （清）方玉润撰：《诗经原始》，中华书局，2007年，第236页。

有"仁"的含义中，可以说，"仁"的心性是其根本，也是孔子所赋予"仁"的含义的全部基础。在孔子看来，"仁"是性之德，是成己的基础，非仁便非人，即禽兽也。《中庸》曰："诚者非自成己而已也，所以成物也。成己，仁也；成物，知也。性之德也，合外内之道也，故时措之宜也。"① 也就是说，诚虽所以成己，然既有以自成，则自然及物，而道亦行于彼矣。仁者体之存，知者用之发，是皆吾性之固有，而无内外之殊。既得于己，则见于事者，以时措之，而皆得其宜也。"仁"是主体内在的特性，是"体"，而"知"也是主体内在的特性，但却是"用"。这样一来，孔子所讲的主体性就远远打破了西方主体性只限于理性的局限，而在内心深处存有一个"道德"本体。正是由于主体具有的这一"心性"，才与物有其本质上的区别，而不单单是"知"。

　　孔子非常重视"仁"之本（体），由"仁"之本（体）向外发便是仁之"用"。也就是说，"仁"之心性，是为仁之根本。"君子务本，本立而道生。孝弟也者，其为仁之本与！"② 本，犹根也。仁，性也。仁者，爱之理，心之德也。为仁，犹曰行仁。此句言君子凡事专用力于根本，根本既立，则其道自生。所谓孝弟，乃是为仁之本，③ 即是说孝弟存于"内心"，是"心性"使然。程子曰："孝弟，顺德也，故不好犯上，岂复有逆理乱常之事。德有本，本立则其道充大。孝弟行于家，而后仁爱及于物，所谓亲亲而仁民也。故为仁以孝弟为本。论性，则以仁为孝弟之本。"或问："孝弟为仁之本，此是由孝弟可以至仁否？"曰："非也。谓行仁自孝弟始，孝弟是仁之一事。谓之行仁之本则可，谓是仁之本则不可。盖仁是性也，孝弟是用也，性中只有个仁、义、礼、智四者而已，曷尝有孝弟来。然仁主于爱，爱莫大于爱亲，故曰孝弟也者，其为仁之本与！"④ 由此看来，仁存于内心，源于"天"、"天道"，是人之性也。孝弟是"为仁"之本，而绝不是"仁"之本。所以说，对于孔子而言，仁与为仁是两个不同层次的概念，前者讲的是"内在"的心性，而后者则是前者所用，一个是体，一个是用。子曰："知者乐水，仁者乐山；知者动，仁者静；知者乐，仁者寿。"⑤ 意思是说，知者达于事理而周流无滞，有似于水，故乐水；仁者安于义理而厚重不迁，有似于山，故乐山。知者善于辩证，故以动为乐，仁者安于正心，故以静为乐。动而不括故乐，静而有常故寿。⑥ 这样，孔子就奠立了"仁"之"根"。

　　那么，仁的基本含义又是什么呢？由于仁发生于人们的内心中，是人的

　　① （宋）朱熹撰：《四书章句集注》，中华书局，2007年，第34页。

　　②③④　（宋）朱熹撰：《四书章句集注》，中华书局，2007年，第48页。

　　⑤⑥　（宋）朱熹撰：《四书章句集注》，中华书局，2007年，第90页。

"正心"、"道心"、"德心"、"诚心"、"直心"。"樊迟问仁。子曰：'爱人。'问知。子曰：'知人。'樊迟未达。子曰：'举直错诸枉，能使枉者直。'樊迟退，见子夏。曰：'乡也吾见于夫子而问知，子曰，'举直错诸枉，能使枉者直'，何谓也？'子夏曰：'富哉言乎！叹其所包者广，不止言知。舜有天下，选于众，举皋陶，不仁者远矣。汤有天下，选于众，举伊尹，不仁者远矣。'"① 在孔子看来，所谓仁，即为爱人；所谓知，即为知人。爱人，仁之施；知人，知之务。也就是说，对人施于爱便为仁；对人某一方面的了解便为知。而在樊迟看来，爱是从周全上言说的，知是有所选择上言说的，二者相悖，如何说仁是爱人而知是知人，为何都涉及同一"人"呢？故曰"樊迟未达"。而在孔子看来，知与仁是统一的，举直错枉者，知也。使枉者直，则仁矣。也就是说，用直矫正枉，虽是知，但也是仁。如此，则二者不仅不相悖反而相为用。樊迟仍然未达孔子之意，而子夏则深明其意，对孔子之说赞叹不已，并举出了实例加以说明。仁者举，而不仁者远，是谓举直错谓仁矣。② 也就是说，人皆化而为仁，不见有不仁者，若其远去尔，所谓使枉者直也。使枉者直，其爱不谓不广，不谓不深。仁者爱人须从心才能生发出爱，而此心亦当为正心、直心、道心、德心。有此心性，为仁亦不远。由爱人而有恭敬之心，而有忠恕之心。"樊迟问仁。子曰：'居处恭，执事敬，与人忠。虽之夷狄，不可弃也。'"③ 意思就是说，仁者，外在容貌要恭，而内在之心要敬，对于人要忠。即是说，对任何人，哪怕是夷狄之人，都应发自内心恭敬对待，固守而不可丢弃。可见孔子的爱人较西方的人道主义爱人，其立意更为高远。"仲弓问仁。子曰：'出门如见大宾，使民如承大祭。己所不欲，勿施于人。在邦无怨，在家无怨。'仲弓曰：'雍虽不敏，请事斯语矣。'"④ 在孔子看来，只要自己保持恭敬之心，以此心推及他人，则私意无所容而心德全矣。心无私而德全，仁也近矣，故内外无怨。"子张问仁于孔子。孔子曰：'能行五者于天下，为仁矣。'请问之。曰：'恭、宽、信、敏、惠。恭则不侮，宽则得众，信则人任焉，敏则有功，惠则足以使人。'"⑤ 在孔子看来，恭、宽、信、敏、惠，行是五者，则心存而理得矣。于天下，言无适而不然，犹所谓虽之夷狄不可弃者。⑥ 盖此五者，皆从爱人，皆发于内心，是仁之施也。

当然，我们必须注意一点，仁与为仁，是体与用的关系，二者虽然紧密相

---

① ② （宋）朱熹撰：《四书章句集注》，中华书局，2007年，第139页。

③ （宋）朱熹撰：《四书章句集注》，中华书局，2007年，第146页。

④ （宋）朱熹撰：《四书章句集注》，中华书局，2007年，第132～133页。

⑤ ⑥ （宋）朱熹撰：《四书章句集注》，中华书局，2007年，第177页。

连，但是还是有所区别的。从内涵上说，孔子所讲的仁，体现了人的主体性原则深层内涵。从仁本身上说，主要是指心性，指人性，即指人之"正心"、"道心"、"德心"。而从为仁上说，主要讲的是爱人、关心、尊重他人和宽以待人的主张，具有恭、宽、信、敏、惠等方面爱人的具体体现。知或理性只不过是主体性的一个方面。

二、于仁既难又远，为仁既易又近

在孔子看来，仁存于内心，是人存在的根本。作为我们每一个具体的人，要达到"仁"，实在是太难了。对于于仁之类的问题，孔子不予正面回答。其原因有二：一是任何人都有其心性，有其心性便有其仁，而不能言其无；二是仁存于每个人自己的内心中，外人岂能知（意思是知道其多少，而不是知其有无）耶？故曰"不知也"。"孟武伯问：'子路仁乎？'子曰：'不知也。'又问。子曰：'由也，千乘之国，可使治其赋也，不知其仁也。''求也何如？'子曰：'求也，千室之邑，百乘之家，可使为之宰也，不知其仁也。''赤也何如？'子曰：'赤也，束带立于朝，可使与宾客言也，不知其仁也。'"[1] 对孔子而言，三位弟子其才非凡，子路之才可为诸侯国所任用，冉有之才可为卿大夫之家臣，公西赤可立于朝当政，但皆不知其仁也。也就是说，有其才而不知其仁也。"子张问曰：'令尹子文三仕为令尹，无喜色；三已之，无愠色。旧令尹之政，必以告新令尹。何如？'子曰：'忠矣。'曰：'仁矣乎？'曰：'未知，焉得仁？'"[2] 子文喜怒不形，知有其国而不知有己身，其忠盛矣，故子张疑其仁。然其所以三仕三已而告新令尹者，未知其皆出于天理而无人欲之私也，是以夫子但许其忠，而未许其仁也。[3]也就是说，为人忠而不知其仁也。"'崔子弑齐君，陈文子有马十乘，弃而违之。至于他邦，则曰：'犹吾大夫崔子也。'违之。之一邦，则又曰：'犹吾大夫崔子也。'违之。何如？'子曰：'清矣。'曰：'仁矣乎？'曰：'未知。焉得仁？'"[4]意思就是说，齐国崔子杀其君，为避乱齐大夫文子抛弃十乘（40匹马）而离开逃于别国。文子洁身去乱，可谓清矣，然未知其心果见义理之当然，而能脱然无所累乎？抑不得已于利害之私，而犹未免于怨悔也。故夫子特许其清，而不许其仁。也就是说，文子之清而不知仁也。

在孔子看来，才、忠、清，皆可谓为仁，但不许仁。仁出乎内之"正心"，是人性之固有，此心乃符合于"天"、"天道"，当理而无私，则仁矣。才者，

---

① （宋）朱熹撰：《四书章句集注》，中华书局，2007年，第77页。
②③④ （宋）朱熹撰：《四书章句集注》，中华书局，2007年，第80页。

当用而难寻；忠者，于国家而无私己；清者，制行之高不可及。然皆未有以见其必当于理，而真无私心。仁，根也，本也，体也。如知其小而不知其大，知其末而不知其本，遂以小信大，以末为本，孔子不许也。如文子既然为官在齐，当为忠君，而其离齐而去，作为齐大夫既失正君讨贼之义，又不数岁而复反于齐焉，则其不仁亦可见矣。①

对孔子而言，于仁，尧舜犹病也。"子贡曰：'如有博施于民而能济众，何如？可谓仁乎？'子曰：'何事于仁，必也圣乎！尧舜其犹病诸！夫仁者，己欲立而立人，己欲达而达人。能近取譬，可谓仁之方也已。'"② 在孔子看来，仁以理言，通乎上下。圣以地言，则造其极之名也。能广博施于民不止为仁，此乃圣人方能行之！然而，虽尧舜之圣，其心犹有所不足于此也。因而求仁，愈难而愈远矣。推己及人，仁者之心。由此可见，天理之周流而无闲矣。也就是说，仁心即是己心，以己之心，推人之心，己所不欲，勿施于人，则为仁不远，为仁之方也。虽知其方，但是，于仁则难矣。真正达于天理，行于天道，而绝无私心，只有正心，如己身四肢，若有一病，非己所能，其病体如何保证其于仁。③ 程子曰："医书以手足痿痹为不仁，此言最善名状。仁者以天地万物为一体，莫非己也。认得为己，何所不至；若不属己，自与己不相干。如手足之不仁，气已不贯，皆不属己。故博施济众，乃圣人之功用。仁至难言，故止曰：'己欲立而立人，己欲达而达人，能近取譬，可谓仁之方也已。'欲令如是观仁，可以得仁之体。"又曰"论语言'尧舜其犹病诸'者二。夫博施者，岂非圣人之所欲？然必五十乃衣帛，七十乃食肉。圣人之心，非不欲少者亦衣帛食肉也，顾其养有所不赡尔，此病其施之不博也。济众者，岂非圣人之所欲？然治不过九州。圣人非不欲四海之外亦兼济也，顾其治有所不及尔，此病其济之不众也。推此以求，修己以安百姓，则为病可知。苟以吾治已足，则便不是圣人。"④ 由此观之，孔子谓仁，可以说于仁乃是"仁至义尽"，尧舜尚且不能至于此，何况庶人，可见于仁既难又远矣。但是，孔子又说为仁不远，近在眼前，全在己。"子曰：'仁远乎哉？我欲仁，斯仁至矣。'"⑤ 对孔子而言，于仁虽难，但是为仁不远，为仁不难。仁是心之全德，而为仁全在己之正心，非在外，故以为不远。在己之内，欲求极易，放而不求，故以为远；反而求之，则就在己之正心，何远之有？故曰求之，斯仁至矣。⑥ "己欲立而立人，己欲

① （宋）朱熹撰：《四书章句集注》，中华书局，2007年，第80~81页。
②③ （宋）朱熹撰：《四书章句集注》，中华书局，2007年，第91~92页。
④ （宋）朱熹撰：《四书章句集注》，中华书局，2007年，第92页。
⑤⑥ （宋）朱熹撰：《四书章句集注》，中华书局，2007年，第100页。

达而达人"。一远一近，一难一易，孔子之言，义理如此，于仁为仁，皆从己心。"吕氏（吕希哲）曰：'子贡有志于仁，徒事高远，未知其方。孔子教以于己取之，庶近而可入。是乃为仁之方，虽博施济众，亦由此进。'"①

　　孔子之仁，在于己之正心，是主体性的内在"客观性"，是行天道公理，而绝无半点私欲，故于仁为难为远。但是，为仁由己，己欲立而立人，己欲达而达人，推己以人，为仁又近，为仁不难矣。孔子反复论证，义理显明，表明了仁与为仁之间的关系，以勉励人们应从当下开始，从我做起，去除私心，以仁心为本，为仁也就不远了。"子游曰：'吾友张也，为难能也。然而未仁。'曾子曰：'堂堂乎张也，难与并为仁矣。'"② 即是说，子张言行过高，而缺少诚实之意。在曾子看来，虽然子张具有堂堂的容貌，然而由于缺少内在的正心，不可辅而为仁，亦不能有以辅人之仁也。仁出自内，源于正心、公心、直心，而不在于外。范氏（范祖禹）曰"子张外有余而内不足，故门人皆不与其为仁。子曰：'刚、毅、木、讷近仁。'宁外不足而内有余，庶可以为仁矣。"③也就是说，仁在内之正心，正心不在，内不足而外堂堂，又有何用。由此看管理，虽制度、规章俨然有序，若不得人心，管理者与被管理者均缺少"仁心"、"正心"，其管理又当如何推行，即使推行，又有何效果。所以说，从根本上说，若无道德之心，其管理便无落实之处。

三、为仁由己与志于仁

　　孔子奠立了"仁"的心性，就使得"仁"完全扎根于"内心"中，因此，一旦有所作为时，便只有出于"己"之正心，否则便不称为"为仁"。为仁由己，从两个方面说：一是为仁全在于自己，故不外求；二是为仁由己，故无怨无悔。仁者之事不得强求。"子贡曰：'我不欲人之加诸我也。吾亦欲无加诸人。'子曰：'赐也，非尔所及也。'"④ 意思就是说，我不愿意别人强加我去做的事，我也不求别人去做此事。此仁者之事，不待勉强，故夫子以为非子贡所及。⑤孔子虽然承认仁之事不能强加于人，并不是说仁之事不能推广。正如前面所言，"己欲立而立人，己欲达而达人，能近取譬，可谓仁之方也已。"如程子曰："我不欲人之加诸我，吾亦欲无加诸人，仁也；施诸己而不愿，亦勿施于人，恕也。恕则子贡或能勉之，仁则非所及矣。"⑥ 在孔子看来，子贡能做

　　① （宋）朱熹撰：《四书章句集注》，中华书局，2007年，第92页。
　　②③　（宋）朱熹撰：《四书章句集注》，中华书局，2007年，第191页。
　　④⑤　（宋）朱熹撰：《四书章句集注》，中华书局，2007年，第78页。
　　⑥　（宋）朱熹撰：《四书章句集注》，中华书局，2007年，第78～79页。

到的也只有"恕",至于"仁"则未及也,其重要的原因在于"仁"是根于内心,广博无可,即使是圣人也有其不足,与上面所说于仁难且远相互印证。从中我们也看到,仁与恕也是有重大区分的。仁,天理全然;恕,禁止之谓。

孔子之所以称为仁由己,原因在于仁为正心,表现为恭、敬、惠、义。"子谓子产,'有君子之道四焉:其行己也恭,其事上也敬,其养民也惠,其使民也义。'"① 意思是说,做到谦逊、尊敬、利民、使民依义行事,就是为仁,为仁皆出于己心。因此,凡"恭、敬、惠、义"应"依于仁"。孔子强调了仁为心之全德,故为仁由己。"为仁由己,而由人乎哉?"② 也就是说,仁皆源于天理,出乎正心,故为仁由己,而不能外求。在这里,孔子道出了其仁学思想的全部心性特征。"子曰:'志于道,据于德,依于仁,游于艺。'"③ 志者,心之所之之谓。道,则人伦日用之间所当行者是也。也就是人的本性就是一心想着天理人道,如此,则心得其正,心正便无其他的疑惑。据者,执守之意。德者,得也,得其道于心而不失之谓也。得之于心而守之不失,则终始惟一,而有日新之功矣。也就是说,有志于道,便能得其道,得其道而不失谓之德,正心其实也就是德心,有此德心,长期守之,更有新功,故离仁不远。依者,不违之谓。仁,则私欲尽去就会全其心德。为仁是一种功夫,至此方可寸步不离仁、不违仁。游者,玩物适情之谓。艺,则礼乐之文,射、御、书、数之法,皆至理所寓,而日用之不可阙者也。朝夕游焉,以博其义理之趣,则应务有余,而心亦无所放矣。④ 总之,立志,志道,则心存于正而不他;据德,则道得于心而不失;依仁,则德性常用而物欲不行;游艺,则小物不遗而动息有养。在此,孔子之仁,并不只讲内而不讲外,只讲本不讲用,而是由内及外,依本而用,大小并重,主体客体兼顾。

孔子在论证仁之正心时,从天理出发,由"天"、"天道"这一客观下落到人的"内心",认为人之正心乃天命使然。然后又从人性本身出发,从人情世故出发,论证"仁"的合理性,认为亲亲为"仁"。又由亲亲推广开来,推己及人,由此构建出以"仁"为核心的理论体系。在这一体系中,孔子十分强调了"正心"这一仁的"根本"所在。其外在的东西如恭、敬、惠、义,甚至于礼,皆以"正心"来加以权衡,以此来分析"仁"与"不仁"。孔子思想之所以伟大,就在于其对主体性原则的论证无懈可击,可以说开创了对主体性论证的先河。主体对真理的追问是主体性的本质所在,这种追问不仅能够充分发挥

---

① (宋)朱熹撰:《四书章句集注》,中华书局,2007年,第79页。
② (宋)朱熹撰:《四书章句集注》,中华书局,2007年,第131页。
③④ (宋)朱熹撰:《四书章句集注》,中华书局,2007年,第94页。

主体的能动性、创造性，还是实现其价值的根本途径，因此每一位思想家都在极力地追求真理。但是，问题是在追求真理的过程中，有无数的思想家却陷入了一种痛苦中，因为他们在追求真理的过程中并没有一个不可动摇的奠基存在，也就是说没有一个"根"，当他们迷恋理性思辨的时候却走进了自我设定的悖论中。如笛卡儿的唯理论，在理性得到扩张的时候，主体性就落入到一种主观的境界中，从而在主体与其"根"之间缺乏一种重大的连接，不得不陷入到某种无谓的"原则"中，笛卡儿的"数学原则"就是最好的例证，最后竟通过理性推出了"上帝"的存在。这样在笛卡儿的全部理论证明中，由怀疑一切（包括上帝）出发，通过主体的理性，最终推出了上帝的存在。而在孔子看来，在论证主体性的过程中，始终应抓住一个"根"，那就是人的"正心"。简而言之，孔子仁之心性有三种意义：其一是回归到古代的素朴社会，在这个社会里，仁义礼智信根源于人的"正心"，是一个"无蔽"和谐的社会。其二是将"正心"下落到民众，通过为"仁"、"克己复礼"等措施重新找回已经放出去的"正心"，使主体始终保持这一颗奠立为人的"正心"，从而达到一个"忠恕"的天下正治的局面。其三是幻想着有一个美好的社会，即"王道乐土"。我们说，孔子作为一个目的论者，所建立起来的"仁"学体系，始终在管理上贯彻着一种主体的自觉原则，也就是管理主要是依靠主体的自觉，是一种自我管理的思想。当然，孔子在其理论的深处也特别重视教育、礼仪，使其达到"仁"所要求的"正心"这个"根"上去，这对于我们的管理科学具有重大的启发意义。

四、仁与不仁

孔子认为"仁"根于"正心"，在内不在外，而"仁"的表现是由"正心"加以权衡的。孔子谓"仁"人皆有之，因为"仁"来自于"天"、"天道"，而存于己之"正心"，故"仁"不能言有无，但可以言不仁。不仁，即不为仁。如"子曰：'巧言令色，鲜矣仁！'"① 也就是说，好其言，善其色，极力表现自己，取悦于人，满足自己的私欲，从而丧失了本心之德，很少于仁。孔子并没有绝对地说，凡是"巧言令色"皆非仁，而是用了一个"鲜"字，可见其思考的全面性与辩证性。仁与不仁，孔子往往对举。"子曰：'人而不仁，如礼何？人而不仁，如乐何？'"② 也就是说，作为人如果不仁，则人心亡矣，人心亡即人无正心，何以做人，其如礼乐何为，即是说礼乐也不为之用。③ 换句话

---

① （宋）朱熹撰：《四书章句集注》，中华书局，2007 年，第 48 页。
② （宋）朱熹撰：《四书章句集注》，中华书局，2007 年，第 61 页。
③ （宋）朱熹撰：《四书章句集注》，中华书局，2007 年，第 61～62 页。

说，不仁之人，何谈礼乐。在孔子看来，不仁之人，不仅不能用礼乐，也不可以与其久处约、长处乐，关键是因为不仁之人没有一个"正心"、"道德心"，与此人相处，用现代的话说，就是没有安全感。"子曰：'不仁者不可以久处约，不可以长处乐。仁者安仁，知者利仁。'"① 意思是说，不仁之人，失其本心，久约（指穷困）必滥，久乐必淫。只有仁者则安于其仁而无适不然，知者深解仁的本意，故必欲得仁而不改变内在正心。② 在孔子看来，由不仁体察到为仁，意在让天下人为仁。"子曰：'唯仁者能好人，能恶人。'"③ 在孔子看来，仁者无私心，然后好恶当于天理，对待事物皆出于公心，故好恶不以一己之私为转移，无私心故能好人，能恶人。相反，不仁者结党营私，专好与己同者，而不能好与己异者，必以亲、近、富、贵为好，而恶远、疏、贫、贱之人，不是出于正心，必不仁也。因此，孔子强调"仁"的客观性，就必然推广没有私心的好恶，不能因个人的私欲而破坏一些原则和规定。在现代管理中也是如此，不能因关个人的原因，就随意改变管理模式和管理制度，将管理看作是满足个人私欲的工具，完全丧失了"正心"、"道心"、"德心"、"公心"，那么这种管理就必然导致失败。

由此看来，我们不仅为仁，而不做不仁之事，还要志于仁，即时刻不亡心存"正心"、"公心"、"直心"、"道心"、"德心"，这样虽然不能保证做事没有过失，但可以确定地说不会作恶。"子曰：'苟志于仁矣，无恶也。'"④ 意思是说，心中向仁，则为恶则无。朱子曰："志于仁，则虽有差，不谓之恶。惟其不志于仁，是以至于有恶。此志字不可草草看。"⑤ 从中可以看出，儒家道德人的要义在于教人一切志于仁，所以尽管有过差，但却不至于恶。在孔子看来，外在的东西始终在内在的"仁心"下，故富贵贫贱如不为仁则不得处、不得去。富贵不仁不足道，贫贱不仁不可去。故"子曰：'富与贵是人之所欲也，不以其道得之，不处也；贫与贱是人之所恶也，不以其道得之，不去也。君子去仁，恶乎成名？君子无终食之间违仁，造次必于是，颠沛必于是。'"⑥ 也就是说，无论处于什么样的情况下，在什么时候，都应以己"正心"作为出发点，去做符合"仁"的事情，用力为仁，则取舍便分明了。若为不仁，虽富贵不处，贫贱不去，君子之所以为君子，就在于不离其仁。虽顷刻之间，颠沛流离之际，终不离其仁。⑦孔子既讲了志于仁，又讲了不为不仁，同时还讲了时刻不离仁，都是在强调"仁"出于正心，让人们为仁而不为恶，天下人皆为

---

① ② ③ （宋）朱熹撰：《四书章句集注》，中华书局，2007年，第69页。
④ ⑥ ⑦ （宋）朱熹撰：《四书章句集注》，中华书局，2007年，第70页。
⑤ 钱穆：《宋代理学三书随劄》，生活·读书·新知三联书店，2006年，第21～22页。

仁，皆立正心，孔子所向往的大同社会何愁不能实现呢？

如何做到志于仁呢？曾子曰："夫子之道，忠恕而已矣。"① 在儒家看来，志于仁，只要做到忠恕就可以了。尽己之谓忠，推己之谓恕。② 也就是说，无论于己，于人，皆尽自己正心所为，竭尽而无余推辞。这便是仁者所为，至于是否有功、有效，那是另外一回事，只有自己将心"放正"，出于己之"正心"、"道心"、"德心"、"仁心"即可，总之一句话，"盖至诚无息者，道之体也，万殊之所以一本也；万物各得其所者，道之用也，一本之所以万殊也。以此观之，一以贯之之实可见矣。"③ 如前所述，一本即指一"正心"，用其一本一心，贯万物。不论何事，圣人只此一心应去，则万物随之应去，天道人道皆通，是谓仁也。程子曰："以己及物，仁也；推己及物，恕也，违道不远是也。忠恕一以贯之：忠者天道，恕者人道；忠者无妄，恕者所以行乎忠也；忠者体，恕者用，大本达道也。此与违道不远异者，动以天尔。"又曰："'维天之命，于穆不已'，忠也；'乾道变化，各正性命'，恕也。"又曰："圣人教人各因其才，吾道一以贯之，惟曾子为能达此，孔子所以告之也。曾子告门人曰：'夫子之道，忠恕而已矣'，亦犹夫子之告曾子也。"④ 意思就是说，于己于人，天道人道，其理之所以为一，乃出于一本即出于一心也。有此"正心"之一本，一以贯之。儒家讲"心"，全然不同于主观唯心主义的心。主观唯心主义的心是说万物分析来分析去，最后归结为"心"的主观所生，此仍是向外求真。儒家所讲"心"本，重在人生实践，主张以己之内心去应万物，则心于显然分属了。而己之内心也不是主观所生，乃是"天道"落实下来的，是"天命之谓性"所规定了的。外物虽多种多样，千变万化，亦是一人生，在人之内，不在人之外，故求必求于内，而不求于外，因为"天人"实则合一。如钱穆所认为的，"西方哲学则要从外面合成一大事物，或唯心，或唯物，或上帝，则宗教科学哲学，在西方实只是一个，只是向外寻求。"⑤ 所以，西方人与物不能一以贯之，皆向外求，因此在西方，尽讲科学、讲理性，科学、理性越发展，其越会感到"无家可归"，究其原因，就在于向外求，求的越远、越深，就离家越远。讲管理也是如此，管理的核心是发挥人的作用，而人的作用的真正发挥，是人的自我主动性、积极性和创造性，这种主动性、积极性和创造性，其真正的来源在于人的自觉性。事实上，道德人的人性假设与现代意义上的管理，在其根本上有着巨大的差异。因为，真正意义上的道德人，是无功无

---

①②③　（宋）朱熹撰：《四书章句集注》，中华书局，2007年，第72页。

④　（宋）朱熹撰：《四书章句集注》，中华书局，2007年，第72～73页。

⑤　钱穆：《宋代理学三书随劄》，生活·读书·新知三联书店，2006年，第23～24页。

效的，即"仁人者，正其义不谋其利，明其道不计其功。"① 然而，现代意义上的管理，正在于"谋其利"而"计其功"。所以说，道德人的人性假设与现代管理便出现了悖论。中国的文化传统是"为是事者必有其效，是亦天理之自然也。然或先计其效，而后为其事，则事虽公，而意则私。"② 中国文化时时强调一个"正心"存于心中，做事也就是做人；而西方先问一个"有效"否，于是做人先问做事，虽然讲科学理性，但终与人性相去甚远。也就是说，道德人的立足点在于人，因为事是由人去做的；而西方管理的立足点在于事，而把人当作完成"事"的工具。故西方所谓的"人性"，仍然是一种完成某种事的所谓的"人性"，而并不真正关注"人"本身。

五、任重与道远

儒家主张天道、人道，强调为仁由己，但儒家也并不单纯只正己而不正人，只不过在儒家看来，正己是一己之事，做起来容易一些，而关涉于外，倒是难了许多，因为外在事物，全然不能由自己来把握，故在儒家看来，正己虽是正人的奠基，也是正人的最好方法，但是至于正人则是相当繁重的任务。所以说，儒家一旦联系到正人时，都被看作是尽了天下的重大责任，完成的是一种崇高的使命。"曾子曰：'士不可以不弘毅，任重而道远。仁以为己任，不亦重乎？死而后已，不亦远乎？'"③ 意思是说，作为士不仅自己做到仁、义、礼、智、信，而且要将它弘扬光大，推广开来，若执德不弘，便自足不负责任。在这里，弘，指宽广。毅，指强忍。儒家认为，作为士，非弘不能胜其重，非毅无以致其远。④ 这就为中国士人增添了一种特有的政治责任，师道责任。作为仁人志士，不光自己成其全德，成为仁人，身体力行，还必须将此推广开来，使天下人皆能通其道理。单单自己正心就已经很艰难了，何况还要负起弘扬推广的责任，可谓任重而道远，而非坚毅不能为也。"程子曰：'弘而不毅，则无规矩而难立；毅而不弘，则隘陋而无以居之。'又曰'弘大刚毅，然后能胜重任而远到。'"⑤

一般而言，要完成一项宏大而艰巨的任务，必不能缺少勇敢和敢于牺牲的精神。但是，在儒家看来，由于其所肩负的是一种"天道"的神圣责任，处处以"正心"、'道心"、"德心"为标准，所以在处理"勇"与"仁"的关系时，时刻不忘"仁心"这个根本。任虽重，道虽远，总是有一个奠基，有一个根本在起着决定的作用。所以，在孔子看来，勇虽好，但是若缺少仁心，其勇敢也

---

① ② 钱穆：《宋代理学三书随劄》，生活·读书·新知三联书店，2006 年，第 29 页。
③ ④ ⑤ （宋）朱熹撰：《四书章句集注》，中华书局，2007 年，第 104 页。

会生乱。"子曰：'好勇疾贫，乱也。人而不仁，疾之已甚，乱也。'"① 孔子强调"仁"，好勇而不疾贫，则不肯为乱；疾贫而不好勇，则不能为乱。故好勇而疾贫，才力出众，又无生养，必生乱。② 因此，孔子教人为仁，虽勇且安于贫，故乱不生。知、仁、勇三德，勇必为末。正如钱穆所言，"今国人方慕西化，既教人疾贫，又教以好勇，其为危道亦可警矣。"③ 说出了资本主义社会内部所固有的矛盾。

儒家讲仁，意在平天下，故为仁由己，也不忘人。所谓不忘人，在于教人，在于弘毅。"仁以为己任，不亦重乎？死而后已，不亦远乎？"④ 时时刻刻为仁，时时刻刻身体力行，而"正心"、"修德"。然而，于仁尧舜犹病也，况其余人等，故曰"不亦重乎？"而播撒、弘扬仁德是一个永无止境的过程，应一生所为，并且以此为乐，"不亦远乎？"至于如何教人以"仁"，以"德"，"下学而上达"。在孔子看来，应当有所为有所不为，具体的办法就是，"民可使由之，不可使知之。"⑤ 也就是说，让庶民知道这样做的道理，而不让庶民了解这样做的根本原因。孔子的意思不是说不让庶民知道，而是圣人根本做不到让人知道的根本原因。要完全了解一些道理的根本原因，达到一种澄明的知识，是非常困难的。正如能看电视的人并不尽知道电视的原理，能驾驶飞机的人也并不尽知飞机制造的原理一样。因此，孔子在及于他人时，必言兼教，而又言不可使知，其辩证思想是非常细微的，并非有些人所讲的什么孔子的愚民政策使然。我们还必须注意一点，孔子言学，主张下学而上达。所谓下学，即是从人情世故出发，不求远，而求身边之事，故下学实为身体力行。但只求下学也有不足之处，故下学的目标便是上达。所谓上达，即是通于天道，与天为一。朱子曰："曰下学而上达，言始也。下学而卒之上达云尔。"⑥ 朱子又曰："意在言表，谓其因其言而知其意，便是下学上达。"⑦ 意思是说，学在于事，而及于天；学于事则在于力行，从而不骄不躁；及于天则达于理，从而不落入俗套，而专求一种做人的境界。

孔子主张学，要求多闻多见，皆欲求多，不然则孤陋寡闻，不足为学。朱子曰："多闻择善，多见而识，须是自家本领正。"⑧ 然为学不尽博文，尚有约礼。在孔子看来，学习之事，永无完结，故学不厌，教不倦，活到老，学到老。可是有一点，即学在文，而习在行，重行是儒家博文的最终归宿。故中国

①②⑤　（宋）朱熹撰：《四书章句集注》，中华书局，2007 年，第 105 页。
③　钱穆：《宋代理学三书随劄》，生活·读书·新知三联书店，2006 年，第 41 页。
④　（宋）朱熹撰：《四书章句集注》，中华书局，2007 年，第 104 页。
⑥⑦　钱穆：《宋代理学三书随劄》，生活·读书·新知三联书店，2006 年，第 54 页。
⑧　钱穆：《宋代理学三书随劄》，生活·读书·新知三联书店，2006 年，第 47 页。

学问，与其行紧密相连，观其文知其人，做学问也就是做人。而在西方则文与人关联不强。在文上，孔子所自认之莫吾犹人处，意思是与别人相差不多，关键是在行上，孔子也不以此自足。所以说，孔子教人重在于行，虽博文而行犹重。这是否说，儒家教人只重行而不重文，亦不重能呢？答案是否定的。儒家教人，如前所述，既主张博文，又重视能力，但是二者皆从属于"行"，基于"心之全德"，故在能方面，孔子并不主张多能，而强调只此一"能"，即"主于德"足矣。有此一能，方为圣人，然圣人何有不多能者。意思就是说，多能不能专一，多能不可以律人，也就是说多能，哪一能是人们应当仿效的呢？故只有一能足矣。可见，儒家在强调"心德"、"仁"的过程中，主次分明，论证有力，逻辑十分严谨。

总之，孔子所构建的以"仁"为核心的思想体系，强调了"仁"的"本心"、"道心"、"德心"、"正心"，因此，道德人是孔子整个"仁"学体系的实质和核心。在此基础上，孔子提出了"礼"，提出了"公"以及"义"、"智"、"信"等一系列范畴，但其根本仍然是奠基于"仁"上。朱子的一段话便很好地概括了孔子的仁学思想，"人受天地之中以生，而仁义礼智之性具天其心。仁虽专主于爱，而实为心体之全德。礼则专主于敬，而实为天理之节文也。人有是身，则耳目口体之间不能无私欲之累，以违于礼而害夫仁。人而不仁，则其一身莫适为主，而事物之间，颠倒错乱，无所不至矣。圣门之学，所以汲汲于求仁。而颜子之问，夫子特以克己复礼告之，盖欲其克去有己之私欲，而复于天理之本然。则本心之全德，将无不尽也。己者，人欲之私。礼者，天理之公。一心之中，二者不容并立，而其相支之间，不能以毫发。其克与不克，复与不复，如手反复，如臂屈伸，诚欲为之，其机固亦在我而已。"[1] 从中我们不难看出，孔子所建构的仁学体系，即道德人性的主张，实际上所强调的就是存在己内的"正心"，而这一"正心"又是"天道"所为，己之所养。由内在之"正心"生发出来，就是"道德"，就是"仁义礼智信"，就是"公心"，它不仅能够使自我成为志士仁人，而且还能够"修身、齐家、治国、平天下"，形成"大同世界"。因此，孔子以"仁"为核心的思想体系，关键的问题不在于外在的强力与限制，而在于内在的自省与自觉。以此反观现代的管理体制，似有本末倒置之嫌。

---

① 钱穆：《宋代理学三书随劄》，生活·读书·新知三联书店，2006 年，第 41 页。

第四节　孟子的"性善论"与人性论的确立

孟子师从孔子之孙子思，是孔子之学的继承者，作《孟子》一书，形成了以"性善论"为核心的思想体系，成为儒家思想的集大成者。当是时，周衰之末，战国纵横，用兵争强，竞相侵夺。当世取士，务先权谋，以为上贤。诸家遂起，异端盈众，先王大道，陵迟堕废。"孟子闵悼尧、舜、汤、文、周、孔之业将遂湮微，正涂雍底，仁义荒怠，佞伪驰骋，红紫乱朱。于是则慕仲尼周流忧世，遂以儒道游于诸侯，思济斯民；然由不肯枉尺直寻。时君咸谓之迂阔于事，终莫能听纳其说。"① 虽然孟子的思想在当时未被诸侯采纳，但是孟子"性善论"的思想体系，以及对儒家思想和中国传统文化的贡献则是显而易见的。"性善论"是继孔子"仁学"的发扬光大与系统化，孔子言"仁义礼智信"，虽将"仁"突出出来作为奠基，但是"仁义礼智信"仍并入在一起，而孟子以"性善"统摄，谓"仁义礼智"为四端，更从根本上将儒家的"心性"摆放在一个显著的地位，即"仁义礼智"无不根于"性善"。这样，就把仁义礼智信诸德归于一本心，故孟子提出了一系列的核心理念，如"性善"、"浩然之气"、"不动心"、"求放心"，等等，较孔子更进一步使其学说建立在"心性"上，使儒家道德人人性得以完全确立。

一、孟子"性善论"的实质

孟子讲人性全不离一本心，虽然直接源于孔子之"仁"，却比孔子的仁学来得更为简洁。孔子讲"仁"，还必须从"正心"上说开来，而孟子则归结于"性本善"，由"本其善性，闭塞利欲，疾无由至矣"，② 故"性善"为其本，由"性善"，方生仁义，由仁义，然后上下和亲，君臣集穆。可见，孟子的"性善论"，是对孔子仁学思想的继承与发展。又孔子言"仁义礼智信"，极少言性，"故曰夫子之言性与天道不可得而闻也"，③ 而孟子特别提倡性善论，认为恻隐羞恶辞让是非之心人皆有之，且皆出于性善。而程朱言仁言性又与孔孟不同，程朱认为仁义礼智之所以有别，乃谓理，而理又本于忹。如孝弟，孔子

---

① （清）焦循撰：《孟子正义》，中华书局，2007年，第10页。
② （清）焦循撰：《孟子正义》，中华书局，2007年，第20页。
③ 钱穆：《宋代理学三书随劄》，生活·读书·新知三联书店，2006年，第17页。

言孝弟为仁之本，实则仁为孝弟之本，无仁心便无孝弟，仁为本，根于心，孝弟只是仁爱的一事，谓之"为仁"，由孝弟生发出来，便是为仁，故曰"其为人也孝弟"。在孟子看来，仁与孝弟皆来自于性善，是吾心所固有。而程朱则认为，"仁者，天之所以与我，而我不可不为之理也。孝弟者，天之所以命我，而不能不然之事也。"① 仁是当然之理，而孝弟则是必然如此，一个为本，是共性；一个为具体所为，是个性。其间虽然贯通，但也有细微的差别。

究其孟子"性善论"的实质，可以概括以下几点：

其一，孟子"性善论"，根于人性之本。孟子言"性善"，其"性"是人的根本，也是自然赋予人的本性。于孔子所谓"性相近"不同。孔子曰："性相近也，习相远也。"② 此处孔子所言"性"乃气质之性，可善可不善，故曰"相近"而不同，然而最初，相差也不远，与孟子所言"性善"实有大不同。在孟子看来，人性无不善，如水无不下，是当然之理，无所谓"习与不习"，故程子对孔子所言性曰："此言气质之性。非言性之本也。若言其本，则性即是理，理无不善，孟子之言性善是也。何相近之有哉？"③ 可见孔孟在言"性善"方面是有差异的。

孟子最初谈到"性善"是在滕文公章句中，"滕文公为世子，将之楚，过宋而见孟子。孟子道性善，言必称尧舜。"④ 此处孟子言人生（性）皆有善性，此善性当充而用之；又言尧舜之治天下，不失仁义之道，以此勉励世子。从中我们看出，孟子所言性善，根于人之大本，即生之谓性，源于"天道"，其"仁义之道"皆发自于"性善"，较孔子又进了一步。"程子曰：'性即理也。天下之理，原其所自，未有不善。'"⑤ 孟子道性善，荀子道性恶；孟子称尧舜，荀子则法后王。对荀子而言，其善者伪也，伪者，化性起伪。其善是人之所为，是性之所化，从根本上说人性是恶的，以此批驳孟子的性善论。"孟子曰：'今人之性善，将皆失丧其性故也。'曰：若是，则过矣。今人之性，生而离其朴，离其资，必失而丧之。用此观之，然则人性之恶明矣。"⑥ 孟子所讲性善，根源于人之本；而荀子言性恶，则明于末，一个从理性、抽象上去深究，一个从感性、表象上去观察，从而得出了两个不同的结论。孟子言性善即言人之本性善，失其本性，受其外物的诱惑，才变为恶；而荀子则认为，人性从根本上

---

① 钱穆：《宋代理学三书随劄》，生活·读书·新知三联书店，2006年，第16~17页。
② （宋）朱熹撰：《四书章句集注》，中华书局，2007年，第175页。
③ （宋）朱熹撰：《四书章句集注》，中华书局，2007年，第176页。
④ （清）焦循撰：《孟子正义》，中华书局，2007年，第315页。
⑤ （宋）朱熹撰：《四书章句集注》，中华书局，2007年，第251页。
⑥ （清）王先谦撰：《荀子集解》，中华书局，2008年，第436页。

来说就是恶，而善伪也，即人之所为，除去恶，方可为善。孟子荀子皆欲人为善，然而其出发点不同，故二者的进路也不同。孟子求放心，主张尽性；荀子则劝学，化性而伪善。事实上，孟子荀子是在不同层次上进行的争论，客观上说，孟子的层次更为深邃，更能抓住人性的本质，假如从根本上说人性不是善的，无论如何也无法进到一个善的层次。

其二，孟子"性善论"的目的是欲人为善，行君臣之道。孟子讲性善，并不空对空，而是落实下来，切中时弊，行君臣之道，这与孔子克己复礼，天下归仁是一致的，但孟子更注重践行。儒家总是从人情世故出发，来表明理论的出发点，这种入世的品质是我国文化特有的现象。孟子与孔子一样，凡论证皆通过身边事的比喻加以说明。孟子曰："道在近而求诸远，事在易而求诸难。人人亲其亲，长其长，而天下平。"① 意思是说，道在近就不要向远处求，事在易就不要做难的事，患人求远求难，而不去求既近又易之事。何为近易之事、眼前之事呢？孟子认为，亲其亲，长其长，就是既近又易之事，如此做了，则是天下平之事。孟子将孝弟看作天下平的大事，与孔子一样，认为孝弟乃为仁之本，本立而道生。孟子谈心性，必讲仁义，必行孝弟，故曰"尧舜之道，孝弟而已。其为人也孝弟，犯上作乱未之有也。舍此而高谈心性，辨别理欲，所谓求诸远，求诸难也"。②

讲孝弟，一般人皆可为之，然而，孟子"性善论"重要的是要行君臣之道。"孟子曰：'规矩，方员之至也；圣人，人伦之至也。欲为君尽君道，欲为臣尽臣道，二者皆法尧舜而已矣。不以舜之所以事尧事君，不敬其君者也；不以尧之所以治民治民，贼其民者也。孔子曰："道二，仁与不仁而已矣。暴其民甚，则身弑国亡；不甚，则身危国削。名之曰幽厉，虽孝子慈孙，百世不能改也。"诗云："殷鉴不远，在夏后之世"，此之谓也。'"③ 也就是说，孟子道性善而称尧舜，敬君爱民，便是君臣之道，而敬君爱民，皆出于性善。此之谓君臣之道，以此道观之，仁与不仁而已矣。可见孟子之仁与孔子之仁，一以贯之。

其三，孟子性善发于内，而行于外。孔子讲仁，有一个客观的"天道"下落到"正心"的过程，而孟子"性善"，其"天道"自然就在"性"中，就是人性的根本，故"性善"本身就在"内"，无须再来一个"下落"的"正心"，只要将此"性"由内而向外发出即可。这既是孟子的核心思想，也是"性善"本质所固有的。因此，在论证"性善"的本质过程中，孟子总是强调"内"，并以此认为"仁"、"义"、"诚"、"礼"等一些最基本的理念，也是出于内而非

①② （清）焦循撰：《孟子正义》，中华书局，2007 年，第 508 页。

③ （清）焦循撰：《孟子正义》，中华书局，2007 年，第 490～491 页。

出于外。在孟子看来，恻隐之心、痛疾之意、崇敬之情，皆出于人心所固有，是自我之事，非外求之。

二、孟子"性善论"的系统阐述

孟子"性善论"不同于孔子仁学。孔子的仁学是先设一个"天道"下落到"正心"，然后由此"正心"向外发展，形成一个以"仁"为核心的思想体系。孟子的"性善论"直接由"内"向"外"发展，由内在之性本善向外展开，形成了以"性本善"为核心的思想体系。虽然孔孟大旨相同，但路径等一些细微之处还是有所区别。不了解孔孟之间的这些区别，就不能清晰地看到儒家思想的变化与发展。

孔孟虽讲性与命，然而其"性命难言也"，是不容易讲清楚的。"今观其立言之叙：其始杞柳之喻，疑'性善'为矫揉，此即性伪之说也。得戕贼之喻，知非矫揉矣，则性中有善可知矣。然又疑性中兼有善恶，而为湍水之喻，此即善恶混之说也。得捕激之说，知性本无恶矣。则又疑'生之谓性'，此即佛氏之见也。得犬牛之喻，知性本善矣。则又疑'仁内而义外'，及得耆炙之喻，然后知性中之善，如是其确而切、美且备也。"[1] 孟子在与告子的论战中，系统地简述了"性善论"的思想体系。告子兼于儒墨之道，则不能纯彻性命之理，乃不知人性本善。

首先，孟子以戕贼喻，指出人性本善，只能顺其性为仁义，而不能如杞柳戕贼为栝棬。"告子曰：'性，犹杞柳也。义，犹栝棬也。以人性为仁义，犹以杞柳为栝棬。'孟子曰：'子能顺杞柳之性而以为栝棬乎？将戕贼杞柳而后以为栝棬也？如将戕贼杞柳而以为栝棬，则亦将戕贼人以为仁义与？率天下之人而祸仁义者，必子之言夫！'"[2] 告子疑性本善，以杞柳之喻来证性本不善，杞柳本不是栝棬，外力所为而后成为栝棬，非人力则杞柳不可以成为栝棬，正如人性本不善，是人为化性才为善，即外力使之善，如先觉觉后觉。而孟子则以戕贼之喻，认为若顺杞柳之性，不伤其性而成为栝棬是不可能的，只有动用斧斤残败杞柳，方可为栝棬。孟子以人身为仁义，岂可残伤人的身体为仁义，明确不能比与栝棬。转木以成栝棬，杞柳也；转性以成仁义，不可也。因此，孟子论证了性本仁义，不必戕贼（残伤）而为仁义。杞柳之性，必戕贼之方可为栝棬，人之性，但顺之即可为仁义。人之性不同于物之性，草木之性本不善，人之性本善，盖因人之性逢于心，以己之心知人之心，能变通，故性善；而物之性，不可变通，

---

① （清）焦循撰：《孟子正义》，中华书局，2007 年，第 731~732 页。

② （清）焦循撰：《孟子正义》，中华书局，2007 年，第 732 页。

必戕贼才可变化，故草木之性不善矣。又杞柳之性，可戕贼为桮棬，不可顺之为仁义，其根本原因是于无所知也。人有所知，异于草木，且人所知而能变通，异乎禽兽，故只能顺其性而变通之，即能仁义。人为仁义，在性不在形体，不能戕贼身体以为仁义，只能顺其性而为仁义。以人力戕贼杞柳以为桮棬，以教化顺人性以为仁义，非他力所为，亦非伪之而为仁义，但性本善，能自知、自觉，故为仁义。①

其次，孟子以捕激之说，指出人性本善，而不是可善可不善，或有善有不善。"告子曰：'性犹湍水也，决诸东方则东流，决诸西方则西流，人性之无分于善不善也，犹水之无分于东西也。'孟子曰：'水信无分于东西，无分于上下乎？人性之善也，犹水之就下也。人无有不善，水无有不下。今夫水，搏而跃之，可使过颡；激而行之，可使在山：是岂水之性哉？其势则然也。人之可使为不善，其性亦犹是也。'"②告子认为，人性若水性，随物而变，无善无不善，或可善可不善，或可善可恶，决诸东方则东流，决诸西方则西流，以此证明性本不善。习于善则善，习于恶则恶，随物而化，后天所为，以此来应对孟子性本善。而在孟子看来，性本善，人生而有善，犹水之就下也。所以知人皆有善性，似水无有不下者也。人之性善，故顺之而无不善；本无恶，故反之而后为恶。人本性善，之所以为恶，非顺其性也，即为利欲之势所迫而至为恶，如激水过山，其迫于情势而已，非水之本性。故顺其性则为善，不顺其性，如捕而跃之，激而行之，则为恶，人性本善明矣。况告子讲水之"东西"，"东西"本无优劣，而人的善恶，则判若天渊。由此看来，告子的所谓"决东决西"，根本不足以比及人性之善不善。所以说，孟子对告子失其素真，不能纯彻性命的评价是比较中肯的。③

再次，孟子以犬牛之喻，对"生之为性"进行了深入探讨。从矛盾的普遍性和特殊性的关系上，证明了人性本善。"告子曰：'生之谓性。'孟子曰：'生之谓性也，犹白之谓白与？'曰：'然。''白羽之白也，犹白雪之白；白雪之白，犹白玉之白与？'曰：'然。''然则犬之性，犹牛之性；牛之性，犹人之性与？'"④生之谓性，同类者为性，然此同类者不是指外在的东西，而是指内在本质而言。人与物虽有共同的东西，但是人之性与物之性是根本不同的，人作为类有着自己类的本质，而不是指人与物的共同之处。故告子与孟子所指的"性"是不同的。告子认为，生之谓性，其"性"只指共性，然其共性并不是

① （清）焦循撰：《孟子正义》，中华书局，2007 年，第 732～735 页。
② （清）焦循撰：《孟子正义》，中华书局，2007 年，第 735～736 页。
③ （清）焦循撰：《孟子正义》，中华书局，2007 年，第 735～737 页。
④ （清）焦循撰：《孟子正义》，中华书局，2007 年，第 737～738 页。

"人"的共性，而是指人与物的共性，从而得出了性有善有不善的论点。而孟子所指的"性"是专为人这一类所具有的共性，故得出了性本善的结论。告子认为，白羽之白，犹白雪之白；白雪之白，犹白玉之白，三者皆有"白"之性，故三者性同。而在孟子看来，三者尽管皆有"白"之性，其三者之性是根本不同的，羽性轻，雪性消，玉性硬，虽俱白，其性不同，是从各自的本性上着眼。如人与禽兽，虽然皆有耳目口舌身之欲，其根本之性则不同，以此证明，人之性本善。也就是说，区别人性与物性的根本原则，不在于二者的共性，而在于各自的特性，即人之为人的本质与物之为物的本质。不同类者，其性不同，故牛之性非人之性。人生矣，则必有仁义礼智信之德，是人之性善也。物生则不能全其仁义礼智之德，故物之性不能如人之性善矣。①

最后，孟子以耆炙之喻，论证了性中有善，仁义为内非在外。"告子曰：'食色，性也。仁，内也，非外也。义，外也，非内也。'孟子曰：'何以谓仁内义外也？'曰：'彼长而我长之，非有长于我也。犹彼白而我白之，从其白于外也。故谓之外也。'曰：'异。于白马之白也，无以异于白人之白也。不识长马之长也，无以异于长人之长与？且谓长者义乎，长之者义乎？'曰：'吾弟则爱之，秦人之弟则不爱也，是以我为悦者也，故谓之内。长楚人之长，亦长吾之长，是以长为悦者也，故谓之外也。'曰：'耆秦人之炙，无以异于耆吾炙，夫物则亦有然者也。然则耆炙亦有外与？'"②告子不明仁义皆出于内，而认为仁由内出，而义则以外在条件为转移，故得出了"仁内义外"的结论。告子先从"欲"出发，认为"欲"就是"性"，人之性如此，物之性亦如此。物之性而不能得其宜（义），此禽兽之性，所以不善也。而人知饮食男女，圣人所教化，故人之性所以无不善。人性之善，全在于义。义外非内，是人性中本无义矣。性本无义，人物性同。只有通过教化即外在的力量，才使人性善。接着告子以彼长而我长之加以论证，认为我之所以长之，是在于彼长，在于外而不在于内。而在孟子看来，欲虽然人与物皆有，然而人之欲与物之欲是根本不同的，犹如牛之性与人之性不同一样。至于彼长而我长之，孟子认为，彼长而我长之，还是在于内，非在于外。彼长而我长之，皆用于我心长之，分明长之全在于长之者（谁长之）而不在长者（彼长）。也就是说，尊敬长者，不在于长者本身，而在于尊敬长者的人。长马之长，何不长之（尊敬）。故敬老者，己也，人也，何以为外。长之（尊敬长者）既在我心，则权度悉由中出，安得以义在外乎？长之权在我，安得云非外有长于我也？告子因不明仁义在内，皆由

---

① （清）焦循撰：《孟子正义》，中华书局，2007年，第737～742页。
② （清）焦循撰：《孟子正义》，中华书局，2007年，第743～745页。

中出，又提出"吾弟则爱之，秦人之弟则不爱也，是以我为悦者也，故谓之内。长楚人之长，亦长吾之长，是以长为悦者也，故谓之外也"。孟子认为，虽然尊敬楚人长者与尊敬我的长者，皆以长为悦，因长而生，但皆出自于己。告子以爱不同明长同，孟子则以嗜之同明长同爱不同。权固由我，爱之长之，皆以我为悦。秦人之弟非吾弟，以其亲不同，故爱不同。楚人之长非吾长，以其长同，故同长。秦人之炙非吾炙，以其同美，故同嗜。知吾所以嗜之者由心辨其美，则知吾所以长之者由心识其长，故皆出于中，非外也。① 孟子通过与告子的论战，基本确立了性本善的理论体系。

　　然而，义内义外的争论并没有结束，孟子通过其弟子的提问，进一步作了阐明。孟季子认为义在外，非由内。其论据是，乡人之长与兄，按其远近，当敬兄；然酌时，按其宾客，当敬乡。孟季子由此得出义在外之说。孟子认为，无论是敬兄，还是敬乡人，皆在内，非在外。常敬于兄，理也；势不同而敬于乡人，礼也。因事转移，处位不同，故敬之有别，吾心克有权衡，并不能说明义在外。孟子认为，敬叔父之敬，与敬弟之敬，应敬叔父，然弟在尸位，当敬弟，势必然也。季子曰："敬叔父则敬，敬弟则敬，果在外，非由内也。"② 公都子曰："冬日则饮汤，夏日则饮水，然则饮食亦在外也？"③ 也就是说，虽敬之，必从心而敬，必在内而不在外；如饮食汤水，非在外而必在内。心中无敬，何言敬。敬叔父、敬弟皆在内非在外。义虽有变通，时间、地点、条件不同而已，非义在内之变。至此，孟子言人无不善，在于性本善，而性本善则根于天道，生之谓也。

　　与孔子一样，积极的入世态度是孟子"性善论"的重要主张之一。孟子讲入世，首要的是"为政于民"，推行"仁政"。《孟子》首章《梁惠王》就是以"仁政"作为开篇的。在孟子看来，为政之要，在于执政为民，与民同乐，推行善政，而其根本就在于人性本善。"孟子见梁惠王。王曰：'叟不远千里而来，亦将有以利吾国乎？'孟子对曰：'王何必曰利，亦有仁义而已矣。王曰"何以利吾国"，大夫曰"何以利吾家"，士庶人曰"何以利吾身"，上下交征利，而国危矣！万乘之国，弑其君者，必千乘之家。千乘之国，弑其君者，必百乘之家。万取千焉，千取百焉，不为不多矣。苟为后义而先利，不夺不餍。未有仁而遗其亲者也，未有义而后其君者也。王亦曰仁义而已矣，何必曰利。'"④ 孟子看到了如果丢弃仁义，上下交相征的现实，因而对梁惠王见面就言带来什么利提出了反对意见，奉劝梁惠王只有推行仁政才能安国富民。孟子

---

① （清）焦循撰：《孟子正义》，中华书局，2007 年，第 743～748 页。
②③　（清）焦循撰：《孟子正义》，中华书局，2007 年，第 747 页。
④　（清）焦循撰：《孟子正义》，中华书局，2007 年，第 35～43 页。

此观点不可谓不深刻，利固然是人们所追求的，然而对利的贪欲也是导致社会危机的直接原因，如果人们不择手段地追逐利益，而缺乏仁爱之心，利其实就是祸国殃民的真正原因。在今天看来，对利润的追逐，从某种意义上说，也是导致一系列政治经济和社会危机的重要原因。所以说，管理讲求利益的最大化，如果一味地追求利益，而失去了人类最根本的东西，即人性善，这种对利益追求的管理也是可怕的和危险的。不仅如此，在这里孟子所强调的利，还不只是说私利不可追逐，就算是富国强兵之利也同样不可追逐。孟子的这一思想在当下好像不可理解，其实，在孟子看来，所谓的富国强兵所带来的并非是利，而是害，是害大于利。兵强则凌国，国富则民惰，故孟子强调"仁义"。假如人人言利，皆将利我，"夫君欲利，则大夫也欲利；大夫欲利，则庶人欲利：上下争利，则国危矣。"① 因此，孟子认为仁义之利，天经地义，不易之道，若以仁义为先，"臣之于君，每十分而取其一分，亦已多矣。若又以义为后而以利为先，则不弑其君而尽夺之，其心未肯以为足也。"② 所以说，"仁者必爱其亲，义者必急于君。故仁君躬行仁义而无求利之心，则其下化之，自亲戴于己也。"③ 孟子认为，仁义根于人心而固有，天理之公，虽不求利而无不利，若专于人欲之私利则有害，国将陷入危险境地，故孟子言仁义而不言利。

我们必须注意，孟子言仁义而不言利，只是在仁义与利谁先问题上而说的，并非绝对不言利。如孟子所言，只要有仁义则无不利，若无仁义存，虽言利也为害。仁义存则公心在，公心在则利于民，利于民从而仁政方可推行。孟子以战喻，指出了梁惠王虽有移民转谷的善政，然其好战残民，其为政仍然缺少"仁义"，从而指出了"仁政"首先就是得民心，顺民意，行先王之道。"梁惠王曰：'寡人之于国也，尽心焉耳矣。河内凶，则移其民于河东，移其粟于河内。河东凶亦然。察邻国之政，无如寡人之用心者。邻国之民不加少，寡人之民不加多，何也？'孟子对曰：'王好战，请以战喻。填然鼓之，兵刃既接，弃甲曳兵而走，或百步而后止，或五十步而后止。以五十步笑百步，则何如？'曰：'不可，直不百步耳，是亦走也。'曰：'王如知此，则无望民之多于邻国也。不违农时，谷不可胜食也。数罟不入洿池，鱼鳖不可胜食也。斧斤以时入山林，材木不可胜用也。谷与鱼鳖不可胜食，材木不可胜用，是使民养生丧死无憾也。养生丧死无憾，王道之始也。'"④ 孟子指出了行仁政的重要路径，那

---

① （清）焦循撰：《孟子正义》，中华书局，2007年，第37页。
② （宋）朱熹撰：《四书章句集注》，中华书局，2007年，第201页。
③ （宋）朱熹撰：《四书章句集注》，中华书局，2007年，第201～202页。
④ （清）焦循撰：《孟子正义》，中华书局，2007年，第51～55页。

就是王道以得民心为本，故以此为王道之始。至于如何得民心，孟子提出了重要的一点，就是在于使民，养生送死之用备足，这就必然涉及利益问题。孟子曰："无恒产而有恒心者，惟士为能；若民，则无恒产，因无恒心。苟无恒心，放辟邪侈，无不为已。及陷于罪，然后从而刑之，是罔民也。焉有仁人在位，罔民而可为也？是故明君制民之产，必使仰足以事父母，俯足以畜妻子，乐岁终身饱，凶年免于死亡。然后驱而之善，故民之从之也轻。"① 孟子的这一思想极为可贵，在孟子看来，人们皆有"恒心"即"善心"，惟有学士之心，虽穷而不失道，不求苟得。而民则迫于饥寒，则不能守其常善也。也就是说，"恒产"是"恒心"的物质基础。民恒产，方恒心，行善施仁则通行无阻。因此，仁君在位，行施仁政，在于置民以恒产，使民得其利，得其利方有恒心。若无恒产，民诚无恒心，犯罪触刑，于是便用刑罚，这无异于张网以网民者也，何谈仁政。所以说，爱民在于使民足，在加以礼义教化，这便是仁政的根本，王道的推行。因此，此种利益在于欲利百姓，是公利而绝非私利。如孟子曰："狗彘食人食而不知检，涂有饿莩而不知发；人死，则曰：'非我也，岁也。'是何异于刺人而杀之，曰：'非我也，兵也。'王无罪岁，斯天下之民至焉。"② 也就是说，岁熟之年，注意节俭；凶岁之年，当发放赈济。若不修俭发之法，丰岁任其狼戾，一遇凶歉，食廪空虚，不得已采用移民转谷之法，说是尽心为民，惑矣。等到饿莩，便推脱责任，说这不是我造成的，是年境不好，这无异于用刀杀人，而说这不是我杀的人，是兵器杀的一样。很显然，孟子要求为政者应时刻责己而改行，以行仁政。

孟子的仁政，其根源在于人性本善。所以，推行仁政而得王的问题，孟子从性善论出发给出了答案。如前所述，孟子"性善论"较孔子"仁学"具有更强的概括性、普遍性和抽象性，因而也更加揭示出人性的本质。在孟子看来，仁、义、礼、智、信皆出于人之"性善"，而"仁"不过是"性善论"之一端。所以说，孟子谓仁政为一。孟子对滕文公云："夫道一而已。"③ 即定天下者，一道而已。什么人才能贯彻这"一道"呢？什么人又会给予这"一道"呢？孟子皆给予了回答，孟子认为："不嗜杀人者能一之"，其"一道""天下莫不与也。"④ 意思就是说，能一者必行仁政，而行仁政，天下人莫不归之，如旱苗之望甘露，水之就下矣，是谁也无法阻挡得了的。因此，推行仁政，天下归

①　（清）焦循撰：《孟子正义》，中华书局，2007年，第93～94页。
②　（清）焦循撰：《孟子正义》，中华书局，2007年，第59～61页。
③　（清）焦循撰：《孟子正义》，中华书局，2007年，第71页。
④　（清）焦循撰：《孟子正义》，中华书局，2007年，第71～72页。

仁，行王道，一道而安天下。而仁政出于人心，而人心则性本善，故性善乃为仁政的根本。事实上，孟子讲性善，不仅在于民取利方面强调"恒心"，在"一道"方面仍然以"不动心"为要，将"性本善"贯彻到具体的行为上面。如"公孙丑问曰：'夫子加齐之卿相，得行道焉，虽由此霸王不异矣。如此则动心否乎？'孟子曰：'否。我四十不动心。'"① 在公孙丑看来，若为卿相，恐己不能胜任，可否有所恐惧疑惑而动其心乎？而孟子认为，我志气已定，故不妄动心有所畏。意思就是我四十不动心，不动其"行一不义，杀一不辜，而得天下，有不为也"之心，即"道心"、"德心"、"仁心"之心，不动其为善之心，因为"性善"乃是大本。

孟子在确立"性善"之根本时，认为惟有"性善"，才能做到"不动心"，由"不动心"才能守住义。故而在"智、仁、勇"方面，孟子与孔子又有不同。孔子认为，仁先而智勇在后，而在孟子看来，智、仁、勇皆应归结为"善"，根于"性善"，若无"善心"，其勇乃是匹夫之勇。在此，孟子提出了一个著名的理念——"气"。"不动心"、"守道一"可谓有"恒心"，然而此"恒心"又需要一种"勇"来做保障，而"勇"在于"气"，气者，正心之外在表现。所以，孟子认为，"养勇"就在于"养气"，处处呈现出"浩然之气"，它源于"正心"，"君子养正气，不以入邪"，② 行于天下，故"守道一"，有"恒心"，"不动心"。在此，孟子列举了几个不同类型的"养勇"，以进一步说明怎样做才算是真正的"不动心"。"北宫黝之养勇也：不肤挠，不目逃，思以一豪挫于人，若挞之于市朝；不受于褐宽博，亦不受于万乘之君；视刺万乘之君，若刺褐夫，无严诸侯；恶声至，必反之。孟施舍之所养勇也，曰：'视不胜，犹胜也。量敌而后进，虑胜而后会，是畏三军者也。舍岂能为必胜哉？能无惧而已矣。'孟施舍似曾子，北宫黝似子夏，夫二子之勇，未知其孰贤，然而孟施舍守约也。昔者曾子谓子襄曰：'子好勇乎？吾尝闻大勇于夫子矣。自反而不缩，虽褐宽博，吾不惴焉；自反而缩，虽千万人，吾往矣。'孟施舍之守气，又不如曾子之守约也。"③ 北宫黝之勇，刺其肌肤而不挠屈，刺其目而目不转睛，即使诸侯也不畏惮有所顾忌，以恶声加己，己必恶声报之，其勇尽显在外。孟子认为，黝乃刺客之流，是以必胜为主的所谓"不动心"，并非真正不动心。孟施舍之勇，其战虽不胜，亦无所惧。若量敌虑胜而后进战，则是无勇而畏三军矣。孟子认为，舍盖力战之士，以无惧为主的所谓"不动心"，也并

---

① （清）焦循撰：《孟子正义》，中华书局，2007年，第187~188页。
② （清）焦循撰：《孟子正义》，中华书局，2007年，第445页。
③ （清）焦循撰：《孟子正义》，中华书局，2007年，第189~193页。

非真不动心。在孟子看来，黝在勇上如子夏为孝，虽然知道较多，然而却皆离大本过远；而舍似曾子，不问能否胜而专守己之不惧，故似曾子得道之大，谓之守约。然而，舍似曾子，较之黝之勇为进了一步，但是还没有达到"不动心"的根本所在。所谓大勇之道，人加恶于己，己当内省，看是否有不义不直之心，敌人虽一匹夫，也不应轻易惊惧。自省有义，虽敌千万人，我直往突之，言义之强也。也就是说，心存"一道"，为义而行，谓之勇。故曰："施舍虽守勇气，不如曾子守义之为约也。"① 由此可见，孟子以"不动心"为强，而强出于"一心"。"黝以必胜为强，不如施舍以不惧为强。然施舍之不惧，但以气自守，不问其义不义也。曾子之强，则以义自守，是为义之强也。推黝之勇，生于必胜；高有不胜，则气屈矣。施舍之勇，生于不惧；则虽不胜，其气亦不屈，故较黝为得其要。然施舍一以不惧为勇，而不论义不义；曾子之勇，则有惧有不惧，一以义不义为断：此不独北宫黝之勇不如，即孟施舍之守气，亦不如也。"② 在孟子看来，勇乃生发于"不动心"，养勇所养就理应养其浩然之气，并非如施舍所养其一身之气。故只有取其"心善"，反身循理，方可养浩然之气，有此气方可"不动心"。

孟子的"不动心"，与告子的"不动心"是不同的。告子只知外而不知内，故曰："不得于言，勿求于心；不得于心，勿求于气。"③ 告子为人，勇而无虑，不原其情，不求于内。人有不善之言加于己，不复取其心有善也，直怒之矣，孟子以为不可。若知人有恶心，虽以善辞气来加己，亦直怒矣，孟子则以为可。④也就是说，人应当以"正心"而不是私心对待一切，方可做到不动心。故孟子曰："不得于心，勿求于气，可。不得于言，勿求于心，不可。"⑤也就是说，人有恶心对己，而以诈善之辞以欺我，我不为之动心，则能知其心，而不大惑其诈，故可也。若人本有善心，而言辞不当，恶言加己，我却怒其言而不知其善心，故不可也。⑥告子之"不动心"，便绝对化了，无论其言、其心，我皆不动心，不动心便不知其心善否，此"勿求于心"实乃太片面。孟子的"不动心"在于"正心"、"善心"不动，并非绝对不动。孟子平日，亦以存心求放心为主，所以说所谓"不动心"只是相对而言，并非绝对不动。人心乃人之本体，何尝不动，然在关键时刻，专守一道之时，便不动心。故孟子的不动心是直从心上求，自反是也。也就是我们今天所说的"自我反思"。"求心"、"求气"本应统一起来，然而，有专从心之所制上求者，养勇是也。曾子自反

①　（清）焦循撰：《孟子正义》，中华书局，2007年，第193页。
②　（清）焦循撰：《孟子正义》，中华书局，2007年，第193～194页。
③④⑤⑥　（清）焦循撰：《孟子正义》，中华书局，2007年，第194页。

只求心；北宫黝、孟施舍养勇，则但求气；惟告子则不求心，并不求气。人的言行皆从心出，假如心不得于言，则求于心。而告子则惟恐动心，强而勿求，谓之不动心。孟子主张不可不求心，但可不求气，虽然"志"与"气"不可分，实际上，若只求"气"而不求"心"，则失其本而用其末也。稍有不得于心，急于求气，以强身其心，此北宫黝、孟施舍养勇也，求于气也。而告子但制其心，而又不求气。故而告子所谓"不动心"，是既不能反求于心，又不能养其气，举凡心所不得，与不得于心，皆一概屏绝，而更不求一得心与心得之道，固守一绝对，谓之不动，故孟子评价说，不得心而勿求气，则合当如此，故曰可也。生平既不能自反，直养无害，而一有不得，则又借此虚矫之气，以为心之制，此北宫黝、孟施舍之学，岂可为法？且养气能得心，不能强之制不得之心，故不求心则不可也。① 所以，孟子曰："夫志，气之帅也。气，体之充也。夫志至焉，气次焉，故曰：'持其志，无暴其气。'"② 只有志方能帅气，失其志，则气无所依附。"人有志而物无志，故人物皆有是性，皆有是气，而人能以志帅，则能度其可否，而性乃所以善也。"③ 所以说，孟子讲"不动心"也好，讲"气"也好，归根结底是讲人性本善。

在"志"与"气"的关系方面，孟子反复论证，得出了"守一道"、"善养"的结论，从深层揭示出为什么主张"性本善"。孟子曰："志壹则动气，气壹则动志也。今夫蹶者趋者，是气也，而反动其心。"④ 意思是说，志闭则气不行，气闭则志不通，故而相互为动。志壹则动气，气壹则动志。持其志使专壹而不贰，是为志壹。守其气使专壹而不贰，是为气壹。北宫黝之气在必胜，孟施舍之气在无惧，是气壹。曾子自反而缩，虽千万人而往，是志壹也。然而，孟子又认为，以志帅气，志至焉，气次焉，毋暴其气。意思就是说，志与气相比较，只有志至，才能帅体内之气，故曰志至焉，气次焉。志本不动，不壹则涣散无其帅；气本周流，不动则枯槁无其充。故志可壹而气不可壹，气可动而志不可动。告子不动心，孟子认为，志帅气以充体，志至而气相随之而止，此勿求气所以可，而勿求心所以不可也。即若不求心，其气何存。求于心，即持其志也。毋暴其气，似乎讲求其气，实际上孟子所讲"毋暴其气"，正好表明不求气尚可，不求心便不可。持其志中度其可否，而知其直不直、义不义，义则申吾气以往，不义则屈吾气以退，此持志以帅气之道也，志壹则动气也。若不能持志，不度其可否，不问其直不直、义不义，而专以吾气为主，

---

① （清）焦循撰：《孟子正义》，中华书局，2007 年，第 194～199 页。
② ③ （清）焦循撰：《孟子正义》，中华书局，2007 年，第 196 页。
④ （清）焦循撰：《孟子正义》，中华书局，2007 年，第 197 页。

是气壹也。此孟施舍守气之道也，是不持志而暴其气也。不论其义，而暴其气，只知不动心，而不知气已心转，不能不动其心。故孟子针对告子言，不求气可，如暴其气，但不求心不可。^① "不求气而求心，以为善气，是曾子之自反，孟子之持志，乃为善养气也。施舍有气无志，告子无志无气，曾子、孟子以志帅气，则有志有气。施舍养气而不善者也，告子不善养气者也，以气养气，则不善养，以心志善气，乃为善养。所善者气，所以善养者心，心之所以善养者，在直与义，此孟子所以为善养浩然之气也。"^② 在此，我们看到，脱离开"性本善"，所谓"养气"便失去了根本。孟子思想，是在心中扎下了一个根，形成了一个奠基，在这个基础上向外扩展开来，形成了系统的理论体系。

孟子所谓养浩然之气，是养其大气，此气至大至刚正直之气，此气无处不在，无时不有，施之谓仁，行之谓义，此气又能小能大，能暗能明，可为立德之本，包罗天地。在孟子看来，对此气应当善养，所谓善养，即在己内养之。"孟子曰，仁义皆生于内，而告子尝以为仁内义外，故言其未尝知义也。"^③ 也就是说，义从内而出，气合义而生，有此气，即有此义。假如义在外，于心无关，自身所行，仁义不备，滋生邪辟，而心必不快，故义生于内，关系于心，与气配而行义之。告子勿求于气，并不求于心，是不知义在于内，与气俱生，故言外义之说。不知义，故不知持志，不知求心，即不知善养浩然之气。所以说，孟子所讲的养浩然之气，实乃言说"性本善"，专求于心，专求于"内"。因此，孟子谓当求在于求内，寻出一本，然后定于一，说来说去，还是归于一正心、一直心、一善心。孟子主张善养其气，即为直养其气，而非暴其气。何为暴其气，不求于心专求于气，谓之暴其气。也就是说，远离内心，不取义又不取直，专求壹气，如拔苗助长。

至于如何做到养浩然之气，孟子认为，内求为善，而不急于求福。孔子曰："不患无位，患所以立。"^④ 孟子则曰："天下之不助苗长者寡矣。以为无益而舍之者，不耘苗者也。助之长者，揠苗者也。非徒无益，而又害之。"^⑤ 孟子较孔子求诸己又进了一步，不仅求诸己，而且在如何求的问题上进行了分析。天下人行善，皆欲速得其福，急于求之。一种情况是，倘若福不至，便以为福禄在天，求之不得，故曰求之无益而不求，舍置仁义而不顾，不求为善，如农夫任天，不复耘治其苗。而另外一种情况则是，邀福欲急得的人，由此拔苗助长，

① （清）焦循撰：《孟子正义》，中华书局，2007年，第194～199页。
② （清）焦循撰：《孟子正义》，中华书局，2007年，第199页。
③ （清）焦循撰：《孟子正义》，中华书局，2007年，第202页。
④ （宋）朱熹撰：《四书章句集注》，中华书局，2007年，第72页。
⑤ （清）焦循撰：《孟子正义》，中华书局，2007年，第206页。

不仅无益于苗，而反害之。"故曰人之行当内治善，不当急欲求其福。"在孟子看来，只有抓住了根本，治其善，便是养浩然之气，其福自然而至。故行义必须内治于善，不治内善，如告子不治内善，急于求福，则福不至。行于义，必求于心，求于心而勿止，则非一求而已，心勿忘。心勿忘，则直养其气，直养而无害，则气由义生，为善养其气为善长，而非拔苗助长。心勿忘三字为善养浩然之学。① 凡无义无道，而以一气行之，以不直长养而有害必矣，故非徒有益，而又害之也。孟子反复论证，说出了如何才能真正做到养浩然之气，从而也论证了养浩然之气在于从内心中治于善的道理，奠定了"性本善"的理论基础。

人们本心皆善，言要合义。孔子曰，听其言，观其行。但在孟子看来，如何知道言合义，就必须做到知言。既然人性皆善，勿求气，但求心，为何又要知言。孟子认为，虽然人们性皆本善，然由于受外界所诱惑，一些人便失去了正心，因而表现在言上则多为虚妄淫美诈邪等不实之言，这时就要求人们加以区分，谓之知言。公孙丑问："何谓知言？"孟子曰："诐辞知其所蔽，淫辞知其所陷，邪辞知其所离，遁辞知其所穷。生于其心，害于其政；发于其政，害于其事。圣人复起，必从吾言矣。"② 也就是说，人有险诐之言，引事以褒人，如宾孟言雄鸡自断其尾之事，本欲立子朝以废子猛，但言子朝立不必毁子猛。子朝立，猛自废矣。故云险诐之言蔽也。有淫美不信之辞，若骊姬劝晋献公与申生之事。骊姬本欲废申生，而先言"曲沃，君之宗也，不可以无主；若使大子（申生）主曲沃，则可以威民而惧戎，且旌君伐"，是巧言不信，使之堕入，能知其欲以陷害之也。有邪辟不正之事，若竖牛劝仲壬赐环之事。昭公与仲壬玉环，仲壬欲让牛告之其父叔孙，然牛入不告，而诈传叔孙命壬佩之，乃谗言于叔孙曰："不见而自见矣。公与环而佩之矣。"终使父子相离。能知其欲行谗毁以离之也。有隐遁之辞，若秦客之瘦辞于朝。若苏代、张仪之流心中无义无道，惟恃此诡诈隐藏，以为钩致，此遁辞所以由于穷也。能知其欲以穷晋诸大夫也。四者相因，则心失正心。人所言之，皆于本心。其心明乎正理而无蔽，然后其言平正通达而无病；苟为不然，则必有是四者之病。即其言之病，而知其心之失，心已失，必妨害于政，发于其政，必害其民。故淫辞邪说，作于其心，害于其事；作于其事，害于其改；圣人复起，不易吾言矣。孟子此说深刻地揭示出求于"正心"、"德心"、"道心"的重要性。蔽陷离穷，虽也生于心，但却无义无道，诈邪淫美，乱臣贼子，饰君之恶，不利于君，妄而不实，相倚为奸，淫美诡陷，害事害民。③

当下的管理制度中，一些人从某种短期的自我利益出发，不是出于公心，

① （清）焦循撰：《孟子正义》，中华书局，2007年，第206～208页。

②③ （清）焦循撰：《孟子正义》，中华书局，2007年，第209～212页。

而常常用一些诐淫邪遁之辞，混淆是非，因此，我们也必须加以审察。如一些单位和个人，以一己私利，假借发展经济为名，将国有资产变相出让，置人民利益而不顾，中饱私囊。在管理上，不是从管理的实际出发，而以追求效益作为惟一标准，一旦效益出现下降，又以各种借口加以搪塞。如此等等。我们说，一旦在奠基上出现了问题，一些不实之言，一些淫美诈邪之说便乘势而起。所以说，管理科学的人性假设不仅十分重要，也是整个管理科学的最根本的前提和基础。

孟子讲心善，不仅求于心，也察于言，凡言出于歪心、邪心、诈心，皆加以识别，不为其所蔽、所害、所离、所穷。在实践上，孟子又提出了五事。孟子曰："尊贤使能，俊杰在位，则天下之士皆悦而愿立于其朝矣。市廛而不征，法而不廛，则天下之商，皆悦而愿藏于其市矣。关讥而不征，则天下之旅，皆悦而愿出于其路矣。耕者助而不税，则天下之农，皆悦而愿耕于其野矣。廛无夫里之布，则天下之民，皆悦而愿为之氓矣。信能行此五者，则邻国之民仰之若父母矣。率其子弟，攻其父母，自生民以来，未有能济者也。如此，则无敌于天下。无敌于天下者，天吏也。然而不王者，未之有也。"[1] 孟子从用人、经商、农耕、开放市场、用其所用五事，处处为民着想，民皆悦其事，皆行其政，皆仰之若父母，故不王者，未之有也。在孟子看来，所有这五事，皆源于"仁政"，皆出于"性善"。孟子认为，行仁政有不同，有王道、有霸道。以力服人，霸道也；以德服人，王道也。只有以德服人，才能心悦诚服。孟子曰："以力服人者，非心服也，力不赡也。以德服人者，中心悦而诚服也。如七十子之服孔子也。"[2] 德，道之行也，心悦诚服也。"故天任德，不任刑。以己力不足，而服从于人，非心服也。以己德不如彼，而往服从之，诚心服者也。"[3] 管理科学的最根本的目的就是设法调动人们的积极性、主动性和创造性，所制定的管理制度是依靠什么来推行，如果依靠强制的手段，是以力服人，则往往不能达到较好的效果，只不过人们不得不压制住内心的不满，为了生存而不得已为之罢了。所以说，只有将管理建立在一个内在的更高的层面上，即道德层面上，才能做到以德服人，以达到心悦诚服，才能收到最佳的效果。而真正做到这一点，也并非易事，不能从表面上做文章，而应该从实际上着手。孟子曰："仁则荣，不仁则辱。今恶辱而居不仁，是犹恶湿而居下也。如恶之，莫如贵德而尊士，贤者在位，能者在职。国家闲暇，及是时明其政刑，虽大国，必畏之矣。"[4] 意思

① （清）焦循撰：《孟子正义》，中华书局，2007 年，第 226～232 页。
② （清）焦循撰：《孟子正义》，中华书局，2007 年，第 221～222 页。
③ （清）焦循撰：《孟子正义》，中华书局，2007 年，第 222 页。
④ （清）焦循撰：《孟子正义》，中华书局，2007 年，第 223 页。

就是说，人们都知道行仁的重要性，但真正在实践上推行却是十分困难的，往往是恶辱而不居仁。解决的办法是当下就要实行贵德尊士，贤者在位，能者在职，国家闲暇时明其刑政，又教民以德，这样国家才能强盛，人民才能安居。因此，施行仁政必须从当下做起，必须从自身做起，言不求于外，求己而已。国破家亡，勿求于外，皆自己所为耳。太甲曰："天作孽，犹可违；人作孽，不可活。"① 意思就是说，天之妖孽，尚可违避，自作孽，不可活。进一步指出了，福祸由己，不专在天，君必行仁，自求多福。②

那么，存仁心，施仁政，其最根本的奠基依然是"正心"、"道心"、"德心"。这种心是人人皆有，没有此心便是非人。孟子曰："人皆有不忍人之心。先王有不忍人之心，斯有不忍人之政矣；以不忍人之心，行不忍人之政，治天下可运之掌上。所以谓人皆有不忍人之心者，今人乍见孺子将入于井，皆有怵惕恻隐之心。非所以内交于孺子之父母也，非所以要誉于乡党朋友也，非恶其声而然也。由是观之：无恻隐之心，非人也；无羞恶之心，非人也；无辞让之心，非人也；无是非之心，非人也。恻隐之心，仁之端也；羞恶之心，义之端也；辞让之心，礼之端也；是非之心，智之端也。人之有是四端也，犹其有四体也；有是四端而自谓不能者，自贼者也。谓其君不能者，贼其君者也。凡有四端于我者，知皆扩而充之矣，若火之始然，泉之始达。苟能充之，足以保四海；苟不充之，不足以事父母。"③ 孔子讲"性"，孟子讲"心"。"性"、"心"皆天地所生，人之所有。在孟子看来，"心"之善皆发于"不忍人之心"，由"不忍人之心"发展出"恻隐之心"、"羞恶之心"、"辞让之心"、"是非之心"，所以，程子曰，孟子"满腔子是恻隐之心。"④ "恻隐之心"实际上也就是"正心"、"真心"、"直心"。谢氏曰："人须是识其真心。方乍见孺子入井之时，其心怵惕，乃真心也。非思而得，非勉而中，天理之自然也。内交、要誉、恶其声而然，即人欲之私矣。"⑤ 谢良佐之言，有似非理性主义，完全出于一种本能的东西，并谓之人的本质的真正体现。这样，孟子将孔子的"仁"仅当作一德，而四德皆生于心，以"心"统之，故将性善当作己之事矣。毛奇龄云："恻隐之心，仁之端也。言仁之端在心，不言心之端在仁，四端是性之所发，藉心见端，然不可云心本于性。观性之得名，专以生于心为言，则本可生道，道不可生本明矣。"⑥ 毛氏所言，仁乃以心为首，然心则本于性，是人皆有之，

---

① （清）焦循撰：《孟子正义》，中华书局，2007年，第225页。

② （清）焦循撰：《孟子正义》，中华书局，2007年，第226页。

③ （清）焦循撰：《孟子正义》，中华书局，2007年，第232～235页。

④⑤ （宋）朱熹撰：《四书章句集注》，中华书局，2007年，第237页。

⑥ （清）焦循撰：《孟子正义》，中华书局，2007年，第235页。

而性者，生也，即"率性之谓道"，故曰本可生道，而道不可生本。这样，孟子就将"性"这个客观的东西转变为"心"，这要比孔子的下落到"心"中更为直接，也更容易接受。如此，孟子将心性看作一体，而把"性本善"从客观的地位上升到主观的位置。因此，孟子特别强调"己""善"，从而认为，为善与为恶，全在于己，而不在于人，"自谓不能为善，自贼害其性，使不为善也。"① 为善为恶不仅是自己所为，而且是自害其性，即自害其"性本善"。所以说，人本性善，不能为善，皆自弃也，皆自贼也，为善为恶，在我而已矣。故孟子告诫人们，人之行当内求诸己，以演四端，广施仁政。

第五节　荀子的"性恶论"与"道德人"假设

荀子虽然也是儒家思想的代表，但是荀子的核心思想体系与孟子不同。孟子从孔子的"仁义"出发，抓住了"仁义"内在的"心性"，故从人的"心性"上去寻求，从"己内"的不忍人之心去论证如何达到"仁"的最高境界，故得出了"人性善"的结论。凡事向"内求"，以"求诸己"为己任，形成了以"性善"为核心的思想体系。将其落实到行动上，一切便由"内"而生发出来。而荀子则抓住了孔子"仁义"的重要表现形式，即以"礼"为切入点，主张"克己复礼"，一旦克己复礼，便归仁焉。故从如何达到"仁义"上去规划，从"隆礼"上去宰制人的行为，把"隆礼"当作归"仁"的最高规定，故处处以"礼"为重，以"礼"来匡正人之性，凡事讲究一个"礼"，形成了以"礼义"为主要特征的思想体系。落实到实践中，以礼而行，以礼而动，克己复礼，惟礼是尊。相对于管理科学而言，孟子主张向内求，从人性假设上去立足；而荀子从管理的环节上入手，从管理的层次及管理层次之间的调节上入手，一个重视管理的前提，一个关注管理的具体过程。

一、荀子"性恶论"的理论范式

《荀书》"以性为恶，以礼为伪，非谏诤，傲灾祥，尚强伯之道。论学术则以子思、孟轲为饰邪说，文奸言，与墨翟、惠施同诋。"② 可见，荀子以"性恶论"反对孟子所主张的"性本善"，是儒家主张"性恶"的一个著名代表人

---

① （清）焦循撰：《孟子正义》，中华书局，2007年，第235页。
② （清）王先谦撰：《荀子集解》，中华书局，2008年，第2页。

物。孟子倡言性善，专法先王，崇尚王道，重义轻利；荀子则倡言性恶，兼法后王，王道与霸道并重，义利并行。荀子虽然亦信孔子，但与孟子有较大差异。孟子、荀子皆源于孔子，均为儒学，为何存有较大差异呢？

事实上，荀子"性恶论"，早就为儒者所攻伐。"昔唐韩愈氏以《荀子书》为'大醇小疵'，逮宋，攻者益众，推其由，以言性恶故。"[①] 由此可见，荀子与孟子或与传统儒学的最大不同，就在于提出了"性恶论"。荀子所提出的"性恶论"，是否就意味着荀子从根本上否认人性不可以为善呢？非也。后儒往往以此来反对荀子的性本恶，而实际上正如王先谦所说："余谓性恶之说，非荀子本意也。"[②] 也就是说，荀子言性恶，其根本原因在于"必待圣王之治，礼义之化，然后皆出于治，合于善也"。[③] 孔子惟"仁"，孟子惟"性善"，荀子惟"礼义"。关于"性"，荀子在其《效儒》、《礼论》、《正名》、《性恶》、《赋》等皆从"礼"上来规制，而不从"心性"上去解释。"性也者，吾所不能为也，然而可化也；情也者，非吾所有也，然而可为也。注错习俗，所以化性也；并一而不二，所以成积也积也。习俗移志，安久移质，一而不二能于神明，参天地矣。故积土而为山，积水而为海。"[④]

孟子道性善，非言性于同，而是说人之性相近，为善也。所以说，我们不能将孟子的性善论绝对地认为人有同等的善，若是这样，就误解了孟子的性善论。从理义上说，性本善而非同善，从根本上说人性是善的，然而不同的人因受不同的影响而表现出不同层次的"善"，在受到外物引诱时，或受物质的引诱，或受虚名的影响，从而将善性掩盖住而表现出"恶"。然性之善本在于"内"，而不在于"外"，即"非外铄"也。在孟子看来，人之性善在于天道，"人有天道之知，能践乎中正，其自然则协天地之顺，其必然则协天地之常，莫非自然也。物之自然不足于此。孟子道性善，察乎人之才质所自然，有节于内之谓善也。告子谓'性无善无不善'，不辨人之大远乎物，概之以自然也。告子所谓无善无不善也者，静而自然，其神冲虚，以是为至道。及其动而之善之不善，咸目为失于至道，故其言曰'生之谓性'……主才质而遗理义，荀子、告子是也。荀子以血气心知之性，必教之理义，逆而变之，故谓'性恶'，而进其劝学修身之说。告子以上焉者无欲静，全其无善无不善，是为至矣。下焉者理义以梏之，使不为不善。荀子二理义于性之事能，儒者之未闻道也。"[⑤] 也就是说，告子将人之性定义在感性之上，以感官之性来讲人之性，故认为耳

---

①②③ （清）王先谦撰：《荀子集解·序》，中华书局，2008年，第1页。

④ （清）王先谦撰：《荀子集解》，中华书局，2008年，第133～134页。

⑤ （清）焦循撰：《孟子正义》，中华书局，2007年，第766页。

目口鼻身皆人之性，故曰无善无不善，即以自然之性谓人之性，孟子曰"不辨人之大远乎物"。荀子则从经验出发，以血气心知之性，也未变乎性之本质，因而未达性之本体。

荀子所建构的以"礼义"为核心的理论体系，是以人的才质出发，由此得出了"人性恶"的结论，而劝学修身，教以礼义，以达仁爱，实现其平治的目标。荀子的性恶论虽未断然否定人性本善，然而却并未证明人性本善或本恶，因此存在着不可克服的矛盾。

孟子道性善，而荀子则言性恶，虽然其所讲层次不一，然而在某些问题上却存在着不小的差异。在焦循看来，孟子性善论较荀子性恶论更为合理。他说："人之有男女，犹禽兽之有牝牡也。其先男女无别，有圣人出，示之以嫁娶之礼，而民知有人伦矣。示之以耕耨之法，而民知自食其力矣。以此教禽兽，禽兽不知也。禽兽不知，则禽兽之性不善；人知之，则人之性善矣。圣人何以知人性之善也？以己之性推之也。己之性既能觉于善，则人之性亦能觉于善，第无有开之者耳。使己之性不善，则不能觉；己能觉，则己之性善。己与人同此性，则人之性亦善，故知人性之善也。人之性不能自觉，必待先觉者觉之。故非性善以施其教，非教无以通其性之善。"① 也就是说，无论从性本源上说，还是从后觉上说，人性都是善的。若无善性，则既不能为善，也不能（教）觉善。荀子性恶论，承认人性本恶，然又教之以善，前后相悖。如禽兽本无善，教之也不知善也。为之而能善，必其本有善，方可为善。若人人性恶，何以教之。所以说，"人之性，为之即善，非由性善而何？人纵淫昏无耻，而己之妻不可为人之妻，固心知之也。人纵贪饕残暴，而人之食不可为己之食，固心知之也。是性善也。"② 人能知善与不善，故人之性善矣，而禽兽不知，其性不善，教之也不知善。焦循从人特有的"知"来论证人与禽兽相异，具有独到之处，既然荀子无法教禽兽为善，故率性明证，正好证明了人性本善。然而，荀子言性恶，从另一个方面发展了儒家思想，给道德人假设提出了一定的挑战。

二、荀子"性恶论"的理论矛盾

荀子所建构的以"礼义"为核心的思想体系，存在着不可克服的内在矛盾。荀子处处追求"隆礼"，并以"隆礼"作为解决一切的手段，把"隆礼"看作最高的实践任务。这种缘木求鱼的做法，最终必然会导致理论上的不自

---

① （清）焦循撰：《孟子正义》，中华书局，2007 年，第 317 页。
② （清）焦循撰：《孟子正义》，中华书局，2007 年，第 318 页。

足，甚至导致实践上的失败。

荀子从经验上论证了"人性恶"。认为，"人之性恶，其善者伪也。"① "今人之性，生而有好利焉，顺是，故争夺生而辞让亡焉；生而有疾恶焉，顺是，故残贼生而忠信亡焉；生而有耳目之欲，有好声色焉，顺是，故淫乱生而礼义文理亡焉。然则从人之性，顺人之情，必出于争夺，合于犯分乱理而归于暴。故必将有师法之化，礼义之道，然后出于辞让，合于文理，而归于治。用此观之，然则人之性恶明矣，其善者伪也。故枸木必将待檃栝、烝矫然后直，钝金必将待砻、厉然后利。今人之性恶，必将待师法然后正，得礼义然后治。今人无师法则偏险而不正，无礼义则悖乱而不治。古者圣王以人性恶，以为偏险而不正，悖乱而不治，是以为之起礼义，制法度，以矫饰人之情性而正之，以扰化人之情性而导之也。始皆出于治，合于道者也。今人之，化师法，积文学，道礼义者为君子；纵性情，安恣睢，而违礼义者为小人。用此观之，然则人之性恶明矣，其善者，伪也。"② 从中我们看到，荀子所谓的性，是与生俱来的自然本性，生而就已经存在的，即心好利、目好色、耳好声、口好味、身好安，与告子的感官之性是相同的，所不同的在于荀子由此论证了性恶。荀子认为，若顺人之性，则其性好利而辞让亡、疾恶忠信亡、好声色而礼义亡，故犯分乱理而归于暴。故而学修身，讲礼义之道，得礼义而后治。但是，荀子却不了解以下两点：其一，倘若性中无善，又何以从不善而为善；其二，性若为恶，使其为善，故为戕贼其性，若戕贼其性，则认为人性可变，其性既然可以改变，虽可待师法然后正，化性起伪，为何不能重新变回到"恶"。因此，荀子所谓的劝学修身，从本质上说是从外面强加到人性上，而远远不如孟子从"心性"上着手，依靠自我自觉反省的约束来得彻底。荀子的这种强迫性，一旦失去了外在的强力，便又呈现出原来的"恶"的本性。这种本性与外力的内外矛盾，使得所谓的"礼义"便可能会变成一种外在的、虚假的、不得已而为之的东西。人们失去了自觉为善的动力，剩下来的便只能是为恶的欲望与"礼义"的强制这二者的博弈了。而在孟子的"性善论"中，便非常容易地解决为什么会"性恶"的问题。孟子认为，"情欲"受到外在物质等方面的引诱而导致了"性恶"，人们只要"求其放心"便能回到"善心"的位置，"求诸己"即可，为善为恶，全在于己。然性本善，其善心离开了原位，便为性恶。孟子要人们舍末而求其本，故道仁义，言必称尧舜。孟子所建立的以"性本善"为核心的理论体系，无论是从性理上，还是从义理上，都较荀子要深刻得多，远大

---

① （清）王先谦撰：《荀子集解》，中华书局，2008 年，第 434 页。

② （清）王先谦撰：《荀子集解》，中华书局，2008 年，第 434～435 页。

得多。

在荀子看来，性本不变，却能化之，情虽不为我有，却能为之。"性也者，吾所不能为也，然而可化也；情也者，非吾所有也，然而可为也。"① 荀子在性与情的关系问题上同样存在着不可克服的矛盾。天性非我自能为也，故性不可变。性不可为，何以化性起伪乎？情可为而性不可为，故性恶不变。然而可使情为善，其性为恶。由此看来，其善亦假矣。以假善使情，非君子所为，其行为谓之邈污，虚妄伪善，何谓仁乎、义乎、信乎？故荀子经验主义实属悖矣。荀子从经验之说，谓性不能自能为，必待化而为之，故为学之积习，恶之性方可为善，即由量而发生质变，"故积土而为山，积水而为海，旦暮积谓之岁。至高谓之天，至下谓之地，宇中六指谓之极；涂之人百姓，积善而全尽谓之圣人。彼求之而后得，为之而后成，积之而后高，尽之而后圣。故圣人也者，人之所积也。人积耨耕而为农夫，积断削而为工匠，积反货而为商贾，积礼义而为君子。"② 荀子认为，外在之积（习，言为学）而使性化之。孟子断言，心本若无善性，其积习断不能为善，即无内在心性，便不能自能为善，不可为君子，更不能为君子，外因必通过内因起作用。如莠木，积之多少仍为莠木，而不为良木也。由此可见，荀子的经验主义，在论证过程中并不总能自洽的。经验主义的最重要的论证方法就是归纳法，但是归纳若无演绎，即使连最显见的两件事物也联系不起来。因为，任何事物之间联系必须依靠逻辑的抽象思维，而不仅仅局限于经验的事实。道德教化固然重要，但是治人以礼而不以道，与孟子相较，荀子之礼实有许多不足之处。当然，法家论人性以术而不以礼，较之荀子又为不足。

孟子、荀子之间的区分，本质上是"内在性"的"仁义"与"外在性"的"礼义"，是内容与形式的区分，或者说是"理性"与"感性"、"心性"与"物性"的区分。孟子和荀子所处的时代，是其理论建构的根本原因之一。当时的社会现实是，社会秩序混乱，王道衰微，礼坏乐崩。对此，孟子从"内在性"上入手，认为之所以会出现如此情况，在于人性其"正心"离位，而过多地受外物引诱所导致的，故强调"求放心"，使偏离的"正心"重新回到本来的"位置"上，养其本性，且扩而充之，所建构的则是以"性本善"为核心的思想体系。荀子则从"外在性"上入手，认为之所以出现如此情况，在于礼义的荒废，而没有看到"礼"出乎于"敬"，而"敬"从心，只是从经验上强调礼和秩序的重要性，故主张"隆礼"，并极力建构以"礼义"为核心的理论体系，

---

① （清）王先谦撰：《荀子集解》，中华书局，2008年，第143～144页。
② （清）王先谦撰：《荀子集解》，中华书局，2008年，第144页。

一旦克己复礼，天下便归仁焉。由于荀子从外在性上考察，从经验上来论证，运用外力强力为善，故在论证方面过于片狭。"礼义"的强制作用一旦泛力，便会产生出"法西斯"来，荀子的学生李斯、韩非子皆为法家的代表，以残酷的法制代替"礼义"，从而建立一种所谓的秩序，这是荀子"隆礼"的必然结果。所以说，缺乏内在自觉的外在强力，最终往往无法达到为善的目的，只能衍生出许多欺诈的东西。人们为了逃避"礼"的惩戒，助长了奸佞之徒的泛滥，所谓的"仁人志士"也会沦为世俗小人，王道终不能扬。

三、礼义的功能及意义

荀子从经验的外在感性表象上论证人性的另一面，是儒家孔子"仁学"和孟子"性善论"的重要补充，其"隆礼"的许多观点，特别是"明群使分"等观点，对现代管理具有重大的启迪意义。"隆礼"可谓是荀子最为强调的，并把"礼"上升到本体的高度。"故人无礼则不生，事无礼则不成，国家无礼则不宁。"①"礼"成了安身立本、齐家治国的基础和条件。甚至日常生活也必须依礼而行，荀子曰："凡用血气、志意、知虑，由礼则治通，不由礼则勃乱提僈；食饮、衣服、居处、动静，由礼则和节，不由礼则触陷生疾；容貌、态度、进退、趋行，由礼则雅，不由礼则夷固僻违，庸众而野。"②可见荀子"隆礼"之盛。荀子"隆礼"源于从孔子"为仁"的外在性上着眼，而缺乏内在的反思与自觉。荀子虽然也讲"修身养气"，然而其所谓的道义、意志、内省等，皆在礼的框架内论及。如荀子曰："凡治气养心之术，莫径由礼，莫要得师，莫神一好。夫是之谓治气养心之术也。"又曰："体恭敬而心忠信，术礼义而情爱人，横行天下，虽困四夷，人莫不贵。劳苦之事则争先，饶乐之事则能让，端悫诚信，拘守而详，横行天下，虽困四夷，人莫不任。体倨固而心埶诈，术顺墨而精杂污，横行天下，虽达四方，人莫不贱。劳苦之事则偷儒转脱，饶乐之事则佞兑而不曲，辟违而不悫，程役而不录，横行天下，虽达四方，人莫不弃。"③ 在此，荀子所讲仍然以"恭敬、辞让、诚信"诸礼来匡正仁、义，并通过贵贱、任弃进行论证。

"礼"在荀子的思想体系中处于核心的地位，而"礼"的取得则通过"学"与"为"，故《荀子》首篇即为《劝学》。"礼者，所以正身也；师者，所以正礼也。无礼何以正身？无师，吾安知礼之为是也？礼然而然，则是情安礼也；师云而云，则是知若师也。情安礼，知若师，则是圣人也。故非礼，是无法

---

① ②　（清）王先谦撰：《荀子集解》，中华书局，2008年，第23页。
③　（清）王先谦撰：《荀子集解》，中华书局，2008年，第26～30页。

也；非师，是无师也。"① 在荀子看来，人性恶，通过法师之礼而为善，并称之伪（为）。在这一体系中，"礼"是从外加给人的，故礼必须法师才能获得。"君子行不贵苟难，说不贵苟察，名不贵苟传，唯其当之为贵。"② 因此，作为仁人君子行贵在于得当，而得当也就是"礼"，"然而君子不贵者，非礼义之中也。"③ 所谓非"礼义之中"，也就是时止则止，时行则行，凡事均应合乎礼义。孟子惟义而行，而荀子则惟礼是尊。都从一个侧面反映出了孔学的要旨，只不过孟子强调仁学的根本，而荀子则看重为仁的践行。如关于治天下，荀子指出："君子治治，非治乱也。曷谓邪？曰：礼义之谓治，非礼义之谓乱也。故君子者，治礼义者也，非治非礼义者也。"④ 此处明显地看到，荀子所谓实践的全部在于行"礼义"，治国平天下也就是行礼义而已，礼义行谓之道，谓之治，是直接针对当时礼义不行、礼坏乐崩，具有鲜明的时代性，虽然也讲诚，但是最终将礼义之行全部归于外，仍然将治看作一种"术"，从而使人下降为"工具"的地位。"君子养心莫善于诚，致诚则无它事矣，惟仁之为守，惟义之为行。诚心守仁则形，形则神，神则能化矣；诚心行义则理，理则明，明则能变矣。变化代兴，谓之天德。天不言而人推其高焉，地不言而人推其厚焉，四时不言而百姓期焉。夫此有常，以至其诚者也。"⑤ 荀子并未由此诚往上升而达到内在澄明，而是将诚看作一种外加必须经过的路径，即谓诚是"行"、"化"，是"礼"得以附加的条件，这样"诚"就下降为一般的"礼"的位置上。"天地为大矣，不诚则不能化万物；圣人为知矣，不诚则不能化万民；父子为亲矣，不诚则疏；君上为尊矣，不诚则卑。夫诚者，君子之所守也，而政事之本也。唯所居以其类至，操之则得之，舍之则失之。操而得之则轻，轻则独行，独行而不舍则济矣。济而材尽，长迁而不反其初则化矣。"⑥ 由此可见，荀子的"诚"在于化性，在于"礼"的附加。总之，荀子以"礼义"为本，以外铄为要。"推礼义之统，分是非之分，总天下之要，治海内之众，若使一人。故操弥约，而事弥大。五寸之矩，尽天下之方也。故君子不下室堂，而海内之情举积此者，则操术然也。"⑦ 实际上，荀子是将"礼义"外铄于人看作是一种"术"，而泯灭了人性本来之善，没有看到人之为人的自觉本质，较孟子"性本善"逊色不少。由此观之，古之学者为己，今之学者为人；古之化者为人，今之化者为己。求诸己与求诸人，内在自觉性与外在不得已的区分是相当

① （清）王先谦撰：《荀子集解》，中华书局，2008 年，第 33～34 页。

②③ （清）王先谦撰：《荀子集解》，中华书局，2008 年，第 37 页。

④ （清）王先谦撰：《荀子集解》，中华书局，2008 年，第 45 页。

⑤⑥ （清）王先谦撰：《荀子集解》，中华书局，2008 年，第 46 页。

⑦ （清）王先谦撰：《荀子集解》，中华书局，2008 年，第 49 页。

明显的。

至于践行"礼义",荀子特别重视"师"的作用,"礼者、所以正身也;师者、所以正礼也。无礼何以正身?无师吾安知礼之为是也?礼然而然,则是情安礼也;师云而云,则是知若师也。情安礼,知若师,则是圣人也。故非礼,是无法也;非师,是无师也。不是师法而好自用,譬之是犹以盲辨色,以聋辨声也,舍乱妄无为也。故学也者,礼法也。夫师、以身为正仪而贵自安者也。"① 将师与正礼联系起来,指出师的重要性在于"知礼之为是"。不过,在荀子看来,师的作用不是教以如何知性,而是教人如何为礼,与孟子的"尽心知性"还是有区分的。同时,荀子也指出了如何对待"师"的不同态度所导致的截然不同的后果,"国将兴,必贵师而重傅,贵师而重傅则法度存。国将衰,必贱师而轻傅,贱师而轻傅则人有快,人有快则法度坏。"② "贵师"与"贱师"是一国兴衰的重要保证。若喻于贵而用于贱,其危害更大。目前,我国在某些地方,名为尊师重教,而实为贱师轻教,其危害可见一斑。然而,荀子所谓贵师学于礼,使礼行于外,仍然是从外加于内,带有强制性,主张规范,由礼进入到法而没有进到内心的自觉层次。"夫天生庶民,有所以取之。志意致修,德行致厚,智虑致明,是天子之所以取天下也。政令法,举措时,听断公,上则能顺天子之命,下则能保百姓,是诸侯之所以取国家也。志行修,临官治,上则能顺上,下则能保其职,是士大夫之所以取田邑也。循法则、度量、刑辟、图籍、不知其义,谨守其数,慎不敢损益也,父子相传,以持王公,是故三代虽亡,治法犹存,是官人百吏之所以取禄秩也。孝弟原悫,軥录疾力,以敦比其事业,而不敢怠傲,是庶人之所以取暖衣饱食,长生久视,以免于刑戮也。"③ 也就是说,荀子实际上从"礼"的可塑性逐渐演变为"法"的刚性上,由自觉性而转变为强制性。荀子虽然知道"礼义道德"乃常安之术,然而若不严格法制,实不能推行,故称其未必不危。荀子时刻不忘人之性恶,但凭"礼义"是无济于事的。荀子从人的材质上论性,故得出了人性恶的结论。"材性知能,君子小人一也……饥而欲食,寒而欲暖,劳而欲息,好利而恶害,是人之所生而有也,是无待而然者也,是禹桀之所同也。"④ 在这里,荀子只是从耳目口舌身上去辨别人之性,而没有从人特有之本性上去找寻,其基本论点与告子相似。荀子虽讲"人生"有同,但是更强调人生之"分"。"故

---

① (清) 王先谦撰:《荀子集解》,中华书局,2008年,第33~34页。
② (清) 王先谦撰:《荀子集解》,中华书局,2008年,第511~512页。
③ (清) 王先谦撰:《荀子集解》,中华书局,2008年,第59页。
④ (清) 王先谦撰:《荀子集解》,中华书局,2008年,第61~63页。

人之所以为人者，非特以其二足而无毛也，以其有辨也。夫禽兽有父子而无父子之亲，有牝牡而无男女之别，故人道莫不有辨。辨莫大于分，分莫大于礼，礼莫大于圣王。圣王有百，吾孰法焉？曰：文久而息，节族久而绝，守法数之有司极礼而褫。"① 很显然，荀子所谓"同"是说性恶同，而所谓"分"是论证礼的必要。故荀子所讲人生之有，专求以感性外表，求以分礼别序，而非内在本心有之也。

四、礼义匡其正

从经验现实出发，充分发扬儒家仁爱思想，因礼义而匡其正，是荀子思想的又一特征。"夫荀卿生于衰世，意在济时，故或论王道，或论霸道，或论强国，在时君所择，同归于治者也。若高言尧、舜，则道必不合，何以拯斯民于涂炭乎？故反经合义，曲成其道，若得行其志，治平之后，则亦尧、舜之道也。"② 从另外一方面讲，荀子之说的确切中时弊，而承继了孔学之"礼"，亦不失为儒家之道，或说与孟子具有异曲同工之举。但荀子之仁，总是以"礼"而论"仁"，其"礼"便总是离开了"自觉之心"，与传统的"心性"之说有些距离。这样一来，"礼"便只在形式上做足做强，即所谓"隆礼"，忽视了"礼"的根本。甚至以"术"取代"礼"，以"法"规范"礼"。如荀子所言，"天下之行术：以事君则必通，以为仁则必圣，立隆而勿贰也。然后恭敬以先之，忠信以统之，慎谨以行之，端悫以守之，顿穷则从之疾力以申重之。"③ 虽然也讲仁义、恭敬、忠信、端悫，但皆从"术"，从"礼"，而不相反，不是"术"、"礼"从"内"、从"心"。

身体力行，兴法而强治，虽能强国，却也富民，然而若兴欲而违仁，处处以法匡正，心性贪变，若长治久安实为难事。荀子为儒学，虽不及孔子仁学强调内心的自觉，也不及孟子的性善之说，专求放心，然而荀子终究是儒学，仍然主张儒家的基本精神，如隆礼义，法后王，讲诚信，行中道。其"礼义"所加于民较法制还是缓和的，完全不同于法制。秦废儒而用法，以力强行，虽秦强，但民心违仁，其强也速其亡亦速。荀子曰："儒者法先王，隆礼义，谨乎臣子而致贵其上者也。人主用之，则埶在本朝而宜；不用，则退编百姓而悫，必为顺下矣。虽穷困冻馁，必不以邪道为贪；无置锥之地而明于持社稷之大

---

① （清）王先谦撰：《荀子集解》，中华书局，2008 年，第 79 页。
② （清）王先谦撰：《荀子集解》，中华书局，2008 年，第 111 页。
③ （清）王先谦撰：《荀子集解》，中华书局，2008 年，第 113 页。

义。"① 明确地说明了倡导儒学的重要现实意义。明礼而守道，尊上而守义，诚实而守信，是治国安邦之要。荀子所讲治国安邦，依靠的仍然是"礼义"，其"礼义"为"正"。此"正"非全为孔子孟子的"正心"、"直心"之"正"，而是"止"，即"止于礼义"而已。《诗序》曰："变风发乎情，止乎礼义。发乎情，人之性也；止乎礼义，先王之泽也。"② 从某种意义上说，荀子的"礼义"是有着较深远的源头的。由此看到，荀子总是能从现实出发，而对先王之行遥远而主张法后王，以更好地切中时弊，"略法先王而足乱世术"，而主张法后王。③ 所谓"法者"，在于"师法"、"效法"，然后落实下来便在于行。荀子重乎行，而孟子重于求，求亦谓行，然孟子之求在于求诸己，求诸己在于求放心，故孟子着力向内求。荀子于行，其行在于其所学也，其所学在于礼，无礼而能必为害，无礼而不能则必为乱，故荀子刻意于礼。荀子曰："故人无师无法而知则必为盗，勇则必为贼，云能则必为乱，察则必为怪，辩则必为诞。"④

荀子与墨家无等差正好相反，主张礼义次序，明分使群。荀子认为，无礼则无序，无礼则不分，齐之则不使。"分均则不偏，埶齐则不壹，众齐则不使。有天有地而上下有差，明王始立而处国有制。夫两贵之不能相事，两贱之不能相使，是天数也。埶位齐而欲恶同，物不能澹则必争，争则必乱，乱则穷矣。先王恶其乱也，故制礼义以分之，使有贫富贵贱之等，足以相兼临者，是养天下之本也。"⑤ 又说，"离居不相待则穷，群居而无分则争。穷者患也，争者祸也，救患除祸，则莫若明分使群矣。强胁弱也，知惧愚也，民下违上，少陵长，不以德为政，如是，则老弱有失养之忧，而壮者有分争之祸矣。事业所恶也，功利所好也，职业无分，如是，则人有树事之患，而有争功之祸矣。男女之合，夫妇之分，婚姻娉内送逆无礼，如是，则人有失合之忧，而有争色之祸矣。故知者为之分也。"⑥ 在荀子看来，天数谓不齐，自然为等差，故其制有等差，若无等差，则不能制也。等差不仅是天之常道，而且也是礼义所制的必然及重要的依据，上尊而下卑，富贵而贫贱，有执有使，上下分明，有序而治。荀子此思想虽然将人分为高低贵贱，然而较墨家的慢等差，以及道家的齐万物，或者法家"万物齐"，更为贴近社会实际。此一思想运用到当前的管理科学中，也具有重要的意义。管理层次的合理设置以及管理中合理的梯度，不

---

① （清）王先谦撰：《荀子集解》，中华书局，2008 年，第 117 页。
② （清）王先谦撰：《荀子集解》，中华书局，2008 年，第 133～134 页。
③ （清）王先谦撰：《荀子集解》，中华书局，2008 年，第 138 页。
④ （清）王先谦撰：《荀子集解》，中华书局，2008 年，第 142～143 页。
⑤ （清）王先谦撰：《荀子集解》，中华书局，2008 年，第 152 页。
⑥ （清）王先谦撰：《荀子集解》，中华书局，2008 年，第 176～177 页。

仅可以提高管理水平，也是任何管理者首先考虑的重大问题之一。形成一个合理的管理队伍，使各个管理层面相互制约、相互协助、职责分明而又不留过多的空白，是管理必须要解决的重大问题，是提高管理效率的重要措施。至于如何做到管理层次分明，职责明晰，责权利适当，则是另外一个问题。

隆礼之必然。荀子认为，用国则"厚德音以先之，明礼义以道之，致忠信以爱之，赏贤使能以次之，爵服赏庆以申重之，时其事、轻其任以调齐之，潢然兼覆之，养长之，如保赤子"。① 伤国者则"大国之主也，不隆本行，不敬旧法，而好诈故，若是，则夫朝廷群臣亦从而成俗于不隆礼义而好倾覆也。朝廷群臣之俗若是，则夫众庶百姓亦从而成俗于不隆礼义而好贪利矣。君臣上下之俗莫不若是，则地虽广，权必轻；人虽众，兵必弱；刑罚虽繁，令不下通"。② 又曰："请问为人君？曰：以礼分施，均遍而不偏。请问为人臣？曰：以礼侍君，忠顺而不懈。请问为人父？曰：宽惠而有礼。请问为人子？曰：敬爱而致文。请问为人兄？曰：慈爱而见友。请问为人弟？曰：敬诎而不苟。请问为人夫？曰：致功而不流，致临而有辨。请问为人妻？曰：夫有礼则柔从听侍，夫无礼则恐惧而自竦也。"③ 又曰："至道大形，隆礼至法则国有常，尚贤使能则民知方，纂论公察则民不疑，赏克罚偷则民不怠，兼听齐明则天下归之。然后明分职，序事业，材技官能，莫不治理，则公道达而私门塞矣，公义明而私事息矣。如是，则德厚者进而佞说者止，贪利者退而廉节者起。"④ 均以礼为"大道"。其余各篇，也以"礼义"为统。荀子把礼看作是一切之本，故曰："礼者、治辨之极也，强固之本也，威行之道也，功名之总也。王公由之，所以得天下也；不由，所以陨社稷也。"⑤ "人之命在天，国之命在礼。人君者隆礼尊贤而王，重法爱民而霸，多利多诈而危，权谋、倾覆、幽险而亡。"⑥ "故凡得胜者必与人也，凡得人者必与道也。道也者何也？曰：礼义辞让忠信是也。"⑦ 荀子谓"道"以礼义统之，辞让、忠信，还是一个"礼"字。此于人生，荀子也把礼义作为人生安乐之本。"故人莫贵乎生，莫乐乎安，所以养生安乐者莫大乎礼义。"⑧ "在天者莫明于日月，在地者莫明于水火，在物

① （清）王先谦撰：《荀子集解》，中华书局，2008 年，第 224、286 页。
② （清）王先谦撰：《荀子集解》，中华书局，2008 年，第 227 页。
③ （清）王先谦撰：《荀子集解》，中华书局，2008 年，第 232～233 页。
④ （清）王先谦撰：《荀子集解》，中华书局，2008 年，第 238～239 页。
⑤ （清）王先谦撰：《荀子集解》，中华书局，2008 年，第 281 页。
⑥ （清）王先谦撰：《荀子集解》，中华书局，2008 年，第 291 页。
⑦ （清）王先谦撰：《荀子集解》，中华书局，2008 年，第 298 页。
⑧ （清）王先谦撰：《荀子集解》，中华书局，2008 年，第 299 页。

者莫明于珠玉，在人者莫明于礼义。故日月不高，则光明不赫，水火不积，则晖润不博；珠玉不睹乎外，则王公不以为宝；礼义不加于国家，则功名不白。故人之命在天，国之命在礼。君人者隆礼尊贤而王，重法爱民而霸，好利多诈而危，权谋、倾覆、幽险而亡矣。"① 在实践上，荀子也是以礼为重，循礼而行。"故下安则贵上，下危则贱上。故上易知则下亲上矣，上难知则下畏上矣。下亲上则上安，下畏上则上危。"② 也就是说，下不知所从则不安，不安则难知，难知则不行，不行则无功。另外，不知所从则自危也，人人自危，上不顾下，下不贵上，上下交恶，乱必生矣。

荀子论礼起于物欲，也即是说礼起于外，而不是内。明确地说出了礼的来源不是由于敬，而是由于欲，不是由于内，而是由于外。与孟子不同，荀子毫不掩饰地说："礼起于何也？曰：人生而有欲，欲而不得，则不能无求；求而无度量分界，则不能不争；争则乱，乱则穷。先王恶其乱也，故制礼义以分之，以养人之欲，给人之求，使欲必不穷于物，物必不屈于欲，两者相持而长，是礼之所起也。"③ 荀子又从外在的经验上来谈论如何满足人的感官欲望，以此进一步说明礼的起源。"故礼者，养也。刍豢稻粱，五味调香，所以养口也；椒兰芬苾，所以养鼻也；雕琢、刻镂、黼黻、文章，所以养目也；钟鼓、管磬、琴瑟、竽笙，所以养耳也；疏房、檖貌、越席、床笫、几筵，所以养体也。故礼者，养也。"④ 荀子从感官经验上来阐述礼之所生、礼之所养，而缺少了"心性"，认为礼生于所养，不能所养，礼便不能存在，虽然具有一定的现实意义，但是也存在着一定的矛盾。人欲望无穷，虽礼之匡之，若礼不能满足欲望，又何正之。孟子主张守礼，认为礼产生于道、德、仁、义，故非礼莫视，非礼莫听，非礼莫动，虽饿死非礼而不食，虽穷困非礼而不富，为礼虽死而无怨，伯夷、叔齐是也。礼之所起在于物欲，在于分人，以养人之欲，给以求。也就是说，荀子认为，文过其情谓是隆礼，即是礼之隆盛；而在孟子看来，文过其情，便是矫情，非礼之本意。二者在此也有较大的区分，更显示出了一个是外在的经验形式，一个是内在的心性。在荀子看来，情过于文，是减降礼也。当然，后其解释说，"若尊之尚玄酒，本于质素，情过于文，虽减杀，是亦礼也。"⑤ 礼存在人的一生一世，必当尊之、守之，"礼者，谨于治生死者也。生，人之始也；死，人之终也：终始俱善，人道毕矣。故君子敬始而慎

---

① （清）王先谦撰：《荀子集解》，中华书局，2008年，第316～317页。
② （清）王先谦撰：《荀子集解》，中华书局，2008年，第322页。
③ （清）王先谦撰：《荀子集解》，中华书局，2008年，第346页。
④ （清）王先谦撰：《荀子集解》，中华书局，2008年，第346～347页。
⑤ （清）王先谦撰：《荀子集解》，中华书局，2008年，第357页。

终，终始如一，是君子之道，礼义之文也。"① 也即孔子所言"一以贯之"。

荀子主张"性伪合"。"故曰：性者，本始材朴也；伪者，文理隆盛也。无性则伪之无所加，无伪则性不能自美。性伪合，然后成圣人之名一，天下之功于是就也。故曰：天地合而万物生，阴阳接而变化起，性伪合而天下治。"②荀子谓性朴，即无善无恶，为之为善为恶。也就是说，性不能自美，这样就把性看作固定不变的了，由何来伪，礼也；礼何而生，圣人也。故荀子主张"为学"，"师法"。性本质素朴，礼乃加之文饰，故性伪合，然后圣人之名。以礼节制进退，然后始终合宜。与孟子截然不同，孟子主张性本善，故能养其性，然后扩而充之。

总之，荀子的人性恶不能归本，无本便不能存焉。其"礼义"不从"内心"上去把握，失去了"内在性"，即片面强调了"礼义"的形式，而忽视了它的根本。这样，就会使人们刻意去追求"礼义"，从而导致一种经验上的片面性，外在的"礼义"代替了"内在"的"仁爱"，使"礼义"成了一个空洞的形式。荀子尽管区分出天君、天官，有时也讲"心"，但由于从整体上仍在"外在性"上论述，没有深入到"心性"内去把握"性"的根本，始终不了解"心性"的本质，不明确人与禽区分的根本在于"人性善"，而不在于"人性恶"。尽心知性，修身养性，必须从"内在性"上下功夫，而不是在"外在性"的礼义形式上找原因。外在是受内在制约的，"天官"受"天君"的支配。所以，荀子自身便存在着无法解决的矛盾问题，故其所建构的以"隆礼"为核心的理论体系便不能自圆其说。

① （清）王先谦撰：《荀子集解》，中华书局，2008 年，第 358～359 页。
② （清）王先谦撰：《荀子集解》，中华书局，2008 年，第 366 页。

第五章 道德人的扩展

　　儒家在道德自觉的条件下，由道德法则性之天，向下落实形成了道德人的人性论；而道家则沿着道德法则性之天向上升，进而将"天"变成自然性的天，其道德人的假设远远高于儒家道德人的假设，并将其融入到"道"之中，融入到自然之中。道家的思想仍然是一种入世的思想，在变中找到一个不变的"常"，使其思想由对人的思考转而发展成为一种形而上学的宇宙论。人也是这种"常"发展而来，万物同样是由"常"发展而来。至于由什么发展而来，其动力就是"道"。它并不是由儒家所说的"天道"，它比"天"还高远，"天、地"也是由道所生。它不可用感官感觉，所以道的特性是"无"，是无法"闻见"的。道的生化并不出自人的意志，而是出于自然。自然就是不用人去刻意创造，只有人不去用知去创造，万物才会作无穷的变化。因此，道家的管理思想中存有消解管理的可能。但是，道家并不是用"无"去消解，其主要目的是让人们体认到万物都是"道"所生，因此皆平等，用知就有违自然，有悖于"道"。道家的人性假设同于自然，主张一种柔弱虚静的人生态度，即"玄德"的人生态度，此"德"是虚，是静，是无。而人之"知"的作用与耳目之"欲"，表现为对"德"的悖反，因此要求人们有一种克服"知"与"欲"的功夫。主张用"损"来达到去掉"知"与"欲"的需求，从而无知，便无成见，便能虚心；无欲，便归其根，归之于静。以实现"体道"，实现"常"、"长"、"久"，最终达到"道"的回归。道家的道德人假设是直面当代管理科学所出现的困惑，认为管理只是将管理者的意志强加到被管理者身上，如果那样就是运用了"知"，就会形成以管理者为中心，以自我为中心，而这种情况恰恰是以不平等为前提的，必然会导致各种危险，即根本不能实现"常、长、久"。因此，道家主张"无为而治"。道家，特别是庄子主张"虚、静、止"，但对于"心"则要求应保持住应有的位置，而不能离开它的"灵台"，此观点与孟子的"求放心"是一致的，可见儒、道都是一种入世的思想，只不过层次有别，途径不同而已。

第一节　"道"与自然

道家的人性论不仅是一种严格意义上的形而上学思想，而且是中国哲学思想最为古老的思想派别之一，很显然，道家也是一种入世的哲学，因此人性论便成为了道家思想的主题或核心。然而，道家的人性论站在了一个更高的层次上，即自然的层次上，道的层次上来论述其人性思想，主张"人与自然"的统一。

一、"道"———一种最高意义上的本体论

老子最早明确提出了万物的本源——"道"这个本体论思想，认为"道"是产生万物的本源，而"道"本身则并不是一个可感事物，它甚至不是一个存在，却又无时不在；它无形状，却又藏于万事万物。它是一个不可言说，但又是确切存在的东西。"道可道，非常道；名可名，非常名。'无'，名。天地始；'有'，名。万物之母。故常'无'，欲观其妙；常'有'，欲观其徼。此两者，同出而异名，同谓之玄。玄之又玄，众妙之门。"[①] 老子认为，"道"乃是万物最高或最初的性状，一切的一切皆是"道生之"。老子的"道"与儒家的"天道"、"地道"、"人道"要高远得多，可以说根本不在一个层次上而言的。正如徐复观所言："《诗经》、《春秋》时代中，已露出了自然之天的端倪。老子思想最大的贡献之一，在于对此自然性的天的生成、创造，提供了新的、有系统的解释。在这解释之下，才把古代原始宗教的残渣，涤荡得一干二净；中国才出现了由合理思维所构成的形而上学的宇宙论。"[②] 在老子看来，宇宙万物之所以产生，究其根本必然有一个原因，有一个原始开端，有一个自身不动而能使万物运动的始基，这个东西就是"道"。"道"是一个客观的本体，它不可言说，不可闻见，高高在上，又潜藏于万事万物中，它不动但可使万物按照一定的规则运动。

从静态上言，道是一个本体。作为本体，老子对"道"进行了归纳和总结，得出了以下几点结论。首先，"道"内含有人。"有物混成，先天地生。寂兮廖兮，独立不改，周行不殆，可以为天地母。吾不知其名，强字之曰'道'，

---

① 陈鼓应：《老子注译及评介》，中华书局，2008年，第53页。

② 徐复观：《中国人性论史》（先秦篇），台湾商务印书馆，1994年，第325页。

强为之名曰'大'。大曰逝，逝曰远，远曰反。故'道'大，天大，地大，人亦大。域中有四大，而人居其一焉。人法地，地法天，天法'道'，'道'法自然。"① 也就是说，作为本体的"道"，先天地而生，独立不改，而周行不殆，即本静而形动，故可以为天下母。虽不知其名，可以曰之道，若强谓之名，曰大。何为大，曰逝；何为逝，曰远；何为远，曰反（返）。故道大，天大，地大，人大。四大，而人仅处一。这样，老子就将人处于"道"以下，认为人虽大，只不过是四大之一，消解了人在自然万物中的神圣性质，消解了人对万物的主宰作用，解构了人的主体性。而指出"人法地，地法天，天法道，道法自然"的一种不断上升的过程，人只不过是万物之一，故人不应将自己的意志强加于万物之上。但是人又是由"道"所生，故道大，天大，地大，王大，人亦大，"道"内含有人。其次，"道"变化莫测，惚恍不定，但却能成万物，万物莫不尊道而行。"视之不见，名曰'夷'；听之不闻，名曰'希'；博之不得，名曰'微'。此三者不可致诘，故混而为一。其上不皦，其下不昧，绳绳兮不可名，复归于无物。是谓无状之状，无物之象，是谓惚恍。迎不见其首，随之不见其后。执古之道，以御今之有。以知古始，是谓道纪。"② "'道'之出口，淡乎其无味，视之不足见，听之不足闻，用之不足既。"③ "道"有着自身的运动模式和发展规律，作为"道"所生万物之一的"人"，用自己的眼光来臆测"道"的运行轨迹，在老子看来简直就是自不量力。事实上直到今天，人类在自身规律面前也显得过于苍白。不仅卢梭讲过类似的话，就是马克思也讲过此类话。卢梭曾说过："一方面，如果我们观察到人类巨大的成就：有多少科学研究得日益精深了；有多少种艺术被发明了；有多少力量被使用了；一些深渊被填平了；一些高山被铲平了；一些岩石被凿碎了；一些江河便于通航了；一些荒地开垦了；一些湖泊挖掘成功了；一些沼泽被弄干了；一些高大的建筑在地面上建立起来了；海面上充满了船舶和水手，但是另一方面，假如人们稍微思考一下所有这一切对人类的幸福究竟有什么真正好处，人们便会惊讶这两者之间是多么不相称，因而会叹息人类的盲目。"④ 马克思对此也有深刻的洞察："在我们这个时代，每一种事物好像都包含有自己的反面。我们看到，机器具有减少人类劳动和使劳动更有效的神奇力量，然而却引起了饥饿和过度的疲劳。新发现的财富的源泉，由于某种奇怪的、不可思议的魔力而变成贫困的

---

① 陈鼓应：《老子注译及评介》，中华书局，2008 年，第 163 页。
② 陈鼓应：《老子注译及评介》，中华书局，2008 年，第 114 页。
③ 陈鼓应：《老子注译及评介》，中华书局，2008 年，第 203 页。
④ ［法］卢梭著：《论人类不平等的起源和基础》，李常山译，商务印书馆，1996 年，第 159 页。

根源。技术的胜利，似乎是以道德的败坏为代价换来的。随着人类愈益控制自然，个人却似乎愈益成为别人的奴隶或自身的卑劣行为的奴隶。甚至科学的纯洁光辉仿佛也只能在愚昧无知的黑暗背景上闪耀。我们的一切发现和进步，似乎结果是物质力量具有理智生命，而人的生命则化为愚钝的物质力量。"[1] 由此人们看到，人自身的能力在自然面前，也就是在"道"面前显得微不足道，只有尊重和服从于自然规律，才能使人类社会更好地发展，否则，就必定会受到自然规律或者说受到"道"的惩罚。再次，"道"并不神秘，"道"即"常"。"'道'常无名、朴。虽小，天下莫能臣。侯王若能守之，万物将自宾。天地相合，以降甘露，民莫之令而自均。始制有名，名亦既有，夫亦将知止，知止以不殆。譬'道'之在天下，犹川谷之于江海。"[2] 在道家看来，"道"虽不可名状，但存于"常"，用于"常"，表现于"常"，也就是说，"道"事实上与"常"同。此"常"指常态、平常、一般、自然而然，故既朴又小。"常"，还有"非常"之意，故曰："道可道，非常'道'；名可名，非常'名'。"[3] 言能常无、常有，不主故常。不主故常，故曰非常。常有常无，故曰"复命曰常"，[4] "知和曰'常'"。[5] 前面讲"道"大，此处言"道"小；前处讲"道"生万物，为天地始，此处讲"道"非常平常。前后相应，可见"道"的一般又不一般，可大可小，是万物之始，又与常相合。

从动态上言，道是一个过程。道家之"道"并非仅仅一个本体论，而且"道"还是一个"过程"，是万事万物遵循的"规律"。在道家看来，道既动又静。"反者'道'之动；弱者'道'之用。天下万物生于'有'，'有'生于'无'。"[6] "'道'生一，一生二，二生三，三生万物。万物负阴而抱阳，冲气以为和。"[7] 指出了道产生万万事物的运动过程，天下万物生于有，而有生于无；道之动，曰返。反者道之动，即从静到动，是道自身所具备的功能，或者说道本身处静，而静中有动。道的过程是表现为道生万物的过程，即"道生一，一生二，二生三，三生万物"，这一过程，是一种不断下降的过程，由道而生万物。另外，道的过程还是一个循环的过程，如前所说"周行而不殆"，"大曰逝，逝曰远，远曰反"，由道开始，大到远逝，故逝曰远，越来越远，远

① 《马克思恩格斯全集》第 12 卷，人民出版社，1962 年，第 4 页。
② 陈鼓应：《老子注译及评介》，中华书局，2008 年，第 194 页。
③ 陈鼓应：《老子注译及评介》，中华书局，2008 年，第 53 页。
④ 陈鼓应：《老子注译及评介》，中华书局，2008 年，第 124 页。
⑤ 陈鼓应：《老子注译及评介》，中华书局，2008 年，第 276 页。
⑥ 陈鼓应：《老子注译及评介》，中华书局，2008 年，第 223 页。
⑦ 陈鼓应：《老子注译及评介》，中华书局，2008 年，第 232 页。

到一定程度又周流回返，归于道。道的这种运动具有一定的规律性，"道者万物之奥"。① 也就是说，道是万事万物运动的奥秘、奥妙，即规律所在，人们必须尊道而不能相违。这样，道就由静态的本体论变成了动态的统治事物发展的规律，本体论与辩证法统一起来，道既是产生万事万物的本源，又是决定万事万物发展的根本原因。

二、道的最高境界——自然

道家将自然作为其最高境界，故希言自然，将自然看成比道更高的东西。"希言自然。故飘风不终朝，骤雨不终日。孰为此者？天地。天地尚不能久，而况于人乎？故从事于'道'者，同于'道'；'德'者，同于'德'；失者，同于失。同于'道'者，'道'亦乐得之；同于'德'者，'德'亦乐得之；同于失者，失亦乐得之。信不足焉，有不信焉。"② 此处"希"为"大度形"，是说自然之大，乃万物之根，无时不有，无处不在。人只不过是自然之一物，至于天地也不过是自然之一物，天地尚且不能久长，而况人乎，故人在自然面前表现为有始有终。因此，从事于道者，道者同于道，德者同于德，失者同于失。同于道者，道亦乐得之；同于德者，德亦乐得之；同于失者，失亦乐得之。故曰"信不足焉，有不信焉"。意思就是说，自然之大，道亦乐，得亦乐，失亦乐，即无所谓得失，无所谓道德，无所谓信与不信。一切皆自然。老子又说："人法地，地法天，天法'道'，'道'法自然。"③ 在道家看来，人为万物之灵，为天演中最为进化之物，故言"道大，天大，地大，人亦大"，但是此"大"又返回于"自然"，故曰："人法地，地法天，天法道，道法自然。"人视地为其母，而地以天为覆，故天生地，而天地人三材又以道而生，而道又以自然为师法。可见，道家的自然观是一个完整的自然宇宙观。其顺序是：宇宙（自然）——道（客观的规律）——天（太阳系）——地（地球万物生成）——人。

在人性假设方面，道家颠覆任何社会层面的人性假设，人的所有行为都应以"自然"为最高境界，方可不离"道"，凡事应"自然而然"。

第一，"自然"的境界落实到行动上就是"无为"。"自"即"本身、自己、自我"之意；还具有"开始、起源"之意。"然"，指"如此、这样、那样"之意。"自然"，具有"天然，非人为"之意；也指"无穷变化的各种事物"，与

① 陈鼓应：《老子注译及评介》，中华书局，2008 年，第 303 页。
② 陈鼓应：《老子注译及评介》，中华书局，2008 年，第 157 页。
③ 陈鼓应：《老子注译及评介》，中华书局，2008 年，第 163 页。

"宇宙、物质、存在、客观实在"等范畴同义；还包括"不做作，不呆板，非勉强"之意；同时，还具有"当然"、"事物按其内部的规律发展变化，不受外界干预"之意，如"顺其自然"。"自然"一词，在道家看来，就是各个事物自己按照自己的运动规律进行变易，故"自然者，道也"。任何其他事物皆不可强制，而应当顺其自然，故"无为"。无为是自然的必然结论，如有意而为，事物便不可能"自然而然"。自然作为道家的最高境界，平等地对待万事万物，认为万事万物各有各自的变化规律，任何一物均不比另一物高级，各种事物都遵循一定的"道"在进行变化和发展，故不应将人的意志强加到其他事物上，否则就会与"道"相悖，违反"自然"，违背规律，就会受到规律的惩罚。"无为"就是顺万物之本性，不加以过多的干涉，故"无为"实者"大为"。老子曰："万物作而弗始，生而弗有，为而弗恃，功成而弗居。夫唯弗居，是以不去。"① 也就是说，功成不居，而不居非真不居也，是不去也。"《论衡·自然篇》曰：'故无为之为大矣。本不求功，故其功立；本不求名，故其名成。'亦即此章'夫唯不居，是以不去'也。"② 如此看来，无为便具有特殊的含义，即不做违反自然之事，而应顺其各自物性，顺其自然，实际上就是"大为"，而不是"小为"，小为即强为。陈鼓应也说："在一个社会生活上，老子要人发挥创造的动力，而不可伸展占有的冲动，'生而不有，为而不恃，功成而弗居。'正是这个意思。'生'、'为'、'功成'，正是要人去工作，去创建，去发挥主观的能动性，去贡献自己的力量，去成就大众的事业。'生'和'为'即是顺着自然的状况去发挥人类的努力。然而人类的努力所得来的成果，却不必擅据为己有。'弗有''弗恃''弗居'，即是要消解一己的占有冲动。人类社会的争端的根源，就在于人人扩张一己的占有欲，因而老子极力阐扬'有而不居'的精神。"③

第二，在"自然"的境界上任何事物都是"齐一"的、平等的，但是按照"自然"本性，"自然"就是具有差异性的自然，因此，差异性和平等性都是自然的本性。就人而言，一方面，老庄主张"人人平等"，是说任何一个作为自然的、最高境界的人都是一样的，无论什么人，或善或恶，或美或丑，或贵或贱，在最高意义上都是自然的产物，都是平等的、齐一的，都依照"道"而行，皆有生有灭；因而无寿无夭，无善无恶，无美无丑，无愚无智，无强无弱。老子说过："天下皆知美之为美，斯恶已；皆知善之为善，斯不善已。有

---

① 陈鼓应：《老子注译及评介》，中华书局，2008 年，第 64 页。
② 朱谦之撰：《新编诸子集成老子校译》，中华书局，1984 年，第 12 页。
③ 陈鼓应：《老子注译及评介》，中华书局，2008 年，第 69～70 页。

无相生，难易相成，长短相形，高下相盈，音声相和，前后相随，恒也。是以圣人处无为之事，行不言之教。"[1] "不尚贤，使民不争；不贵难得之货，使民不盗；不见可欲，使民心不乱。是以圣人之治，虚其心，实其腹，弱其志，强其骨。常使民无知无欲。使夫知者不敢为也。为无为，则无不治。"[2] "大道废，有仁义；智惠出，有大伪；六亲不和，有孝慈；国家昏乱，有忠臣。"[3] "绝圣弃智，民利百倍；绝仁弃义，民复孝慈；绝巧弃利，盗贼无有。此三者以为文不足。故令有所属：见素抱朴，少私寡欲，绝学无忧。"[4] "曲则全，枉则直，洼则盈，弊则新，少则得，多则或。是以圣人抱一为天下式。不自见，故明；不自是，故彰；不自伐，故有功；不自矜，故长。夫唯不争，故天下莫能与之争。古之所谓'曲则全'，岂虚言哉！诚全而归之。"[5] "大成若缺，其用不弊。大盈若冲，其用不穷。大直若屈，大巧若拙，大辩若讷。静胜躁，寒胜热。清静为天下正。"[6] "圣人常无心，以百姓心为心。善者，吾善之；不善者，吾亦善之；德善。信者，吾信之；不信者，吾亦信之；德信。圣人在天下，歙歙焉，为天下浑其心，百姓皆注其耳目，圣人皆孩之。"[7] 庄子也说："无物不然，无物不可。故为是举莛与楹，厉与西施，恢诡谲怪，道通为一。其分也，成也；其成也，毁也。凡物无成与毁，复通为一。唯达者知通为一，为是不用而寓诸庸。庸也者，用也；用也者，通也；通也者，得也。"[8] "夫天下莫大于秋豪之末，而大山为小；莫寿于殇子，而彭祖为夭。天地与我并生，而万物与我为一。"[9] "夫大道不称，大辩不言，大仁不仁，大廉不嗛，大勇不忮。道昭而不道，言辩而不及，仁常而不成，廉清而不信，勇忮而不成。五者圆而几向方矣！故知止其所不知，至矣。孰知不言之辩，不道之道？若有能知，此之谓天府。注焉而不满，酌焉而不竭，而不知其所由来，此之谓葆光。"[10] 此类文章，在老子、庄子书中比比皆是。也就是说，在"自然"这个最高境界里，万事万物都是一样的、齐一的、平等的。但是，就道家自然中的人，又是有差异的，差异性同样是"自然"的。所以，道家将人分为"方外"

---

[1] 陈鼓应：《老子注译及评介》，中华书局，2008年，第64页。
[2] 陈鼓应：《老子注译及评介》，中华书局，2008年，第71页。
[3] 陈鼓应：《老子注译及评介》，中华书局，2008年，第134页。
[4] 陈鼓应：《老子注译及评介》，中华书局，2008年，第136页。
[5] 陈鼓应：《老子注译及评介》，中华书局，2008年，第154页。
[6] 陈鼓应：《老子注译及评介》，中华书局，2008年，第241页。
[7] 陈鼓应：《老子注译及评介》，中华书局，2008年，第253页。
[8] 曹础基：《庄子浅注》，中华书局，2007年，第20～21页。
[9] 曹础基：《庄子浅注》，中华书局，2007年，第25页。
[10] 曹础基：《庄子浅注》，中华书局，2007年，第26页。

之人与"方内"之人。所谓"天人"、"神人"、"至人"都是理想中的人物，是"方外"之人。"君子"、"百官"、"民"是现实中的人，是"方内"之人。单就人而言，"老庄思想的主题和核心也是人性论。"① 道家在论述人时同样存在着一个"目的论"问题，即由"方内之人"向"方外之人"的上升过程，"至人"、"真人"、"道人"是道家追求的人生最高境界，故道家也是一种入世的哲学，甚至具有很强的民本思想，故曰"圣人常无心，以百姓心为心"。

第三，道家由"自然"这个最高境界出发，在谈到人的入世时，存在着一个"为"的问题。也就是说，道家是一个"目的论"者。如何遵循"道"使人合于"自然"，合乎规律，合乎人性，就需要尊重人特有的"自然"性，而人作为类有着与物不同的特殊性，这种特殊性也就是人的"自然"。故在人的"自然"层面上必须做到"无为"，然而人所具有的主观能动性、创造性也是人的"自然"性，所以说，道家思想的深层次又暗含着一种"为"的思想，是一种"无为而无不为"的"目的论"。只不过这种"为"要限定在"人"这种"自然"的层面上。因此，作为"自然"的人是"无为"，同样作为"自然"的人又是"为"，故道家讲"为无为"，"无为而无不为"。也就是说，当道家遵照万事万物自身内在规律，而不可戕贼人之性，即不可将"外力"强加于人的"自然"属性之上时，与儒家所主张的"道德人"自觉，在某种程度上是一致的。所以说，道家思想就"无为"的字面意义上，具有消极性，具有"宿命论"的特征，具有消解管理科学的可能性。但是，就其"自然"本意的深层次上说，道家的"无为"思想正是反映了作为人的能动性发挥的一种表达方式，就是将人的能动性、创造性牢牢地限定在一定的范围内，在尊重"自然"、"道"、规律的界限内，是"无为而无不为"，是一种更高意义、更高境界上的"为"，是建立在对"自然"宇宙观认识基础上的认识论和实践论，是一种目的论。如果违反了"自然"，人的所谓的一切"为"，皆是有害于人性的"小为"、"强为"，是对人性的压迫。在"自然"的境界里，道家将合规律性与合目的性统一起来，合规律性是合目的性的前提和基础，是一切"为"的根据，而合目的性则是合规律性的表现与追求。

如果儒家孔孟思想是以"道德人"作为人性假设，那么道家就可以说以"自然人"的人性假设而自居。道家的这种"自然人"的人性假设，既不是法律意义上的"自然人"，也不是生理学意义上的"自然人"，而是如前所述，是一种超越人本身的最高境界的"自然人"的人性假设。它无所谓善，也无所谓恶；为善便为善，为恶便为恶；自然而然，该善就是善，该恶就是恶；善或恶

---

① 唐雄山：《老庄人性思想的现代诠释与重构》，中山大学出版社，2005年，第9页。

都是"自然"的，"天然"的。善或恶如果皆出于人的"本性"，是"自然"的，那么"善"或"恶"便没有任何区别，只要遵循着"道"的变化与发展，便无可非议。可见，道家的"自然人"的人性假设远比儒家"道德人"的人性假设的层次高得多，也不是告子人性或善或恶的主张所能够比拟的。它揭示出了一种"超然"的人性假设，即人性假设不应局限于某一具体性方面，善或恶，或不善不恶，所有这些均没有达到"人性"的最高境界，只是就人性某一特性而言的，具有"正心"、"直心"、"道心"、"德心"、"仁心"等便为善，具有"情"、"利"、"欲"等便为恶。事实上，这些特殊性都不是人的本质属性，人的本质属性就是"自然"，"自然"生成什么样的属性就是什么样的属性，"自然"使人按照什么样的变化发展，人就怎样变化发展。道家的此观点类似于黑格尔的自然意识和绝对精神，黑格尔认为："凡是现实的都是合理的，凡是合理的都是现实的。"事物既然存在就有存在的必然性、合理性，而无所谓"好坏"、"善恶"。由此，我们可以将道家的人性假设规定为"自然人"的人性假设，道家的"自然"宇宙观的思想，我们可以将其推衍到管理科学中。依照道家的思想，任何管理科学的人性假设都具有其必然性，都是一种合理的结论。在"自然人"的人性假设中，任何现存的事物都是合理的，都是一种自然的存在，因为它"存在着"，而存在着的都是"自然"的。"自然人"的人性假设在本质上就是"无"，因为它可以无任何假设；同时，它又是"有"，因为任何假设都是"自然人"假设的一个特例，都具有"合理性"，都是"自然"的。从另一方面看，管理科学中任何人性假设只要是存在的，它总会有灭亡的一天，因此，它呼唤着一种更完善、更符合于人性的人性假设。从某种意义上说，它呼唤着一种最高境界的人性假设，即"自然人"的人性假设。因为，任何一种人性假设都具有片面性，都不能较好地消除人性假设与管理模式之间的张力，真正能够解决这一问题的是"自然人"的人性假设。只有它才会打破一切人性假设的局限性，才能真正按照"自然"的尺度，而不是按照"人的尺度"；按照"最高"的尺度，而不是局限于某一方面的尺度来设置管理目标、管理层次、管理模式和管理程序。

第二节　道家对"道"与"德"的提升

　　道家讲"道"，也讲"德"，但与儒家所讲的"道德"并不在一个层面上，虽然有的含义存在着交叉，但从本质上看还是有所区分的。儒家所讲的道德更多的是在伦理意义上，而道家所讲的"道德"更多的是在存在论意义上；儒家的道德更多的是强调一种价值取向，而道家的道德更多的是强调一种规律。我们既不能将道家和儒家的道德严格区分开来，也不可以不加区别地将二者混同起来。为了更好地、全面地、正确地把握道家与儒家关于道德论述，必须加以深入地考察。

一、"道"、"德"的客观性

如前所述，道家的"道"与"德"具有鲜明的本体论性质。道作为万物的本源，是万事万物产生的根据，而万事万物之所以具有各自的性状、各自的特性，也就是具有各自不同的"德性"或"道性"。从本体论意义上说，道家所言的"道德"，其实就是一个"玄"字，然而就"道"而言，它具有客观性，而不具有神或"天志"的含义，其基本特点，可归结如下："一、'道'是物的自然法则，它排斥一切神或'天志'。二、'道'永远存在，它是永存的物质世界的自然性。'道'在时间与空间上都是无限的。三、'道'是万物的本质，它通过它自己的属性（'德'）而显现。没有万物，'道'就不存在。四、作为本质来说，'道'是世界的物质基础'气'及其变化的自然法则的统一。五、'道'是物质世界中不可破灭的必然性，万物都从属于'道'的法则。'道'摧毁一切在它道路上的障碍。六、'道'的基本法则是：万物与一切现象，处于经常的运动与变化中，在变化的过程中，万物与一切现象都转化为自身的对立物。七、万物与一切现象，都处于相互联系的状态中，这种联系通过统一的'道'而完成。八、'道'是视之不见，搏之不得。它是我们的感官所不能感知的，但在逻辑思维中，它是可以认识的。"① 道家指出了"道"不仅意味着客观世界的自然法则，而且还意味着"道"是万事万物的物质实体和本质，以及万事万物运动的最终原因。在本体意义上，"常'无'，欲以观其妙；常'有'，欲以观其徼。此两者，同出而异名，同谓之玄。玄之又玄，众妙之门。"② "天下万物生于'有'，'有'生于'无'。"③ 很显然，万物生于有，而有生于无，有与无同，谓之玄，有无异名，而道通为一。因此，可以断言，道家的本体论既不同于经验主义的物质实在，也不同于精神本体，而是一个类似于客观实在的东西。它既是抽象的，又是实在的、确然的。

春秋末年的道家看到了周朝颓废、社会动荡的现实，处在一种深刻的忧患

---

① 陈鼓应：《老子注译及评介》，中华书局，2008年，第54页。
② 陈鼓应：《老子注译及评介》，中华书局，2008年，第53页。
③ 陈鼓应：《老子注译及评介》，中华书局，2008年，第223页。

之中，试图使人们从这种动荡不安的境况中超脱出来，并追问着一种人生最本质的东西。思想家们当面临着人的本质被异化的时代课题时，总是在努力地找寻着人生的坐标，人生的意义及人生的目的。随着社会的进步与发展，生产力得到了改进，物质财富有了较大的丰富，同时，人们所生存的境况却并没有与之进步，于是思想家便思索着如何使人回复到人的本质中。这是历代思想家共同需要迫切解决的问题。老子早在 2000 多年前就遭遇到了这一问题，可以说这是人类历史上较早遭遇并加以解决的一个时代课题，老子给予了较好的解答。首先，老子规定"道"为万事万物最高意义上的原因，"老子的所谓道，指的是创生宇宙万物的一种基本动力。"① 儒之天，可闻可察；老之道，不可得闻见。"所以老子用一个'无'字来作为他所说的道的特性。"② 这样，创生万事万物的原因其实是一个"无"，这与亚里士多德的终极因——"有"是截然不同的，这也是西方具有宗教传统，而我国消解宗教的一个重要原因。在这里，老子的"无"也便具有了两层意义，上一层的"无"是创生万物的动力；下一层次的"无"便是不可名状、不可言说，即"无限"的存在——"无"。很明显，老子的"无"实际上是"不可名状"、"不可形象"、"不可闻见"、"不可言说"，即"是谓无状之状，无物之象"，③ 但如何能知"有状有象"呢？则见"其功"，见"其形"，本不求功，故其功立；本不求名，故其名成。功与名在"无"中自成，"不自见，故明；不自是，故彰；不自伐，故有功；不自矜，故长。夫唯不争，故天下莫能与之争。"④ 也就是说，功与名不是争来的，而是不争而来，己不争，天下莫之与争，故曰"自然而然"。因此，道家所讲的"道"，是一种对现实的超越，是看到了事物的里层，即特别关注事物的负面意义；而儒家所讲的道存于人情世故中，纵然讲天道最终也还是下落到人道中，故道家较儒家立意更为高远。"道乃由现象界进而求其所以能成其此现象的原因，所推度出来的。即是由有形而推及无形，由形下而推及形上。所以老子'道'的观念的成立，是通过精密思辨所得出的结论。"⑤

道家所讲的"道"，其作为万物的最高原因，并不具有意志的作用，而只是出于自然，无所造作，类似于"水"的一种境界，柔弱而无处不浸润，无处不存在，达到一种"夫唯不争"的境界，⑥ 从而成为万物形成的根本原因，"谷神不死，是谓玄牝。玄牝门，是谓天地根。绵绵若存，用之不勤。"⑦ 也就是

---

①② 徐复观：《中国人性论史》（先秦篇），台湾商务印书馆，1994 年，第 329 页。

③ 陈鼓应：《老子注译及评介》，中华书局，2008 年，第 114 页。

④⑥ 陈鼓应：《老子注译及评介》，中华书局，2008 年，第 154 页。

⑤ 徐复观：《中国人性论史》（先秦篇），台湾商务印书馆，1994 年，第 330 页。

⑦ 陈鼓应：《老子注译及评介》，中华书局，2008 年，第 85 页。

说，不费什么力气，用之不勤劳，自然而然。"凡用力的事，必定勤劳。勤劳便会陷于休歇。不勤劳，即是不用力，即是自然，即是无为，即可以作无穷的创造。"①"道"除了最高的原因外，还可演变，由"无"到"有"，再到"万物"，同时也是"生化"的过程，这种生化的过程老子谓之"玄"、"妙"。所以说，"有"也是道家的重要思想，"有"介于"无"与"万物"之间，也是最根本的存在，如古希腊哲学中的"原子"、"种子"、"精气"，与"一"在一个层次上。"众"或"多"与"一"相对，由"一"而生化出"多"。道家的思想与古希腊的哲学思想在此问题上可谓是一致的。"'道'生一，一生二，二生三，三生万物。"②一生二，即是一生天地；天、地与一而为三，此谓二生三。万物所生条件已经具备，故三生万物。道的创生过程是一个"客观"的自然过程，它不同于黑格尔的矛盾斗争学说，由此可见中国文化彻底的和平性格。③总之，道家所谓的"道"无论作为本体，还是作为动因，都较之儒家"道"向上提升到较高的层次。

　　至于"德"，道家认为"德"由乎"道"，在宇宙的生化过程中，表明了道由无形无质、无闻无名落向有形有质、有闻有名的过程，道是一，是全，而落下来便是由一而二，由二而三，由三而万物，由全而分的过程。老子曰："'道'生之，'德'畜之，物形之，势成之。是以万物莫不尊'道'而贵'德'。'道'之尊，'德'之贵，夫莫之命而常自然。故'道'生之，'德'畜之；长之育之；亭之毒之；养之覆之。生而不有，为而不恃，长而不宰。是谓'玄德'。"④徐复观认为："六章《王注》：'德者得也，常得而无丧，利而无害，故以德为名焉。何以得德，由乎道也……'本章《王注》'道者物之所由也。德者，物之所得也。'德是道的分化。万物得道之一体以成形，此道之一体，即内在于各物之中，而成为物之所以为物的根源；各物的根源，老子即称之为德……就其'全'者'一'者而言，则谓之道；就其分者多者而言，则谓之德。道与德，仅有全与分之别，而没有本质上之别。所以老子之所谓道与德，在内容上，虽不与《中庸》'天命之谓性'相同；但在形式的构造上，则于《中庸》'天命之谓性'无异。道等于《中庸》之所谓'天'；道分化而为各物之德，亦等于天命流行而为各物之性。因此，老子的道德论，亦即是老子的性命论。"⑤在徐复观看来，道与德在本质上是没有区分的，所区分的只是

①　徐复观：《中国人性论史》（先秦篇），台湾商务印书馆，1994年，第332页。
②　陈鼓应：《老子注译及评介》，中华书局，2008年，第232页。
③　徐复观：《中国人性论史》（先秦篇），台湾商务印书馆，1994年，第336～337页。
④　陈鼓应：《老子注译及评介》，中华书局，2008年，第261页。
⑤　徐复观：《中国人性论史》（先秦篇），台湾商务印书馆，1994年，第337～338页。

"一"与"多"的问题。事实上，"道"与"德"一个是"由"，一个是"得"；一个是"源"，一个是"流"；一个为"生"，一个为"畜"。由此可见，道与德还是不同的，比如水，"源"水与"流水"虽然本质皆为水，然"水"却不尽相同；"流水"源于"源水"，而"源水"不"源"于"流水"。"大田晴轩曰：道者理也，德者一气也。生之，谓始之也；畜之，谓赋之以气也。然细寻老、庄之书，一气之外，更无所谓道者，道者亦唯此一气。"① 很显然，道德虽然紧密相关，甚至可以等同，然而道与德毕竟还是有所区分的。在形成的过程中，"德"是"道"的下一层次；在本体论意义上，"道"以"形上"——理言说，"德"则以"形下"——气言说；在质上，"道"以"一"来总括，"德"则以"多"来分别。随着"德"演化为"物"与"势"，故曰："'道'生之，'德'畜之，物形之，势成之。"是一个逐渐下落的过程，生化的过程。"道"则起着一个始创的作用，不断地沿着一个方向下落着，最终成为万事万物，而万事万物都遵循着一个规律，永不停息地、无为而无不为地、自然而然地变化着。然而在郭象注《庄》中，则将道家的这种作用看作是不含有目的性，是不知其然而然的创造。认为，道虽然创造万物，但因其无意志，无目的，所以是"长而不宰"，创生过程中也不对万物加以任何干涉。而创生的过程中，是非常柔弱的，即所谓"弱者道之用"。至于何以柔弱，也因为无意志、无目的作动机的缘故。老庄是用"无为"，"自然"的名词来加强形容道的无意志、无目的，且创造的作用是很"柔弱"的；好像万物是自生的一样；并非真以万物为自生，在万物中总隐藏着"道"与"德"，若无此便不会有物"形"与"成"，故说老庄无目的性，无意志，"无为"、"自然"，实际上在高远的地方，可以看到老庄不仅是有目的的，同时也是有意志的，只不过这种目的与意志也是"自然"的表现而已。徐复观认为，"郭象注《庄》，实际上是把老庄的形而上的性格去掉。所以他之所谓自然，与老庄之所谓自然，中间有一个区别。"② 这个区别就是两个"自然"的不同，或者说老庄的自然远远超过了郭象的自然。物形势成，道与德皆流行于其中，若无道，无德，则物不能形，势亦不能成，正是由于道与德，以至成物，以至于物之长之。所以又说："故'道'生之，'德'畜之；长之育之；亭之毒之，养之覆之。"这种"德"与儒家或其他所言的"德"不同，既深又远，谓之"玄德"。"'玄德'深矣，远矣，与物反矣，然后乃至大顺。"③ 这样，道家所谓的"玄德"不同于儒家的"德"，儒家之

① 朱谦之撰：《新编诸子集成老子校注》，中华书局，1984年，第203页。
② 徐复观：《中国人性论史》（先秦篇），台湾商务印书馆，1994年，第339页。
③ 陈鼓应：《老子注译及评介》，中华书局，2008年，第312页。

"德"是在"天道"与"礼"之间，是实践的层次，而道家的"德"是指"万物由其德以通于道，亦即由其德而从'有'通于'无'；所以说是深，是远。与物反，乃与物反于其所自来之道。"① 因此，道家所言"德"，是"'道'生之，'德'畜之，物形之，势成之"之"物"反，返至于"道"，故言"玄德"。也就是说，道家之"德"并非是实践、物质层面上的"德"，而是与"道"同，只不过从"德"里人们所看到的是通于"道"，由"有形通于无形"，由形下通于形上的中介。若把"道"看作得生的原因和内在的规律或"无"，那么"德"就是"道"生于"物之形"的内在本质。如水，"道"是水之源，而"德"便是水之积，本质一样，皆为水，物则是水以成之形，"势"作为条件便则使水以成，即成各种水之势、之形。所以说，"德"与"道"对道家而言，皆可以说明宇宙万物的创生过程，是万物的生化根源，当然也是人的根源。这与儒家的"道德"不在一个层次上，儒家所言道德重点放在了实践的层面，在"天"、"性"之下，"天命之谓性，率性之谓道，修道之谓教。"主要是讲"天命率性"，"中道"，"率，循也。道，犹路也。"所指皆为实践层面。儒家之"道"虽有"天理"在里面，而在外则为"中道"，在"理"的问题上不是向上升，而是向下降，以至降到日用人情世故等具体实践上面来。而儒家之"德"则又在其"道"下，循（造）道而成德，"正心"、"率性"、"中庸"、"知、仁、勇"等，谓之"德"，仍然是在较低层面来论述的。

二、人向"道"、"德"的回归

人的异化，必然要求人向自己的回归，不过道家所讲的回归，是向"道"、"德"的回归。老子作为古代圣贤，自然看到了周末人性的种种异化，故提出了向道德人回归的伟大思想。人及人的本质问题是任何思想家最为关注的问题之一，如果连人及人的本质是什么都搞不清楚，那么人的自我存在的意义就真的成问题了。随着人类社会的产生和发展，人具备了意识和理性，获得了道德和自由，但却面临着种种困难。人类将永远背负着过去的压力，充当时间的奴隶，重复着一个巨大的悖论，也即卢梭思想的悖论："只有在历史进程中，人才能变成完全的人（因为他成为有道德的人），然而，正是历史进程，这个在其对人的思考中处于中心位置的东西，在他看来同时也造成了不是理性与道德的人性，而是今天的腐化和被贬低的人类。"② 人性如果不与过去建立起真正

---

① 徐复观：《中国人性论史》（先秦篇），台湾商务印书馆，1994年，第339页。

② 凯斯·安塞尔—皮尔逊著：《尼采反卢梭——尼采的道德—政治思想研究》，宗成河等译，华夏出版社，2005年，第5页。

的联系，历史的进程终将"人性"变为时间游戏的受害者。人们在历史进程中越是有理性，就越是受到理性"铁笼"的束缚；人类越是讲究道德，传统的道德也越是无情地被冲破；物质财富虽日益增加，然而苦难和灾难也日益增多，而资源却日益减少；人们不断战胜新的疾病，然而新出现的疾病危害更大；人们渴望和平，然而恐怖和核威胁的势头却有增无减，如此等等，人的本质出现了断裂。

近现代思想家、哲学家为了使人的本质回复到人自身中去做了种种探索：卢梭的悖论说明卢梭在近代是最先关注这一人的本质分裂的思想家之一，从某种意义上说，卢梭虽想用回归自然的方法来克服这种分裂，但是在"历史与时间"的本性中他陷入了困境，"卢梭是预言历史的人，也是对历史绝望的人"；[①] 黑格尔试图用"和基督"的方式将人的本质消融在"自我意识"中，用"绝对精神"的逻辑代替历史的逻辑；费尔巴哈则认为人本质的分裂在于"宗教的异化"，基督教的本质就是人的本质，[②] 通过将"基督教世界"降为"世俗世界"的办法使宗教的异化进入人自身；基尔克果则企图扼杀数千年基督教的历史发展，用"基督教的开端"来消解近现代人的本质的分裂，认为只要强调"自我"固守开端的基督教就会实现人本质的复归；尼采采取了一种"敌基督"的方式，认为基督教是一种教人罪恶的宗教，通过废除基督教的人道整体的"对人的克服"来复归人的本质，只不过在尼采看来，这种"复归"的人是一种"超人"，而世俗的人则是无可救药的；马克思则不同，他一开始就注意到了这种人的本质的分裂并不在于"自我意识"，也不在于"基督教世界"，而在于现实的人的世俗世界，在于资本主义的私有制，在于劳动与资本的矛盾。也就是说，只有资本的充分发展才是劳动即无产阶级（而不是仅仅个别人）真正实现人类解放（而不只是政治解放）的根据，因此，对于马克思来说，"完成了的自然主义"等于"完成了的人道主义"，只有在这个基础上，人的本质才真正实现自我的复归，人的本质才是人自身，人才是人的最高本质，即人才真正实现自由、全面、充分的发展。

回头看看我们的祖先是如何寻找人性的真正回归时，会使我们真切地感受到早在2000多年前，我们的先哲就已经洞悉到了这一切，并且预见到了人类的命运必将随着所谓的进步不断地远离着人性的本质，不断地向下堕落，并且

---

① 凯斯·安塞尔—皮尔逊著：《尼采反卢梭——尼采的道德—政治思想研究》，宗成河等译，华夏出版社，2005年，第5页。

② 费尔巴哈认为："上帝只是人类的对象……如果上帝只是一种人类的对象，那么上帝的本质对我们表示什么呢？它所表示的，不是别的，只是人的本质。"（［德］路德维希·费尔巴哈著：《费尔巴哈哲学著作选集》（上卷），荣震华等译，商务印书馆，1984年，第127页。）

一定会回归到"道德人"的人性本质中去，这个思想要比所谓的任何宗教以及任何革命的理论都要高远，也都彻底。马克思的唯物史观和剩余价值学说最终也是以实现共产主义为目标的，而基督教的教义必定会给予一个不完全自由的天堂。所有这些，仍然没有达到一个道德人的回归的境界，因为，马克思的革命理论不可能在短时期内消除革命本身，而基督教也不可能将人的本质真正超过上帝，只有我们东方的文明，道家的学说，在人性回归的问题上真正实现了"天人合一"，"返朴归真"的人生最高境界。

徐复观认为，"老子的人生论，是要求人回复到'德畜之'的德那里去，由'德'发而为人生的态度，才是大变动时期安全长久的态度。"[①] 不过老子所讲的"德"，不是一般意义上的德，而是"玄德"、"孔德"、"上德"，这种"德"是向生命的根源回归，亦即是通过德向道的回归。或者说，是人向自身的回归，人向人的最高本质的回归，最终实现人的自由、平等、返朴归真。老子曰："知其雄，守其雌，为天下谿。为天下谿，常德不离，复归于婴儿。知其白，守其黑，为天下式。为天下式，常得不忒，复归于无极。知其荣，守其辱，为天下谷。为天下谷，常得乃足，复归于朴。朴散则为器，圣人之用则为官长，故大制不割。"[②] 在这里，老子明确指出了人性复归于"婴儿"、"无极"、"素朴"，也就是从现有的人生事物中，通过"常德"向人生的原始之初复归，实现"婴儿"之状，"无极"之始，"素朴"之真。也就是说，道家之"德"，还未形成具有具体形状的"德"，而是近似于"道"的"玄"、"孔（空）"、"上"之"德"，所以其本身可同于"一"，其"德"性与"道"最为接近，道可称为"母"，玄德也可称为"母"。玄德尚未形成器化，故又可称之为"朴"。"因此，《老子》上的所谓'载营魄抱一'的'抱一'，'而贵食母'，'复守其母'的'食母'，'守母'；'复归于朴'的'归朴'；都指的是向作为生命根源的德的回归，亦即是通过德而向道的回归。"[③] 因此，道家的道与德，是紧密相连的，在其实质上是一致的，"孔德之容，唯道是从"。[④]孔德犹言盛德，此言盛德之容，惟道体之是从也。即是说，盛德之容，乃复道之从，即向道回归便是盛德之容，也即是说向"无"、"虚"、"一"、"静"的复归。

---

①③　徐复观：《中国人性论史》（先秦篇），台湾商务印书馆，1994 年，第 340 页。
②　陈鼓应：《老子注译及评介》，中华书局，2008 年，第 178 页。
④　陈鼓应：《老子注译及评介》，中华书局，2008 年，第 148 页。

第三节　老子的"知"与"欲"

在道家看来，"道德"是一个不断下堕的过程，即是一个不断由"无"向"有"、由"静"向"动"、由"一"向"多"、由"虚"向"形"的过程，在这一过程中，人性逐渐变得远离了"道"，而成为"知"、"情"、"欲"、"利"的势利之人了，远离了"孩童"、"素朴"之心，从而成为凡夫俗子。在这种下堕的过程中，人更从自然人过渡到世俗人，其中人所特有的"知"与"欲"起着一个助动的作用。

一、知与欲

老子对"知"的认识是矛盾的，一方面主张"知"，另一方面又强调"去"知。而徐复观认为，老子只是主张去知，因为有"知"，便会有"心"，有了"心知"便不在"虚静"。徐复观说："老子认为人虽禀虚无之德而生；但既生之后，便成为一定的形质；此一定形质，与其所自来的以虚无为本性的德，不能不有一距离。形质中的心，有'知'的作用；形质中的耳目口鼻等，有'欲'的要求。'知'与'欲'的自身，即表现形质对德的背反。因为心的'知'，和耳目口鼻等的'欲'，会迫使人向前追逐，以丧失其德，因而使人陷入危险。所以他要使人回归到自己的德上面去，便要有一种克服'知'与'欲'的工夫。这种工夫，他称为'为道日损，损之又损，以至于无为'；损是损去知，损去欲。"① 徐复观并没有完全把握老子关于"知"的思想，在老子看来，"知"有两种，一种是不知之"知"，即所谓的"小知"，它只是冠以知的名义，其实是"无知"、"强知"的表现；另一种就是"知道"之知，它是"大知"，是道家加以倡导的一种"知"。所谓"小知"，老子认为，"天下皆知美之为美，斯恶已；皆知善之为善，斯不善已。"② 此处之"知"便为"小知"。而"载营魄抱一，能无离乎？专气致柔，能如婴儿乎？涤除玄鉴，能无疵乎？爱民治国，能无为乎？天门，开阖，能为雌乎？明白四达，能无知乎？生之畜之。生而不有，为而不恃，长而不宰，是谓'玄德'。"③ "能知古始，

---

① 徐复观：《中国人性论史》（先秦篇），台湾商务印书馆，1994 年，第 341 页。
② 陈鼓应：《老子注译及评介》，中华书局，2008 年，第 64 页。
③ 陈鼓应：《老子注译及评介》，中华书局，2008 年，第 96 页。

是谓道纪。"① "致虚极，守静笃。万物并作，吾以观其复。夫物芸芸，各复归其根。归根曰静，静曰复命。复命曰常，知常曰明。不知常，妄作凶。知常容，容乃公，公乃全，全乃天，天乃道，道乃久，没身不殆。"② "知其雄，守其雌，为天下谿。为天下谿，常德不离，复归于婴儿。知其白，守其黑，为天下式。为天下式，常德不忒，复归于无极。知其荣，守其辱，为天下谷。为天下谷，常德乃足，复归于朴。"③ "知人者智，自知者明。胜人者有力，自胜者强。知足者富。强行有志。"④ "不出户，知天下；不窥牖，见天道。其出弥远，其知弥少。是以圣人不行而知，不见而明，不为而成。"⑤ "知和曰'常'，知常曰'明'。益生曰祥。心使气曰强。"⑥ "是以圣人自知不自见，自爱不自贵。"⑦ 凡此种种，都表明老子非常重视"知"，认为只有"知道"才能"守道"，才能"尊道"，才能"贵德"，而没有半点"去知"的意向。"欲"可使人向前逐物、逐利，而"知"未必皆向前与欲同流，可能向上"知"道，所以说，"知"并不必然是尽去的。当然，道家的庄子发展了思辨的思维方式，并将思辨推向了极端，提出了相对主义的诡辩论，才提出了"绝圣弃智"的极端思想，至于老子并没有明确的"尽去知"的思想。

　　至于"欲"，老子是极力设法除去的，因为"欲"是大罪，故主张"无欲"、"寡欲"。老子言："不尚贤，使民不争；不贵难得之货，使民不盗；不见可欲，使民心不乱。是以圣人之治，虚其心，实其腹，弱其志，强其骨。常使民无知无欲。使知者不敢为也。为无为，则无不治。"⑧ 此处"无知无欲"之知，是说不要动用有违"道德"的知，而不是要彻底否定知"道"之知，后面的"使知者不敢为"便是此思想的一个结果。总之，在老子看来，心能知，但知应当知"道"，然后复其命，归其根，达到无为而无不为的超然境界。"欲"是老子极力否定的东西，因为"可欲"使"心乱"，"不见可欲，使民心不乱"，所以道家主张，"绝圣弃智，民利百倍；绝仁弃义，民复孝慈；绝巧弃利，盗贼无有。此三者以为文，不足。故令有所属：见素抱朴，少私寡欲。"⑨ "祸莫

①　陈鼓应：《老子注译及评介》，中华书局，2008 年，第 114 页。
②　陈鼓应：《老子注译及评介》，中华书局，2008 年，第 124 页。
③　陈鼓应：《老子注译及评介》，中华书局，2008 年，第 178 页。
④　陈鼓应：《老子注译及评介》，中华书局，2008 年，第 198 页。
⑤　陈鼓应：《老子注译及评介》，中华书局，2008 年，第 248 页。
⑥　陈鼓应：《老子注译及评介》，中华书局，2008 年，第 276 页。
⑦　陈鼓应：《老子注译及评介》，中华书局，2008 年，第 331 页。
⑧　陈鼓应：《老子注译及评介》，中华书局，2008 年，第 71 页。
⑨　陈鼓应：《老子注译及评介》，中华书局，2008 年，第 136 页。

大于不知足；咎莫大于欲得。故知足之足，常足矣。"① "是以圣人欲不欲，不贵难得之货；学不学，复众人之所过，以辅万物之自然而不敢为。"② 如若无知无欲，在老子看来，也是使一般人民无知无欲。老子认为，"罪莫大于可欲"，主张少私寡欲，返朴归真，不以自我为中心，"故圣人云：'我无为，而民自化；我好静，而民自正；我无事，而民自富；我无欲，而民自朴。'"③ 达到一种混混沌沌，反朴守醇，自然泊然，不争不盗不乱，民如野鹿，含哺而熙，鼓腹而游的境界，以此达到"归根"、"复命"的目的。道家主张"静"，认为不静是因为人们有欲。但是，这与宗教不同，宗教将这种欲看作是罪恶的来源，解脱的办法是信仰。而在道家看来，则认为"欲"来自于"身"的过分需求，"身"的不当需要，故主张寡欲，"损之又损"，运用"静"、"无为"、"返朴"来阻止"欲"对身的侵入，运用修身来抵抗"欲"的进攻。因此，道家由无为到无身，"吾所以有大患者，为吾有身，及吾无身，吾有何患？"④ 此无身，犹儒家的"无我"，实际上是将"身"、"我"降到一个较低的层次，而不应以"身"或"我"为中心，否则便祸患无穷。当下盛行的享乐主义、拜金主义无一不是将"身"、"自我"当作中心，来加以盛赞，到头来使人们生活在一种"铁笼"中，成为无家可归者。道家所强调的修身，是人的本质回归到自己内在家园的真实写照，是人们安身立命的最好途径。"修之于身，其德乃真；修之于家，其德有余；修之于乡，其德乃长；修之于邦，其德乃丰；修之于天下，其德乃普。故以身观身，以家观家，以乡观乡，以邦观邦，以天下观天下。吾何以知天下然哉？以此。"⑤

对于"欲"与"身"，我们不要误解了老子的"无身"之说，把"无身"当成是对生命价值的否定。"其实，恰恰相反，老子所主张的无欲，并不是否定人生理自然的欲望（本能），而是反对把心知作用加到自然欲望里面去，因而发生营谋、竞逐的情形。并反对以伎巧来满足欲望。伎巧也由心知作用而来。未把心知作用渗入到自然欲望（本能）里面去时，这即是老子的所谓无欲。他所主张的'无身'，并不是否定人的生理的存在，而是不要使心知去强调生理存在的价值。"⑥ 徐复观的回答基本上是正确的，但是这里还必须要明确几个问题。第一，老子这里所谓的"心知"是有特定含义的，是指人们在万

① 陈鼓应：《老子注译及评介》，中华书局，2008年，第244页。
② 陈鼓应：《老子注译及评介》，中华书局，2008年，第309页。
③ 陈鼓应：《老子注译及评介》，中华书局，2008年，第284页。
④ 陈鼓应：《老子注译及评介》，中华书局，2008年，第109页。
⑤ 陈鼓应：《老子注译及评介》，中华书局，2008年，第273页。
⑥ 徐复观：《中国人性论史》（先秦篇），台湾商务印书馆，1994年，第342页。

物中突出地强调了"自我"之"身"、之"欲"，也即是通过人自己的能动性、创造性，把其他事物看作要比人低一等的价值取向，是典型的"人类中心"主义，这种"心知"是要不得的，是大患、是大害，是必须消除的。第二，至于"伎巧"问题，我们也不能一概加以否定，这里要区分出人的"自然"的技巧，还是刻意的技巧；如果连直立行走、手脚分开也要刻意去除，便又是违背"自然"的人性了，走到了它的反面。第三，关于"无身"，我们也必须辩证地加以分析，老子所谓的"无身"是指不要时刻将自身的耳、目、口、鼻、身的欲望放在人生的第一位，即儒家所说的"养其小者为小人，养其大者为大人"，贱而小者，口腹也；贵而大者，心志也。道家虽不讲心志，但是却讲"全生"、"安命"，说道家是"不要使心知去强调生理存在的价值"也是欠妥的。虽然"全生"、"安命"不及人性回归、人性超越来得高远，但是安身立命，保全生命也是道家的一个重要价值取向。"全生、安命这种人性价值导向，则把肉体与精神都安放在现实世界。这种人性价值导向是老庄为人世间绝大多数人提供的。"① 因此，老子的"无身"并不是真正的"无身"，也不是"不要使心知去强调生理存在的价值"，而是指不要刻意地把"身体"当作惟一的指标来判断人生的价值。"无身"之"无"与"无为"之"无"是一个含义，不是真正的"无"。徐复观也认为，"'心使气曰强'，'强'是指生理作用逾越其本有之范围而言。老子认为'坚强者死之徒'，强乃人生所大忌。只要心不使气，任气之自然，亦即任生理之自然，这即是老子的所谓'无身'。"② 道家主张守柔，而反对逞强，认为"强"是一种破坏"自然"、强求、强制的做法。总之，老子所主张的无，即不用"知"刻意强加于身；无知，即不刻意用知满足于欲；无以生为（无为），即不能在生上面作特别的用心（杨朱贵生，在道家看来，由于违反自然，实则伤生）。一任自然，故能全其德，全其德便通于道，以实现一种不自生方能长生久视的目标。

老子思想之所以博大，之所以超然，全在于有一个"自然人"的假设，如果离开了"自然人"的假设，便会只取道家之一隅而违反道家宗旨。如杨朱贵我，如仙家长生，皆违反于自然，故杨朱为我之说太过狭隘，而成仙之说、不死之术皆违背自然规律，并不是道家本意。道家从"自然人"假设说开去，认为人作为万物之一，绝不能过分强调人的主体性，"为我"及"成仙"皆不是自然人，而是一种违反自然的做法，是一种过分的强求。老子虽然说过"不失

---

① 唐雄山：《老庄人性思想的现代诠释与重构》，中山大学出版社，2005 年，第 231 页。
② 徐复观：《中国人性论史》（先秦篇），台湾商务印书馆，1994 年，第 432 页。

其所者久。死而不亡者寿"①之类的话，但是此处的"不亡"是指道德不亡，而绝非自然生理之身的不亡。老子是一个辩证法的大师，我们绝不可以在不了解其宗旨的情况下断章取义，如老子所言知与不知、静与动、无与有、一与多、生与死、弱与强、曲与全、弊与新、伐与攻、无为与有为，等等。单就知而言，老子认为，知与不知是相对而言，不知为知，知为不知，这里就有一个大知与小知之分，知常与强知之别。所谓不知不是真正的一无所知，而是不刻意去强知，故不知为知，不知为常知。不知为知，常知则为知道，知自然。即使这种常知也不要加以刻意，应顺其自然，故知为不知，"是以圣人自知不自见，自爱不自贵。"②"天之所恶，孰知其故？"③"知者不博，博者不知。"④以上均表明，一旦人们用其心智专求于"知"，知便不是自然之知了。

二、无为而无不为

从以上分析，我们看到老子的"知"与"欲"，是一个辩证的论证，其所要求的无知无欲，是以"自然人"的假设为出发点的，所谓的无知只是一种对心知的常态要求，而绝不是对知本身（即自然之知）的彻底否定；所谓无欲，只是要求不要过分地强调身（耳、目、口、鼻、身）的欲望，处处以人身为中心，以享受为目的，而只是要求人们的欲望应限定在"自然"的范围内，同时也绝不是对生理基本欲望的否定。"自然"在老子的思想始终处于一个"核心"的位置，"儒家要求欲望应服从于由心性所透出的理性。老子则要求欲望不受心知的指使簸弄，而只以纯生理的本能而存在。不受心知影响的生理本能，这只是各个生命以内的自然，与超过生命以内的自然，而向前向外去追求的欲望，老子似乎认为完全是两回事。因为欲望会侵涉及他人，因而也使自身陷于危险。"⑤也就是说，生命以内的自然所导致的欲望与超过生命以内自然的欲望，是完全不同的两种"欲望"，如何区分出这两种"欲望"，况且在"心知"的作用下，正确划分出自然的心知所导致的"欲望"与"心使气"之心知所导致的"欲望"，便成为问题的关键。老子则引入了"道德"加以厘定，凡符合"道"、合"德"的便是自然的心知所导致的自然的"欲望"，否则就是"心使气"之心知所导致的超自然的"欲望"，故老子在行动上强调"虚"、"静"、"归根"、"常"、"足"、"弱"、"柔"、"曲"等自然状态，而反对"妄动"、

① 陈鼓应：《老子注译及评介》，中华书局，2008年，第198页。
② 陈鼓应：《老子注译及评介》，中华书局，2008年，第331页。
③ 陈鼓应：《老子注译及评介》，中华书局，2008年，第334页。
④ 陈鼓应：《老子注译及评介》，中华书局，2008年，第361页。
⑤ 徐复观：《中国人性论史》（先秦篇），台湾商务印书馆，1994年，第344页。

"强"、"刻意"、"满"等一些过分的做法。

老子曰："致虚极，守静笃。万物并作，吾以观其复。夫物芸芸，各归其根。归根曰静，静曰复命。复命曰常，知常曰明。不知常，妄作凶。知常容，容乃公，公乃全，全乃天，天乃道，道乃久，没身不殆。"① 又曰："不自见，故明；不自是，故彰；不自伐，故有功；不自矜，故长。夫唯不争，故天下莫能与之争。"② 以上所言皆是"德"之所合，"道"之所指，主张静、虚、无为，反对不正常的欲望和心知。只要满足生命需要就可以了，非常符合当前的低碳经济和可持续发展的要求。因此，"《老子》'虚其心，实其腹，弱其志，强其骨'，及'圣人为腹不为目'，所说的'腹'，即指提不受心知作用影响的生理本能。这说明老子是把'德'与'心'，亦即是'性'与'心'，看作两个互不相容的东西。对于心自身的不信任，正是春秋时代一般对于心的共同态度，连孔子也未尝例外。"③ 在徐复观看来，心性和道德好像是两个问题，实际上若无心性作支撑，哪里来的道德？我们又必须引出"自然人"，因为"口腹之欲"在儒家看来乃"养其小也"，难道成为道家之"德"？问题并不在于此，而在于道家所认为的凡符合"自然"的，便是符合"道德"的，故"口腹之欲"符合自然，理当符合道德。推而广之，由"道"下堕到"德"，也应为自然而然。"故失'道'而后'德'，失'德'而后仁，失仁而后义，失义而后礼。"④ 这种下堕若是自然，道家便不应反对，事实上，道家却极力强调人们应当向着"始源"、"道德"的回归，这岂不是又在反"自然"吗？其实不然，一方面道家强调超然的"道德"；另一方面道家又主张自然的"道德"。超然的"道德"成为道家的基本理念，而对所谓"自然"的"道德"，道家则将其归入到一种下堕的过程，而在庄子则认为这种下堕是由于人们动用"知"、"伎"的后果，故曰"每况愈下"⑤。

在实践中，为了防止"道德"非自然的不断下堕，道家则月"专气"来表述"心知"的不被侵入，以此来否定心知的算计、竞争和追逐，失去了此等心知便回归于婴儿、赤子、愚人、至人、真人的境界。老子曰："专气至柔"，⑥"专气"是专于听任气，专是指无任何以外的东西渗入，亦即无心知作用的渗入，这里的心知专指"自然"心知。不受此等心知的影响，故而生命是柔的，

---

①　陈鼓应：《老子注译及评介》，中华书局，2008年，第124页。

②　陈鼓应：《老子注译及评介》，中华书局，2008年，第154页。

③　徐复观：《中国人性论史》（先秦篇），台湾商务印书馆，1994年，第344页。

④　陈鼓应：《老子注译及评介》，中华书局，2008年，第212页。

⑤　曹础基：《庄子浅注》，中华书局，2007年，第261页。

⑥　陈鼓应：《老子注译及评介》，中华书局，2008年，第96页。

表现出一种知足的常态，故而为婴儿、赤子、愚人、至人、真人。此种复归是回归到"道"与"德"上去，回归到一种超然的境界中来，回归到"德"的精神状态，即"我愚人之心也哉！俗人昭昭，我独昏昏。俗人察察，我独闷闷。澹兮其若海，漂兮若无止。众人皆有以，而我独顽且鄙。我独异于人，而贵食母。"① 但是，此德绝不是昏暗的，相反是光明的。徐复观认为："德虽分在于万物之中，但它是道的分化，与道同体，所以万物之德虽是'多'，而实际上仍是'一'，并无由对立而来的差别相。所以由德的精神状态所发出的智慧之光，是泯除物我，泯除是非的平等性的观照，这即是他所说的'明'、'玄览'。'涤除玄览'，是涤除是非的心知作用，对万物作玄同（平等）的观照之意。因此，由德所发出的智慧，实是'明白四达'，超越心知的大智。"② 道家的这种努力向上的追溯，反映出"道"在其下堕过程中的不自足，同时也表明道家承认人具有这种回归的能力，而这种能力无论是自然的也好，还是"道德"自身赋予给人的也好。韩非子将这种能力称为"体道"，即是能够体察到道（具有的回归能力）。"向自己所以生之德的回归，即是《韩非子·解老篇》所说的'体道'。体道，即会以道的作用，形成自己处世的态度；因而也可以得到'常'、'长'、'久'的效用。亦即可以得到人生的安全。老子说到道的话很多；但最切要的莫如四十章'反者道之动，弱者道之用'两句话。所谓反者道之动的'反'，即回归、回返之意。道要无穷地创生万物；但道的自身，绝不可随万物而迁流，应永远保持其虚无的本性；所以它的动，应同时即为它自身的反。反者，反其虚无的本性。"③ 这样，老子的道便具有了一个本体论的循环论的论证，由道出发，由虚无创生万物，最后又返回到虚无，返回到道自身中去。这与黑格尔的自我意识和绝对精神在形式上是一样的。

但是，我们必须注意，道家的思想融入了自然的成分，从而对人的主体性即所谓心知进行了限制，同时在道与自然的作用下，又具有彰显人格的特性，而主张人的平等与自由。正如徐复观所说："在老子的以柔弱为主的人生态度的后面，实有一种刚大自主的人格的存在。他的玄同于万物，乃是从生命根源之地——德，以超越于万物之上，而加以含融。所以在玄同的同时，即所以完成自己个体生命的价值。决没有同流合污的意味在里面。"④ 庄子所提出了"万物齐一"的思想，均显现出道家承认生命价值，同时又具有万物平等的

① 陈鼓应：《老子注译及评介》，中华书局，2008年，第140页。
② 徐复观：《中国人性论史》（先秦篇），台湾商务印书馆，1994年，第346页。
③ 徐复观：《中国人性论史》（先秦篇），台湾商务印书馆，1994年，第347页。
④ 徐复观：《中国人性论史》（先秦篇），台湾商务印书馆，1994年，第350页。

"玄同"思想的特征。"心性"与"心知"是古代人关注的重要问题，老子的人生态度，也是以人生向"德"的回归为主要目的的，只不过所下的功夫不是从"仁、义、礼、智、信"上，而是比儒家更为高远和超越，运用"自然"而回归于"道"与"德"的始源上来，并把不正当的、不符合自然的"心知"消解掉。老子的这种思想，实际上如同儒家强调"心性"一样，也在强调一种内在的"道德"，而把外在的学来得来的东西，诸如技巧、心知、谋划，采取一种否定的态度，所以，老子才说"绝圣弃智"①。但是，对于"心性"的本质中的孝慈，老子并不是采取全盘否定的态度。"我以为老子所反对的，是把仁义孝慈等当作教条；而并非反对其自然的流露。"② 何谓自然的流露呢？也就是人之所以作为人所具有的不同于物的"心性"，也即是孝慈。如老子说："绝仁弃义，民复孝慈"，③ "我有三宝，持而宝之。一曰慈，二曰俭，三曰不敢为天下先。慈故能勇；俭故能广；不敢为天下先，故能成器长。今舍慈且勇；舍俭且广；舍后且先；死矣！夫慈，以战则胜，以守则固。天将救之，以慈卫之。"④ 在这里，老子不仅讲慈爱，而且把慈爱看作人类友好相处的一个根本动力。虽然老子也说过，"六亲不合，有孝慈"，⑤ 仍然是从"心性"言说，意思是单有孝慈的形式，而没有孝慈的心性，必然导致"六亲不合"；从另一方面说，绝仁弃义，也只是反对"仁"与"义"的教条形式，而不是真正反对"仁"与"义"的实质。正如徐复观所认为的那样，"三十八章'上仁为之而无以为'，则彼并未反对自然流露之仁。自然流露之仁，正如《韩非子解老》所说的'生心之所不能已'。"⑥在老子看来，无论是心知，还是心性，以及由此而来的"仁"、"义"、"诚"等，都应归结于"自然"，凡符合自然的，皆是"道德"性的东西，凡不符合自然的，皆应加以否定。老子看到了一些所谓的"仁"、"义"的虚假性，以及"仁"、"义"对人的强制性，应当说这是老子思想的进步层面。但是，老子同时没有把由道德下堕到仁义同样看作是一个"自然"的过程，则未免太狭隘了些。其实，心性问题是人之根本，所谓"人心惟危，道心惟微，惟精惟一，允执厥中"者，尧舜禹相传的密旨。"夫人自有生而梏于形体之私，则固不能无人心也；然而必有得于天地之正，则又不能无道心矣。日用之间二者并行，迭为胜负，而一身之是非得失、天下之安危治乱莫不系焉，是以故其择之精而不使人心得以杂乎道心，欲其守之一而不使天理得

---

①③　陈鼓应：《老子注译及评介》，中华书局，2008年，第136页。
②⑥　徐复观：《中国人性论史》（先秦篇），台湾商务印书馆，1994年，第351页。
④　陈鼓应：《老子注译及评介》，中华书局，2008年，第318页。
⑤　陈鼓应：《老子注译及评介》，中华书局，2008年，第134页。

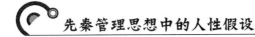

以流于人欲，则凡其所行则无一事不得乎其中而于天下国家无所处而不当，夫岂任人心之自危而以有时而泯者为当然，任道心之自微而幸其有时之不常泯也哉?"① 也就是说，纵观中国传统文化，无论是儒家，还是道家，人心不能无，道心不能废，人心道心，皆为精微。然二者关系如何，以道心正人心，儒家是也；道心人心皆自然，道家是也；仁义根于心，而心达于道，儒家之旨；人心通于道，人心载于德，回归于道与德，惟一自然，道家之质也。

由此可见，道家思想运用到实践中，便主张无为，即无为而无不为。所谓无为，就是让人们克服心知的欲望，返回到道德中，这种道德实现的途径是通过向自然的回复来实现的。"'道'常无名、朴。虽小，天下莫能臣。侯王若能守之，万物将自宾。"② "'道'常无为而无不为。侯王若能守之，万物将自化。化而欲作，吾将镇之以无名之朴。镇之以无名之朴，夫将不欲。不欲以静，天下将自正。"③ "昔之得'一'者：天得'一'以清；地得'一'以宁；神得'一'以灵；谷得'一'以盈；万物得'一'以生；侯王得'一'以为天下正。"④ 道家以自然为本，"守朴"、"得一"，从而实现无为，达到无不为，则人民不受任何干扰，而能自然而然地化解各种矛盾和问题，从而达到"万物将自化"、"天下将自正"的境界。简而言之，道家在实践中特别强调一种"自然而然"，"无为而无不为"。然而儒家也是以道德而自居，但是这种道德仅就心性上说，从性善上体认，其回归"仁"与"义"上的做法，较之道家的境界低了许多。但是在思想的形式上，即回归的路径上与道家则是一致的。道家"虽然思想的内容与儒家不同，但在思想构成的形式上，也并与儒家无异"。⑤ 所不同的是，道家强调的是"自然"，而儒家强调的是"自觉"。因此，道家是一种自然的道德思想，而儒家则是一种心性的道德思想。道家所强调的"无为"，实质上是在"自然"下的"无为"，倘若人们不知道"自然"、"守朴"，作为圣人还得"辅"之，即是"辅万物之自然"的"辅"。在老子看来，"辅"不同于"为"，"以辅万物之自然而不敢为"。⑥ "为"具有强求的意味，而"辅"则只是一种辅助、提示的作用，至于能否达到预期的效果，则是另外一回事。"因为圣人既玄同于百姓，便决不会自认为超出百姓之上。但圣人在实际上比百

---

① 吴通福：《晚出〈古文尚书〉公案与清代学术》，上海古籍出版社，2007年，第14页。（见《晦庵集》，上海古籍出版社，1987年影文渊阁《四库全书》本，卷三十六页三十九。）

② 陈鼓应：《老子注译及评介》，中华书局，2008年，第194页。

③ 陈鼓应：《老子注译及评介》，中华书局，2008年，第209页。

④ 陈鼓应：《老子注译及评介》，中华书局，2008年，第218页。

⑤ 徐复观：《中国人性论史》（先秦篇），台湾商务印书馆，1994年，第351页。

⑥ 陈鼓应：《老子注译及评介》，中华书局，2008年，第309页。

姓多一点自觉的过程，而会拔于百姓之上；因而圣人对百姓而无为，决不等于对百姓的不关切，所以依然要'辅'百姓之所不足。'辅'即是救助的救。但圣人的救百姓，只是因百姓之德以成其德，而不须以作为去代替百姓之德。人皆有其德，即人皆可成其德，自无一人之可弃。二十七章说'是以圣人常善救人，而无弃人；常善救物，而无弃物。是谓袭明'。袭是因袭，袭明等于袭德，即因其德之所明而明之，而不代替树立标准，安置才能，便可人各安其德，各得其所了。"① 在这里，老子所谓的"辅"说得非常明白，只是一种"救"，是一种启示，而无半点强求之意，仍然以"自然"为要，因为万物皆有其"德"，故无弃物、无弃人。也就是说，老子对回归"道德"是乐观的，充满信心的，而不是人们所说的"十足的颓废主义"和绝对的消极避世。道家在"自然"的境界中提出了人的自由与平等，都是以人为主体的。"《老子》虽然没有性字，更没有性善的观念；但他所说的德，既等于后来所说的性；而德是道之一体；则他实际上也认为人性是善的。"② 当然，道家所言的"德"，是在"自然"层面上说的，而称为"玄德"、"上德"、"上善"，与儒家所言虽然不同，但绝不可把道家的道、德、善等，也说成是恶。③

纵观道家的思想，道德是在自然的意义上表征的，而心性与心知的静虚弱朴，从某种意义上又是对人的某种制约，这种矛盾始终伴随着道家思想的发展。我们说，没有了对立便没有了对立的双方，道家既承认辩证法，却又极力克服各种矛盾，极力废除一切外在的强制作用，过分强调无差别的自由和平等，在其方法论与其最终目标的设定上存在着不自洽。因此，道家由老子发展到庄子的相对主义，是由道家自身思想的矛盾造成的。

第四节 庄子的心与命

庄子继承了老子的主要思想，是对老子思想的发展。老子强调向"道"与"德"的回归，从而达到全生、安命，实现"玄同"的一种"自然"的境界，但庄子较老子更注重变易，并将这种变易过分夸大化，导致一种相对主义的诡辩论。从管理学的角度说，如果老子注重一种"无为而治"，回归"道德"的自然作为管理的最高境界的话，那么庄子的思想便是强调了一种"变"的管理

---

① 徐复观：《中国人性论史》（先秦篇），台湾商务印书馆，1994 年，第 355 页。
②③ 徐复观：《中国人性论史》（先秦篇），台湾商务印书馆，1994 年，第 356 页。

理念。在庄子看来，任何一种管理思想都是变化不定的，惟一可行的便是将管理理念全部消解掉，达到一种"无"、"忘"的境界，不存在一种"根"的本体论思想，一切都在"变"中。这样就决定了庄子的道德人假设比老子的道德人假设，更为捉摸不定，除了具有老子道德人的高远之外，还具有一种"变"的特性。也就是说，庄子的道德人具有一种相对主义的特征。

一、变易中的"道"与"德"

庄子之"道"、"德"，是在变易中言说的。正如徐复观所认为的，"第一，老子的宇宙论，如前文所述，虽然是为了建立人生行为、态度的模范所构造、建立起来的；但他所说的'道'、'无'、'天'、'有'等观念，主要还是一种形上的性格，是一种客观的存在；人只有通过自己向这种客观存在的观照观察，以取得生活行为态度的依据；这是由下向上的外在的连接。但到了庄子，宇宙论的意义，渐向下落，向内收，而主要成为人生一种内在的精神境界的意味，特别显得浓厚。由上向下落，由外向内收，这几乎是中国思想发展的一般性格；儒家是如此，后来的佛家也是如此。换言之，中国思想的发展，是彻底以人为中心；总是要把一切东西消纳到人的身上，再从人的身上，向外向上展开。第二，老子的目的是要从变动中找出一个常道来，做人生安全的立足点；对于'变'，常常是采取保持距离，以策安全的方法。'变'是在某一状况发展到高峰时的必然结果；于是老子总是从高峰向后退，以预防随高峰而颠坠。'知其雄，定其雌'；'知其白，守其黑'；'知其荣，守其辱'；都是这种意思。而落实在生活上，则守住'大成若缺……大盈若冲……大直若屈，大巧若拙，大辩若讷'的态度。此种态度，依然是有一定的方轨可循的。但庄子的时代，世变更为剧遽。人们对于自然与人生的观察与体会，也较老子时代更为深入。庄子便感到一切都在'变'，无时无刻不在'变'；这即他所说的'无动而不变，无时而不移'（《秋水》）。于是老子与'变'保持距离的办法，庄子觉得不彻底，或不可能；他乃主张纵身于万变之流，与变相冥合，以求得身心的大自由、大自在；他由此而提出了老子所未曾达到的人生境界，如由'忘'、'物化'、'独化'等概念所表征的境界，以构成他'宏大而辟，深闳而肆'（《天下篇》）的思想构造。"① 徐先生所言的庄子，从老子的回归"道德"的诉求中，多出了一个"变"。也就是说，庄子已经不再把"本体论"看得那么重要了，而是要求在"变"中实现人生的最大自由，一种特有的自在。这种自由与自在，不再只去追索一种"根"的东西，而是立足于"变"，立足于现实。然而，

---

① 徐复观：《中国人性论史》（先秦篇），台湾商务印书馆，1994年，第363～364页。

现实中往往存在着对这种自由、自在的悖反，于是庄子便醉心于超知识的解析（即通过"天"）与道德相冥合，使自我消融在"变"化中，以"忘"、"物化"、"独化"规定着自我，以达到一种"无我"的境界，从而消除现实中人的本质的异化。因此，庄子以《逍遥游》开篇，接着便是《齐物论》，借助于"天"，来实现一种"天地与我并生，万物与我为一"的人生追求。

然而，庄子在变易中所表现出来的相对主义又不同于形名家，因为形名家不能以名指实，而以虚名乱辞。如惠施，其所谓同异与庄子的万物齐一是截然不同的。惠施的天地一体，是从感觉外部上去言说，是"量"的一体；他的"泛爱万物"只是支撑门面；庄子的万物与我为一，乃是"质"上与我为一；他不言泛爱万物，但自然与万物同呼吸，是深爱万物。庄子努力使惠施由量向质，由外向内，由言辞概念向生活实际发生转向，由形名论辩的虚词中落实到现实的生活场景上来。所以说，庄子的相对主义，是一种入世的、立足于"自然"的相对主义。

庄子承继了老子的思想，也主张"道"与"德"，"道恶乎隐而有真伪？言恶乎隐而有是非？道恶乎往而不存？言恶乎存而不可？道隐于小成，言隐于荣华。"[①] "道行之而成，物谓之而然。恶乎然？然于然。恶乎不然？不然于不然。物固有所然，物固有所可。无物不然，无物不可。"[②] "夫道有情有信，无为无形；可传而不可受，可得而不可见；自本自根，未有天地，自古以固存；神鬼神帝，生天生地；在太极之先而不为高，在六极之下而不为深，先天地生而不为久，长于上古而不为老。"[③] 在《齐物论》中，庄子认为"真伪"也好，"是非"也罢，以至于"可"与"不可"、"然"与"不然"，在"道"里皆是统一的，是无所谓"真伪"、"是非"、"然否"、"可否"的，"道"皆存于内，若道隐则大道废，故老子曰："大道废，有仁义；智慧出，有大伪"，[④] 而庄子则曰："道隐于小成"，所谓"小成"，即仁义五德小道之有所成就；"隐于荣华"也是此义，即小成荣华，自隐于道而道不可隐真伪是非，若行于荣华而止于实，当见于小成而减灭于大全也。荣华者浮辩之辞，华美之言；只止于华辩而蔽隐至言，道家不为也。所以老子云："信言不美，美言不信"；也即是说这并不是大道之道，故老庄不主张（蔽）隐，而主张"'道'隐无名"。[⑤] 因此，道者，有无情之情，故无为也；有无常之信，故无形也；或者说，道者，其情在

---

① 曹础基：《庄子浅注》，中华书局，2007年，第18页。
② 曹础基：《庄子浅注》，中华书局，2007年，第20页。
③ 曹础基：《庄子浅注》，中华书局，2007年，第77页。
④ 陈鼓应：《老子注译及评介》，中华书局，2008年，第134页。
⑤ 陈鼓应：《老子注译及评介》，中华书局，2008年，第228页。

于无为，其信在于无常；也即无为无形，可传不可受，可得不可见，是万物之始，自本自根。道行之而成，生天生地，即不生天生地，而天地自生，故夫神之果不足以神，而不神则神矣；此言大道能神于鬼灵，神于城帝，至无力而有功，用斯乃不神而神，不生而生，非神之而神，生之而生者也；故"道"乃万物生化之源，"道者，万物之所由也。"① 庄子的这一观点，继承了老子的思想。

但是，庄子时代是个大变革的时代，追求万物之根固然需要，然而如何应对现实中的变革才是当务之急。于是，庄子在承认"道"的根本后，并不把重点放在这里，而是在"道"与"德"之间，插入了一个"天"。"天"的概念，以"天"代替"道"。可以说，这种做法是形而上下落的一个重要标志。儒家把"天"下落到人心上，提出了以"仁"、"性善论"为核心的理念，庄子也是如此，"庄子与老子显著不同之点，则是庄子常使用'天'字以代替原有的'道'字的意义。并且老子将'道'与'德'分述，而庄子则常将'道'与'德'连在一起，而称为'道德'，实际上却偏重在德的意义方面；亦即常常是扣紧人与物的本身而言'道德'。于是'道'的层级，有时反安排在天的下面。"② 很显然，庄子之道较之老子之道，也具有下落的特点。至于庄子何以以"天"来代替"道"，徐复观认为，"较之以道表明自然的观念，更容易一般人所把握。"③ 至于为什么"天"较之"道"容易把握，他并未说明。笔者认为，进入战国时期，"天"较之于"道"更直接、更客观、更现实一些，况且，"天"较之于"道"更容易明见，所以知"道"不如知"天"更易理解、更易把握。一方面，是道家下落的需要；另一方面，也是天本身比道更容易理解、把握所造成的。

在"德"方面，庄子较老子阐述得更为明确，也更容易把握。老子主张"常德"、"上德"、"广德"、"建德"、"玄德"。此"德"是在"道"以下，由"道"而成得，"'道'生之，'德'畜之，物形之，势成之。"④ 物生而后畜，畜而后形，形而后成；何由而生，道也；何得而畜，德也；何由而形，物也；何使而成，势也。指出了万物由乎道而生，由道而推出德。"故从事于'道'者，同于'道'；'德'者，同于'德'；失者，同于失。同于'道'者，'道'亦乐得之；同于'德'者，'德'亦乐得之；同于失者，失亦乐得之。信不足

① 曹础基：《庄子浅注》，中华书局，2007年，第372页。
② 徐复观：《中国人性论史》（先秦篇），台湾商务印书馆，1994年，第366～367页。
③ 徐复观：《中国人性论史》（先秦篇），台湾商务印书馆，1994年，第368页。
④ 陈鼓应：《老子注译及评介》，中华书局，2008年，第261页。

焉，有不信焉。"① 此言道德乃自然而然，也即"玄同"，凡举动从事于"道"，则"道"以无形无为而成济万物，无为而无言成于事，则与"道"同体；"德"少也，则"德"，故曰"德"也，行"德"，则与"德"同体，故曰同于"德"；失累多也，累多则失，则与失同体，故曰同于失也。也就是说，"道"之所行，无所附加，更不要强制，"德"则"德"也，失则失也，均与体同，是谓玄同。"故失'道'而后'德'，失'德'而后仁，失仁而后义，失义而后礼。"② 也就是说，在老子看来，"道"与"德"虽然皆可谓万物之本，然而，"道"与"德"在层次上的差别还是较为明显的。在庄子，道德几乎不可再分。"《庄子》书中对德字界定得最为清楚，莫如'物得以生谓之德'《天地篇》的一句话。所谓物得以生，即是物得道以生。道是客观的存在；照理论上讲，没有物以前，乃至在没有物的空隙处，皆有道的存在。道由分化、凝聚而为物；此时超越之道的一部分，即内在于物之中；此内在于物中的道，庄子称之为德。此亦系老子'道生之，德畜之'的观念。由此不难了解，《庄子·内七篇》虽然没有性字，但正与老子相同，《内七篇》中的德，实际便是性字。"③ 也就是说，庄子的内篇对道德的认识与老子基本一致，但其层次性则不十分明显，庄子常常将道与德连接起来使用。如《骈拇篇》，"骈拇枝指出乎性哉，而侈于德；附赘县疣出乎形哉，而侈于性；多方乎仁义而用之者，列于五藏哉，而非道德之正。"④ "故纯朴不残，孰为牺尊！白玉不毁，孰为珪璋！道德不废，安取仁义！性情不离，安用礼乐！五色不乱，孰为文采！无声不乱，孰应六律！夫残朴以为器，工匠之罪也；毁道德以为仁义，圣人之过也。"⑤ "夫虚静恬淡寂漠无为者，天地之平而道德之至也……夫帝王之德，以天地为宗，以道德为主，以无为为常……是故古之明大道者，先明天而道德次之，道德已明而仁义次之，仁义已明而分守次之，分守已明而形名次之，形名已明而因任次之，因任已明而原省次之，原省已明而是非次之，是非已明而赏罚次之，赏罚已明而愚知处宜，贵贱履位，仁贤不肖袭情。必分其能，必由其名。"⑥ "天下大乱，贤圣不明，道德不一。"⑦ 以此观之，庄子将道与德看作为一体，而缺少了老子的"失道而后德"的层次性。不仅如此，庄子同时还将"道"降到更低的位

---

① 陈鼓应：《老子注译及评介》，中华书局，2008年，第157页。
② 陈鼓应：《老子注译及评介》，中华书局，2008年，第212页。
③ 徐复观：《中国人性论史》（先秦篇），台湾商务印书馆，1994年，第369页。
④ 曹础基：《庄子浅注》，中华书局，2007年，第97～98页。
⑤ 曹础基：《庄子浅注》，中华书局，2007年，第106～107页。
⑥ 曹础基：《庄子浅注》，中华书局，2007年，第150～155页。
⑦ 曹础基：《庄子浅注》，中华书局，2007年，第388页。

置，如他说"先明天而道德次之"，明显将天放在了道德之上。与其说庄子的道德一体，倒不如说庄子明显地将道德安放在一种更接近于实践的层面上，从而缺少了一种老子道德的形而上向上升的趋势。庄子之道德，更多的不是从本体论而言，而是从万物变易方面所遵循的秩序而言说的，故言"道德之正"、"道德之至"、"天下大乱，贤圣不明，道德不一"，把道德看成是万物必遵循的一种内在的规律和秩序，这样当然就有下降到"天"之下的可能了。当然，庄子的道德观念仍然具有理性的性质，还没有完全降落到实践的层面上来，如他说："技兼于事，事兼于义，义兼于德，德兼于道，道兼于天。"① "天尊地卑，神明之位也；春夏先，秋冬后，四时之序也；万物化作，萌区有状，盛衰之杀，变化之流也。夫天地至神，而有尊卑先后之序，而况人道乎！"② 这种对道德的排列，不在庄子的内篇，大凡由其后学所致，尽管如此，庄子当有力图下降道德形上地位的意图，其追求变易秩序的入世精神，要比老子更为强烈些。故其将"道"、"天"，都化成了人生的一种精神境界。

二、道德下堕中的"情"与"性"

庄子由老子的道德观念的下堕，转变为"变"的入世精神，必然关涉情与性的问题。情与性是古代思想家较为关注的问题之一，尤其是到了战国时期，对情与性的关注就更为重视，而作为道家的庄子，对此也不无重视。在庄子看来，情与性是联结在一起的：一是认为情实际上就是性；二是认为情具有情欲之意，对此道家采取警惕与反对的态度。在前一种情况下，庄子一般将形与情对比，认为人无其形，但有其情，也即是说不见其形，但有其情，情是存在的，忘我只不过是忘我之形，忘我之外在的东西，而内在之情（性）是不可忘的。这里所说的"情"即为"性"，范围比较广泛，不光是人有其情，万物也有其情，正因为有其情，才得以成为万物。所以说，情或者说性，便具有一种内在的"道"与"德"的成分，故庄子有"行事之情"③、"传其常情"④之说。"彼正正者，不失其性命之情。"⑤ "性情不离，安用礼乐！"⑥ "乱天之经，逆物之情，玄天弗成。"⑦ "是未明天地之理，万物之情者也。"⑧ "达生之情者，不

① 曹础基：《庄子浅注》，中华书局，2007年，第130页。
② 曹础基：《庄子浅注》，中华书局，2007年，第153页。
③④ 曹础基：《庄子浅注》，中华书局，2007年，第48页。
⑤ 曹础基：《庄子浅注》，中华书局，2007年，第99页。
⑥ 曹础基：《庄子浅注》，中华书局，2007年，第106页。
⑦ 曹础基：《庄子浅注》，中华书局，2007年，第124页。
⑧ 曹础基：《庄子浅注》，中华书局，2007年，第193页。

务生之所无以为；达命之情者，不务知之所无奈何。"① 就后一种情况，庄子将情看作是欲，有情故有私，有私便有我、有恃，于是便有是非，有是非便有高低贵贱，便不能自由平等，便违于道德，或者说违于性，也有悖于"情"（此情是指性言），"有人之形，无人之情。有人之形，故群于人；无人之情，故是非不得于身。"② 所以说，庄子此处之情，实际是专指于欲而言的。由此可见，庄子在"情"的问题上，有时会陷入一种矛盾的境地。

事实上，庄子作为道家的代表，既承认在自然意义上与道德相同的情与性的存在，同时也反对在知与欲意义上的情的扩张。庄子之情的矛盾是老子由道德自然回归于人的自然性情中的矛盾的延续。庄子与惠施的对话很好地说明了这一情况，"惠子谓庄子曰：'人故无情乎？'庄子曰：'然。'惠子曰：'人而无情，何以谓之人？'庄子曰：'道与之貌，天与之形，恶得不谓之人？'惠子曰：'既谓之人，恶得无情？'庄子曰：'是非吾所谓情也。吾所谓无情者，言人之不以好恶内伤其身，常因自然而不益生也。'惠子曰：'不益生，何以有其身？'庄子曰：'道与之貌，天与之形，无以好恶内伤其身。今子外乎子之神，劳乎子之精，倚树而吟，据槁梧而瞑。'"③ 在此，惠子所谓之情与庄子所讲之情，是两个完全不同的层次，惠子所认为的情，是人之为人的本质所在，即性；而庄子所谓的情，则是指欲；惠子认为，人若无情智，与禽兽同，与土石同，何以为人；而在庄子看来，人之所以为人，人之生非情之所生，之所知岂情之所知，也就是说与情无关，是因为虚通于道而有其人之外形，若将情当作人的理由，情则好恶，好恶则伤其身，人何以为人？庄子从形貌上说，故无情；惠子从是非上说，故有情。而在庄子看来，是非也实属无情，因为庄子认为，以是非为情，则无是无非，无好无恶，虽有形貌之人，情何安哉？故无情。事实上，庄子认为，所谓情是变易的，是不确定的，不能作为人生的根本；是非好恶是主观自生的，是情欲使然，是是非非既然以情欲为标准，故无是无非，无好无恶。在此，庄子之情在"变"作为根本的前提下便被其完全抛弃了。

一般而言，庄子谈到性时，是与德相同，"若勉强说性与德的分别，则在人与物的身上内在化的道，偏抽象的方面来说时，便是德；偏具体的方面来说时，便是性。"④ 在"德"与"性"方面，庄子认为，"骈拇枝指出乎性哉，而侈于德；附赘县疣出乎形哉，而侈于性。"⑤ "性不可易，命不可变，时不可

---

① 曹础基：《庄子浅注》，中华书局，2007 年，第 214 页。
② 曹础基：《庄子浅注》，中华书局，2007 年，第 68 页。
③ 曹础基：《庄子浅注》，中华书局，2007 年，第 68～69 页。
④ 徐复观：《中国人性论史》（先秦篇），台湾商务印书馆，1994 年，第 372 页。
⑤ 曹础基：《庄子浅注》，中华书局，2007 年，第 97～98 页。

止，道不可壅。"① "水之性，不杂则清，莫动则平；郁闭而不流，亦不能清；
天德之象也。故曰：纯粹而不杂，静一而不变，惔而无为，动而以天行，此养
神之道也。"② "道者，德之钦也；生者，德之光也；性者，生之质也。性之动
谓之为，为之伪谓之失。"③ 以上所言，庄子对性的看法主要有以下几点：第
一，骈拇枝指，出乎本体，生于自然，即生而已然，故曰出乎性；若将其看作
是德之所出，不免太过，故曰侈于德。而附赘县疣，成形之后而有，非形性之
正，故曰出乎形；若将其看作是生而就有，出乎性，也不免太过，故曰侈于
性。也就是说，骈拇枝指，是自然而然，与生俱来，与其他指无别；而附赘县
疣则是在成形之后所生，并非是与生俱来的。《天地篇》曰，"物得以生谓之
德"，④ 骈拇枝指出乎性，而以德言之则侈矣；附赘县疣出乎形，而以性言之
则侈矣。由此看来，庄子之性实际上是德下层的东西，德是物得以生的根本；
而性则是与生俱来的东西。徐复观称为物生的种子，在成物以后还保留着德的
成分，"性是德在成物以后，依然保持在物的形体以内的种子"。⑤ 第二，虽然
性在"德"下，但性仍然具有根本原因的成分，所以说，"性不可易"，即性本
身不可变，却能引起生化，这种生化谓之出乎性，如骈拇枝指。这里，性便具
有"本体"的意义，靠近于"德"。第三，"性"虽然是原因，又不同于"德"
之原因，"德"作为物生的原因更为根本，所以说，"性"虽然作为种子具有本
体的性质，"性不可易"，但是作为种子又不可只静不动，故曰："水之性，不
杂则清，莫动则平；郁闭而不流，亦不能清；天德之象也。"因此，"性"作为
生的种子，既静又动，本身不易而又不可不动，以道德而动，以道德而静，方
可自然而然。由此看来，庄子之"性"，从本质上说，是虚，是静，"性好像是
道派在人身形体中的代表"。⑥但从性能上说，又是促使其动的根本原因。总
之，性是在人的形体中保持一种道与德的状态。综上所述，庄子之"性"是从
先天上说的，后天滋生出来的东西都不是性，也不符合"道"或"德"，从这
个意义上说，儒家之性与道家之性具有统一性。然而，儒家与道家毕竟是有差
异的，这在命上便看得更清楚些。儒家之命，是从死生富贵言说，认为死生富
贵，是命中注定；而贤与不肖，则是努力的结果，是性而不是命。道家庄子也
特别重视命，认为在命的问题上，"性"是不可改变的，死生富贵、贤与不肖
皆是命，因此，庄子之命与德、性在一个层次上。或者说，庄子之命是用来论

---

① 曹础基：《庄子浅注》，中华书局，2007 年，第 177 页。
② 曹础基：《庄子浅注》，中华书局，2007 年，第 181 页。
③ 曹础基：《庄子浅注》，中华书局，2007 年，第 281 页。
④ 曹础基：《庄子浅注》，中华书局，2007 年，第 137 页。
⑤⑥ 徐复观：《中国人性论史》（先秦篇），台湾商务印书馆，1994 年，第 373 页。

证"无为而无不为"这个道家根本思想的。如《德充符》中说："死生、存亡、穷达、贫富、贤与不肖、毁誉、饥渴、寒暑，是事之变命之行也。日夜相代乎前，而知不能规乎其始者也。故不足以滑和，不可入于灵府。"①《大宗师》中说："死生，命也；其有夜旦之常，天也。"②《天地》中说："泰初有无，无有无名。一之所起，有一而未形。物得以生谓之德；未形者有分，且然无间谓之命；留动而生物，物成生理谓之形；形体保神，各有仪则谓之性。"③ 庄子之命，实际上是"且然无间"，所谓且然无间，是指片刻之间，每时每刻不会有所间断，没有任何间隙；"万物一府，死生同状"，④ 无有区分，万物皆从道这个"一"中分出来的，故而"无间"。"家世父曰：'一阴一阳之谓道。继之者，善也；成之者，性也；物得其生。所谓继之者，善也；未有德之名也，至凝而为命，而性含焉。所谓成之者，性也；命立而各肖乎形，践形而乃反乎性，各有仪则，尽性之功也。'"⑤ 也就是说，继之为善，成之为性，这里的"之"即是"道"所要求的东西，或者说是"道"所应有的东西，由此万物乃生，故万物皆内含有"道"，万物乃生，故为"德"，即得也。所谓命，是说命乃是一种含有道的某种状态，在"道"的层次是一样的，然而在形的层次上则有区分，故曰至凝而为命，而在命内含有"性"，即成与不成，成什么形与不成什么形的问题，故曰"践形而反乎性"。所谓"各有仪则"，是说性命之形，并不是随意而成的，而是符合"道"、符合"自然"的，这也就是所谓"尽性之功"。性如同从道那里获得了种子，于是得以成万物之形，而万物是什么形，就是什么形，这便是命。所以，"吾始乎故，长乎性，成乎命。与齐俱入，与汨偕出，从水之道而不为私焉……吾生于陵而安于陵，故也；长于水而安于水，性也；不知吾所以然而然，命也。"⑥ 因此，儒家之命既有"性命"之命，即道德性的天命，也有运命之命，即可改变之命。而庄子之命，是"德"通过"性"在具体化过程中的显露，是"至凝而为命"之命，此命是含"性"之命，载"道"之命，得"德"之命，故此命与德、性在同一层次。既然三者在同一层次，为何称之为命，而不称之为"性"与"德"呢？庄子进一步将命归定为"不知所以然而然"，故称之为命。"儒家把性与命连在一起，是以命说明性的

---

①　曹础基：《庄子浅注》，中华书局，2007年，第66页。
②　曹础基：《庄子浅注》，中华书局，2007年，第75页。
③　曹础基：《庄子浅注》，中华书局，2007年，第137页。
④　曹础基：《庄子浅注》，中华书局，2007年，第131页。
⑤　《诸子集成》（第3卷），上海书店出版社，1996年，郭庆藩辑：《庄子集解》，第190页。
⑥　曹础基：《庄子浅注》，中华书局，2007年，第223页。

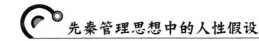

根源；而庄子则是以命表明性的决定性。"① 也就是说，庄子之命是加强"德"与"性"在人生中的决定性，也即是增强"道"在万物之成中的决定性。

庄子强调在"变"中寻找一种人生的安全与定一，主张"忘形"、"全身"、"全生"、"葆真"。"忘形"是"全身"、"全生"的基础，也是"葆真"的基础，而"全身"、"全生"、"葆真"则是"道"与"德"的根本要求。所以说，庄子之身绝不仅仅指人的外在形体，而主要指的是"德"与"性"，所偏重的是内在的东西。因此，庄子所主张的内在性与儒家所主张的内在性在某方面具有一致性，完全不同于后期仙家所谓的长生之身。形与德、身与心，是庄子与杨朱最明显的区别，就在于庄子虽然对于心具有戒备，但并不是完全抛开，对于形则主张"忘形"，只有做到"忘形"，才能保存住"德"与"性"，绝不可使形成为人生的主导，而是通过形来体验到性，通过性而体会到命，然后通过性与命来体认到德，达于道，从而达到一种自然而然的状态。儒家将性通过天这个客体安放到人的心上，而庄子虽然不及儒家强调心的作用，但是心在庄子这里已经有了重要的位置，被他称为"灵台"、"灵府"，并通过道德性命来阐发出心的功能。《达生篇》曰："工倕旋而盖规矩，指与物化而不以心稽，故其灵台一而不桎。忘足，履之适也；忘要，带之适也；知忘是非，心之适也；不内变，不外从，事会之适也；始乎适而未尝不适者，忘适之适也。"② 在庄子看来，只有任物因循，随物而化，随遇而安，不以心稽，适而忘我，才能做到灵台一而不桎、忘适之适。也就是说，只有适方可不在思虑它，如人之胃，只有不适，才会感受到胃的存在，若胃非常舒适，便感觉不到它的存在。心也一样，心只有想到适，而不想是是非非，才能做到不桎梏，即不会受到限制、不内变、不外从，所谓"忘适之适"。由此看来，庄子之心与儒家之心，还是有着明显区别的。儒家之心是"正心"、"直心"、"仁心"、"德心"、"善心"，此心并不断加以强化，如之放之则必求之；而庄子之心则主要是"一而不桎、忘适之适"，"灵台者有持，而不知其所持而不可持者也"，③ 虽然也守，但不可求之，其守也只是守"忘"而已。因此，庄子之心，在戒备、忘的意义上，与老子同；而在身内，使人有所自觉，守住"忘适之适"方面，与孟子同。也就是说，在自觉之心方面，庄子的"无为"出现了裂缝，正如徐复观所说："庄子若真是不在心上立脚，而只是落在气上，则人不过是块然一物，与慎到没有什么区别，即无所谓德与形的对立。再进一步说，庄子若承认了心，则知为心

---

① 徐复观：《中国人性论史》（先秦篇），台湾商务印书馆，1994 年，第 377 页。
② 曹础基：《庄子浅注》，中华书局，2007 年，第 225 页。
③ 曹础基：《庄子浅注》，中华书局，2007 年，第 276 页。

的特性，庄子也不能一往的反知。我觉得庄子的意思，是认为心的本性是虚是静，与道、德合体的。但由外物所引而离开了心原来的位置，逐外物去奔驰，惹是招非，反而埋没了它的本性，此时的人心，才是可怕的。但若心存于自己原来的位置，不随物转，则此时之心，乃是人身神明发窍的所在，而成为人的灵府、灵台；则灵府、灵台所直接发出的知，即是道德的光辉，人生精神生活的显现，是非常可宝贵的。"① 当然，庄子之心总体上还是主张心的虚、静、止，将心看作定一，而这种定一就是不为任何之物所动，当然包括知、仁、礼，等等，"虚静是道家工夫的总持，也是道家思想的命脉。"② 庄子的目的和全部的功夫，就是"至人无己"，"一部《庄子》，归根结底，皆所以明至人之心。由形上之道，到至人之心，这是老子思想的一大发展；也是由上向下，由外向内的落实。经过此一落实，于是道家所要求的虚无，才在人的现实生命中有其根据。"③ 庄子此一根据，便使心之灵台、灵府有了存在的可能。因此，"慎到的去己，则是一去百去；而庄子的无己，只是去掉形骸之己，让自己的精神，从形骸中突破出来，而上升到自己与万物相通的根源之地，即是立脚于道的内在化的德、内在化的性；立脚于德与性在人身上发窍处的心。亦即立脚于如前所述的'灵府'、'灵台'。"④ 所以说，庄子对老子的落实，虽然与孟子对孔子的落实，有着相似之处，但还是较孟子更为高远。因为，庄子之心广柔博大，主张虚、静、止，无己、丧我、坐忘，内容丰富而深邃，一而化万物，无穷之变，无穷之多；而孟子之心，只是下落的人人皆有的"善心"而已，将其"扩而充之"，发扬光大，由内向外，便可成其为"大人"、"正人君子"。

综上所述，庄子的人性假设总体上仍然沿袭了老子的思想，但较老子道德的自然人进一步向下落实，更接近现实，而这种接近现实的做法是通过"变易"完成的。庄子的人性假设承认了"心不死"，但是庄子之心仍然是纯客观的东西，其心中毫无主观能动的发挥，是淡淡的，是虚，是静，是止，庄子要求保持住心的本性，在心上立足，就是利用心之虚、静、止，达到一种无为而无不为的状态，从而具有了在变易中获取自我的发展需要，尽管这种发展是虚、静、止，是或生或死，无是无非，是是非非的，但却是自由自在的，以实

---

① 徐复观：《中国人性论史》（先秦篇），台湾商务印书馆，1994 年，第 382～383 页。
② 徐复观：《中国人性论史》（先秦篇），台湾商务印书馆，1994 年，第 383 页。
③ 徐复观：《中国人性论史》（先秦篇），台湾商务印书馆，1994 年，第 393 页。
④ 徐复观：《中国人性论史》（先秦篇），台湾商务印书馆，1994 年，第 395 页。

现人生在世的"吾与日月参光，吾与天地为常"，[1] "与天地为合"，[2] "独与天地精神往来"[3] 的一种境界。庄子的此种思想运用到管理中，就是要求人们获取最大自由，最高意义上的平等，从而在变易中达到对管理模式的"消解"。

第五节　道家其他派别的人性假设

老子、庄子乃为道家思想的正宗，徐复观认为："道家思想，创始于老子，大成于庄子……老庄之所以值得称为正宗，主要在于他们否定了现实的人生社会的后面，却从另一角度，另一层次，又给予人生社会以全盘的肯定。换言之，他们虽以虚无为归趋，但他们是有理想性的虚无主义，有涵盖性的虚无主义；这亦可称为上升的虚无主义；所以他们的气象、规模，是非常扩大的。支派的道家思想，几乎有一个共同的特征，即是理想性的减退，涵盖性的贫乏。"[4] 在笔者看来，老庄之所以称得正宗，并不仅仅在于老庄否定了人生社会之后又给予肯定，更重要的在于其发展符合我国文化的传统，即具有内在心性奠基的特征。单从人性假设上说，庄子由老子的"自然人"的人性假设，进一步下落，落实到以"变"为突出特点的所谓"道德人"的人性假设。而其他道家，其主要代表人物文子、关伊子、列子、杨朱、田骈、慎到、老莱子等，虽然承继了黄老的某些基本思想，但是在其进一步发展的方向上，却走向了极端，从而偏离了道家的宗旨，所落实下来要么是囿于"形体"上，要么是囿于表面的"贵齐"上；要么走上了神秘主义；要么走向了法家；从而在实质上将黄老之学向外在性的方向进行延伸，而不再关注中国传统的内在心性的奠基。也就是说，偏离了中国传统文化的总方向。总之，其他道家的思想，特别是杨朱、田骈、慎到则陷入到一种外在性、表面化的境地，较老庄肤浅了许多，从而演变为脱离实际的教条。

一、形、德、性

庄子认为，形与性不同，形外性内，性是形得以成的种子，与德同，是道

---

① 曹础基：《庄子浅注》，中华书局，2007 年，第 122 页。
② 曹础基：《庄子浅注》，中华书局，2007 年，第 137 页。
③ 曹础基：《庄子浅注》，中华书局，2007 年，第 397 页。
④ 徐复观：《中国人性论史》（先秦篇），台湾商务印书馆，1994 年，第 415 页。

的具体体现，故形与性不可分离，但形又与性、德不同。故"全形"并非"全德"，并非"全性"。形残而德全之人比比皆是，而形全德残之人也不乏见。如《人间世》中记载："支离疏者，颐隐于脐，肩高于顶，会撮指天，五管在上，两髀为胁。挫针治繲，足以糊口；鼓荚播精，足以食十人。上征武士，则支离攘臂而游于其间；上有大役，则支离以有常疾不受功；上与病者粟，则受之三钟与十束薪。夫支离者其形者，犹足以养其身，终其天年，又况支离其德者乎！"① 是讲无用之用，德之至矣。然而，庄子之性、之德、之道，是以虚无为体，是虚、静、止，是一种对现实的超越。即使落实下来至"心"，其心亦然是"虚、静、止"。老子庄子是想通过对现实的超越，对形、身、物的忘怀，而达到一种无为的境界，这种境界就呈现出"全生"、"保身"、"尽年"、"安命"的自然而然的状态。但是，杨朱从"形"、"身"上立足，而不再关注内在的心性，"在生即是性这一观点之下，又可以看出，大体是分向两方面展开：一方面是紧紧地把握住自己的具体生命以为立足点，从政治社会完全隔离起来，这即是杨朱的'为我''贵己'。"② 杨朱认为心性只是空洞的东西，只有"形"与"生"才具有真实的意义，才是人们应当关注的重大问题，从而形成了道家的一个支派。在杨朱看来，所谓自然而然，所谓"全生"、"安命"，就是既不在形上多加一分一毫，也不在形上少一分一毫。《孟子·尽心章句上》说："孟子曰：'杨子取为我拔一毛而利天下，不为也。'"③《吕氏春秋》中《审分览·不二》篇说："杨生贵己。"④《韩非子》中《显学》篇说："今有人于此，义不入危城，不处军旅，不以天下大利易其胫一毛……轻物重生之士也。"⑤《淮南子·氾论训》篇中说："全性保真，不以物累形，杨子之所立也。"⑥ 有人据此认为，杨朱太过于自私。其实，在杨朱看来，所谓"全生"、"安命"，就是指不能有损于形之一毛一发，因为，万物自化，非外加之以化，故以损一物而增一物，并非是道所为。《列子·杨朱》曰："禽子问杨朱曰：'去子体之一毛，以济一世，汝为之乎？'杨子曰：'世固非一毛之所济。'禽子曰：'假济，为之乎？'杨子弗应。禽子出，语孟孙阳。孟孙阳曰：'子不达夫子之心，吾请言之。有侵若肌肤获万金者，若为之乎？'曰：'为之。'孟孙阳

① 曹础基：《庄子浅注》，中华书局，2007年，第55页。
② 徐复观：《中国人性论史》（先秦篇），台湾商务印书馆，1994年，第417页。
③ （清）焦循撰：《孟子正义》，中华书局，2007年，第915页。
④ 《诸子集成》第6卷，上海书店出版社，1996年，高诱注：《吕氏春秋》，第213页。
⑤ 《诸子集成》第5卷，上海书店出版社，1996年，韩非著，王先慎集解：《韩非子集解》，第352～353页。
⑥ 《诸子集成》第7卷，上海书店出版社，1996年，刘安著，高诱注：《淮南子注》，第218页。

曰：'有断若一节得一国，子为之乎?' 禽子默然有间。孟孙阳曰：'一毛微于肌肤，肌肤微于一节，省矣。然则积一毛以成肌肤，积肌肤以成一节。一毛固一体万分中之一物，奈何轻之乎?'"①由此，我们看到，杨朱实指纵然去身之一毛也于事无补，故而不去一毛也。杨朱主张循名责实，无为而治，从经验主义出发，实际上只是从"形"、"身"上着手，将老子道德下堕于身体的现世享乐中，而不再有超越的人生追求。因此，在形心问题上，杨朱的"贵生"、"为我"，直达经验主义的现世享乐。"杨朱曰：'天下之美，归之舜、禹、周、孔，天下之恶，归之桀纣。然而舜耕于河阳，陶于雷泽，四体不得暂安，口腹不得美厚；父母之所不爱，弟妹之所不亲。行年三十，不告而娶。乃受尧之禅，年已长，智已衰。商钧不才，禅位于禹，戚戚然以至于死：此天人之穷毒者也。鲧治水土，绩用不就，殛诸羽山。禹纂业事仇，惟荒土功，子产不字，过门不入；身体偏枯，手足胼胝。及受舜禅，卑宫室，美绂冕，戚戚然以至于死：此无人之忧苦者也。武王既终，成王幼弱，周公摄天子之政。邵公不悦，四国流言。居东三年，诛兄放弟，仅免其身，戚戚然以至于死：此天人之危惧者也。孔子明帝王之道，应时君之聘，伐树于宋，削迹于卫，穷于商周，围于陈蔡，受屈于季氏，见辱于阳虎，戚戚然以至于死：此天民之遑遽者也。凡彼四圣者，生无一日之欢，死有万世之名。名者，固非实之所取也。"②道家支派对"形"的过分推崇，则割裂了"形"与"德"、"性"的关系，在道的统摄下舍去了向上的超越，也没有了高远的志趣，而是不断地下堕到对外在"形"的追求上，认为"全生"即是"长生"，"守道"即是"贵己"，"安命"即是"现世的享受"，而变得庸俗不堪，由超越高远的人生境界，变得自私而狭隘，卑微而低贱，试图用身体的保全来克服现世的人本质的分裂，是一种颓废主义的表现。将此运用管理科学中，必然缺少了道家思想固有的超然境界，也失去了自由与平等的理念，而只能是为着某一空泛的形体来推行一切，表面的"无为"，便会变成缺少任何道德约束力、可以肆无忌惮的无所不为，因为这种立足于"形"、"身"的思想，对待"死"毫无顾忌，皆为"腐骨"，"腐骨一也"，会使人心变得阴暗而可怕。"杨朱曰：'万物所异者生也，所同者死也。生则有贤愚贵贱，是所异也；死则有臭腐消灭，是所同也。虽然，贤愚贵贱，非所能也；臭腐消灭，亦非所能也。故生非所生，死非所死，贤非所贤，愚非所愚，贵非所贵，贱非所贱。然而万物齐生齐死，齐贤齐愚，齐贵齐贱。十年亦死，百年亦死，仁圣亦死，凶愚亦死。生则尧舜，死则腐骨；生则桀纣，死则腐骨。腐

---

① 《诸子集成》第3卷，上海书店出版社，1996年，张堪注：《列子》，第83页。

② 《诸子集成》第3卷，上海书店出版社，1996年，张堪注：《列子》，第83~84页。

骨一矣，熟知其异？且趣当生，奚遑死后？"① 因此，重"形"的人性假设，其管理思想不仅仅是消解的问题，而且对管理具有破坏的作用，它不只是从"变易"上确立道德问题，而且从根本上消除掉人生的任何意义，而只是"且趣当生，奚遑死后？"，是一种典型的堕落的享乐纵欲思想，其所谓的"齐"也从老庄在道德上的"齐"下堕到经验层面上来了。

二、"齐"与道家思想的分化

老子讲"和"、"同"、"常"，认为道存在万事万物中，万物一道也，同德也，虽然没有"齐"字，但到处具有"齐"的思想。老子是在承认万物差别的基础上，认识到万物的共同之处的，即具有"道"、"德"，到了庄子则更进一步地认识到这一点。庄子有《齐物论》，认为万事万物具有共同的东西，这个共性的东西就是"道"，道存在于任何事物内，没有道，万事万物便不能"得"，也不能"成"，便失去了形成万事万物的根本，即"性"或"种子"。当然，庄子所说的"齐"，依然是有着个性差别的"齐"，是自然之齐，是变易之齐。如《庄子·齐物论》曰："以指喻指之非指，不若以非指喻指之非指也；以马喻马之非马，不若以非马喻马之非马也。天地一指也，万物一马也。可乎可，不可乎不可。道行之而成，物谓之而然。恶乎然？然于然。恶乎不然？不然于不然。物固有所然，物固有所可。无物不然，无物不可。故为是举莛与楹，厉与西施，恢诡谲怪，道通为一。其分也，成也；其成也，毁也。凡物无成与毁，复通为一。唯达者知通为一，为是不用而寓诸庸。庸也者，用也；用也者，通也；通也者，得也。适得而几矣。因是已，已而不知其然，谓之道。"② 在此，我们看到，庄子运用"变易"来表达万物齐一的思想，但是始终有一个根本，即"道"，也就是说"道行之而成，物谓之而然"，后又有"谓之道"，庄子思想还没有走到完全的虚无主义那里去。在庄周梦蝶中，也有一个区别在里面，而并非将庄子与胡蝶混为一体，"昔者庄周梦为胡蝶，栩栩然胡蝶也。自喻适志与！不知周也。俄然觉，则蘧蘧然周也。不知周之梦为胡蝶与？胡蝶之梦为周与？周与胡蝶则必有分矣。此之谓物化。"③ 此等物化，而是在承认庄子与胡蝶之分的前提下才会有的。所以说，老庄的"齐"是有差别的齐，是指"道德"或是"心性"存在于万事万物内的"齐"，是"自然"之"齐"，是内在本然就有之之齐。而在其他道家看来，特别是田骈、慎到将老子的"一道"之齐，看作

① 《诸子集成》第3卷，上海书店出版社，1996年，张堪注：《列子》，第78页。
② 曹础基：《庄子浅注》，中华书局，2007年，第19～21页。
③ 曹础基：《庄子浅注》，中华书局，2007年，第33页。

是外在之"齐",从而失去道家原有的"自由"、"平等"思想,变成一种外在强制的力量,迫使万事万物"齐一",改变了道家超然的人生境界,把人看作一种工具,从人的内在性向外在性上发展,将道德人变成了工具人。

田骈、慎到所谓的"齐万物以为首"① 与庄子的"齐物论"具有重大的区别,"《齐物论》的'丧我',乃解放形骸之小我,以成其与道相冥和之大我;亦即是《天下篇》所述庄子的'上与造物者游'的精神境界。此一境界,《齐物论》称之为'注焉而不满,酌焉而不竭'的'天府';天府,乃形容其精神之无所来包;无所不包之精神境界即是道。在此种精神境界之内,便会'和之以是非,而休乎天钧'(《齐物论》),即是认为社会上的'恢诡谲怪',皆道之一体,故在价值上是平等的。所以《齐物论》的齐物,是承认各物的个性不同(恢诡谲怪),而价值相同的齐物;是承认各完成其自己之个性,互忘而互相干涉之齐物;此即所谓'咸其自取'(《齐物论》);这是各物皆得到自由的齐物。揭穿了说,是对物之不齐,却加以平等观照的齐物。"② 我们看到,虽然都是道家,都主张"道一"、"齐物",但是,由于田骈、慎到缺少了"心性"作为奠基,其"一"、"齐"也只能从外在上加以考量,从外在上加以"一"或"齐",表现出了道家支派对他人的否定,以及对自我的不自信。不仅看到了现实的"变易",也看到了人性本质的险恶,于是对"道之所存"、"德之所存"的怀疑,也是一种对自我能力的怀疑,试图通过某种"法"来加以限制,强制人们"齐一"。对于田骈、慎到来说,控制显然比起"道德"的说教、"心性"的自觉,更为有效,也更重要。其价值取向已经不再是追求超越现实的最高远的人生境界,而是切切实实地关注现实活动着的人。主体需要的是一种来自外在的强力或秩序,规定着人们的完美或缺憾,人们的一切行为和发展,全生与安命,皆从外在的感觉上、经验上去控制,而不去关注内在心性、人的本质,人的自由与平等。这种对人的本质的漠视,对人性的冷淡,对人个性的扼杀,是田骈、慎到道家支派的主要特征,也是道家向法家过渡的必然走势。正如徐复观所说:"于是在表面上,他们是以道齐万物;而实际上则是以法以势齐万物;这是强制性的,没有个性的齐物;与庄子的齐物,有本质上的分别。"③ 在庄子看来,齐万物是万物以"道"、"德"在其内,从而使万物各得其所,自然而然,故谓之齐万物;而田骈、慎到则是将个性完全扼杀掉,是使万物齐一,而这种所谓的"齐一",是强制性的,是非自然的,是外加的,完全背弃

---

① 曹础基:《庄子浅注》,中华书局,2007 年,第 393 页。
② 徐复观:《中国人性论史》(先秦篇),台湾商务印书馆,1994 年,第 432 页。
③ 徐复观:《中国人性论史》(先秦篇),台湾商务印书馆,1994 年,第 433 页。

了道家的"自然人"的人性奠基。

三、"无己"与"去己"

如前所述，庄子无小我，而有大我，舍小我而求大我；而在慎到，对现实之人已经完全丧失了信心，故"去己"，即将自我完全抛弃，"是故慎到弃知去己，而缘不得已"。[①] 所以说，慎到的"去己"，是将自我精神的下压，从而忽视了能人、贤人的作用，或者说根本上对人加以抛弃，以至于成为"非生人之行，而至死人之理"，[②] 使人成为"块然独以其形立"[③]。而在庄子，其"无己"、"丧我"，本质上是对自我的扩大，最终扩大为"参天地"、"与天地游"，从而成为"全德之人"，是对主体自我的坚强地建立。"老子、庄子，皆有一段向上向内的工夫，并承认工夫的效验；因此，他们虽认万物价值、人生价值的平等；但同时对于万物，尤其是对于人的实现其价值，又承认有很大的等差；否则所谓价值者，亦无由显现。所以老庄虽不承认儒家思想中的圣贤，却不断提出自己的理想中的圣人、至人、神人、真人等，以作为追求的目标。"[④] 因此，庄子的"无己"与慎到的"去己"，无论在本质上，还是在内容上，都具有重大的区别。

总之，田骈、慎到对人的主体自觉完全失去了信任感，把人看作被动的工具，受到外在势的左右，运用一种强制的力量使万物均齐，从而达到一种所谓的秩序和合理性。其标准也从老庄的"道"、"自然"的标准，变为一种扼杀个性差异的，消除自由的"法"所谓平等的标准。将其运用到管理理论中，也就是目前普遍盛行的"经济人"假设或主要以"经济人"假设所建构的管理模式，它不可能也不能从根本上解决管理科学中所遇到的问题，因为它从根本上是从外在的强制性上来对待管理，从而将管理的对象看作是被动的客体，而没有看到管理的实质，在于如何从内在性去挖掘管理对象的能动性、自觉性。

---

① 曹础基：《庄子浅注》，中华书局，2007年，第393页。
② 曹础基：《庄子浅注》，中华书局，2007年，第393页。
③ 曹础基：《庄子浅注》，中华书局，2007年，第94页。
④ 徐复观：《中国人性论史》（先秦篇），台湾商务印书馆，1994年，第434页。

第六章　道德人的进一步发展及面临的挑战

随着社会的进一步发展，传统儒家思想中的道德人假设，受到来自以法家、墨家、兵家等为代表的严重挑战。春秋末年，周室倾颓，礼坏乐崩，先私后公，"人心惟危"，儒家以传统自居，所主张的仁义礼智信，已无法挽救周朝分崩离析的局面。面对社会混乱，经济衰退，国弱民贫的现实，法家率先走出道德人的人性假设，认为传统的道德说教空洞无物，无法解决现实社会的根本症结。法家顺应社会历史发展的趋势，从公与私的矛盾、家族内部之间的矛盾、社会矛盾及阶级矛盾的现实出发，提出了要实现富国强民，必须从外在性入手，依靠强有力的手段，采取法制，确立君主的绝对权威，运用有效的制度，满足人们趋利避害的根本要求，以克服国弱民贫、矛盾丛生的社会局面。法家提倡权势术，着力从外在性上要求人们齐一。从深层次上说，法家的主张，是从人自身向外延伸开来，把"古者为己"的理念，转变为一种付诸外在的对象性上，从对象性上来观照自我。也就是说，传统的儒家、道家，把个人自我看得特别重要，儒家主张"求放心"，道家主张"与天地游"，以图实现自我精神境界的不断提升；而法家则将这种"自我"完全通过对象性的存在体现出来，通过国土是否足够广阔，人民是否足够众多，军队是否足够强大；等等，来表征人的本质，而人自身则被看作是实现这种对象性存在的工具。人与人之间的关系不再是平等的，而是通过严格的法制并以等级区分开来，不再有儒家在"仁"上"人人皆可为尧舜"，道家在最高远处"万物齐一"的所谓平等理念。人们之间的所有关系，皆以"实用主义"为价值导向，凡是有利于达到目的的，都是值得推崇的；凡是无用的东西，都应当抛弃，甚至兄弟情谊、父子亲情以及忠孝仁义，皆不例外。严酷的现实、激烈的矛盾斗争，使法家得以产生，并逐步走向完善。墨家思想体现了社会中层阶级的意愿，对传统儒家的人性假设，同样地提出了挑战。墨家提倡薄葬、非乐，以此来反对儒家的厚葬、礼乐，主张兼爱、节用、明鬼、天志、尚贤、尚同、亲士、非攻，弃周礼而用夏政。但是，墨家只考虑物质生活的一面，而较少体认精神上的要求。墨家虽然发自于对天下人之爱，但是他从这种爱中还没有透出人性之"善"，没有把握到以人民为解决一切问题的中心，尽管其理想高远，却远离现实，悖乎人情，从而导致墨学衰绝。兵家思想在人性假设方面深受儒家、道家、法家和墨家思想的影响，但同时又异于这些思想。认为人性既是一个道德人，同时又是一个复杂人；主张非攻，同时又强调取胜。

法家思想中的人性假设，运用到现代管理科学上，类似于管理科学中的经济人假设，认为人性是恶的，是自私的；趋利避害、获得最大的利益，是人的本性。以此假设出发，把人看作是实现利益和自我实现的手段，丢掉了人之所以为人的根本。墨家思想所主张的"兼相爱，交相利"，爱人如爱己，虽然高远，但现实中真正实施较为困难。墨家所施行的"距子制度"，对现代管理无疑是一种反证。墨家的人性假设是"行天之义"，主张"兼爱"，却又远离心性之善，从外处入手，故其知行分离。兵家所主张的"非攻"与"制胜"，与现代复杂人、关系人等管理思想有相似之处，对于当代管理科学不无借鉴作用。总之，法家、墨家、兵家等管理思想，对传统的道德人假设提出了挑战，看到了道德人假设的不足。但是，就其所主张的思想，从根本上说也并没有真正解决人何以为人，如何将管理真正落到实处的问题，只不过是从表面上解决了当时社会所存在的问题而已。

第一节　法家对道德人假设的直面冲击

法家直面现实，提倡权势术。法家力求从"万物"齐一中寻找一种"均齐"，并用一种政治强力来实现这一目标，实际上则是丧失了万物之"齐"，是一种只讲目的，不讲仁爱和自由的"法西斯"。所以这种表面上齐万物，实际上则是以法和势来达到齐万物，是一种形式上的齐万物，与儒家和道家在道德上所主张的平等思想是截然不同的。所以说，法家是一种不尊重个性自由的思潮，它不可能在我国人文精神极度发达的古代长期占统治地位。法家的思想与现代西方管理中的思想具有一致性，均从人性恶的假设出发。人与人的关系互不信任，将人性定格在生理意义或心理意义需要之上，人与人是一种纯利益的关系。如何限制这种利己之心？那就是法，就是严格的管理。如何严格的管理呢？那就是科学的量化，使人完全按照某种程序，就像工具那样精确，从而造成了管理理论与实践的种种危机。由法家所造成的强秦的迅速灭亡，从某种意义上说，就是此种管理思想失败的最有力的证明。

然而，法家作为中华传统文化的一部分，在其发展演变过程中，表现出一个不断下落的过程。管子认为，治所谓莫于得于齐，故民以牧之，以达"则"、"道"，重返"四维"，①天下平治。而到商君，其法制思想又下堕，只重法，而不重"四维"。正如梁启超所言："管子贤于商君远矣，商君徒治标而不治本者也，管子则治本兼治标者也。商君舍富国强兵无余事，管子则于富国强兵之外，尤有一大目的存焉。其法治主义，凡以达此目的而已。其目的奈何？管子之言曰：'国多财则远者来，地辟举则民留处，仓廪实则知礼节，衣食足则知荣辱。上服度则六亲固，四维不张，国乃灭亡。何谓四维：一曰礼，二曰义，三曰廉，四曰耻。'（《牧民篇》）此四者，管子所最兢兢也。商君去六虱（六虱谓诗书，礼乐，修善，孝弟，诚信，贞廉，仁义，非兵，修战。见商君书靳令篇），而管子谨四维，以此知管子贤于商君远矣。"②至于韩非，则又下堕矣，主张严酷法制，全面抛弃心性道德。法家的发展历史，既是对心性道德的不断淡化过程，也是不断使法制目标走向辉煌的历史过程，并且同时也是其走向衰亡的历史过程。本节着重论述一下管子、商君、慎子与韩非子的人性假设，以此观照法家思想的发展经历，以及法家人性假设的逻辑演进。

一、管子及"牧民"思想

管子处于春秋末年，周朝衰微，各诸侯国纷争不断，人民处于动荡不安的局面，而贵族内部的相互倾轧，阶级矛盾的尖锐，又使统治者面临着内外激烈矛盾的考验。管子以"法爱其民"为宗旨，以"富国富民"为目的，以"齐民为治国之首务"，故提倡法制。也就是说，管子的法制思想，即备至于务实，循名责实，是当时法家所遵循的一大原则；虽不及儒家人性假设思想透彻，但施行起来，儒家思想未达，而法家却屡建其功。因此，从功效上看，法家乃开创了新生思想局面，并在实践上也较儒家更切近现实，故更为有效。

梁启超认为，管子之时有四者，一曰中央集权之制度未巩固也，二曰君权未确立也，三曰中国种族之争剧烈也，四曰中国民业未大兴也。③梁氏之言，从历史发展的角度上说，当为正确。因为，春秋末年，正值由奴隶社会向封建社会过渡时期，故封建君主专制政权尚未确立，其制度当然也未巩固；盛行一时的宗法制度，凭借仁义礼智信所凝聚于人心的儒家思想，在社会不断分化，种族矛盾、阶级矛盾不断激化的过程中，也逐渐失去了原有的作用，人们不再为破坏周礼而感到可耻，而是视当下物质利益为最重，故族内族外的争斗日甚

---

① 管子的"四维"，即礼、义、廉、耻。
② 《诸子集成》第5卷，上海书店出版社，1996年，梁启超：《管子评传》，第23页。
③ 《诸子集成》第5卷，上海书店出版社，1996年，梁启超：《管子评传》，第3页。

一日。管子所处的齐国，虽太公修道至礼，国富民朴，然则自太公至今已三百余年，周礼尽废，族人相残日甚矣，内乱而外弱，管子《大匡篇》云："僖公之母弟夷仲年生公孙无知，有宠于僖公，衣服礼秩如适。僖公卒，以诸儿长得为君，是为襄公。襄公立后，绌无知。无知怒，公令连称管至父戍葵丘，曰：'瓜时而往，及瓜时而来'。期戍，公问不至，请代，不许。故二人因公孙无知以作乱。鲁桓公夫人文姜，齐女也。公将如齐，与夫人偕行。申俞谏曰：'不可，女有家，男有室，无相渎也，谓之有礼。'公不听，遂以文姜会齐侯于泺。文姜通于齐侯。桓公闻，责文姜。文姜告齐侯，齐侯怒，飨公，使公子彭生乘鲁侯胁之，公薨于车。竖曼曰：'贤者死忠以振疑，百姓寓焉。智者究理而长虑，身得免焉。今彭生二于君，无尽言，而谀行以戏我君，使我君失亲戚之礼命。又力成吾君之祸，以构二国之怨，彭生其得免乎？祸理属焉。夫君以怒遂祸，不畏恶亲闻容，昏生无丑也，岂及彭生而能止之哉？鲁若有诛，必以彭生为说。'二月，鲁人告齐曰：'寡君畏君之威，不敢宁居，来修旧好，礼成而不反，无所归死，请以彭生除之'。齐人为杀彭生，以谢于鲁。五月，襄公田于贝丘，见豕彘，从者曰：'公子彭生也。'公怒曰：'公子彭生安敢见，射之。'豕人立而啼，公惧，坠于车下，伤足亡屦。反，诛屦于徒人费，不得也，鞭之见血，费走而出，遇贼于门，胁而束之，费袒而示之背，贼信之，使费先入，伏公而出，斗死于门中。石之纷如死于阶下。孟阳代君寝于床，贼杀之，曰：'非君也，不类。'见公之足于户下，遂杀公，而立公孙无知也。鲍叔牙奉公子小白奔莒，管夷吾召忽奉公子纠奔鲁。九年，公孙无知虐于雍廪，雍廪杀无知也。"[1] 由此可见，君通其妹，周礼尽废；襄公令公子彭生杀鲁桓公，后而为修鲁之好，而又杀彭生，可谓不仁不义甚矣；立公孙无知，可谓一己之私也；而无知被杀，虽虐而下不忠也。故当是时，仁义道德尽失。由于人们对心性道德，不再有所信心，因此，若依靠仁义道德而能使国家强盛，人民富足，在当时的确是很难办到的事情。管子看到了传统思想不能深入人心的缺憾，故另辟蹊径，虽用其法势术，而不从心性这个根本上入手，然而其所针对的正是当时的现实，其所达到的目的，是所谓的"法爱其民"。所以说，管子的思想，虽不用传统思想以匡正，但目的却是试图达到传统文化的要求。故孔子曰："晋文公谲而不正，齐桓公正而不谲。"子路曰："桓公杀公子纠，召忽死之，管仲不死。"曰："未仁乎？"子曰："桓公九合诸侯，不以兵车，管仲之力也。如其仁！如其仁！"[2] 在孔子看来，管子不用诡道，仗义执言，不以兵车，不假威

---

① 《诸子集成》第5卷，上海书店出版社，1996年，戴望：《管子校正》，第102～103页。
② （宋）朱熹撰：《四书章句集注》，中华书局，2007年，第153页。

力，以正天下，当世之人，谁如管子之仁者，故再言以深许之。盖管仲虽未得
为仁人，而其利泽及人，则有仁之功矣。又曰："管仲相桓公，霸诸侯，一匡
天下，民到于今受其赐。微管仲，吾其被发左衽矣。"① 也就是说，若无管仲，
吾等皆沦为夷狄矣。由此可见，孔子之于管子，虽认为管子器小，如《八佾》
载，子曰："管仲之器小哉！"② 言管仲不知行大道，器小也；但孔子对管仲仍
予以较高的评价，认为管子之仁在于其功，虽未推行尧舜之道，却具有匡正之
功。未推行尧舜之道，势不然也；有匡正之功，仁心至矣。而在孟子看来，管
子相齐，专用诡道，不施王道而行霸术，其功虽烈却卑，故不道管仲之事。孟
子之论管仲，不察时事，专任王道，岂不知王道实不行矣。故梁启超曰："孟
子之论管子也，轻薄之意，溢于言外，常有彼哉彼哉羞与为伍之心。嘻，其过
矣。"③ 梁氏之论，较为客观。

　　管子之论，皆源于传统而又有所创新，"知王者之法，莫备于周公；而善
变周公之法者，莫精于管子……诸侯不服，吾可以战；诸侯宾服，吾可以行仁
义。盖周公之法……"④ 由此可见，管子直袭儒家传统。然而现实的暴戾、人
心的惟危、世俗的腐败，迫使人们在直面现实时，不得不改变传统而力求创
新。管子又承继了道家之说，所谓"治莫贵于得齐，非有以牧之，则民不一而
不可使。齐也一也，国家所以维持发达之最要条件也。"⑤ 故管子治制，以齐
为首，然其干涉主义，虽不及道家之放任自由主义高远，但却切中实际，所谓
齐者一者，遂能收其效，建其功，强其国而富其民。管子者，法家之首创也，
然法家之初并没有远离中国传统文化，或者说，法家乃中国传统文化思想发展
的必然。

　　管子所论法治，全在于国家人民，故曰"大法"，其内涵有"大仁"、"大
义"之意。管子从人的本性——"趋利避害"出发，却并没有将人皆当作自私
自利之人，而是运用法制，使其合"本来"之人性，即所谓仁义廉耻（四维）。
所以，管子提倡国家至上，法爱其民。"先国而君焉，此天地之大经，百世俟
圣人而不惑者也。"⑥ 所以，管子处处以国事为重，而不计于私。在管子看来，
国与君相比，国为重，君为轻。管子自称自己乃齐国之公人，而非公子纠之私
人也。因此，先公而后私，管子之所为也。"管子虽知死不受鲁政，此千古国

　　① （宋）朱熹撰：《四书章句集注》，中华书局，2007年，第153页。
　　② （宋）朱熹撰：《四书章句集注》，中华书局，2007年，第67页。
　　③ 《诸子集成》第5卷，上海书店出版社，1996年，梁启超：《管子评传》，第1页。
　　④ 《诸子集成》第5卷，上海书店出版社，1996年，戴望：《管子校正》，第1页。
　　⑤ 《诸子集成》第5卷，上海书店出版社，1996年，梁启超：《管子评传》，第13页。
　　⑥ 《诸子集成》第5卷，上海书店出版社，1996年，梁启超：《管子评传》，第6页。

民之模范也。"① 由是观之，管子的法制，全系于公，致于国，而绝无个人之私。"桓公二年践位，召管仲，管仲至。公问曰：'社稷可定乎？'管仲对曰：'君霸王，社稷定，君不霸王，社稷不定。'公曰：'吾不敢至于此其大也，定社稷而已。'管仲又请。君曰：'不能。'管仲辞于君曰：'君免臣于死，臣之幸也；然臣之不死纠也，为欲定社稷也，社稷不定，臣禄齐国之政而不死纠也，臣不敢。'乃走出，至门，公召管仲。管仲反。公汗出曰：'勿已，其勉霸乎？'管仲再拜稽首而起曰：'今日君成霸，臣贪承命，趋立于相位，乃令五官行事此外。'"② 另外，管子的法制，全在于为民，即法爱其民。当然，管子在论证法与民的关系时，往往从法的起源上说起，又以治民上着手，但其真正用心，则兼而爱民。兼而爱民，是谓牧民。"古者未有君臣上下之别，夫有夫妇妃匹之合，兽处群居，以力相征。于是智者诈愚，强者凌弱，老幼孤独不得其所。故智者假众力以禁强虐，而暴人止。为民兴利除害，正民之德，而民师之。是故道术德行，出于贤人。其从义理形于民心，则民反道矣。名物处违是非之分，则赏罚行矣。上下设，民生体而国都立矣。是故国之所以为国者，民体以为国；君之所以为君者，赏罚以为君。致赏则匮，致罚则虐。则匮而令虐，所以失其民也。是故明君审居处之教，而民可使居治战胜守固者也。夫赏重则上不给也。罚虐，则下不信也。"③《法法篇》曰："法者，民之父母也。"④《任法篇》曰："法者天下之至道也，圣君之实用也。"⑤ "法者，上之所以一民使下也。"⑥《禁藏篇》曰："法者天下之仪也。所以决疑明是非也。百姓之所悬命也。"⑦ 从中看出，管子之法，全系于民，并把法上升为"道"、"仪"的高度，阐明了法对于百姓人民的极端重要性。

　　在管仲看来，所处现实，惟法是则，惟法所依，方可正人心，匡国家，圣君用法，而百姓尊法，人人有所鉴，以正人民之权利义务，以定纷争。"以法治国，则举错而已。是故有法度之制者，不可巧以诈伪；有权衡之称者，不可欺以轻重；有寻丈之数者，不可差以长短。"⑧ 管子的以民为本的法制思想，具有十分重要的意义，这也是我国传统民本思想在法家的重要体现。管仲曰："欲为天下者，必重用其国；欲为其国者，必重用其民；欲为其民者，必重尽

① 《诸子集成》第 5 卷，上海书店出版社，1996 年，梁启超：《管子评传》，第 7 页。
② 《诸子集成》第 5 卷，上海书店出版社，1996 年，戴望：《管子校正》，第 105 页。
③ 《诸子集成》第 5 卷，上海书店出版社，1996 年，戴望：《管子校正》，第 174 页。
④ 《诸子集成》第 5 卷，上海书店出版社，1996 年，戴望：《管子校正》，第 89 页。
⑤⑥ 《诸子集成》第 5 卷，上海书店出版社，1996 年，戴望：《管子校正》，第 256 页。
⑦ 《诸子集成》第 5 卷，上海书店出版社，1996 年，戴望：《管子校正》，第 289～290 页。
⑧ 《诸子集成》第 5 卷，上海书店出版社，1996 年，戴望：《管子校正》，第 259 页。

其民力。无以畜之，则往而不可止也；无以牧之，则处而不可使也。远人至而不去，则有以畜之也；民众而可一，则有以牧之也。"① 管子所谓重民，法爱其民，是以养民、蓄民、牧民、用民、化民为主要特征，虽然可以明显地看到管子作为统治阶级，将人民当作剥削和压迫的工具；然而，我们也不应当把管子的民本思想的积极意义扼杀掉，而是要辩证地看待管子的这一重要思想，从中与后期法家做一比较，以正确理解管子的"牧民"思想。管子的所谓"牧民"思想，是把重点放在"养"民与"化"民上，只有"养"民才可蓄民以力，方可使用；只有"化"民才可正民俗；故推行法制必须重其牧民。所以说，《管子》的开篇就是《牧民》。牧民不是目的，而只是手段，这是管子与后期法家最大的不同之处。

管子法制思想中还有"齐"的思想，除前面所述管子之"齐"与道家之齐的不同外，其"齐"的思想，就法制上说尚有"平等"的含义，也是管子法制思想中较为可贵之点。管子曰："治莫贵于得齐，制民急则民迫，迫则窘，窘则失其葆；缓则纵，纵则淫，淫则行私，行私则离公，离公则难用。故治之所以不立者，齐不得也；齐不得，则治难行。故治民之齐，不可不察也。"② 在管子看来，法制最重要的就是"齐一"，制治要齐一，执法也要齐一；以齐一为前提，以齐一为目标。倘若法不齐一，便失去了法的权威；法无权威，人们便视法如儿戏；视法如儿戏，法便不张；法不张，法制则无法施行。管子的干涉主义，虽然从某种意义上说，缺少了人情，但从治的原则上说，执法如一，法律面前人人平等，却具有积极的意义。

然而，凡从趋利避害的人性假设出发，所引出的法制思想，其"齐"均具有外在强制的特征，无不将人当作达到某一目的工具，从而抹杀了人的个性。管子的法制思想，虽然主张"法爱其民"，称法制乃"民之父母"，但是，其把人民当作工具加以利用的思想，也是显而易见的。《七法篇》曰："治民有器，为兵有数，胜敌国有理，正天下有分……不明于法，而欲治民一众，犹左书而右息之。"③《君臣上》曰："是故治民有常道，而生财有常法。道也者，万物之要也……如冶之于金，陶之于埏，制在工也。"④《禁藏篇》曰："夫法之制民也，犹陶之于埏，冶之于金也。故审利害之所在，民之去就，如火之于燥湿，水之于高下。"⑤ 由此可见，人之从法，若埏金之从陶冶也。即把人当作

① 《诸子集成》第5卷，上海书店出版社，1996年，戴望：《管子校正》，第6页。
② 《诸子集成》第5卷，上海书店出版社，1996年，戴望：《管子校正》，第261页。
③ 《诸子集成》第5卷，上海书店出版社，1996年，戴望：《管子校正》，第28~29页。
④ 《诸子集成》第5卷，上海书店出版社，1996年，戴望：《管子校正》，第166~167页。
⑤ 《诸子集成》第5卷，上海书店出版社，1996年，戴望：《管子校正》，第292页。

一种工具，如何使用，"制在工也"；把人民看作一众耳，为一众，故为一法，全然不顾人的个性。这样，为着某一目的，即法制目的，若其法运用不当，则法极易沦为达到某一目的的"法西斯"。德国法西斯主义以及秦的暴政，虽以法制为基础，最终却成为破坏法制的罪魁祸首。由此可见，法制管理思想的工具主义特点，是它本身所无法克服的；而趋利避害的人性假设，则是法制思想的理论前提。

管子人性中的道德内在性与法制的外在性，其人性假设与"牧民"思想有着密切的联系。管子的法制，也不乏有许多人性的因素。只不过，管子所讲的人性，完全不是在心性之内讲开去，而是从外入手，处处有一个"法"作为奠立。管子不是从心性的内在性上立足来改变现实的礼坏乐崩，而是将心性要么看作是起点，要么看作是某一目标，根本不会在心性问题上过多地纠缠。管子的心性不仅与儒家专门立足内在心性有着根本的不同，与道家的心性自由与放任，也有重大的区分。首先，管子强调仁智礼义，也强调"天"与"道"，但是皆在法之下。管子曰："神圣者王，仁智者君，武勇者长，此天之道，人之情也。天道人情，通者质，宠者从，此数之因也。是故始于患者，不与其事；亲其事者，不规其道。是以为人上者患而不劳也，百姓劳而不患也。君臣上下之分素，则礼制立矣。是故以人役上，以力役明，以刑役心，此物之理也。心道进退，而形道滔迁。进退者主制，滔迁者主劳。主劳者方，主制者圆。圆者运，运者通，通则和。方者执，执者固，固则信。君以利和，臣以节信，则上下无邪矣。故曰：君人者制仁，臣人者守信。此言上下之礼也。"[1] 也就是说，管子在心性上谈人时，先预设一个"法制"的等级，而失去了儒家与道家的平等理念，实际上不是以"心性"作为奠立，而是以"法"作为立足。上述所论，"君人者制仁，臣人者守信"，与儒家在"为仁"上的"皆可为尧舜"便相去甚远；而所谓"神圣者王，仁智者君，武勇者长，此天之道，人之情也。"也与道家之"齐一"有很大区别。由此可见，管子人性中的道德内在性，是低于其法制思想的。

其次，管子虽然以法制作为奠基，同时也强调道德的作用。这也是管子与其他法家的一个重大区分。管子曰："君之在国都也，若心之在身体也。道德定于上，则百姓化于下矣。戒心形于内，则容貌动于外矣。正也者，所以明其德。知得诸己，知得诸民，从其理也。知失诸民，退而修诸己，反其本也。所求于己者多，故德行立。"[2] 只不过，在管子看来，这种内在性的道德只有君

---

① 《诸子集成》第 5 卷，上海书店出版社，1996 年，戴望：《管子校正》，第 176～177 页。

② 《诸子集成》第 5 卷，上海书店出版社，1996 年，戴望：《管子校正》，第 177 页。

才可具有，而至于臣与民，无论是上民、中民，还是下民，皆不可以道德而规范之，不可形成内在的正心。这样，法家的道德人性就将儒家的道德人性的确立范围大大缩小了。在管子看来，现实的实际情况决定了这种层次性。"国之所以乱者四，其所以亡者二。内有疑妻之妾，此宫乱也。庶有疑适之子，此家乱也。朝有疑相之臣，此国乱也。任官无能，此众乱也。四者无别，主失其体。群官朋党以怀其私，则失族矣。国之几，臣阴约闭谋以相待也，则失援矣。失族于内，失援于外，此二亡也。故妻必定，子必正，相必直立以听，官必中信以敬。故曰：有宫中之乱，有兄弟之乱，有大臣之乱，有中民之乱，有小人之乱。五者一作，则为人上者危矣。宫中乱曰妒纷，兄弟乱曰党偏，大臣乱曰称述，中民乱曰訾讆，小民乱曰财匮。财匮生薄，訾讆生慢，称述党偏妒纷生变。故王名稽疑，刑杀亟近，则内定矣。顺大臣以功，顺中民以行，顺小民以务，则国丰矣。审天时，物地生，以辑民力；禁淫物，劝农功以职其无事，则小民治矣。"① 因此，管子的法制思想，皆取于现实，而民所患，莫大于物产不足。而名必责于实。故管子曰："身不善之患，毋患人莫己知。丹青在山，民知而取之；美珠在渊，民知而取之。是以我有过为，而民毋过命。民之观也察矣，不可遁逃。以为不善。故我有善，则立誉我；我有过，则立毁我。当民之毁誉也，则莫归问于家矣。故先王畏民。操名从人，无不强也。操名去人，无不弱也。有天子诸侯，民皆操名而去之，则捐其地而走矣。故先王畏民。在于身者庸为利，气与目为利。圣人得利而托焉，故民重而名遂。我亦托焉。圣人托可好，我托可恶。我托可恶，以来美名，又可得乎！我托可恶，爱且不能为我能也。毛嫱西施，天下之美人也，盛怨气于面，不能以为可好。我且恶面，而盛怨气焉。怨气见于面，恶言出于口，去恶充以求美名，又可得乎？甚矣百姓之恶人之有余忌也。是以长者断之，短者续之，满者洫之，虚者实之。"② 此一观点，切中要害，故管子之功大矣。而儒家思想，虽然立意甚好，论证也周全，以孔子周游列国的实践，由孔子之逐于鲁，伐树于宋，削迹于卫，穷于商周，围于陈蔡之间，可见其世功（当时）不著，而管子之功著也。

最后，管子对人性的本质进行了深入的分析，指出了人之为人与禽兽不同之处，作为君应求诸己，应与民为善。也就是说，有过应求己，而有功则归于民，此一思想揭示了其法制的根本精神，具有重大的意义。"管子曰：善罪身者，民不得罪也。不能罪身者民罪之。故称身之过者强也。治身之节者惠也。

① 《诸子集成》第5卷，上海书店出版社，1996年，戴望：《管子校正》，第178~179页。

② 《诸子集成》第5卷，上海书店出版社，1996年，戴望：《管子校正》，第179~180页。

不以不善归人者，仁也。故明王有过，则反之于身。有善，则归之于民。有过而反之于身，则身惧。有善而归之于民，则民喜。往喜民，来惧身。此明王之所以治民也。今夫桀纣则不然，有善则反之于身，有过则归之于民；有过而归之于民，则民怒；有善而反之于身，则身骄。往怒民，来骄身，此其所以失身也。故明王惧声以感耳，惧气以感目，以此二者，有天下矣，可毋慎乎？匠人有以感斤橺，故绳可得断也。羿有以感弓矢，故壳可得中也。造父有以感辔筴，故遨兽可及，远道可致。天下者无常乱，无常治，不善人在则乱，善人在则治，在于既善所以感之也。"① 又"管子曰：修恭逊、敬爱、辞让，除怨无争以相逆也，则不失于人矣。尝试多怨争利，相为不逊，则不得其身。大哉恭逊敬爱之道，吉事可以入察，凶事可以居丧，大以理天下而不益也。小以治一人而不损也。尝试往之中国诸夏蛮夷之国，以及禽兽昆虫，皆待此而为治乱。泽之身则荣，去之身则辱，审行之身而毋怠，虽夷貉之民，可化而使之爱。审去之身，虽兄弟父母，可化而使之恶。故之身者使之爱恶，名者使之荣辱。此其变名物也，如天如地，故先王曰道。"② 管子此处虽有道家"齐一"思想，但总的看来，管子是在对人性本质的一种深刻的体悟。在管子看来，人虽然皆趋利避害，但是若果人人皆自私自利，无半点恭逊、敬爱、辞让之心，专求于外，而不求于诸己，相为不逊，不惧于过，荣辱皆无，即便有着严明的法制，其怨必多，其恨必有，其乱必生。管子的这一思想，说明了法制的局限性，也昭示着就人性本质来讲，必须将法制与德制结合起来，方可实现国强民富。

管子法制的目的与理想在于化民俗，能立国，匡四维，故而礼法并用，重在于法治。《权修篇》曰："凡牧民者，使士无邪行，女无淫事。士无邪行，教也；女无淫事，训也。教训成俗，而刑罚省数也。凡牧民者，欲民之正也；欲民之正，则微邪不可不禁也；微邪者，大邪之所生也。微邪不禁，而求大邪之无伤国，不可得也。凡牧民者，欲民之有礼也；欲民之有礼，则小礼不可不谨也；小礼不谨于国，而求百姓之行大礼，不可得也。凡牧民者，欲民之有义也；欲民之有义，则小义不可不行；小义不行于国，而求百姓之行大义，不可得也。凡牧民者，欲民之有廉也；欲民之有廉，则小廉不可不修也；小廉不修于国，而求百姓之行大廉，不可得也。凡牧民者，欲民之有耻也；欲民之有耻，则小耻不可不饰也；小耻不饰于国，而求百姓之行大耻，不可得也。凡牧民者，欲民之修小礼、行小义、饰小廉、谨小耻、禁微邪，此厉民之道也。民

①　《诸子集成》第5卷，上海书店出版社，1996年，戴望：《管子校正》，第180页。
②　《诸子集成》第5卷，上海书店出版社，1996年，戴望：《管子校正》，第180～181页。

之修小礼、行小义、饰小廉、谨小耻、禁微邪，治之本也。"① 由此可见，管子的法制，在于教训，在于化其民俗，而明礼义廉耻。也就是说，"管子盖世太有一理想的至善美之民俗，日悬其心目中，而以为俗使此理想现于实际，非历行法治，其道无由。"② 这清楚地表明，管子对一般民众所尊崇的仁义礼智信是持怀疑态度的，这种怀疑来源于人与人之间的残酷现实。所以说，管子在法与德之间，特别强调法治的重要性，而辅之以德治。在理想与现实之间，管子更注重现实，而不像儒家与道家那样，有着较为高远的理想，却在现实中无所适从，只是采取一种应当如何的说教，或采取一种逃避现实的态度。在管子看来，最好的办法当然是道德的说教，然而现实中士君子却少而又少，因此，必须采取法治。这样，管子的法治与德治就紧密地结合起来了，这是管子法制精神的最可贵之处。

管子对人性的内在性有着自己的看法，认为心是一个本体，可以统九窍；虚而无形，谓之大道，以道循理，化育万物，谓之德；君臣父子，人间之事，亲疏有分，谓之义；如此等等。如管子曰："心之在体，君之位也；九窍之有职，官之分也。心处其道，九窍循理……虚无无形谓之道；化育万物谓之德；君臣父子人间之事谓之义；登降揖让，贵贱有等，亲疏之体，谓之礼；简物小未一道，杀僇禁诛谓之法。大道可安而不可说。直人之言，不义不顾，不出于口，不见于色；四海之人，又孰知其则……洁其宫，开其门，去私毋言，神明若存。"③ 在此，管子承认心性的作用，但是却认为人之心具有欲恶的本性，而使其"欲恶"限定在一定范围之内，故曰："恶不失其理，欲不过其情"，④ 如此方可称得上君子。由此观之，管子的心性与儒家的心性，有着原则的区分，管子始终将人性看作是趋利避害的，而儒家则认为人性是道德的。正如梁启超所言："如是，则民之日进于德而日习于礼也，皆法治之效使然也。故曰，仁义礼乐，皆出于法也。"⑤ 纵然如此，管子又不同于其他法家，对待仁义礼智，仍然持着一定的保留思想，并未完全抛弃，只是认为仁义礼智，其效不可立显，其道德感化需要一个长期的过程。如管子曰："渐也、顺也、靡也、久也、服也、习也，谓之化……不明于化，而欲变俗易教，犹朝揉轮而夕欲乘车。"⑥ 管子重法治而不废礼（德）治，"厚爱利，足以亲之；明智礼，足以教

---

① 《诸子集成》第5卷，上海书店出版社，1996年，戴望：《管子校正》，第8页。
② 《诸子集成》第5卷，上海书店出版社，1996年，梁启超：《管子评传》，第24页。
③ 《诸子集成》第5卷，上海书店出版社，1996年，戴望：《管子校正》，第219页。
④ 《诸子集成》第5卷，上海书店出版社，1996年，戴望：《管子校正》，第222页。
⑤ 《诸子集成》第5卷，上海书店出版社，1996年，梁启超：《管子评传》，第25页。
⑥ 《诸子集成》第5卷，上海书店出版社，1996年，戴望：《管子校正》，第28～29页。

222

之；上身服以先之，审度量以闲之，乡置师以说道之。然后申之以宪令，劝之以庆赏，振之以刑罚。故百姓皆说为善，则暴乱之行无由至矣。"① 民皆为善，此礼（德）治之效也。

在法与俗的关系上，管子认为，"藏于官则为法，施于国则成俗。"② 也就是说，管子是想化法而成俗，约定俗成，各得其所。"制断五刑，各当其名。罪人不怨，善人不惊曰刑。正之服之，胜之饰之，必严其令，而民则之，曰政。如四时之不忒，如星辰之不变，如宵旭昼，如阴如阳，如日月之明，曰法。爱之生之，养之成之，利民不德，天下亲之，曰德。无德无怨，无好无恶，万物崇一，阴阳同度，曰道。刑以毙之，政以命之，法以遏之，德以养之，道以明之。刑以毙之，毋失民命；令之以终其欲，明之毋径；遏之经绝其志意，毋使民幸；养之以化其恶，必自身始；明之以察其生，必修其理。"③ 可见，管子之法，用于常而不变，利及人而不以为德，德用其恩，故万物亲之，德其养而成，其理谓道以明之，故能令行禁止；而人之所以终其欲，不从邪道，不有非分之想，去其恶身而听于理，此为法德并举。管子之德重在于化民，而不具有心性本体的意义。但管子之德与其他法家不同，不仅承认德化，而且也认为"正"之必要。《心术下》云："形不正者德不来；中不精者心不治。正形饰德，万物毕得。翼然自来，神莫知其极。昭知天下，通于四极。是故曰：无以物乱官，毋以官乱心，此之谓内德。是故意气定然后反正。气者身之充也；行者正之义也。充不美，则心不得；行不正，则民不服。是故，圣人若天然，无私覆也；若地然，无私载也。私者，乱天下者也。"④ 可见，管子之正重在于形，虽亦及于心，是从外向内，而不是由内向外，故正以形而心有得，所谓"形不正者德不来；中不精者心不治"，而非由正心向外扩展开来，虽然管子看到了外物的引诱，使心偏离正位，但将"正"过多地赋予给行，故曰"行者正之义也。充不美，则心不得；行不正，则民不服"，仍然从外在性上说，这与管子以法作为立足点是一致的。

总之，管子的法制思想是以趋利避害的人性假设为奠基的，但又不废除道德人的人性假设，主张法治、德治并举，以法为急，以法为重，辅之以道德的治国思想。将此思想推广到政治、经济、文化事业中，提出了一系列的具有创新意义和重大事功的主张，如"上下之分不同任，而复合为一体"⑤ 的崇一法

① 《诸子集成》第5卷，上海书店出版社，1996年，戴望：《管子校正》，第6～7页。
② 《诸子集成》第5卷，上海书店出版社，1996年，戴望：《管子校正》，第77页。
③ 《诸子集成》第5卷，上海书店出版社，1996年，戴望：《管子校正》，第254页。
④ 《诸子集成》第5卷，上海书店出版社，1996年，戴望：《管子校正》，第322页。
⑤ 《诸子集成》第5卷，上海书店出版社，1996年，戴望：《管子校正》，第164页。

的法治思想，"选贤论材而待之以法"①的用人思想，整齐其民，壹其道德的教育思想，以及为政之本首在富民，生产、消费、分配、流通等发展经济的轻重政策，皆以其人性假设为基础来展开论述的。

二、商鞅、韩非子等人的"治民"思想

自管仲在齐创立法家之后，子产在郑国，李悝在魏国，吴起在楚国，申不害在韩国，皆以法家作为治国富民的主要思想，并相继颁布了一些法律。战国早期，商鞅在秦国实施变法，使处于边疆的秦国，成为雄霸天下的强秦，并最终统一中国。几乎同时，孔子、孟子所推行的儒家的王道思想，虽奔波于列国之间，却终不得推行，而法家人物则位极人臣，受到诸侯君主的重用，实现着他们富国强兵的夙愿。在管子之后的法家中，尤其商鞅、慎到、韩非的思想最具代表性。

管子主张法治与德治并举，以法治为主，以法为治为急。但是，到了商鞅，便只存法治而无德治了。这种变化是与历史条件的发展有着密切关系的，商鞅所处的时代是战国初期，其所在秦国，世风日下。贾谊曰："秦俗日败，秦人家富子壮则出分，家贫子壮则处赘。父借耰鉏，虑有德色；母取箕帚，立而谇语。抱哺其子，与公并踞。妇姑不相悦，则反唇而相稽（讥）。其慈子嗜利，不同禽兽者希矣。"②面对如此伤风败俗、唯利是图的残酷现实，商鞅对人性的所谓仁义礼智信，已经完全失去了信心，故而弃礼义、背仁恩，而专用法治。所以，商鞅的人性假设是从人性恶作为奠立的，"夫商君专持功利主义而偏缺道德教育。甚者，乃至诋仁义孝弟为六虱。"③在商鞅看来，仁义孝弟不仅多余，而且有害，故称仁义孝弟为虱害。

商鞅沿用了法家的"循名责实"的思想，所采取的一系列主张，无不与当时的经济、政治、文化的发展状况相适应。商鞅从国家图强出发，胸怀大略，而魏王不能用，故弃国而奔秦。如何奔秦，在商鞅看来，当时诸国，唯有秦可殉一己之功名。麦梦华认为，"（甲）战国错立，而秦之国势，高踞上游也。地理者，建国之第一要素。凡文化、风俗、政治、军事，皆与有密切之关系者也。以文化言之，则利于交通，以其易于输进文明也。以军事言之，则利于险阻，以其便于进取退守也。秦国于黄河流域之上游，与山东诸国相隔绝，其接壤为邻者，独南界为楚，东边于魏耳，而又扼函谷关之险要。一人守隘，则万夫莫敢攻关。故有事则东向以争中原，无事则闭关以作内政……（乙）民族竞

---

① 《诸子集成》第5卷，上海书店出版社，1996年，戴望：《管子校正》，第164页。
②③ 《诸子集成》第5卷，上海书店出版社，1996年，麦梦华：《商君评传》，第1页。

争，而秦之国民势能优者也。战国时之民族，固皆黄帝之子孙，而同为汉族者也。迁徙转移，浸相离远，交通不便，声息隔绝，地势既殊，民风各别，遂至血胤、嗜好言语、习惯、风俗，一切皆互相歧异，乃如希腊之分为德利安等之四族。以同种而视如胡越，以兄弟而日相阋墙，势所必然，无足怪者。秦族僻处西垂，而又数被戎患，故其民独朴塞坚悍，有首功好武之风，读小戎驷铁诸诗，其剽悍尚武，自古然矣。夫生存竞争，优者必胜……（丙）战国为重农时代，而秦地宜于农业也。"① 作为法学巨子，而政治家之雄的商鞅，为建立自己的一世功名，可以说是经过精心选择后才确立事秦的。但是，秦国相对偏僻，相对于中原文化明显存有不足之处。但是，这恰恰正是施行法治最好的国家。

商鞅之所以能够在秦有所作为，除了当时秦所处的地位以及当时战国时期的竞争环境外，还与商鞅所采取的经验主义、实用主义以及改革创新有关。商鞅不同于儒家"法古"，而主张"法今"，具有强烈的创新意识，是典型的"变法派"、"改革派"、"革新派"。如《更法》曰："三代不同礼而王，五霸不同法而霸。故知者作法，而愚者制焉；贤者更礼，而不肖者拘焉。拘礼之人不足与言事；制法之人，不足与论变。君无疑矣。"② 针对"利不百，不变法；功不十，不易器"③ 以及"法古无过，循礼无邪"④的尊古派，商鞅指出："前世不同教，何古之法？帝王不相复，何礼之循？伏羲、神农，教而不诛；黄帝、尧、舜，诛而不怒；及至文、武，各当时而立法，因事而制礼。礼法以时而定；制令各顺其宜；兵甲器备，各便其用。臣故曰：治世不一道，便国不必法古。汤武之王也，不修古而兴；殷夏之灭也，不易礼而亡。然则反古者，未必可非，循礼者，未足多是也。君无疑矣。"⑤阐明了变法的重要性和必要性，认为要想强国富民，从古至今，皆不同法，今秦若强，亦必变法。提出了"治世不一道，便国不必法古"，以驳斥法古派"法古无过，循礼无邪"的论点。

商鞅的人性假设不仅是趋利避害的，而且还是恶的，是无可救药的，表明了商鞅对人性的彻底失望。认为人的本性只是一种功名利禄之人，绝无内在之心性，无仁义礼智信。商鞅曰："民之性，饥而求食，劳而求佚，苦则索乐，辱则求荣，此民之情也。民之求利，失礼之法；求名，失性之常。奚以论其然也？今夫盗贼上犯君上之所禁，而下失臣民之礼，故名辱而身危，犹不止者，利也。其上世之士，衣不暖肤，食不满肠，苦其志意，劳其四肢，伤其五脏，

---

① 《诸子集成》第 5 卷，上海书店出版社，1996 年，麦梦华：《商君评传》，第 2～3 页。

② 《诸子集成》第 5 卷，上海书店出版社，1996 年，严可均校：《商君书》，第 1～2 页。

③④⑤　《诸子集成》第 5 卷，上海书店出版社，1996 年，严可均校：《商君书》，第 2 页。

而益裕广耳，非性之常也，而为之者名也。故曰：名利之所凑，则民道之。"①
在商鞅看来，人们所有的一切一切，皆是为了功名而来，不图名就为利，名利
就是人的本性，至于所谓的仁义礼智信，所谓的善、道德都是一种不实的虚妄
之言，是空洞的说教，是骗人的谎言。因此，商鞅为了建立功名，不仅背叛自
己的祖国，并仇杀其国民，然己则无丝毫愧疚心，其过尤甚矣。

商鞅既然将人的本质看作是一种恶的、趋利避害的、受外在功名制约的
人，那么，必然会导致人的工具化，利用功名利禄等一些外在的东西，构建法
制体系，使用人们并达到建立霸业的目的。商鞅曰："夫刑者，所以禁邪也；
而赏者，所以助禁也。羞辱劳苦者，民之所恶也；显荣佚乐者，民之所务也。
故其国刑不可恶，而爵禄不足务也，此亡国之兆也。"② 也就是说，刑罚是禁
止奸邪的工具，赏赐是辅助刑罚的工具。羞耻、侮辱、疲劳、痛苦是人民憎恶
的对象；显贵、荣耀、安逸、快乐是人民追求的对象。如果国家的刑罚不是可
以憎恶的东西，官爵、俸禄不是值得追求的东西，这就是亡国的预兆了。表明
了人性的本质即是趋利避害。商鞅非常重视"数"，也即"术"，他说："主操
名利之柄而能致功名者，数也。圣人审权以操柄，审数以使民。数者臣主之
术，而国之要也。"③ 运用某种"术"来使用人，从外在性上着手，而不从内在
的心性上入手，人成为了服务某种目的的工具，从而也就失去了作为人的真正
本质。

商鞅也讲"诚"与"德"，不过皆是在"实用主义"意义上讲的，而无内
在心性意义。如"地诚任，不患无财；民诚用，不畏强暴。德明教行，则能以
民之有为己用矣。故明主者，用非其有，使非其民。"④ 从中我们看出，这里
的关键不是"诚"、"德"，而是"用"，商鞅的法制精神，全在一个实用主义
上。又如"是以明君之使其民也，使必尽力以规其功，功立而富贵随之，无私
德也。故教流成如此，则臣忠君明，治着而兵强矣。故凡明君之治也，任其力
不任其德，是以不忧不劳而功可立也。"⑤ 此处更加明显，商鞅主张"任其力
不任其德"，也就是说，"德"至多可以拿来运用，而绝不可"任"。

商鞅的法治，与管子相同，也讲究一个"齐"。《靳令》曰："靳令则治不
留；法平则吏无奸。"⑥ 意思是说，严格执行法律，则政务便不会拖延；法律
公正、公平、齐一，那么官吏便不会有奸。《修权》曰："国之所以治者三：一

① ③ 《诸子集成》第 5 卷，上海书店出版社，1996 年，严可均校：《商君书》，第 13 页。
② 《诸子集成》第 5 卷，上海书店出版社，1996 年，严可均校：《商君书》，第 14~15 页。
④ ⑤ 《诸子集成》第 5 卷，上海书店出版社，1996 年，严可均校：《商君书》，第 20 页。
⑥ 《诸子集成》第 5 卷，上海书店出版社，1996 年，严可均校：《商君书》，第 22 页。

曰法，二曰信，三曰权。法者，君臣之所共操也；信者，君臣之所共立也；权者，君之所独制也。人主失守则危。君臣释法任私必乱。故立法明分，而不以私害法则治。权制独断于君则威。民信其赏，则事功成；信其刑，则奸无端。惟明主爱权重信，而不以私害法……明主，不蔽之谓明，不欺之谓察。故赏厚而利，刑重而威。不失疏远，不违亲近，故臣不蔽主，而下不欺上。"① 商鞅为了加强巩固封建专制的中央集权，提出了执法应当秉公而无私，不蔽不欺，不失疏远，不违亲近，以公为大，不以私害法。故曰："夫废法度而好私议，则奸臣鬻权以约禄，秩官之吏隐下而渔民。谚曰'蠹众而木析，隙大而墙坏。'故大臣争于私而不顾其民，则下离上。下离上者国之'隙'也。秩官之吏，隐下以渔百姓，此民之'蠹'也。故有'隙'、'蠹'而不亡者，天下鲜矣。是故明王任法去私，而国无'隙'、'蠹'矣。"② 所有这些均表明商鞅要求法治公正而齐一，这种法制的齐一性是由国家专制的统一性相联系的，"故商君之初政，首务抟一民力，夫今日之帝国主义，固非谓以政府之权力，强制干涉，减杀个人之自由，谋其一致，行此偏狭之国家主义而可冀成功也。"③ 此说甚是。

　　商鞅作为法家的代表，在推行法治时，既主张干涉主义，又强调国家主义，以富国强民为目的，从而牺牲个人自由。其所谓"齐"，与儒家、道家相比较，可以说相去较远，即不从儒家内在的心性上说开去，也不从道家的高远上说开去，而是专求于功名。然在齐一方面，商鞅更注重经验主义，更贴近现实。《开塞》中阐述了商鞅的这一深刻思想，"天地设而民生之。当此之时也，民知其母而不知其父，其道亲亲而爱私。亲亲则别，爱私则险。民众而以别险为务则民乱。当此时也，民务胜而力征。务胜则争，力征则讼。讼而无正，则莫得其性也。故贤者立中正，设无私而民说仁。当此时也，亲亲废，上贤立矣。凡仁者以爱利为务，而贤者以相出为道。民众而无制，久而相出，为道则有乱。故圣人承之，作为土地、货财、男女之分。分定而无制不可，故立禁；禁立而莫之司不可，故立官；官设而莫之一不可，故立君……古之民朴以厚，今之民巧以伪。故效于古者，先德而治；效于今者，前刑而法。此俗之所惑也。今世之所谓义者，将立民之所好，而废其所恶；此其所谓不义者，将立民之所恶，而废其所乐也。二者名贸实易，不可不察也。立民之所乐，则民伤其所恶；立民之所恶，则民安其所乐。何以知其然也？夫民忧则思，思则出度；乐则淫，淫则生佚。故以刑治则民威，民威则无奸，无奸则民安其所乐。以义

①　《诸子集成》第5卷，上海书店出版社，1996年，严可均校：《商君书》，第24页。
②　《诸子集成》第5卷，上海书店出版社，1996年，严可均校：《商君书》，第25页。
③　《诸子集成》第5卷，上海书店出版社，1996年，麦梦华：《商君评传》，第5页。

教则民纵，民纵则乱，乱则民伤其所恶。吾所谓利者，义之本也；而世所谓义者，暴之道也。夫正民者，以其所恶，必终其所好；以其所好，必败其所恶。"① 也就是说，有人之初，人人相爱，而爱私则险，故大公无私，仁义当行，民风淳朴，而今之人，虽一脉而有别，若再讲亲亲，则私爱有加，而公尽弃，故"将立民之所恶"，即确立规矩法度，正民当以其所恶，必终其所好；以其所好，必败其所恶。在商鞅看来，只有从人性恶出发，而不应从人性善出发，其所得的后果，才是人们所希望得到的。"故为之君者，不得不超然立于各族所相沿礼俗之外，而斟酌损益，别制为一定之法律，以整齐其民者，势也。"② 所以，商鞅抑儒而效法，去礼而用刑，欲整齐其民，求其效力与事功。

商鞅认为，以礼齐民，其力太过软弱，其效太过微小，其用时太过长，而欲急成为强国，必尊法而废礼。"然则以礼整齐其民者，为力甚弱；以法整齐其民者，为力甚强。明矣。"③ 管子时代，尚存有士君子，以仁义而行之，然到了商鞅时，士君子已寥寥无几，"夫不待法令绳墨而无不正者，千万之一也。"④ 故必须依法而代礼，主张法治严刑而去礼弃善。"夫利天下之民者，莫大于治。而治莫康于立君；立君之道，莫广于胜法；胜法之务，莫急于去奸；去奸之本，莫深于严刑。故王者以赏禁以刑劝；求过不求善，藉刑以去刑。"⑤

商鞅不仅从政策上要求在法治上求齐一，而且在经济、政治、文化上也均要求"一"，即统一标准。商鞅曰："守十者乱，守壹者治。"⑥ 又曰："凡治国者，患民之散而不可抟也。是以圣人作壹，抟之也。国作壹一岁者，十岁强；作壹十岁者百岁强；作壹百岁者千岁强；千岁强者王。君修赏罚以辅壹教，是以其教有所常而政有成也。"⑦ 再曰："民见上利之从壹空出也则作壹，作壹，则民不偷营。民不偷营，则多力；多力，则国强。"⑧ "民朴壹，则官爵不可巧而取也。"⑨ 在为时，虽然此"壹"专指经营农业，然而，这在当时具有重要的意义。以"壹"而守，万事皆通。其"壹"从本质上说源于法治，"圣人之为国也，壹赏，壹刑，壹教。壹赏则兵无敌，壹刑则令行，壹教则下听上。"⑩ 所谓"壹赏，壹刑，壹教"也应"齐一"，即平等，如"所谓壹刑者，刑无等级，自卿相、将军以至大夫、庶人，有不从王令、犯国禁、乱上制者，罪死不

① 《诸子集成》第5卷，上海书店出版社，1996年，严可均校：《商君书》，第15～17页。
②③⑦ 《诸子集成》第5卷，上海书店出版社，1996年，麦梦华：《商君评传》，第7页。
④ 《诸子集成》第5卷，上海书店出版社，1996年，严可均校：《商君书》，第43页。
⑤ 《诸子集成》第5卷，上海书店出版社，1996年，严可均校：《商君书》，第17～18页。
⑥ 《诸子集成》第5卷，上海书店出版社，1996年，严可均校：《商君书》，第23页。
⑧⑨ 《者子集成》第5卷，上海书店出版社，1996年，严可均校：《商君书》，第5页。
⑩ 《诸子集成》第5卷，上海书店出版社，1996年，严可均校：《商君书》，第28页。

赦。有功于前，有败于后，不为损刑。有善于前，有过于后，不为亏法。忠臣孝子有过。必以其数断。"① 主张以数度之，标准如一，也就是我们今天所讲的"法律面前人人平等"。"世固有欲以道以德以义抟之者，夫使民壹于道，壹于德，壹于义，则诚是矣。然道也，德也，义也，皆抽象的而非具体的也。墨子所谓一人一义，十人十义。韩愈所谓道其所道，德其所德，孰为真道德，无从定也。于是乎不得不立具体的之一物焉以为之标准，此物维何，即商君之所谓法是也。商君之言曰：'先王县权衡，立尺寸，而至今法之，其分明也。夫释权衡而断轻重，废尺寸而意长短，虽察，商贾不用，为其不必也（故法者，国之权衡也）。夫倍法度而任私议，皆不必（知类）者也。不以法论知、能、贤、不肖者，惟尧；而世不尽为尧。是故先王知自议誉私之不可任也。故立法明分，中程者赏之，毁公者诛之。'《修权篇》此其取义，可谓极明，陈义可谓极当。盖人人各从其所信，而曰某者合于义，合于道德，其间岂无中者，然如废权尺而以意测度轻重长短，虽幸焉，而非可恃以为用也。"② 由此可见，法家认为，只有经验的东西，才能加以权衡测度。而儒家、道家的所谓仁义礼智信、道与德，是没有一个固定权衡的经验标尺，因而不能将其作为检验的标准。只有齐一的法律，才能作为固定的标尺加以衡量，看是否做到了齐一。这也是商鞅反对儒家、道家的一个重要原因。商鞅认为，儒家、道家所提倡的仁义礼智信、道与德，是空洞无法测度的，故称其为"虱害"，必须加以摒弃。《农战篇》曰："《诗》、《书》、礼、乐、善、修、仁、廉、辩、慧，国有十者，上无使守战。国以十者治，敌至必削，不至必贫。国去此十者敌不敢至，虽至必却；兴兵而伐，必取；按兵不伐，必富。"③ 《说民篇》曰："辩慧，乱之赞也；礼乐，淫佚之征也；慈仁，过之母也；任誉，奸之鼠也。乱有赞则行，淫佚有征则用，过有母则生，奸有鼠则不止。八者有群，民胜其政；国无八者，政胜其民。民胜其政国弱，政胜其民兵强。故国有八者，上无以使守战，必削，至亡。国无八者，上有以使守战，必兴，至王。用善，则民亲其亲；任奸，则民亲其制。合而复者善也；别而规者奸也。章善则过匿；任奸则罪诛。过匿则民胜法，罪诛则法胜民。民胜法国乱，法胜民兵强。故曰：以良民治，必乱，至削；以奸民治，必治，至强。"④ 由此可见，商鞅是极端反对儒家空洞说教的，而对法治却奉若神明，故而其管理的人性假设是以"以奸民治"作

① 《诸子集成》第5卷，上海书店出版社，1996年，严可均校：《商君书》，第29页。
② 《诸子集成》第5卷，上海书店出版社，1996年，麦梦华：《商君评传》，第8页。
③ 《诸子集成》第5卷，上海书店出版社，1996年，严可均校：《商君书》，第6页。
④ 《诸子集成》第5卷，上海书店出版社，1996年，严可均校：《商君书》，第10页。

为奠基的，其立法是以"命令主义"而不是以"干涉主义"为特征。

总之，商鞅的法治，较之管子只注重法，而弃之于礼，是典型的经验主义；在对法制精神的理解上，其平等齐一思想也是不顾个人自由的独断主义，是一种外在的强制的齐一；在实现其目标时，将人当作一种实现强国富民的工具，并加以使用，是绝对命令主义。商鞅强调法的权威性以及主张君主专制、严酷的刑法，所有这一切，皆以"人性恶"的人性假设为出发点，其法制的制定以"任奸"为奠基。当然，商鞅的改革创新精神，反传统的思想，相对于不顾没落的奴隶制社会的现实，抱守传统的顽固思想，可以说是一大进步；与近代法制国家的思想家所主张也有异曲同工之处。然而其对人性的理解，对人本质的体认，却是狭隘的经验主义，完全抹杀了人与禽的本质区别，单纯以事功来衡量人的本质，并作为权衡一切的标准，试图运用"法"来达到本来每个人都是"独一无二"的人的个体的统一，只不过是一种表面上的一致，而绝不可能实现真正的平等与一致。所以说，秦的统一，在度量衡上是一大贡献，在统一国家上是丰功伟绩，而在其文化上所推行的"焚书坑儒"，却是不足取的。其实行的严酷的法治，最终沦为了法西斯主义，并导致了秦的迅速灭亡，而法家的思想也未能在历史上占据长期的统治地位。所有这些，无不与其人性假设有关。目前管理科学中的人性假设，尤其是理性主义的经济人假设，与商鞅法制思想的人性假设具有共同性，同样导致了某些社会顽症，如工具理性，困惑着近现代的思想家，人们都在追求人的解放，却无不被利益所驱使；人们越想通过财富得到自由，财富却越把人变成了奴隶；人们渴望获得做人的尊严，金钱却无情地剥掉人最后的"遮羞布"。因此，人们看到了所谓理性主义经济人假设背后所隐藏的巨大危机，并努力着寻找一种更为科学、更符合人性的人性假设作为奠基。

慎到[①]作为法家的代表，其受道家的影响较为严重，从中我们也看出，法家与道家的渊源较深，法家的"法"、"齐"等思想无不源于道家。如前所述，道家讲"人法地，地法天，天法'道'，'道'法自然"[②]，道家以自然人假设为奠立，构建了一个全生、安命、无为的思想体系，要求人应当有一个高远的理想，以实现人的真正自由与平等，获得一种人生的最大价值。慎到的法制思想，受到了道家的影响，又不同于道家，是一个由自然法向实体法下坠的过程。自然人的人性假设，有着一个自然界高远的普遍法则，不仅适合人，也适

---

① 慎到（约生于公元前 350 年，约卒于公元前 283 年），战国中期赵国人，稷下黄老学派重要思想家。

② 陈鼓应：《老子注译及评介》，中华书局，2008 年，第 163 页。

合任何事物，这是道家思想所要求的；而现实中的人类社会，也应服从并依照自然法的法则运行，否则，就会导致一系列的问题。而现实法则是以人类社会现实作为制定法律的基础和依据，是一种实用主义的法制。固然，人是自然法则下的一个种类，但只不过是一种而已，如果只按照人的法则行事，就极有可能破坏自然法则。目前所谓的环境问题、资源问题、人口问题，之所以出现，皆没有依照自然法则运作，而只是依照人类社会自己的法则动作的结果。自然法的人性假设是自然人，而实体法的人性假设是自为人，或者说叫做自私人。

　　慎到正是由道家的自然人下坠到自为人的典型代表，改变了道家的"无为而无不为"的行为准则，而主张"自为"。《因循》曰："天道因则大，化则细。因也者，因人之情也。人莫不自为也。化而使之为我，则莫可得而用矣。是故先王见不受禄者不臣，禄不厚者，不与入难。人不得其所以自为也，则上不取用焉。故用人之自为，不用人之为我，则莫不可得而用矣。此之谓因。"[1]在此，慎到的"自为"，是从因上说，而绝不是我们今天所讲的自我所为的"自为"。慎到的"自为"，即是化而使之为我，并非真正为我，是我为用之自为，故"因人之情，人莫不自为"。慎到的"自为"之因，如同管仲、商鞅一样，是针对其人情世故，循名以责实。慎到不仅看到了现实人性自私的一面，同时也看到自私的根本原因。如《逸文》曰："匠人成棺，不憎人死，利之所在，忘其丑也。"[2]又曰："家富则疏族聚，家贫则兄弟离，非不相爱，利不足相容也。"[3]也就是说，人之所以自私，全在于利。但是，这并不是说，慎到的人性假设完全是自私自利的。慎到一方面看到了人的自私本性，即趋利避害；另一方面也看到了人的另一面，即人具有将其自私之"自我"进行一番"自为"化的能力，而这种能力的源泉就在于自然的法则。所以慎到说："人莫不自为也，化而使之为我，则莫可得而用矣。"[4]由"自为"这个化导引出"化"的手段，即"法"，而此法与自私相结合，就较老庄的"无为"下降了许多，所得出的结论，虽然没有商鞅法治的绝对，但其法明显是由自然法下落为实体法。"明君动事分功必由慧，定赏分财必由法，行德制中必由礼。"[5]并把法看作是"公正"的基础和治国的必备措施，"君人者，舍法而以身治，则诛赏予夺，从君心出矣。然则受赏者虽当，望多无穷；受罚者虽当，望轻无已。君舍法，而以心裁轻重，则同功殊赏，同罪殊罚矣。怨之所由生也。"[6]慎到认为，万物

①④⑤　《诸子集成》第5卷，上海书店出版社，1996年，慎到撰，钱熙祚校：《慎子》，第3页。
②　《诸子集成》第5卷，上海书店出版社，1996年，慎到撰，钱熙祚校：《慎子》，第9页。
③　《诸子集成》第5卷，上海书店出版社，1996年，慎到撰，钱熙祚校：《慎子》，第10页。
⑥　《诸子集成》第5卷，上海书店出版社，1996年，慎到撰，钱熙祚校：《慎子》，第6页。

必备于"一",若无其"一",便无标准、权衡,一切皆出于"法",而不能出于"心",其定量的工具性十分明显。"故曰:大君任法而弗躬,则事断于法矣。法之所加,各以其分,蒙其赏罚而无望于君也。是以怨不生而上下和矣。是治之本。"① 因此,慎到以法为标准,又以法为治之本。"为人君者不多听,据法倚数以观得失。无法之言,不听于耳;无法之劳,不图于功;无劳之亲,不任于官。官不私亲,法不遗爱,上下无事,唯法所在。"② 慎到将法看作是做任何事情的惟一标准,并认为,去私的唯一措施就是运用法,"法之功,莫大使私不行;君之功,莫大使民不争。今立法而行私,是私与法争,其乱甚于无法;立君而尊贤,是贤与君争,其乱甚于无君。故有道之国,法立则私议不行,君立则贤者不尊,民一于君,事断于法,是国之大道也。"③ 又曰:"故治国无其法则乱,守法而不变则衰。有法而行私,谓之不法。以力役法者百姓也,以死守法者有司也,以道变法者君长也。"④ 但是,我们仍然可以看到慎到由自然法向实体法下坠的痕迹,如"古之全大体者:望天地,观江海,因山谷,日月所照,四时所行,云布风动,不以智累心,不以私累己,寄治乱于法术,托是非于赏罚,属轻重于权衡,不逆天理,不伤情性,不吹毛而求小疵,不洗垢而察难知,不引绳之外,不推绳之内,不急法之外,不缓法之内,守成理,因自然,祸福生乎道法,而不出乎爱恶,荣辱之责在乎己,而不在乎人。故至安之世,法如朝露,纯朴不欺,心无结怨,口无烦言。故车马不弊于远路,旌旗不乱于大泽,万民不失命于寇戎,豪杰不著名于图书,不录功于盘盂,记年之牒空虚。故曰:利莫长于简,福莫久于安。"⑤ 这里的"不以智累心"、"因自然"之说,就是道家的思想。

可以说,慎到是道家与法家相结合的典型代表之一,慎到一方面讲自然法则,一方面又讲法治。从庄子的《天下篇》中我们看到其道家思想,而从荀子的《非十二子篇》中可以看到其法家的理念。庄子《天下篇》曰:"齐万物以为首,曰:'天能覆之而不能载之,地能载之而不能覆之,大道能包之而不能辩之。'知万物皆有所可,有所不可,故曰:'选则不遍,教则不至,道则无遗者矣。'是故慎到弃知去己,而缘不得已。泠汰于物,以为道理。曰:'知不知,将薄知而后邻伤之者也。'謑髁无任,而笑天下之尚贤也;纵脱无行,而非天下之大圣;椎拍辐断,与物宛转;舍是与非,苟可以免。不师知虑,不知

---

①② 《诸子集成》第 5 卷,上海书店出版社,1996 年,慎到撰,钱熙祚校:《慎子》,第 6 页。
③ 《诸子集成》第 5 卷,上海书店出版社,1996 年,慎到撰,钱熙祚校:《慎子》,第 7 页。
④ 《诸子集成》第 5 卷,上海书店出版社,1996 年,慎到撰,钱熙祚校:《慎子》,第 9 页。
⑤ 《诸子集成》第 5 卷,上海书店出版社,1996 年,慎到撰,钱熙祚校:《慎子》,第 12 页。

前后，魏然而已矣。推而后行，曳而后往，若飘风之还，若羽之旋，若磨石之隧，全而无非，动静无过，未尝有罪。是何故？夫无知之物，无建己之患，无用知之累，动静不离于理，是以终身无誉。故曰：'至于若无知之物而已，无用贤圣。夫块不失道。'豪杰相与笑之曰：'慎到之道，非生人之行，而至死人之理，适得怪焉。'田骈亦然，学于彭蒙，得不教焉。彭蒙之师曰：'古之道人，至于莫之是、莫之非而已矣。其风窢然，恶可而言？'常反人，不见观，而不免于魭断。其所谓道非道，而所言之韪不免于非。彭蒙、田骈、慎到不知道。虽然，概乎皆尝有闻者也。"① 此处道出了慎到作为道家之言的基本思想。在慎到等人看来，天、地、道尚有所不能，况人乎，故曰："'天能覆之而不能载之，地能载之而不能覆之，大道能包之而不能辩之。'知万物皆有所可，有所不可。"同时，又认为大道能包容万物，无所遗漏，故曰："道则无遗者矣。"慎到之所以抛开己见，不是因为他不存在己见，而是其任何知皆有所不能，缘于不得已。其所谓对待事物的方法就是采取放任的态度，才是最大的道理。故应做到去知、去己，独立自行，舍去是非，动静不离，故曰："至于若无知之物而已，无用贤圣，夫块不失道。"即像土块一样，才能不失道。然而，慎到的道家思想在庄子看来，也不过是"不知道"，又"概乎皆尝有闻者也"。慎到之道，其去己、弃智、齐物为首、缘于不得已等，与道家相似；但是，却不能将道家思想融会贯通，不是真正"知道"。而荀子《非十二子篇》曰："尚法而无法，下修而好作，上则取听于上，下则取从于俗，终日言成文典，反紃察之，则偶然无所归宿，不可以经国定分；然而其持之有故，其言之成理，足以欺惑愚众：是慎到田骈也。"② 《天论篇》曰："万物为道一偏，一物为万物一偏。愚者为一物一偏，而自以为知道，无知也。慎子有见于后，无见于先。老子有见于诎，无见于信。墨子有见于齐，无见于畸。宋子有见于少，无见于多。有后而无先，则群众无门；有诎而无信，则贵贱不分；有齐而无畸，则政令不施；有少而无多，则群众不化。书曰：'无有作好，遵王之道；无有作恶，遵王之路。'此之谓也。"③ 在此，荀子指出了慎到作为法家的不彻底性，认为慎到实际上是尚法而无法，原因就在于其人性假设不能推出法的合理性。"自为"作为其理论的根本立足点，既可以化去私、化去俗，也可以反过来化之，只要符合"情"、合于"道"即可。故荀子曰："然而其持之有故，其言之成理，足以欺惑愚众：是慎到田骈也。"同时，慎到不能将事物贯通起来，即所

① 曹础基：《庄子浅注》，中华书局，2007 年，第 393～394 页。
② （清）王先谦撰：《荀子集解》，中华书局，2008 年，第 93 页。
③ （清）王先谦撰：《荀子集解》，中华书局，2008 年，第 319～320 页。

谓"慎子有见于后，无见于先。"这倒不是说慎到无"前后"，而是说其在论证过程中，先后缺乏一贯性，从而导致前后不一致。

为什么庄子与荀子，对待慎到会有如此结论呢？其原因如下："齐物"是中国古代传统文化的一个重要概念，不同学派对此的观点并非一致。儒家的"平天下"①，"以天下为一家，中国为一人"，② 以及在仁上的"人人皆可为尧舜"，实即儒家的齐物。惠施的"天地一体也"，③ 是形名家的齐物。同属道家的齐万物也不尽相同，庄子的齐物是"道通为一"，④ 即"凡物无成与毁，复通为一"。⑤也就是说，庄子之齐物，无成无毁，是以"虚"、"静"、"无为"为奠立的；而慎到之齐一，则强调"自为"、"法"，即失去了老庄的"道通为一"之齐，而是以"法"、"自为"使之齐，故而失去了人的个性自由与平等，而具有了外在的强制作用。也即是老庄之齐一，是万物各得其所之齐一，而慎到之齐一，加入了"法"，从而在某种程度上抹杀了个人的区分。总而言之，老庄强调虚、静、无为而无不为，以此达到一种高远的精神境界；而慎到有所"恃"，虽然慎到也讲"去知"、"去己"，但仍然不彻底，主张通过"法"以去私，以"自为"以化俗，这种"恃"与老庄的虚、静、无为思想是相悖的。有所恃，就不可能完全地"忘我"。或者说，在老庄看来，私与公是一样的，皆是个体本性的表现，无所谓公与私、名与实、生与死，万物齐一，归于道，而法自然。但是，慎到虽然也讲"万物齐为首"，然而在"齐一"前又加上了"自为"而化私，通过"法"而去私。由此可见，慎到只是闻道而"不知道"。在"齐一"问题上，慎到主张干涉主义，而老庄主张虚无主义，认为齐一是自然而然的。至于荀子说慎到"上则取听于上，下则取从于俗"、"其言之成理，足以欺惑愚众"，⑥ 则是看到了慎到"循名以责实，以法齐一"等法家主张不够彻底。法家看事功，注重名利，察实而予名，而慎到的法只是"去私"，由"自我"化而成，说明其"法"不够确切，不够严密，且上下不一，故而事功无法达到。究其原因，在于慎到之法没有舍去"人"，"法虽不善，犹愈于无法，所以一人心也。"⑦ 徐复观认为，"按慎到对人一己之态度，乃一切处于被动，一切随人为转移，此即《荀子非十二子篇》之所谓'上则取德于上，下则取从于俗'：及《强国篇》'慎子有见于后，无见于先'之意。这也好像庄子的

---

① （宋）朱熹撰：《四书章句集注》，中华书局，2007年，第4页。
② （清）孙希旦撰：《礼记集解》，中华书局，2007年，第606页。
③ 曹础基：《庄子浅注》，中华书局，2007年，第399页。
④⑤ 曹础基：《庄子浅注》，中华书局，2007年，第20页。
⑥ （清）王先谦撰：《荀子集解》，中华书局，2008年，第93页。
⑦ 《诸子集成》第5卷，上海书店出版社，1996年，慎到撰，钱熙祚校：《慎子》，第2页。

'虚而待物'（《人间世》）。然庄子的虚而待物，是不存成见以接物，其对物是不将不迎；即内不失己，外不失人之意。这种意思，在《人间世》一篇中说得很清楚：'……正女身也哉。形莫若就，心莫若和……就不欲入'……就不欲入者，是将就他人，但不加入到他人里面去，以至于与他人完全相同。因为若如此，便是同流合污，为庄子所不取。"① 也就是说，庄子之所以不与他人计较得失，一是因为在他看来，不值得计较，因为万物齐一，无得无失，得就是失，失就是得，从高远处说，得失也是一。二是他自己的精神是"与天为徒"，② 没有是非得失可言。三是庄子称相对的自由"有所待"；称绝对的自由为"无所待"。而在慎到，则"与物宛转"，使自我处一一种"块然"之状，而缺少了精神的追求，其"去知"、"去己"与庄子的"忘我"不可同日而语，是没有完全把握道家精神实质的"不知道"。所以说，"老庄是内在的精神中与万物关连在一起；而慎到们则靠外在的法与势与万物关连在一起；这成为了没有个性，没有自由的关连。并且慎到们去掉了人性上半截的精神性的构造，以土块为人性的理想状态；同时即以土块为道的本性，这便使道失掉了作为万物根源的资格，亦即无形中失掉了成为万物最高规范的资格；同时也便否定了道可以作为法的标准的价值，使法的本身不能真正有客观的独立性；所以荀子便批评他'尚法而无法，下修而好作；上则取德于上，下则取从于俗。终日言成文典；反紃察之，则倜然无所归宿，不可以经国定分；然而其持之有故，其言之成理，足以欺惑愚众：是慎到田骈也。'这种批评，大体是正确的。"③

上述可见，慎到介于道家与法家之间，是道家下堕的结果，也是法家逻辑发展的重要一环。可以这样说，慎到是自然人假设向自私人假设的一个过渡。慎到在看待人性方面，即不同于道家的"去己"，而主张"自为"之化；又不同于法家的"自私"，而主张以法化私。但是，慎到的"自为"表现出了对人性、人心的不信任，而是追求一种"块然"的人生目标。庄子以人心作为立足，向上向内而生发出来，便确认了人的智慧，即所谓的"灵台"、"灵府"；而慎到则认为人心不可信任，力求使人心成一"块然"，相对道家而言，慎到扩大了人对心的不信任；而相对法家而言，其又残存着所谓"自为"的理念。

韩非（约前280～前233），是法家的集大成者，其思想是以人性恶作为出

---

① 徐复观：《中国人性论史》（先秦篇），台湾商务印书馆，1994年，第435～436页。

② 曹础基：《庄子浅注》，中华书局，2007年，第43页。

③ 徐复观：《中国人性论史》（先秦篇），台湾商务印书馆，1994年，第437页。

发点，这也是古今中外极权思想共同的出发点。韩非从残酷的现实出发，对人性已经彻底失去了信心，认为凡人皆趋利避害，而人心最不可靠。韩非曰："人主之患在于信人。信人则制于人。人臣之于其君，非有骨肉之亲也，缚于势而不得不事也。故为人臣者，窥觇其君心也，无须臾之休，而人主怠傲处其上，此世所以有劫君弑主也。为人主而大信其子，则奸臣得乘于子以成其私，故李兑传赵王而饿主父。为人主而大信其妻，则奸臣得乘于妻以成其私，故优施传丽姬杀申生而立奚齐。夫以妻之近与子之亲而犹不可信，则其余无可信者矣。"① 由此可见，韩非的人性假设源于其对人的极端的不信任，故其人性的奠立，不是从人的内在心性上寻找，而是将目光投向了外在的事功上。韩非认为，人皆自私自利，贪得无厌，"故舆人成舆，则欲人之富贵；匠人成棺，则欲人之夭死也。非舆人仁而匠人贼也。人不贵则舆不售，人不死则棺不买。情非憎人也，利在人之死也。故后妃、夫人、太子之党成，而欲君之死也。君不死则势不重，情非憎君也，利在君之死也。"② 也就是说，在利益面前，所谓的"仁义道德"荡然无存，即使有所存在，也是名则为仁，实则为利。韩非揭穿了所谓"仁、义、礼、智、信"的虚假面纱。人人皆不相信，人人相互利用，毫无真诚可言，无仁爱之心，如霍布斯的"人对人是狼"。人人有一颗警戒之心，人与人便处在一种不自由、不幸福的交恶战争状态，"祸在所爱"，"祸在所信"；既然人心不可依凭，那么只能求助外在的力量了。

循名责实，以事定则。韩非认为人性假设必从外在事物上找寻，从经验上获取，重参验，权轻重，反对所谓"心性"的虚妄与空洞。韩非认为，欲强国富民，必须运用法制，方可有事功。韩非的法制思想与商鞅相同，虽然主张"德刑"并用，但更加强调刑法的重要性。如韩非曰："国无常强，无常弱。奉法者强则国强，奉法者弱则国弱。"③ "故当今之时，能去私曲就公法者，民安而国治；能去私行行公法者，则兵强而敌弱。故审得失有法度之制者，加以群臣之上，则三不可欺以诈伪；审得失有权衡之称者，以听远事，则主不可欺以天下之轻重。""法，所以凌过游外，私也；严刑，所以遂令惩下也。威不贷错，制不共门。威制共，则众邪彰矣；法不信，则君行危矣；刑不断，则邪不胜矣。故曰：巧匠目意中绳，然必先以规矩为度；上智捷举中事，必以先王之法为比。故绳直而枉木断，准夷而高科削，权衡悬而重益轻，斗石设而多益

---

① 《诸子集成》第 5 卷，上海书店出版社，1996 年，韩非著，王先慎集解：《韩非子集解》，第 83 页。
② 《诸子集成》第 5 卷，上海书店出版社，1996 年，韩非著，王先慎集解：《韩非子集解》，第 83～84 页。
③ 《诸子集成》第 5 卷，上海书店出版社，1996 年，韩非著，王先慎集解：《韩非子集解》，第 21 页。

少。故以法治国，举措而已矣。法不阿贵，绳不挠曲。法之所加，智者弗能辞，勇者弗敢争。刑过不辟大臣，赏善不遗匹夫。故矫上之失，诘下之邪，治乱决缪，绌羡齐非，一民之轨，莫如法。厉官威民，退淫殆，止诈伪，莫如刑。刑重则不敢以贵易贱，法审则上尊而不侵；上尊而不侵，则主强而守要，故先王贵之而传之。"① 从中我们可以看出，韩非的法制，更加强调法的客观性与严肃性，执法的严格性以及依法平等地进行赏罚的重要性，即所谓"峻法遏灭外私"、"以司南以正"。同时，韩非也讲"德"，但其"德"是奠基于"法"上的，而不是如儒家以内在心性的"德"、"善"为基础，来讲"有物有则"。② 如韩非曰："今夫轻爵禄，易去亡，以择其主，臣不谓廉。诈说逆法，倍主强谏，臣不谓忠。行惠施利，收下为名，臣不谓仁。离俗隐居，而以非上，臣不谓义。外使诸侯，内耗其国，伺其危险之陂，以恐其主，曰'交非我不亲，怨非我不解'，而主乃信之，以国听之，卑主之名，以显其身，毁国之厚，以利其家，臣不谓智。"③《主道》亦曰："明君之道，使智者尽其虑，而君因以断事，故君不穷于智；贤者敕其材，君因而任之，故君不穷于能；有功则君有其贤，有过则臣任其罪，故君不穷于名。是故不贤而为贤者师，不智而为智者正。臣有其劳，君有其成功，此之谓贤主之经也。"④ 显而易见，韩非所言，皆以法而说，其所谓"仁、义、礼、智、信"，皆以事功而论，并无丝毫"内在的心性"，全在外在的经验上，在"法、势、术"的层面上论述。不仅如此，韩非认为，空洞的仁义不仅没有事功，而且还是极其有害的。只有法制，才可以有事功。"夫施与贫困者，此世之所谓仁义；哀怜百姓，不忍诛罚者，此世之所谓惠爱也。夫有施与贫困，则无功者得赏；不忍诛罚，则暴乱者不止。国有无功得赏者，则民不外务当敌斩首，内不急力田疾作，皆欲行货财，事富贵，为私善，立名誉，以取尊官厚俸。故奸私之臣愈众，而暴乱之徒愈胜，不亡何时？夫严刑者，民之所畏也；重罚者，民之所恶也。故圣人陈其所畏，以禁其邪，设其所恶，以防其奸，是以国安而暴乱不起。吾以是明仁义爱惠之不足用，而严刑重罚之可以治国也。无棰策之威，衔橛之备，虽造父不能以服马；无规矩之法，绳墨之端，虽王尔不能以成方圆；无威严之势，赏罚之法，虽尧、舜不能以为治。今世主皆轻释重罚严诛，行爱惠，而欲霸王之

---

　　① 《诸子集成》第 5 卷，上海书店出版社，1996 年，韩非著，王先慎集解：《韩非子集解》，第 25～26 页。

　　② （清）焦循撰：《孟子正义》，中华书局，2007 年，第 758 页。

　　③ 《诸子集成》第 5 卷，上海书店出版社，1996 年，韩非著，王先慎集解：《韩非子集解》，第 24 页。

　　④ 《诸子集成》第 5 卷，上海书店出版社，1996 年，韩非著，王先慎集解：《韩非子集解》，第 18～19 页。

功，亦不可几也。故善为主者，明赏设利以劝之，使民以功赏而不以仁义赐；严刑重罚以禁之，使民以罪诛而不以爱惠免。是以无功者不望，而有罪者不幸矣。托於犀车良马之上，则可以陆犯阪阻之患；乘舟之安，持楫之利，则可以水绝江河之难；操法术之数，行重罚严诛，则可以致霸王之功。治国之有法术赏罚，犹若陆行之有犀车良马也，水行之有轻舟便楫也，乘之者遂得其成。伊尹得之汤以王，管仲得之齐以霸，商君得之秦以强。"① 韩非从外在事功上论法，又从法上去论说"德、仁、义、礼"，这在《解老》中讲得最为清楚，认为不得则在有德，上仁则在无为，义者则其宜，上礼为之而莫之应。韩非所言，皆以法作为基础，以事功作为参验，故曰："道有积而德有功；德者道之功。功有实而实有光；仁者德之光。光有泽而泽有事；义者仁之事也。事有礼而礼有文；礼者义之文也。"②

韩非认为，法愈重，刑愈严，危愈少，国愈安。他说道："圣人者，审于是非之实，察于治乱之情也。故其治国也，正明法，陈严刑，将以救群生之乱，去天下之祸，使强不陵弱，众不暴寡，耆老得遂，幼孤得长，边境不侵，君臣相亲，父子相保，而无死亡系虏之患，此亦功之至厚者也。愚人不知，顾以为暴。愚者固欲治，而恶其所以治，皆恶危而喜其所以危者。何以知之？夫严刑重罚者，民之所恶也，而国之所以治也；哀怜百姓，轻刑罚者，民之所喜，而国之所以危也。圣人为法国者，必逆于世，而顺于道德。知之者同于义而异于俗；弗知之者异于义而同于俗。天下知之者少，则义非矣。"③ 也就是说，一般人认为，所谓明主如尧舜，仁爱天下，则天下安而民乐；而在韩非看来，正好相反，施仁政，不仅不会使天下安而民乐，反而使奸邪出，而国危民贫。因而，在韩非看来，唯法是尊，"释法术而任心治，尧不能正一国；去规矩而妄意度，奚仲不能成一轮；废尺寸而差短长，王尔不能半中。"④ 韩非的人性假设，其舍弃内在心性明矣。

韩非从当时的现实出发，认为条件一旦发生了改变，即所谓势发生了变易，故应唯法是从。也就是说，"势"决定了必须实行法治，而不能实行仁治，说穿了就是人性已经远非尧舜之"势"，即使尧舜也无法治三家，故曰："明君之所以立功成名者四：一曰天时，二曰人心，三曰技能，四曰势位。非天时，

① 《诸子集成》第 5 卷，上海书店出版社，1996 年，韩非著，王先慎集解：《韩非子集解》，第 74～75 页。

② 《诸子集成》第 5 卷，上海书店出版社，1996 年，韩非著，王先慎集解：《韩非子集解》，第 97 页。

③ 《诸子集成》第 5 卷，上海书店出版社，1996 年，韩非著，王先慎集解：《韩非子集解》，第 72 页。

④ 《诸子集成》第 5 卷，上海书店出版社，1996 年，韩非著，王先慎集解：《韩非子集解》，第 152 页。

虽十尧不能冬生一穗；逆人心，虽贲、育不能尽人力。故得天时则不务而自生，得人心则不趣而自劝，因技能则不急而自疾，得势位则不进而名成。若水之流，若船之浮。守自然之道，行毋穷之令，故曰明主。夫有材而无势，虽贤不能制不肖。故立尺材于高山之上，下临千仞之谿，材非长也，位高也。桀为天子，能制天下，非贤也，势重也；尧为匹夫，不能正三家，非不肖也，位卑也。千钧得船则浮，锱铢失船则沉。非千钧轻而锱铢重也，有势之与无势也。故短之临高也以位，不肖之制贤也以势。"① 韩非讲"势"，从现实出发，以发展的眼光看问题，重视矛盾的特殊性，特别强调具体问题具体分析，固有可取之处，并由此足见韩非的法制思想充满着辩证思维，其所作《二柄》、《杨权》、《十过》、《说难》、《备内》、《解老》、《喻老》等篇中，均闪耀着辩证法的光芒。韩非的所谓"德"、"刑"并用，其立足点仍然在于"法"，而不在心性上去着眼。如《二柄》曰："明主之所导制其臣者，二柄而已矣。二柄者，刑德也。何谓刑德？曰：杀戮之谓刑，庆赏之谓德。为人臣者畏诛罚而利庆赏，故人主自用其刑德，则群臣畏其威而归其利矣。"② 此处之"德"，是君上赏于下，而没有内在心性的道德含义。所以说，韩非的全部思想建立在感性经验上，建立在外在的所谓严酷的刑法上，表现出对人心的彻底失望，运用"权势术"来进行统治，便从根本上颠覆了人的本性，从而走向了"法西斯"。徐复观认为："人与人的关系，纵使是夫妇父子，亦将以劫弑为事，则人君在政治上的第一件大事，当然为在上下一日百战中争胜，于是田骈慎到们的'块不失道'的'道'，到韩非一变而为人君幽深神秘，使人不可测度的权谋诡谲的深渊。而法的观念，更演变成为以刑罚为主体的压迫工具。"③ 我们说，失去了人性的统治，无论从自然发展的规律上看，还是从人类社会发展的规律上看，其合理性是大打折扣的，其最终的归宿也是显而易见的，秦王朝兴衰的历程就证明了这一点。如果将韩非的思想运用于现代管理中，就如同近现代西方管理思想中所存在的弊端一样，将人幽闭在"牢笼"中，并进一步发展将人加以分割并量化，从而抹杀了人的本质。

---

① 《诸子集成》第 5 卷，上海书店出版社，1996 年，韩非著，王先慎集解：《韩非子集解》，第 154～155 页。

② 《诸子集成》第 5 卷，上海书店出版社，1996 年，韩非著，王先慎集解：《韩非子集解》，第 26 页。

③ 徐复观：《中国人性论史》（先秦篇），台湾商务印书馆，1994 年，第 440 页。

第二节　墨家注重实效"行天之义"的人性假设

墨子（约前 476～前 390），姓墨，名翟。鲁国人，工匠出身，后来做过宋国大夫，是战国初期个体小生产者利益的思想代表。[①] 墨子死后，墨分为三。[②]《韩子·显学篇》云："自墨子之死也，有相里氏之墨，有祖夫氏之墨，有邓陵氏之墨。"[③] 俞樾也说，"墨子死而墨分为三，有相里氏之墨，有相夫氏之墨，有邓陵氏之墨。"[④] 而各派又自称是"真墨"，而斥其他为"别墨"。此类"别墨"，当为"三墨"，而非如梁启超将墨学分为正统派和别派，并认公孙龙等人为墨子的别派。[⑤] 墨家虽能谈善辩，能说书者，能从事者，然其各派由于对墨子各有取舍，当有区分。究其《墨子》一书，既有墨子本人所著，也有"三墨"及其墨徒所撰，若不分清，则易于混淆。然则基本思想仍是统一的，与其他各家在基本点上仍有本质的不同。墨家所代表的是广大平民的利益，所以他们的正义具有最广大的基础，其思想也最能体现平民的意愿。这便是薄葬、非乐、弃周礼而用夏政。但是，墨家只考虑物质生活的一面，而较少体认精神上的要求。因此强调兼爱，故非攻；强本，故节用；非乐，故薄葬。这些既不是来自道德要求，也不是来自经验的教训，而是来自"天志"。"天志"由"鬼"下达，故"明鬼"。因人之行的标准不自贱者出，故从"贵"、"尚同"。墨家虽然发自于对天下人之爱，但是他从这种爱中还没有透出人性的"善"，虽讲"兼爱"，却没有把握到以人民为解决一切问题的中心，从而导致墨学衰绝。

一、"兼爱"与"法天"

墨家出于"清庙之守"，学于儒，所以在人性假设方面最近儒。儒、墨两家皆为显学，孔子、墨子同为圣人。但是，就人性假设方面，仍有不同之处。侯外庐在其《中国古代思想学说史》中对孔墨联系与区别进行了论述，并且对

---

　　① 肖萐父、李锦全：《中国哲学史》，人民出版社，1984 年，第 91 页。

　　② 梁启超认为："'宋、尹二子，殆墨者而兼有得于老氏欤？吾故于《显学》篇三墨之外，别列此一派'. 谓墨子之后，墨家四派。"（郑杰文：《20 世纪墨学研究史》，清华大学出版社，2002 年，第 67 页）

　　③ 谭戒甫撰：《墨辩发微》，中华书局，1987 年，第 23 页。

　　④ （清）孙诒让：《墨子间诂》，中华书局，1986 年，"俞序"。

　　⑤ 蔡尚思：《十家墨论》，上海人民出版社，2004 年，第 19 页。

墨家的人性假设也给予了阐明。侯氏认为，孔、墨两家学说成立都源于对"春秋具文儒术的继承与批判"（具文指：尽而不污，直书其事，具文见意，不做论赞），但墨子比孔子更为激进一些；墨子反对"背诵古训"，反对繁琐的礼仪，主张灵活地运用《诗》、《书》来说理，以达到运用于现实的目的，"是国民资格在相对的古典民主形成时期的意识反映"。侯氏的论述，也进一步表明了孔、墨两家对待具文的态度。孔子主张知识的探索，引经据典；而墨家则更注重效验，对《诗》、《书》往往采用拿来主义。"孔子是循名以责实，墨子则取实以予名，孔子以古形式不能空有，必须求实以正名，墨子则以形式不为古拘，必须取今实而是名"；与孔子不同，墨子认为知识有一个"客观价值问题"，故以"三表"为衡量标准。价值客观决定了墨子学派在人性假设问题上更注重现实的人，而不是理想的人。也如侯氏所认为的那样，与道家不同，孔墨显学都有崇高的社会理想，都有对社会现实的优良传统。但在行动上孔墨却不尽相同：孔子多以规劝、抱憾看待这个没落的社会，试图用"仁义礼智信"挽留住这个日暮途穷的奴隶统治，主张人性"善"，"克己复礼"，"替天行道"；而在墨家看来，这个奴隶社会的贵族本身已经无可救药，必须采取革新的方式将其变革，才能革除旧弊；倡导平民为主体的社会理想；宣扬兼爱交利非攻的社会政治理想；主张非命尊天事鬼的天道观念，并强调强力精神，吃苦精神。[①]

儒家的人性假设在于人性"善"，其根源于"仁爱"，而"仁爱"又在于"亲亲为仁"。虽然儒家也讲"忠恕"、"中庸"，即讲"推己以人"，"至仁无亲"，但儒家的起源则在于"亲亲为仁"。所以说，儒家这种"家"文化的人性假设仍然存在着问题。故儒家的"义"根源于"仁"，表现于"礼"。虽然也承认"价值客观"，但往往被"义"、"礼"所遮蔽，不能贯彻执行，付诸实践。而墨家的人性假设立足于现实的人上，而这个人是由"义"决定的，而"义"又是由"利"作为标尺规定的，"义不义"专看"利不利"，究竟"利不利"取决于人性的"知"，根源于人性的"兼爱"，即远远在于儒家的"亲亲"之爱；既爱自己，又爱别人；甚至损己利人，乃是兼爱的本意。人人都爱人胜于爱己，利人胜于利己，岂不是一个相当不错的社会吗！

墨家眼中的人，虽然是平等的人，但这种平等绝非是儒家在"仁义"上的平等，即如儒学所谓的"人人皆可为尧舜"的平等，而是一种现实的平等。首先，墨家看到了人性的弱点，"非无安居也，我无安心也；非无足财也，我无

---

①　郑杰文：《20世纪墨学研究史》，清华大学出版社，2002 年，第 155 页。

足心也。"① 认为人的本性在于"无安心"、"无足心"也。这是立足于现实的正确分析，少了一些对人性的理想化，可谓比儒家、道家更能把握人性的本质。其次，墨家的人性仍然不缺少"善良"的一面，在《所染》篇中，墨家看到环境对人的影响，因此教育人要独善其身，结交一些善良的朋友，而避免沾染上不良的习气。但在儒家看来，人性本善，主张"性相近，习相远"，由于外界引诱，要人们"求放心"；而在墨家看来，一旦染上恶习，便很难改变，故曰："不可不慎也！"② 不过，墨家将染看得过重，然而"染"与"不染"，其关键在于内因，而不在于外因。因此，墨家的"所染"有导致外因论的倾向。再次，墨家总体上认为，"仁"人在社会上并不多见。如《法仪》篇认为，"天下之为父母者众，而仁者寡"，"天下之为学者众，而仁者寡"，"天下为君者众，而仁者寡"。③ 所以，在墨家看来，所谓父母、学、君都不可法，法之则不仁也，法不仁，不可为法。故提出了"法天"的主张。最后，墨家的人性假设，突出表现为"义"。"义"是人性的根本，由"义"出发而"为"，成为墨家人性的根本。墨家务实、践行，故而重"义"。而"义"的背后则是"利"，"义不义"也即"利不利"；而"利不利"在于"取"，"取"又在于"取"的根据。这一根本从大的方面看，就是"法天"；从小的方面看，就是"兼爱相利"。在《尚贤》中，对待贤士，墨家主张"必将富之，贵之，敬之，誉之"，然对于"富、贵、敬、誉"，全在于"义"，所以说："不义不富，不义不贵，不义不亲，不义不近"。④ 正是因为人性之"义"，才会使"我不可不为义"也。"是故古者圣王之为政也，言曰：'不义不富，不义不贵，不义不亲，不义不近。'是以国之富贵人闻之，皆退而谋曰：'始我所恃者，富贵也，今上举义不辟贫贱，然则我不可不为义。'亲者闻之，亦退而谋曰：'始我所恃者亲也，今上举义不辟疏，然则我不可不为义。'近者闻之，亦退而谋曰：'始我所恃者近也，今上举义不避远，然则我不可不为义。'远者闻之，亦退而谋曰：'始我以远为无恃，今上举义不避远，然则我不可不为义。'逮至远鄙郊外之臣，门庭庶子，国中之众、四鄙之萌人闻之，皆竞为义。"⑤ 由此观之，上之"义"，则下之亦"义"，国中皆行"义"，则国不治者未有也。故此，"义"成为墨家人性的根本。而"义"在于"为"也，这与儒家的"礼"有着重大的区分。儒家认为，"非礼莫视，非礼莫行，非礼莫听，非礼莫动"，"无礼义，则

---

① （清）孙诒让：《墨子间诂》，中华书局，1986年，第2页。
② （清）孙诒让：《墨子间诂》，中华书局，1986年，第11页。
③ （清）孙诒让：《墨子间诂》，中华书局，1986年，第19页。
④ （清）孙诒让：《墨子间诂》，中华书局，1986年，第40页。
⑤ （清）孙诒让：《墨子间诂》，中华书局，1986年，第40～41页。

上下乱。"①

二、"义"与"利"

墨家的人性存在着一个"义",但在"义"上还有一个更高的东西,即"天志"。墨家以"天志"统揽其人性假设,"天志"为墨家最高的价值规范、最高法则,主张义行天志。而义行具体则为兼相爱、交相利,为义之所出。天欲世人义而恶不义。墨家在天之下、人之上又加了一个层次,谓"鬼神",鬼神对义不义起到赏罚作用。义行具体在政治国家方面,就是要统一众人之义,墨家谓之"尚同","尚同"有平等的要求,但"尚同"是层层"尚同",以"尚同"构建政治结构。政治治理需要用人,墨家谓之"尚贤",其意有二:其一是教育王公大人成为贤者;其二是劝说王公大人任贤使能。"兼爱"在于天意所为,以"兼爱"排除私爱,从而消除以自爱而致贼乱。"兼爱"、"交利",故"非攻"。从"兼爱"、"交利"、"非攻"而言,主张"节用"、"节葬"、"非命"、"非乐",认为奢侈、厚葬、天命、礼乐不利于生产,浪费资财,牵扯精力,对治理国家、劳动生产均无利可言,也无义可证。

墨家以"天"统其整个学说,以"义"作为标尺,以"尚同"、"尚贤"为最高道德价值,以敬鬼神、兼相爱、交相利、"非攻"、"节用"、"节葬"、"非命"为行动准则,构成了其理论系统。"就墨家的理论构造而言,'天志'表示垂直的纵贯,'兼爱'表示横面的联系"。②"天志"沟通了天人关系,是整个人间依以为法的惟一标准,落实到人间社会,便是行义。

墨家的人性假设问题的主要内容,总括起来就是从外着眼。"天志"虽高、虽明,但在人性之外,况墨家并无将其内化为人性的诉求,加之墨家务求实际、务求实效的求实精神,以及客观的价值要求,导致了墨家"外求"的基本特性。这种"外求"从根本上说,"天之义"便是"心性之义",只要人们的言行符合"天志",便是符合"心性"。然而,天在外,心在内,二者如何相通便成了问题。墨家强调"天",强调外加的东西,而不注重内心的自我修养,终归使"天"与"心"隔离,造成了"天"与"心"之间的矛盾。正如道家所言,墨家俭约之道,躬身亲行,为之太过,悖乎人情。荀子则谓墨家僈差等,泯灭了人的个性差异,"天之义"统一人心,以尚同统一政令,从爱利天下人出发而桎梏天下人。以此看来,墨家的绝灭与其人性假设不无关系。

我们说,天之义是要有人之义来完成的,因此,人性假设必然涉及人的心

---

① 《四书章句集注》,第 366 页。

② 郑杰文:《20 世纪墨学研究史》,清华大学出版社,2002 年,第 333 页。

性问题。如果将人的心性抛开不管，完全由天之义来规定，这便在现实中很难实行，因为任何现实的活动都必须是人们根据某种意志愿望进行的，都是存在某种动机的，只讲外在的天义，而舍去内在的动机，行动便不可进行。所以说，墨家在人性假设上没有建立心的主体，没有从人性根本上去探讨内在动机，没有从人的最根本之处着手，一味追求外在的天义，有追末去源之嫌。墨家与儒家的不同之处也正在这里，儒家从人性本身着眼，主张人性善；而墨家则从外处强化，迫使人们要符合天义，不能讲心性的改革，只着眼于现实的利益，丢掉了道德价值的利益，与其强调"天之义"的客观道德价值相互矛盾。由此看来，墨家的人性假设实际上是存有心性缺憾的人性假设。"墨家对生命和心性缺乏深切体认，故其学说未建立在心性的内在基础上而建立在外在基础上。"①

墨家将人性建立在"天之义"上，使人性服从"天志"，以此构建自己的理论体系，其弊端有二：一是在"天之义"的统摄下，过于使人们俭约、尚功、劳苦；二是使人们无差等之异。这样就把"天之义"这种普遍性的东西，无一区别地贯彻到多种多样的、不同的具体事物中，在实行推广过程中，必然导致教条主义。在其理想即"尚同"政治付诸实践时，所凭借的不是人性内心的自觉，只能通过一种外在的强力或一种感性的趋利避害，这便与重要的"兼爱"原则产生了矛盾，出现了自我否定。总之，墨家的"天之义"具有价值客观性，但是，墨家的利天下与利人之间的矛盾，决定了利害关系是以具体个人需要为前提的，而这种需要对于不同的主体具有不同的特殊性，即不同的主体需要各有其主观性，这就从根本上颠覆了所谓"天之义"的价值客观性。墨家以利或者说是需求来达到一种无等差的"尚同"社会理想，以"天之义"加以强制，以"敬鬼神"加以奖罚，从另一方面来看，也就扼杀了人的自由和"人心之善"，以"利不利"来衡量"义不义"，虽然是以名取实，但是这种过分强调感性的东西，在剥夺了人们自由和内在向善的条件下，是很难达到的。而无差等则消牟了人们本来所具有的特殊性，通过个人的勤劳吃苦，也不可能达到完全的平等。所以说，墨家学说存在着自身无法克服的内在矛盾。

就墨家的人格，墨家崇尚集体原则，为义精神。这种集体、为义本无可厚非，但是，自苦而急于为义的精神、超越世俗所能见、能知的为义精神，超越世俗毁誉的为义精神，超越生死的为义精神，为求功善多而利天下的为义精神，等等，是常人难以达到的。这种利天下而无差等、不顾个体特殊性的"天之义"，虽然理想高尚远大，但缺乏合理性。墨家学说的人性假设，从反面证明了儒家从人性内在本质上探求其理论建立的合理性。

---

① 郑杰文：《20世纪墨学研究史》，清华大学出版社，2002年，第340页。

墨家的人性假设有一个至善心性，只不过这个至善心性要服从"天之义"，虽然墨家讲"非命"，但"非命"并不是不要"天志"，恰恰相反，"非命"正好反映了"天之义"。命与非命看的不是"命"本身，而是是否有利与不利，而"利与不利"又以"义与不义"为依据。这样，墨家就把确立的至善心性放在了较低的位置上，甚至混淆了"至善心性"与"天之义"的关系，刻意要求以天之义推行到现实世界中，而对生命与心性缺乏深切的认识，故其人性假设学说未建立在心性的内在基础上而是建立在"天之义"这个外在基础上。

这种外在的人性假设基础上的管理，必然是包含有众多矛盾的管理理念。但是，我们并不能因为墨家的管理所奠基的人性假设的外在性，就全部否定了其管理思想或理念。我们说，墨家的管理思想和理念在某些方面，仍具有十分重要的启迪意义，甚至有的对现代管理理论具有重要的补充作用。

墨家的人性假设是针对世弊提出的，对管理的创新具有重要的借鉴意义。战国时期，各国相互征伐，民不聊生，生灵涂炭，民用匮乏，人心不古，君不信臣，臣不事君，邪说突起，异端盛行。面对这样的形势，墨家代表工商士阶层，从现实出发，以"天之义"为准绳，主张"兼爱"、"交利"、"非攻"，实施"节用"、"节葬"、"非乐"，扩大生产，提出了自己的管理主张。

第一，"天之义"与"实之行"。墨家强调"天之义"，一切都应以"义"为准绳，以"天之义"规范"实之行"。因此，在管理方面有一个最高的原则，以此来统摄和设置人们的行动。墨家政治上的"尚同"、"尚贤"、"非攻"，经济上的"交利"、"节用"、"节葬"，伦理上的"兼爱"以及"明鬼"、"非乐"、"非命"等主张，充分体现了"天之义"。将"天之义"落实下来，就是人们实际的行动。可见墨家的理论属于一种符合"天之义"的目的论，为着"利天下"这个目的，来达到一种平等无别的实践，其立意不可谓不高远，然而在现实中却很难做到。

第二，"尚同"与"尚贤"。墨家要求管理应求得统一的意志，故而主张"尚同"。"尚同"是"尚贤"的理论基础，"尚贤"是"尚同"的具体表现。墨家的尚同思想要求设立统一的是非标准，追求实现大同的社会。在"尚同"的前提下，实现管理实践上的"尚贤"，"贤者为官长，不肖者为徒役"，反对世袭的贵族制度，主张任贤使能，不以出身、贫富等为限制，凡贤均使，凡能均用。

第三，"非命"与"自为"精神。墨家反对宿命论，主张"非命"，教人奋发自为，自强不息。这种"非命"思想运用到现代管理科学中，就是不安于命运，催人奋进，不断进取，积极向上。具体到一个企业而言，如果人人积极向上，不断完善自我，那么整个企业的管理水平就会不断提高。

第四，科学精神与宗教意识。墨家崇尚科学，是中国古代的经验主义，提出了许多科学见解，有的科学成就超过了整个古希腊。但是，墨家又有"明鬼"的主张，这固然与我国古代的传统文化有关，其主要的因素还是在于作为"清庙之守"的墨家思想，对神鬼有着不解之源。除了"尚天"外，还必须有一个"天"所触及不到的方面，而这一部分则由"神鬼"统治着，以"神鬼"明刑罚，使人们的行为符合"天之义"。科学精神与宗教意识，由于"天之义"利于国家、利于社会、利于人民，"兼相爱"、"交相利"，这种"爱"和"利"便使得本来不相容的科学精神与宗教意识，在墨家的思想中达到了统一。

第三节　兵家的奇谋制胜与道德人的虚假

兵家思想在人性假设方面深受儒家、道家、法家和墨家思想的影响，但同时又异于这些思想。认为人性既是一个道德人，又是一个自私人，即人性是一个复杂人。兵家将制胜当作第一要务，同时又强调不战而屈人之兵；即主张非攻，又强调取胜，等等。可以说，兵家作为顺应纷乱不定的时代，为满足各诸侯国之间的争伐而产生的，而在其本质上又不脱离中国传统文化的主渠道，故兵家不仅与传统文化具有密切的联系，同时与儒家、道家、法家、墨家也有着密切的关联，所以兵家兼有儒家、道家、法家思想，而墨家《墨子》一书本身就讲到了《非攻》、《公输》、《备城门》、《备高临》、《备梯》、《备水》、《备突》、《备穴》、《备蛾傅》、《迎敌祠》、《旗帜》、《号令》等战略战术问题。《孙子兵法序》曰："黄帝、李法、周公、司马法已佚，太公《六韬》原本今不传，兵家言惟孙子十三篇最古。古人学有所授，孙子之学或即出于黄。"[1] 可见，兵家仍源于中国文化传统。先秦兵家思想主要体现在《孙子兵法》、《吴子》、《司马法》、《六韬》、《尉缭子》等兵书中，其作者孙武、吴起、司马穰苴、姜太公和尉缭都是先秦兵家杰出的代表。

一、重"智"轻"性"

兵家心性重"智"而轻"性"。兵家从国家安定强盛出发，认为国家之事在于祀与戎，"祀"即礼乐，而"戎"就是兵。"孙子曰：'兵者国之大事'。"[2]兵家在论及心性时，其着重点放在了心之"智"、心之"术"、心之"谋"上，而不是如儒家那样，讲心之内在"善"。故《孙子兵家》第一章便为《计篇》。

---

① ②　《者子集成》第 6 卷，上海书店出版社，1996 年，孙武著，曹操等注：《孙子十家注》，第 1 页。

计者，出于智而从于心，若儒家言心，其心莫不正，莫不直，莫不善，其计若何？若为取胜用兵，其计又当如何？故兵家之计，若只讲内在心性，如孔孟，则计焉能成也。所以说，兵家言计，全在于兵之行也，即所谓在内设计好选将量敌度地料卒远近险易等事宜，恐人轻行，而后可胜矣。兵家也讲恩信使民，如在"五事七计"中，兵家便从经验出发，讲察实之道，而绝不从内在心性上入手。"孙子曰：'兵者，国之大事，死生之地，存亡之道，不可不察也。故经之以五事，校之以计，而索其情：一曰道，二曰天，三曰地，四曰将，五曰法。道者，令民于上同意，可与之死，可与之生，而不危也；天者，阴阳、寒暑、时制也；地者，远近、险易、广狭、死生也；将者，智、信、仁、勇、严也；法者，曲制、官道、主用也。凡此五者，将莫不闻，知之者胜，不知之者不胜。故校之以计，而索其情，曰：主孰有道？将孰有能？天地孰得？法令孰行？兵众孰强？士卒孰练？赏罚孰明？吾以此知胜负矣。将听吾计，用之必胜，留之；将不听吾计，用之必败，去之'。"① 也就是说，孙子之道，在于用，当兵家有其取胜目的时，便把"道"看作工具了。至于孙子所谓的"令民与上同也"，是指上下一同，也即是"齐一"，而这个"齐一"仍然与法家一样，是从外在性上寻找，使其与上同意。如孟氏所言："一人不疑，谓始终无二志也。一作人不危，道谓道之以政令，齐之以礼教，故能化服民志，与上下同一也。故用兵之妙，以权术为道，大道废而有法，法废而有权，权废而有势，势废而有术，术废而有数。大道沦替，人情讹伪，非以权数而取之，则不得其欲也。"② 由此看出，兵家言道，其立意过狭，与道家之道相差太远，而与儒家之道也有较大距离，将道与权势术数并而谈之，可见道只不过是兵家取胜的一个工具罢了。兵家也讲"将者，智信仁勇严也"，而所谓"智信仁勇严"五德，也与"先王"之道有着重大的差别，杜牧曰："先王之道，以仁为首；兵家者流，用智为先。盖智者，能机权识变通也；信者，使人不惑于刑赏也；仁者，爱人悯物知勤劳也；勇者，决胜乘势不逡巡也；严者，以威刑肃三军也。"③ 很显然，兵家所谓的"智信仁勇严"，其内涵与儒家、道家有着巨大的差异。兵家的"智信仁勇严"，具有很强的实用主义色彩，往往定其量，而缺少心性的感悟，其落脚点在于胜负。当然，作为中国传统文化的一个分支，兵家也存在着"得人心"的理念，如"曰，主孰有道"，梅尧臣曰："谁能得人心

① 《诸子集成》第 6 卷，上海书店出版社，1996 年，孙武著，曹操等注：《孙子十家注》，第 1～11 页。

② 《诸子集成》第 6 卷，上海书店出版社，1996 年，孙武著，曹操等注：《孙子十家注》，第 3 页。

③ 《诸子集成》第 6 卷，上海书店出版社，1996 年，孙武著，曹操等注：《孙子十家注》，第 7 页。

也。"① 王皙曰："若韩信言，项王匹夫之勇，妇人之仁，名虽为霸，实失天下心。谓汉王入武关秋毫无所害，除秦苛法，秦民亡不欲大王王秦者，是也。"② 然而，就从本质上说，兵家所谓的"道"也好，"智信仁勇严"也好，皆是从实用主义上言说的，是从取胜上奠立的，而没有从内在心性上说开去，存在着严重的自我矛盾。一方面，讲"道"，讲"智信仁勇严"；另一方面，又带有功利性，而不真正地依"道"而行，仁爱利人，而是运用一些"权势术数"，具有很大的欺骗性。

兵家在义利问题上，虽与儒家不同，却与墨家一样，利字当先。儒家讲义而不言利；兵家却把利放在极其重要的位置，然而又不同于墨家的"兼爱"、"利人"，兵家只讲利己。敌我双方，当然只谈利我而不讲利人，甚至说，利我就不可能利人，若利人就不可能利我。利与不利，不在于"义与不义"，而在于"敌我"之间，敌我之间，存在着利害关系，敌利，我便不利；我利，敌便不利。敌我本身存在利害关系，是矛盾的双方，因此，利害是军事的根本，故曰："计利以听，乃之势以佐其外。"③ 也就是说，所有智计，全在"利害"，为利可以不择手段，故除计以外，要有势以佐之，"势者，因利而制权也。"④ 兵家之势，全在于制权，即必讲诡道，即所谓"兵者诡道也。"⑤ 以诡诈为道，张预曰："用兵虽本于仁义，然其取胜必在诡诈，故曳柴扬尘，乐枝之谲也；万弩齐发，孙膑之奇也；千里俱奔，田单之权也；囊沙壅水，淮阴之诈也。此皆用诡道而制胜也。"⑥ 兵家讲究兵不厌诈，以诡道而行，运用一些诸如反间欺诳之术，"故能而示之不能，用而示之不用，近而示之远，远而示之近。利而诱之，乱而取之，实而备之，强而避之，怒而挠之，卑而骄之，佚而劳之，亲而离之，攻其无备，出其不意。"⑦ 以此达到制胜的目的，全然没有儒家所讲的"正心"、"直心"、"道心"、"德心"、"诚心"。从此点上说，兵家可谓典型的极端利己主义者。

二、事功与取胜

兵家与法家一样，强调事功，一切以取胜为标准，而这种取胜又依赖于智、术、权、谋。故兵家也从经验上入手，以用兵而有事功；而法家则是用法而有事功，所以说，兵家与法家最切近。法家言权、势、术，兵家也言之。孙

---

① ② 《诸子集成》第 6 卷，上海书店出版社，1996 年，孙武著，曹操等注：《孙子十家注》，第 9 页。

③ ④ 《诸子集成》第 6 卷，上海书店出版社，1996 年，孙武著，曹操等注：《孙子十家注》，第 12 页。

⑤ ⑥ 《诸子集成》第 6 卷，上海书店出版社，1996 年，孙武著，曹操等注：《孙子十家注》，第 13 页。

⑦ 《诸子集成》第 6 卷，上海书店出版社，1996 年，孙武著，曹操等注：《孙子十家注》，第 13～19 页。

子曰:"若与野战,则必因势依险设伏,无险则隐于天气,阴晦昏雾,出其不意,袭其懈怠,可以有功。"① 又"争地之法,让之者得,争之者失。敌得其处,慎勿攻之,引而佯走,建旗鸣鼓,趣其所爱,曳柴扬尘,惑其耳目,分吾良卒,密有所伏,敌必出救,人欲我与,人弃吾取,此争先之道。若我先至而敌用此术,则选吾锐卒,固守其所,轻兵追之,分伏险阻,敌人还门,伏兵旁起,此全胜之道也。"② 由此可见,兵家讲势、术,较法家更为接近现实,更具有可操作性。另外,法家主张明以示人,让人知法,方可推行,而在兵家,则讲究"隐"、"伏"、"密",而不可明示。也就是说,法家贵明,而兵家尚诡。孙子曰,"军人入境,敌人固垒不战,士卒思归,欲退且难,谓之轻地。当选骁骑伏要路,我退敌追,来则击之也。"③ 兵家注重设伏而不可明示,尚诡谲而多变。

　　兵家也讲仁、义、礼、智、信,讲自由、平等,但兵家以战为假想条件,因此,在其所谓仁、义、礼、智、信以及自由、平等方面,必有一个假想的敌人,追求一个取胜的目标在里面,其心中有着这些前提和奠基,因此,其自由、平等,不如道家宏远;其仁、义、礼、智、信,不如儒家真诚。兵家对人有着敌我的严格区分,也有着胜败的事攻,因此,对待所谓的其仁、义、礼、智、信以及自由、平等,只不过将其视作手段与工具而已,而不是目的。"孙子曰:'将者智也,仁也,敬也,信也,勇也,严也。是故智以折敌,仁以附众,敬以招贤,信以必赏,勇以益气,严以一令,故折敌则能合变,众附则思力战,贤智集则阴谋利,赏罚必则士尽力,气勇益则兵威令自倍,威令一则惟将所使。'"④ 所以说,兵家所说的仁、义、礼、智、信,丝毫没有脱离取胜这个目的。兵家讲战、讲胜,并不是我们所认为的一定是杀人满城,尸横遍野,而是追求一种更高的,兵家所谓的"善"战、"善"胜。当然,兵家所谓的"善"与儒家有着重大的差别。关于兵家的"善",在后面加以论述。兵家强调取胜,同时,兵家对待所谓胜败具有着十分宽容的态度,认为"胜败乃兵家常事",由此可看到兵家的思想中,不乏"人性"的火光。"其败者,非天之所

---

　　① 《诸子集成》第 6 卷,上海书店出版社,1996 年,孙武著,曹操等注:《孙子十家注》,《孙子叙录一卷》,第 4 页。

　　② 《诸子集成》第 6 卷,上海书店出版社,1996 年,孙武著,曹操等注:《孙子十家注》,《孙子叙录一卷》,第 4~5 页。

　　③ 《诸子集成》第 6 卷,上海书店出版社,1996 年,孙武著,曹操等注:《孙子十家注》,《孙子叙录一卷》,第 6 页。

　　④ 《诸子集成》第 6 卷,上海书店出版社,1996 年,孙武著,曹操等注:《孙子十家注》,《孙子叙录一卷》,第 7 页。

灾，将之所过也。"①

兵家人性假设可谓极端自私之人，然而，兵家只是以敌我论之，并不以"用兵"为上，反而认为"兵者凶器也"，也不赞成穷兵黩武。孙子曰："久暴师则国用不足。"② 也就是说，用兵太久，则国用不足，后患无穷，看到了用兵的弊端，"夫兵久而国利者，未之有也。"③ "何氏曰：'速虽拙，不费财力也；久虽巧，恐生后患也。'"④ 预见到了用兵获取利益的局限性。从本质上讲，兵家用兵，实属不得已而为之。孙子曰："善用兵者，役不再籍，粮不三载……国之贫于师者远输，远输则百姓贫；近师者贵卖，贵卖则百姓财竭，财竭则急于丘役……故兵贵胜，不贵久。"⑤ 孙子认为，用兵必远征，而远征必有辎重，而在古代交通不发达进行运输粮草，若千里运输，二十至一也，"李筌曰：'远师转一锺之粟，费二十锺方可达军'。"⑥ 此等耗费，故"国之贫于师者远输，远输则百姓贫"，而师徒所聚，物皆暴贵，人贪利无止，竭财以求利，虽获利诸多，终当力疲货竭，故"贵卖则百姓财竭"，自然国家虚空而民贫困，犹如当下城乡接合处，百姓获一时之利，而竞相变卖土地，终至民贫一样。所以说，兵家虽然主张取胜，但更强调"有利"，主张速胜。因此，兵家之权术数，皆以利为上，而归于胜。基于利与胜，兵家提出了一系列的速胜方案，如"杀敌者怒也"、"取敌之利者货也"等。一是激怒士兵，使之万众一心，奋勇杀敌，以获速胜，杜牧曰："万人非能同心皆怒，在我激之，以势使然也。"⑦ 二是以货重赏，促使士兵冒死而往，也在速胜也，杜佑曰："人知胜敌有厚赏之利，则冒白刃，当矢石，而乐以进战者，皆货财酬勋赏劳之诱也。"⑧ 此外，兵家并不把战争当作唯一取胜的方法，而是讲究所谓"善之善者"。何谓"善之善者"，即是不贵杀、不以杀戮为兵者之"善之善者"，而是强调使其屈服。所以，古人用兵仍然以"爱人"为上，体现了一种善的"人性"。孙子曰："夫用兵之法，全国为上，破国次之；全军为上，破军次之；全旅为上，破旅次之；全卒为上，破卒次之；全伍为上，破伍次之。是故百战百

① 《诸子集成》第6卷，上海书店出版社，1996年，孙武著，曹操等注：《孙子十家注》，《孙子叙录一卷》，第12页。

② 《诸子集成》第6卷，上海书店出版社，1996年，孙武著，曹操等注：《孙子十家注》，第24页。

③④ 《诸子集成》第6卷，上海书店出版社，1996年，孙武著，曹操等注：《孙子十家注》，第25页。

⑤ 《诸子集成》第6卷，上海书店出版社，1996年，孙武著，曹操等注：《孙子十家注》，第26~33页。

⑥ 《诸子集成》第6卷，上海书店出版社，1996年，孙武著，曹操等注：《孙子十家注》，第29页。

⑦ 《诸子集成》第6卷，上海书店出版社，1996年，孙武著，曹操等注：《孙子十家注》，第30页。

⑧ 《诸子集成》第6卷，上海书店出版社，1996年，孙武著，曹操等注：《孙子十家注》，第31页。

胜，非善之善也；不战而屈人之兵，善之善者也。故上兵伐谋，其次伐交，其次伐兵，其下攻城。攻城之法，为不得已。"① 兵家虽不贵杀，但仍以兵为胁迫强制，使其屈服，在屈服方面，又以举国来服为上，以兵击破次之，若击破敌军。也就是说，虽然具有了某种"不贵杀"的"人性"，但凭借强大军事优势，使其屈服，却是以外在的不得已的屈服，而非心服口服，不及道家、儒家的心服口服。在兵家看来，战必杀人，所以说"百战百胜，非善之善也；不战而屈人之兵，善之善者也"。兵家表面上的所谓"爱人"、"人性"，实际上则使人"屈服"，故此"爱"实为"用"也。所谓"征服"，虽出于"不忍人之心"，绝不是出于"爱人"，而是出于"自己"的保全，以"利"为衡量标准。不仅如此，兵家认为，儒家所讲的"仁爱"，完全是无原则的"仁爱"，只有取胜使其服从谓之"爱"，不杀谓之"善"，而不是从内在心性上说"爱"、"善"；也不是如孟子所讲的"善心"，以求其放心，而是求其"事功"，取其"胜"也。综上所述，兵家的人性假设，绝不单纯是一极端利己主义的人性假设。兵家为达到制胜的目的，在方法手段上论述得较为全面，实际上是把人看作复杂人，极尽权谋术数之能事，以最终获得事功。如孙子讲到，在攻取敌方的战略上，强调了伐谋为上、伐交次之、伐兵又次之，而攻城实不得已；同时又特别注重武器装备、粮草等物质基础的重要性；对用兵之法也进行了总结，如提出了"十则围之，五则攻之，倍则分之，敌则能战，少则能逃之，不若则能避之"② 的作战方法；还强调了治军与治政的区别，"曹公曰：'军容不入国，国容不入军；礼不可以治兵也'。杜佑曰：'……夫治国尚礼义，兵贵于权诈，形势各异，教化不同。'"在此，我们也可以看到，兵家所谓的"仁义礼智信"具有一定的特殊性，其内涵与治国不同。这也给我们一个启示，我们讲管理科学，万不可将先秦的治国、治军、治法等，与当前的企业管理硬拼在一起，而应着重贯彻其管理思想与管理理念。若将治国的"仁义礼智信"，放在治军之上，轻者无事功，重者会招来杀身之祸。张预曰："仁义可以治国，而不可以治军；权变可以治军，而不可以治国；理然也。虢公不修慈爱，而为晋所灭；晋侯不守四德，而为秦所克；是不以仁义治国也。齐侯不射君子，而败于晋；宋公不擒二毛，而刃于楚；是不以权变治军也。故当仁义而用权谲，则国必危；晋虢是也；当权诈而尚礼义，则兵必败；齐宋是也。然则治国之道，固不

---

① 《诸子集成》第 6 卷，上海书店出版社，1996 年，孙武著，曹操等注：《孙子十家注》，第 34～38 页。

② 《诸子集成》第 6 卷，上海书店出版社，1996 年，孙武著，曹操等注：《孙子十家注》，第 42～45 页。

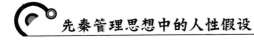

可以治军也。"① 其言具有重大的意义，由此也可以看出，兵家的人性假设具有一定的特殊性，并不是"善"、"恶"那么简单。就兵家所讲兵法皆用权诈、变数、阴谋、骗诳而言，皆出于对人性的复杂性所考量；而《孙子兵法》中所谓的"形篇"、"执（势）篇"、"虚实"、"地形"等篇，皆从诡道，出奇正，探虚实，设埋伏，置死地，如此种种，从人性的自私、贪利、仁爱、求生、怨恨、思乡、饥寒、懈怠等出发，设计划谋，变权用度，可见，其人性假设，是把人看作复杂人的人性假设。

① 《诸子集成》第 6 卷，上海书店出版社，1996 年，孙武著，曹操等注：《孙子十家注》，第 48 页。

结语：道德人的人性假设与管理科学的创新

　　管理是人类社会存在的一种普遍现象，而管理从一开始产生便具有自己的奠基，即管理科学的人性假设。现代管理科学的人性假设，无论是经济人假设，还是社会人、自我实现人、复杂人、自由发展人假设，都不能很好地解决目前在管理科学中出现的人的本质分裂这一实际情况。其根本原因就在于它只是从人性以外去寻找人性的本质，而没有深入到人性的内部去把握，即没有看到道德人的人性假设。因此，只有将道德人作为管理科学的人性假设，管理科学才会真正走出困境，管理将不再成为一种工具式的管理，而管理过程也不再是一种痛苦的经历，或者是一种寻找精神安慰、发泄不满与仇恨、炫耀权力的方式。

　　西方思想突出地表现了"向外"的探求与扩张，从而在返回到"内心"时，则呈现出张扬理性的特点。中国传统思想则是由外"向内"、由下"向上"的过程，即先由客观的"天道"下落到人的"内心"，再由人的"内心"不断"向上"提升，以达"天道"；西方思想则不断"下求"，广置财币，以获取更多的满足。因此中国传统思想注重于"内"，关注于"心"；而西方思想则注重于"外"，关注于"身"。一个"人性善"，一个"人性恶"；一个"道德自我"，一个"理性至上"；一个"高度抽象的人性论"，一个"经验感知的实证主义"；一个"向内无限纯一的道德诉求"，一个是"向外无限扩张的感性满足"；一个是"成为替天行道的仁人君子"，一个则是"征服宇宙的理性澄明"；一个"努力向上直达于道"，一个则"反复论证以明于事理"。所以说，中国传统文明与西方文明存有差异，这种差异导致了两种不同的文明发展道路。

　　就管理思想而言，先秦的管理思想处处把人放在了核心的地位，认为无论是管理者，还是管理对象，始终都是人的管理和管理的是人。充分尊重人的主体性，并使之发扬光大，是先秦管理思想的突出特征。由人的主体性的核心地位，而导引出先秦管理思想的内求，即求诸己而不是求诸人，使管理思想始终闪耀着人性的光芒。而西方管理思想，则认为管理的核心问题是使管理如何获得成功，而忽略了管理的最终归宿。纵观西方管理科学发展的轨迹和历程，无

253

一不是在人的本质以外去找寻管理的根本。

第一阶段是以美国的泰勒为代表的古典管理理论阶段。其主要代表人物除泰勒外，还有法国的约尔、德国的韦伯、美国的古利克、英国的厄威克等人。这个阶段主要是 19 世纪末到 20 世纪初，其管理思想的主要贡献在于，提出了工作定额原理和标准化的原理，对管理活动及管理目标、任务、责任、权限、命令、指挥、等级、集权、公平、利益等进行了较为详尽的阐述，并提出了管理的一系列原则，如厄威克提出了认为适合一切组织的八项管理原则，即目标原则、相符原则、职责原则、组织阶层原则、控制原则、专业化原则、协调原则、明确性原则。而古利克把古典管理学派的有关管理职能进一步加以系统化，提出了管理职能的划分，即计划、组织、人事、指挥、协调、报告、预算等。我们说，这一阶段的管理思想，无论如何改进，均在操作层面上进行设计，在人性的假设方面还仅停留在经济人的层面上，没有看到管理的终极目的，即是说还远远没有达到"管理的终极之善是改变他人的生活"①。这只是相当于先秦管理思想的表面理解的层面，更不要说真正实现管理思想的飞跃了。在这一阶段，对管理思想研究的重点放在了管理的职能和管理的原则上，对人性假设在管理中的重要的奠基作用还缺少足够的认识，虽然他们以经济人假设为前提，对人的理性也有比较明确的认识，但是就管理的最终目的和管理的主体与客体之间的关系、对人的本质等方面并没有获得全面的、较为深刻的认识。也就是说，这一阶段的管理还仅仅把人当作管理的工具和手段来看待，并没有把人当作真正的人来看待，这是管理科学发展所造成的人的断裂的重要表现。

第二阶段是以人际关系学派为主，后来又发展为行为科学理论为代表。这一阶段人们已经认识到管理是人的管理，同时也是对人的管理，在管理行为中充分考虑了人在管理中的重要意义。其主要代表人物有美国的梅奥和罗特利斯，时间开始于 20 世纪 20 年代。其主要思想有：第一，将人的需求、动机和激励看作重要的行为，后来发展为马斯洛的需求层次理论，把人的需求分为五个层次，即生理的需要、安全的需要、归属和爱的需要、地位和尊重的需要、自我实现的需要。第二，对人性假设进行了初步的研究。第三，对企业组织以及企业以外的人与人之间的关系进行了关注。第四，对领导方式给予了关注。管理科学的发展，使人们认识到作为人所具有的管理，不单单是纯粹的工具与手段，人与人之间的关系更多更为重要。人们在生活中，物质享受固然重要，也是不可或缺的，但是人们并不像动物那样只是满足于感官的欲望，还有着与

① 那国毅：《解读德鲁克》，世界图书出版社，2004 年，"序言"，第 2 页。

动物不同的特殊的满足。于是人们对管理思想进行了更为全面、更为深刻的反思，以求获取管理科学的奠基。这一阶段虽然较之第一阶段的经济人假设有了较大的进步，然而无论是社会人假设也好、复杂人假设也好，还是自我实现人假设也好，就整个西方管理的核心目标而言，仍然是围绕企业的利益而设立的，无论在其当初，还是在其管理过程，以及最终结果上，都是以取得最大的利润为目标，这样就不可避免地导致其人性假设只不过是一种获取更大利益工具的镜像而已。

第三阶段是丛林学派阶段。"二战"后出现了一些学派，他们不再把管理科学游离于世界文化思潮之外，而是面对"二战"人性的丧失和人性本质的分裂，开始反思整个人类社会文化的进程，并且提出人之所以为人其本质究竟是什么。因此，反映到管理思想中就形成了社会系统学派、决策理论学派、系统管理学派、经验主义学派、权变理论学派等。第三阶段的管理思想较前两个阶段更加关注人在管理中的地位和作用，关注管理者的功能和作用，关注整体性、系统性。但是，仍然存在着严重的问题，即西方管理思想的通病，那就是乐于从实证出发，囿于经验和理性，迷信科学与技术，崇拜对对象的研究，而忽视了人的心性及本质，其最终结果依然没有摆脱管理科学中的人被束缚的"牢笼"，没有走出工具和手段的"樊篱"。

西方管理思想的人性假设，虽然提出了诸如经济人假设、社会人假设、自我实现人假设、复杂人假设、自由发展人假设，但是西方的管理思想始终将经济人假设作为基础，而将其他的假设作为达到其管理目标的手段和工具。这样，在整个西方的管理思想中，其对理性和科学的崇拜和信仰，就导致了其管理科学的悖论与管理科学中的人性的断裂。这种断裂不只是在管理科学中，而是存在于整个西方的经济社会发展中。我们说，由古希腊的理性文明所起源的西方文明，造就了西方科学与技术的飞速发展，带来了前所未有的物质财富的增长和生产力的极大提高，也使得西方管理科学得以在现代企业中产生并发展。然而，人们对科学与技术的过分崇拜，就如同对宗教的过分崇拜一样，会导致人们理性的一种丧失。西方管理思想同他的理性与科学一样，陷入到一种自我分裂的境地，即生产力越发达，人们便越感到自我的丧失；管理越科学，人们便越觉得自我沦为工具；人们活动的范围越广阔，便感到无时不被幽闭在牢笼中。究其原因，就是管理科学中的人性假设的奠基出现了问题。

众所周知，人们的生存与发展，离开了物质资料是寸步难行的，但是人之所以是人，而不是禽，最大的区别并不是物质资料的获得，而是人具有人性，即人有其自己特有的本质属性。对人的本质属性的认识，在历史上是一个不断深化的过程，东方与西方也各自有自己不同的解释。作为以理性文明为主要特

征的西方，在对人的认识方面，将人看作是一个理性的人，这并没有错，关键
是理性只是人的某一方面的属性，而不是全部的属性、最根本的属性。理性的
人，其根本要求就是要人们不断探索、不断批判、不断进取，它所导致的结果
就是科学的进步与技术的发展。然而，理性如果缺少一种根本的奠立，极容易
导致人类中心主义，即通过理性的发扬光大，人们便会不自觉地使人的主体性
无限制地扩张，并最终导致人性本质的丧失，以至于使得工具理性变得如此泛
滥，不仅造成了如"二战"的人性泯灭，而且也造成了环境、饥饿、贫富、疾
病、恐怖等一系列世界性问题。繁荣的经济发展、似乎合理的法律制度、先进
的科学技术、发达的生产力水平以及富有底蕴的文明、灿烂的艺术、科学的管
理，都没有使人们如今天这样感到孤寂、无助、冷漠、压抑、绝望和无奈。人
们感受到自己被利用、被戏弄、被束缚、被屈辱，感受到厌烦、无可奈何和不
得已。事实上，理性并不是人的本质属性的全部，人们还有非理性，还有人性
中更为重要的东西。而在我国先秦的传统思想中，对人的本质属性进行了详尽
的阐述，并给予了伦理学意义上的论证。先秦思想尤其是儒家的道德人假设，
在最高远的语境中对管理进行了东方式的解读，对于西方管理科学走出困境具
有重要的意义。

先秦管理思想起源于原始宗教，通过原始宗教的"天"、"道"、"德"，形
成了具有本体论意义的价值客观，如儒家通过孔子、孟子等思想家将其转变为
"内在"于"心性"的东西，并安放在"正心"的位置上。事实上，先秦思想
中的价值客观尽管安放在"心"上，从根本上说不会改变它的主要特征。在孔
子看来，"仁心"为心之全德，此"仁心"根源于"道心"，由"天"加以保
证。而在孟子看来，"性善"则根源于人性，而人性之发生则仍根源于"道"，
谓"道生之，德蓄之"，依然由"天"、"道"、"德"给予保证。其道家、墨家
等思想，也都可追溯到一个客观的最高标准加以保证。这种价值客观，与西方
文明的价值主观有一个最大的区分，就是它并不以满足某个个人的需要为转
移，而处处体现出一个价值的客观标准，以"替天行道"、"道法自然"、"行天
之义"为人生之根本。西方文明倡导价值主观，即以满足个人的私利为标准，
利己主义是社会进步的一个重要动力。因此，在先秦的管理思想中，一个突出
的特征就是以"公"为主，如儒家的"泛爱众"、"平天下"；道家的"不伤
人"，即"德上下交盛而俱归于民也"①；墨家"兼爱交利"；等等。其主旨皆
体现出一个"公"，而要求人们"内在"存一个"正心"、"仁心"、"道心"、
"德心"、"爱心"。

---

① 王云五主编，陈鼓应注释：《老子今注今译》，台湾商务印书馆，1978年，第198页。

先秦管理思想在衡量事物的价值标准方面，与西方的认知也有着原则性的区分。先秦儒家、道家、墨家，从价值客观出发，并以此作为衡量价值判断的标准，虽然将这一标准认作是客观的、惟一的，但是这个客观的标准又不是绝对的，而是有所权变。而西方的理性主义直接导致一种所谓的科学主义，科学主义的重要原则就是证实原则，它要求对任何一种价值、认知都应得出一种所谓科学的结论，要么"是"，要么"非"；一旦确定下来，便不会因为任何主体加以改变。而在我国传统文化思想中，即使预先承认了价值客观，其价值主观也会经过价值主观来把握主次、轻重，具有一定的"弹性"，而不是单单凭借所谓的"客观"来确认。关于价值主观对价值客观的所谓"权宜"，儒家、道家、墨家均有所表述，体现出了先秦传统思想的某些共同特征。其权变从根本上说，则充分表现出了价值的包容性、中庸性、模糊性和柔性，从而与西方理性的科学主义的刚性、精确性、工具性、机械性有着完全不同的标尺。儒家礼之原则，可谓价值客观，然而在不同的时期，其价值标准即主体的参验又可以变更。故曰："礼从宜，使从俗。"① 如朱子曰："宜，谓事之所宜，若男女授受不亲，而祭与丧则相授受之类。俗，谓彼国之俗，若魏李彪以吉服吊齐，齐裴昭明以凶服吊魏，盖得此意。"② 儒家强调内在的东西，故"礼"应以"敬"为主，发于"正心"为上，以"公"用之。

综上所述，作为传统的主流思想——先秦儒家思想所确立的道德人假设，其主体性不是向外去索求，而是向内求诸己；因此其理性的全部所用也不是向外动心思，而是向内务求"正心"。西方的理性文明，固然也是主体性的发挥，但是其发挥主要的是向外动心思，找出事物发生发展的原因，并根据此种原因来发现所谓的客观规律，并以此来为人类服务。科学的进步可以说是文艺复兴之后理性的最伟大的贡献，也是主体性原则发挥得最显著的表现方式。人们正是从科学技术的进步中看到了人的理性的伟大之处，因此科学主义、唯理主义、技术主义到处盛行，成为主宰社会发展的决定力量。但是，随着理性的扩张和科学技术的随意使用，人也越来越变成了被主宰者，人成了科学技术的工具，已经失去了主体性。究其原因，就在于当人们弘扬理性的同时，而没有看到正如儒家学说所认为的"本"，亦如海德格尔所说的"根"的问题。

人到底是什么，它的本质又是什么，人为什么而活着，其活着又为了什么。诸如此类的问题看上去其回答并不困难，而事实上人们千百年以来始终没有正确地加以认识并给予最为合理的解决。先秦儒家思想对这些问题的回答无疑是较为合理的，具有重大的启迪意义。先秦儒家思想十分注重主体性中的人

① ② （清）孙希旦撰：《礼记集解》，中华书局，2007 年，第 6 页。

的"根"与"本",所以说在强调理性之时而不离本。这要比西方讲理性而忽视了人性,讲科学与技术而忽视了人的主体之根本更为全面,也更为合理。"《春秋》何贵乎元而言之?元者,始也,言本正也。"①"孔子曰:'君子务本,本立而道生。'天本不立者未必倚,始不盛者终必衰。""《易》曰:'建其本而万物理,失之毫厘,差以千里。'是以君子贵建本而重立始。"②也就是说,先秦儒家务本求根,讲究元始,求乎内心之正,关乎人性道德,在此基础上谈智,讲理性。如只讲智而不讲道德人性,其智必贼。所以说,在儒家看来,王道必正,"王不正则上变天,贼气并见。"③至于民,也必须有其"正心"。君正则视民如伤,若保赤子;民正则意诚。故"与民则是曰君尊,与君则曰民贵,各致辞其道,交成其治。若与君言尊,与民言贵,则其义荒矣"。④因此说,先秦儒家首先把人当作一个具有道德性的人来对待,然后再把人当作一个理性的主体。也就是说,在发挥人的主观能动性的时候,始终不忘记人之为人的"根"与"本"。

然而,'西方哲学则要从外面合成一大事物,或唯心,或唯物,或上帝,则宗教科学哲学,在西方实只是一个,只是向外寻求。"⑤所以,西方人与物不能一以贯之,皆向外求,因此在西方,尽讲科学、讲理性,科学、理性越发展,其越会感到"无家可归",究其原因,就在于向外求,求得越远、越深,就离家越远。讲管理也是如此,管理的核心是发挥人的作用,而人的作用的真正发挥,是人的自我主动性、积极性和创造性,这种主动性、积极性和创造性,其真正的来源在于人的自觉性。所以说,未来的管理科学的转型必然是由西方转向东方,其中道德人的假设将成为这一理论的真正奠基。

---

① ② 苏舆撰,钟哲点校:《春秋繁露义证》,中华书局,2007年,第100页。
③ 苏舆撰,钟哲点校:《春秋繁露义证》,中华书局,2007年,第101页。
④ 苏舆撰,钟哲点校:《春秋繁露义证》,中华书局,2007年,第101~102页。
⑤ 钱穆:《宋代理学三书随劄》,生活·读书·新知三联书店,2006年,第23~24页。

参考文献

［1］（汉）孔安国傅、（唐）孔颖达正义：《尚书正义》，上海古籍出版社，2007 年。

［2］（清）李道平撰：《周易集解纂疏》，潘雨廷点校，中华书局，2006 年。

［3］（清）孙希旦撰：《礼记集解》，沈啸寰、王星贤点校，中华书局，2007 年。

［4］（清）洪吉亮撰：《春秋左传诂》，李解民点校，中华书局，2008 年。

［5］（清）方玉润撰：《诗经原始》，李先耕点校，中华书局，2007 年。

［6］陈鼓应：《老子注译及评介》，中华书局，2008 年。

［7］曹基础：《庄子浅注》，中华书局，2007 年。

［8］（清）郭庆藩撰：《庄子集释》，王孝渔点校，中华书局，2006 年。

［9］（清）焦循撰：《孟子正义》，沈文倬点校，中华书局，2007 年。

［10］（宋）朱熹撰：《四书章句集注》，中华书局，1983 年。

［11］（清）陈立撰：《白虎通疏证》，吴则虞点校，中华书局，2007 年。

［12］（清）王先谦撰：《荀子集解》，沈啸寰、王星贤点校，中华书局，2008 年。

［13］苏舆撰：《春秋繁露义证》，钟哲点校，中华书局，2007 年。

［14］《诸子集成》（1～8 卷），上海书店出版社，1996 年。

［15］那国毅：《解读德鲁克》，世界图书出版社，2004 年。

［16］钱逊著：《先秦儒学》，辽宁教育出版社，1995 年。

［17］徐复观：《中国人性论》，台湾商务印书馆，1994 年。

［18］苏东水：《东方管理学》，复旦大学出版社，2005 年。

［19］郭咸纲：《西方管理思想史》，经济管理出版社，2007 年。

［20］［美］托马斯·谢林：《选择与结果》，熊昆等译，华夏出版社，2007 年。

［21］成君忆：《管理三国志》，新华出版社，2007 年。

［22］吴照云：《管理学》第五版，中国社会科学出版社，2006 年。

［23］吴晓明：《形而上学的没落——马克思与费尔巴哈关系的当代解读》，

人民出版社，2006 年。

［24］魏杰著：《企业哲学》，中国发展出版社，2005 年。

［25］［美］加里·海尔等著：《以人为本：管理大师麦格雷戈论企业中的人性》，王继平译，海南出版社，2002 年。

［26］［英］凯斯·安塞尔—皮尔逊著：《尼采反卢梭——尼采的道德—政治思想研究》，宗成河等译，华夏出版社，2005 年。

［27］［德］卡尔·洛维特：《从黑格尔到尼采：19 世纪思维中的革命性决裂》，李秋零译，生活·读书·新知三联书店，2006 年。

［28］周易注疏，王弼、韩康伯注，孔颖达疏：《阮刻十三经注疏本》，上海古籍出版社 1997 年据原世界书局缩印本影印。

［29］诗经注疏，毛亨传，郑玄笺，孔颖达疏：《阮刻十三经注疏本》，上海古籍出版社 1997 年据原世界书局缩印本影印。

［30］周礼注疏，郑玄注，贾公彦疏：《阮刻十三经注疏本》，上海古籍出版社 1997 年据原世界书局缩印本影印。

［31］仪礼注疏，郑玄注，贾公彦疏：《阮刻十三经注疏本》，上海古籍出版社 1997 年据原世界书局缩印本影印。

［32］礼记注疏，郑玄注，孔颖达疏：《阮刻十三经注疏本》，上海古籍出版社 1997 年据原世界书局缩印本影印。

［33］左传注疏，杜预集解，孔颖达疏：《阮刻十三经注疏本》，上海古籍出版社 1997 年据原世界书局缩印本影印。

［34］春秋公羊传注疏，何休解诂，徐彦疏：《阮刻十三经注疏本》，上海古籍出版社 1997 年据原世界书局缩印本影印。

［35］春秋穀梁传注疏，范宁集解，杨士勋疏：《阮刻十三经注疏本》，上海古籍出版社 1997 年据原世界书局缩印本影印。

［36］论语注疏，何晏集解，邢昺疏：《阮刻十三经注疏本》，上海古籍出版社 1997 年据原世界书局缩印本影印。

［37］孟子注疏，赵岐注，题孙奭疏：《阮刻十三经注疏本》，上海古籍出版社 1997 年据原世界书局缩印本影印。

［38］荀子集解，王先谦：《诸子集成本》，上海书店，1996 年。

［39］《法言义疏》，汪荣宝，中华书局，1996 年。

［40］《正蒙》，载张载集，中华书局，1978 年。

［41］张子正蒙注，王夫之：《船山全书》第 12 册，岳麓书社，1998 年。

［42］《明儒学案》，黄宗羲，中华书局，1985 年。

［43］（清）戴震撰：《戴震全书》，黄山书社，1995 年。

[44] 余英时著：《现代儒学论》，上海人民出版社，1996年。

[45] 金观涛、刘青峰著：《中国现代思想的起源》，香港中文大学出版社，2000年。

[46] 余英时：《论戴震与章学诚》（1976），三联书店，2005年。

[47] 杨向奎：论《性命古训》，载《史学集刊》1992年第1期。

[48] 马克思：《1844年经济学哲学手稿》，人民出版社，2000年。

[49] ［古希腊］柏拉图著：《理想国》，郭斌和、张竹明译，商务印书馆，1997年。

[50] ［古希腊］亚里士多德著：《物理学》，张竹明译，商务印书馆，1982年。

[51] ［古希腊］亚里士多德著：《形而上学》，吴寿彭译，商务印书馆，1996年。

[52] ［古罗马］奥古斯丁著：《忏悔录》，周士良译，商务印书馆，1987年。

[53] ［英］洛克著：《人类理解论》上、下册，关文运译，商务印书馆，1997年。

[54] ［英］休谟著：《人性论》，关文运译，商务印书馆，1980年。

[55] ［英］休谟著：《人类理智研究》，吕大吉译，商务印书馆，1999年。

[56] ［英］卡尔·波普尔著：《开放社会及其敌人》第1、2卷，陆衡等译，中国社会科学出版社，1999年。

[57] ［英］阿诺德·汤因比著：《历史研究》（修订插图本），刘北成、郭小凌译，上海人民出版社，2002年。

[58] ［英］阿尔费雷德·诺思·怀特海著：《过程与实在：宇宙论研究》，杨富斌译，中国城市出版社，2003年。

[59] ［英］亚当·斯密著：《道德情操论》，商务印书馆，1998年。

[60] ［英］约翰·密尔著：《论自由》，程崇华译，商务印书馆，1996年。

[61] ［法］笛卡儿著：《哲学第一沉思集：反驳和答辩》，庞景仁译，商务印书馆，1986年。

[62] ［法］卢梭著：《论人类不平等的起源和基础》，李常山译，商务印书馆，1996年。

[63] ［法］列维—布留尔著：《原始思维》，丁由译，商务印书馆，1997年。

[64] ［法］列维—斯特劳斯著：《野性的思维》，李幼蒸译，商务印书馆，1987年。

[65] ［法］柏格森著：《时间与自由意志》，吴士栋译，商务印书馆，1997年。

[66]［法］让—保罗·萨特著：《辩证理性批判》，林骧华等译，安徽文艺出版社，1998年。

[67]［法］让—保罗·萨特著：《存在与虚无》，陈宣良等译，安徽文艺出版社，1998年。

[68]［法］西尔维亚·阿加辛斯基著：《时间的摆渡者——现代与怀旧》，吴云凤译，中信出版社，2003年。

[69]［法］爱弥尔·涂尔干著：《社会学与哲学》，梁栋译，上海人民出版社，2002年。

[70]［法］茄罗蒂著：《论自由》，江天骥等译，三联书店，1962年。

[71]［法］让娜·帕朗—维亚尔著：《自然科学的哲学》，张来举译，中南工业大学出版社，1987年。

[72]［德］莱布尼茨著：《人类理智新论》上册，陈修斋译，商务印书馆，1982年。

[73]［德］康德著：《纯粹理性批判》，蓝公武译，商务印书馆，1997年。

[74]［德］康德著：《判断力批判》上卷，宗白华译，商务印书馆，1987年。

[75]［德］黑格尔著：《小逻辑》，贺麟译，商务印书馆，2003年。

[76]［德］黑格尔著：《哲学史讲演录》第1卷，贺麟、王太庆译，商务印书馆，1997年。

[77]［德］费尔巴哈著：《对莱布尼茨哲学的叙述、分析和批判》，涂纪亮译，商务印书馆，1985年。

[78]［德］叔本华著：《作为意志和表象的世界》，石冲白译，商务印书馆，1997年。

[79]［德］叔本华著：《充足理由律的四重根》，陈晓希译，商务印书馆，1996年。

[80]［德］费里德里希·尼采著：《权力意志：重估一切价值的尝试》，张念东、凌素心译，商务印书馆，1996年。

[81]［德］胡塞尔著：《纯粹现象学通论》，李幼蒸译，商务印书馆，1992年。

[82]［德］胡塞尔著：《欧洲科学危机和超验现象学》，张庆熊译，上海译文出版社，1988年。

[83]［德］胡塞尔著：《笛卡儿式的沉思》，张廷国译，中国城市出版社，2002年。

[84]［德］海德格尔著：《形而上学导论》，熊杰、王庆节译，商务印书

馆，1996年。

[85]〔德〕海德格尔著：《存在与时间》，陈嘉映、王庆节译，生活·读书·新知三联书店，1987年。

[86]〔德〕文德尔班著：《哲学史教程》上卷，罗达仁译，商务印书馆，1987年。

[87]〔德〕赫尔曼·哈肯著：《协同学：大自然构成的奥妙》，凌复华译，上海译文出版社，2001年。

[88]〔德〕E.弗洛姆著：《人类的破坏性剖析》，孟禅森译，中央民族大学出版社，1999年。

[89]〔俄〕尼古拉·别尔嘉耶夫著：《人的奴役与自由：人格主义哲学的体认》，徐黎明等译，贵州人民出版社，1994年。

[90]〔美〕欧文·拉兹洛著：《系统、结构和经验》，李创同译，上海译文出版社，1987年。

[91]〔美〕鲁道夫·阿恩海姆著：《视觉思维：审美直觉心理学》，滕守尧译，四川人民出版社，1998年。

[92]〔美〕马克·第亚尼编著：《非物质社会：后工业世界的设计、文化与技术》，滕守尧译，四川人民出版社，1998年。

[93]〔美〕霍尔姆斯·罗尔斯顿著：《哲学走向荒野》，刘耳、叶平译，吉林人民出版社，2000年。

[94]〔美〕大卫·雷·格里芬编：《后现代科学：科学魅力的再现》，马季方译，中央编译出版社，1995年。

[95]〔美〕大卫·雷·格里芬编：《后现代精神》，王成兵译，中央编译出版社，1997年。

[96]〔美〕安德鲁·芬伯格著：《可选择的现代性》，陆俊等译，中国社会科学出版社，2003年。

[97]〔美〕霍华德·T.奥德姆、伊丽莎白·C.奥德姆著：《繁荣地走向衰退：人类在能源危机笼罩下的行为选择》，严茂超、毛志峰译，中信出版社，2002年。

[98]〔美〕威廉·格拉琴著：《选择自由：追求个人心理自由的新概念》，张愉等译，天津人民出版社，1999年。

[99]〔美〕加勒特·哈丁著：《生活在极限之内》，戴星翼、张真译，上海译文出版社，2001年。

[100]〔美〕卡络琳·麦茜特著：《自然之死：妇女、生态和科学革命》，吴国盛译，吉林人民出版社，1999年。

[101]［美］N. 维纳著：《控制论》，郝季仁译，京华出版社，2000 年。

[102]［美］A. H. 马斯洛著：《动机与人格》，许金声译，华夏出版社，1987 年。

[103]［美］肯尼思·约瑟夫·阿罗著：《社会选择：个性与多准则》，钱晓敏、孟岳良译，首都经济贸易大学出版社，2000 年。

[104]［美］威廉·格拉瑟著：《选择自由——追求个人自由的新观念》，张愉、武在平、徐海虹译，天津人民出版社，1999 年。

[105]［美］达尔·尼夫主编：《知识经济》，樊春良等译，珠海出版社，1998 年。

[106]［荷兰］斯宾诺莎著：《伦理学》，贺麟译，商务印书馆，1958 年。

[107]［荷兰］斯宾诺莎著：《知性改进论》，贺麟译，商务印书馆，1996 年。

[108]［荷兰］斯宾诺莎著：《政治学》，冯炳昆译，商务印书馆，1999 年。

[109]［荷兰］E. 舒尔曼著：《科学文明与人类未来》，李小兵等译，东方出版社，1995 年。

[110]［印度］阿马蒂亚·森著：《以自由看待发展》，任赜、于真译，中国人民大学出版社，2002 年。

[111] 程力群著：《意识论》，河北人民出版社，1980 年。

[112] 胡适著：《人生大策略》，台北新潮社，1992 年。

[113] 刘国宁、章银武主编：《经济管理新思想解读与应用》，中国言实出版社，2004 年。

[114]［澳］哈里·奥斯曼著：《人性管理》，易晔译，中国财政经济出版社，2005 年。

[115] 周建波著：《儒墨道法与企业管理》，机械工业出版社，2006 年。

[116] 谭英华编著：《人性化管理》，东北财经大学出版社，2006 年。

[117] 段超著：《德行天下》，中国长安出版社，2006 年。

[118]（清）江慎修著：《河洛精蕴》，孙国中点校，学苑出版社，1990 年。

[119] 林善浪等著：《华商管理学》，复旦大学出版社，2006 年。

[120] 周春才编著：《易经图典：寻根·释义·养生》，中国文联出版社，2002 年。

[121] 傅云龙著：《中国哲学史上的人性问题》，求实出版社，1982 年。

[122] 郑文杰著：《20 世纪墨学研究史》，清华大学出版社，2002 年。

[123] 蔡尚思主编：《十家论墨》，上海人民出版社，2004 年。

[124] 刘丰著：《先秦礼学思想与社会的整合》，中国人民大学出版社，

2003 年。

　　[125] 吕思勉著：《先秦学术概论》，云南人民出版社，2005 年。

　　[126] 张一兵著：《不可能的存在之真——拉康哲学映像》，商务印书馆，2006 年。

　　[127] 张纯一编：《墨子集解》，成都古籍书店，1988 年。

　　[128] 唐雄山著：《老庄人性思想的现代诠释与重构》，中山大学出版社，2005 年。

　　[129] 刘丰著：《先秦礼学思想与社会的整合》，中国人民大学出版社，2003 年。

　　[130] 晁福林著：《先秦社会思想研究》，商务印书馆，2007 年。

　　[131] [美] 罗伯特·皮平著：《黑格尔的观念论》，陈虎平译，华夏出版社，2006 年。

　　[132] 王恩来：《人性的寻找：孔子思想研究》，中华书局，2005 年。

　　[133] [美] 查尔斯·巴姆巴赫著：《海德格尔的根：尼采，国家社会主义和希腊人》，张志和译，上海书店出版社，2007 年。

　　[134] [英] 林奇著：《公司战略》，周煊等译，云南大学出版社，2001 年。

　　[135] 唐文明著：《与命与仁：原始儒家伦理精神与现代性问题》，河北大学出版社，2002 年。

　　[136] 张曙光著：《个体生命与现代历史》，山东人民出版社，2007 年。

　　[137] 李幼蒸著：《仁学解释学：孔孟伦理学结构分析》，中国人民大学出版社，2004 年。

　　[138] 陈德述著：《儒家管理思想论》，中国国际广播出版社，2008 年。

致　谢

　　人们对未知的探索将是一个永恒无限的过程，现代管理科学发展的百余年历史使得中国在此领域被抛在了后面。中华民族的崛起呼唤着人们对管理科学的变革，而我国作为一个有着五千年灿烂文化的文明古国，挖掘我国管理思想并对世界管理理论做出应有的贡献，应当说是管理学者的终身追求和最大心愿。正如修昔底德说，历史是一笔永恒的财富。而当代法国哲学家居伊·德波也认为，一个国家在运行中一旦普遍而永久地缺失了历史知识，那么，这个国家的领导策略也势必会出现很大的漏洞。我想对待管理科学也必是如此，而令人欣慰的是，我国目前有着一大批有识之士不仅认识到了这一点，而且正在努力实践着。

　　管理学对我来说是一个崭新的学术领域，能在这一领域中有所作为可以说是我人生的又一重大选择。管理是人类社会存在的一种普遍现象，而管理从一开始产生便具有自己的奠基，即管理科学的人性假设。能够对管理学中的奠基部分即人性假设进行系统的深入研究，可谓意义宏大而难度颇深。本书是在我的博士后出站报告的基础上修改完成的，得到了导师吴照云教授的悉心指导。吴老师是管理学方面的专家，能得到吴老师的指导是我人生的一大幸事。先生为人真诚，待人宽厚，对待学术一丝不苟，其严谨的治学精神，博古通今的渊博知识，高屋建瓴的远见卓识，将给我今后的学术生涯带来重要的影响。本书从选题到框架的构思，到最后完成，都凝聚了先生的心血。在此，我对先生说一声——谢谢！

　　其次，感谢我的博士生导师钱俊生教授，他所说的"跨学科研究将是未来学术的创新点"这句话一直激励着我。感谢为本书的写作给予精心指导的各位专家教授，感谢卢福财教授、曹元坤教授、方宝璋教授、王耀德教授在开题及写作过程中提出了宝贵的意见和建议，这些意见和建议使得本书更加贴近现实，论据更加充分，论点更加明确。感谢薛求知教授、黄新建教授、胡宇辰教授、杨慧教授、曹元坤教授给予的指导和建议，这些指导和建议将对本书的进一步完善具有重要的指导意义。

　　再次，感谢朝夕相处的、有志于中国管理思想研究的师兄们，是在他们不断探讨中给予我启发和鼓励，并一起不断向着这一研究领域挺进。马克思主义学院的陈始发院长、吴通福博士以及哲学系的同事们，他们在写作过程中给予了各种关心和支持，在此一并致以谢忱。

最后，还要感谢所有关心和支持我的同仁和朋友，感谢博士后流动站的负责同志，以及我的家人，如果没有他们的支持、理解和帮助，完成本书也是不可能的。

虽已完稿，内心仍有"如临深渊，如履薄冰"之感，深知本书存在诸多不足甚至严重缺陷，谨盼有关专家学者批评指正！

于南昌蛟校园